U0635563

科学与人生 //////////
中国科学院院士传记

郑哲敏传

丁雁生 金　和 李和娣 洪友士 / 著

科学出版社

北　京

内 容 简 介

郑哲敏先生是中国科学院院士、中国工程院院士、美国国家工程院外籍院士，是国际著名力学家、中国爆炸力学的奠基人和开拓者之一、中国力学学科建设与发展的组织者和领导者之一。他热爱祖国，热爱科技事业。他以国家需求为己任，呕心沥血、严谨创新，为国家和人民做出了卓越贡献。

《郑哲敏传》以时间为顺序，叙述早期教育、学术成长和科研事业开展的历程，内容包括：童年和求学、留学美国、报效祖国、历尽艰辛、春回大地、大展宏图、成就斐然、大师风范，以及郑哲敏先生亲自撰写的"留给后人的话"。

本书通过郑哲敏先生的学术成长、科研历程以及丰富的社会实践，展示了中国科学家爱国奉献、不畏艰辛、勇于创新、敢于攀登科学技术高峰的科学精神。

在纪念郑哲敏院士百年诞辰之际，将本书献给关注中国科学技术事业的广大读者。

图书在版编目(CIP)数据

郑哲敏传/丁雁生等著. —北京：科学出版社，2024.5
（科学与人生 ： 中国科学院院士传记）
ISBN 978-7-03-077308-1

Ⅰ. ①郑… Ⅱ. ①丁… Ⅲ. ①郑哲敏–传记 Ⅳ. ①K826.16

中国国家版本馆 CIP 数据核字(2023)第 251990 号

责任编辑：赵敬伟 孙翠勤／责任校对：彭珍珍
责任印制：赵 博／封面设计：有道文化

科学出版社 出版
北京东黄城根北街 16 号
邮政编码：100717
http://www.sciencep.com

北京市金木堂数码科技有限公司印刷
科学出版社发行 各地新华书店经销
*
2024 年 5 月第 一 版 开本：720×1000 1/16
2024 年 8 月第二次印刷 印张：26 1/2
字数：550 000
定价：198.00 元
（如有印装质量问题，我社负责调换）

郑哲敏

（1924～2021）

总　序　一

　　中国科学院学部科普和出版工作委员会决定组织出版《科学与人生：中国科学院院士传记》丛书，这是一件很有意义的文化工程。首批入传的 22 位院士都是由各学部常委会认真遴选推荐的。他们中有学科领域的奠基者和开拓者，有做出过重大科学成就的著名科学家，也有毕生在专门学科领域默默耕耘的一流学者。每一部传记，既是中国科学家探索科学真理、勇攀科学高峰的真实情景再现，又是他们追求科学强国、科教兴国的一部生动的爱国主义教材。丛书注重思想性、科学性与可读性相统一，以翔实、准确的史料为依据，多侧面、多角度、客观真实地再现院士的科学人生。相信广大读者一定能够从这套丛书中汲取宝贵的精神营养，获得有益的感悟、借鉴和启迪。

　　中国科学院学部成立于 1955 年，经过 50 多年的发展，共选举院士千余人，荟萃了几代科学精英。他们中有中国近代科学的奠基人，新中国的主要学科领域的开拓者，也有今天我国科技领域的领军人物，他们在中国的各个历史时期为科学技术的发展做出了历史性的贡献。"五四"新文化运动以来，一批中国知识精英走上了科学救国的道路，他们在政治动荡、战乱连绵的艰难岁月里，在中国播下了科学的火种，推动中国科技开始了建制化发展的历程。新中国成立后，大批优秀科学家毅然选择留在大陆，一批海外学子纷纷回到祖国，在中国共产党的领导下，开创了中国科学技术发展的新篇章。广大院士团结我国科技工作者，发扬爱国奉献、顽强拼搏、团结合作、开拓创新的精神，勇攀世界科技高峰，创造了举世瞩目的科技成就，为增强我国综合国力、提升自主创新能力做出了重要贡献，为国家赢得了荣誉。他们的奋斗历程，是中国科学技术发展的历史缩影；他们的科学人生，是中华民族追求现代化的集中写照。

当今世界，科学技术已成为支撑、引领经济社会发展的主要动力和人类文明进步的主要基石。广大院士不仅是科学技术发展的开拓者，同时也是先进文化的传播者，在承担科技研究工作重任的同时，还承担着向全社会传播科学知识、科学方法、科学思想、科学精神的社会责任。希望这套丛书的出版能够使我国公众走近科学、了解科学、支持科学，为全民族科学素养的提高和良好社会风尚的形成做出应有的贡献。

科学技术本质是创新，科技事业需要后继有人。广大院士作为优秀的科技工作者，建设并领导了一个个优秀的科技创新团队；作为教育工作者，诲人不倦，桃李满天下。他们甘当人梯、提携后学的精神已成为我国科技界的光荣传统。希望这套丛书能够为广大青年提供有益的人生教材，帮助他们吸取院士们追求真理、严谨治学的科学精神与方法，领悟爱国奉献、造福人民的科技价值观和人生观，激励更多的有志青年献身科学。

记述院士投身我国科学技术事业的历程和做出的贡献，不仅可为研究我国近现代科学发展史提供生动翔实的新史料，而且对发掘几代献身科学的中国知识分子的精神文化财富具有重要意义。希望《科学与人生：中国科学院院士传记》丛书能够成为广大读者喜爱的高品位文化读物，并以此为我国先进文化的发展做出一份特有的贡献。

是为序。

2010 年 3 月

总　序　二

　　"爱国、创新、求实、奉献、协同、育人"的新时代科学家精神，为科技工作者投身科技强国建设伟大事业提供了前进方向和价值坐标。科学家精神由一代代中国科技工作者铸就和书写，也需要一代代人接续传承、发扬光大。作为一项长期性的文化工程，中国科学院学部组织出版《科学与人生：中国科学院院士传记》丛书已有十余载。这套由一本本院士传记组成的丛书，记载了中国科学院院士群体激荡恢宏的科学人生，也记录了中国科学发展的历史。这里所展示的院士人生经历，不仅包含了他们各自的成长故事，彰显了他们家国天下的情怀、追求真理的精神、造福人类的胸襟和独特的人格魅力，而且展现了他们卓越的科学成就以及对国家、对人类的重要贡献。

　　"沧海横流显砥柱，万山磅礴看主峰。"自1955年中国科学院学部成立以来，先后有1500多位优秀科学家荣获中国科学院院士这一国家设立的科学技术方面的最高学术称号。近70年来，院士群体团结带领全国科技工作者，直面问题、迎难而上，肩负起时代赋予的重任，为新中国的科技事业发展奠定了坚实基础。特别是党的十八大以来，以习近平同志为核心的党中央坚持把科技创新摆在国家发展全局的核心位置，全面谋划科技创新工作，使我国科技创新发生了历史性变革，进入了创新型国家行列。面向世界科技前沿、面向经济主战场、面向国家重大需求、面向人民生命健康的一个个重大科技突破，离不开院士群体的创新和贡献，凝结着院士群体的心血和智慧。

"曾谙百载屈蹂史，不忘强国科技先。"共和国需要记述院士群体投身我国科学技术事业的历程和做出的贡献，弘扬院士群体胸怀祖国、献身科学、拼搏奉献、勇攀高峰的精神，为研究我国近现代科技发展史提供生动翔实的新史料；新时代需要发掘献身科学的院士群体的精神文化财富，为新时代中国特色社会主义文化发展提供丰饶充裕的源泉；中华民族伟大复兴需要宣扬院士群体追求真理、严谨治学的科学精神与方法，爱国奉献、造福人类的价值观和人生观，激励更多有志青年献身科学，为广大青年提供有益的读本。

一代人有一代人的使命，一代人有一代人的担当。我国科技事业取得的历史性成就，是一代又一代矢志报国的科学家前赴后继、接续奋斗的结果。院士群体胸怀祖国、服务人民，追求真理、勇攀高峰，坚守学术道德、严谨治学，甘为人梯、奖掖后学，得到全国人民的敬仰和尊重，被誉为"国家的财富、人民的骄傲、民族的光荣"，也必将激励广大科技工作者，担负起实现高水平科技自立自强、进入创新型国家前列的使命和责任。

党的二十大报告中明确指出，要"培育创新文化，弘扬科学家精神，涵养优良学风，营造创新氛围"①。一本院士传记，不仅记录了院士的奋斗史，更凝结了中国科学家的精神史。览阅院士传记，弘扬科学家精神，激励广大科技工作者树立家国情怀，勇于担当，甘于奉献；引导更多青少年心怀科学梦想，树立创新意识，营造崇尚科学的浓厚氛围，正是《科学与人生：中国科学院院士传记》丛书出版的价值和意义之所在！

中国科学院学部科学道德建设委员会

2024 年 3 月

---

① 习近平. 高举中国特色社会主义伟大旗帜　为全面建设社会主义现代化国家而团结奋斗——在中国共产党第二十次全国代表大会上的报告. 北京：人民出版社，2022。

导　言

　　2013 年 1 月 18 日，北京，宏伟庄严的人民大会堂，一位八十八周岁的老人稳步走上主席台。只见他西装革履，腰板挺直，红光满面，在欢快的乐曲声中从国家主席胡锦涛手中接过一个一尺半大的鲜红底烫金字的证书——2012 年度国家最高科学技术奖证书。顷刻，台下爆发出雷鸣般热烈的掌声。一时间电波传遍全中国，传遍全世界。一门常人生疏的学科——爆炸力学，伴随着这位米寿老人的名字为人们所知晓。

　　他是谁？

　　他是郑哲敏，中国科学院力学研究所的研究员，中国科学院院士、中国工程院院士和美国国家工程院外籍院士。

　　郑哲敏以国家需要为己任，开拓爆炸力学学科和爆破工程技术，指导海洋工程力学和非线性力学研究，解决军工、环境、能源等领域的关键力学理论和工程应用问题，取得杰出成就。他曾任中国科学院技术科学部主任、中国科学院学部主席团成员，主持研究我国技术科学发展战略，参加制定我国高技术发展规划，为国民经济和国防建设作出重要贡献。他曾任中国科学院力学研究所所长、中国力学学会理事长，团结广大力学工作者，为我国力学学科的形成和发展作出重大贡献。他是蜚声国际的力学家，曾任国际理论与应用力学联合会执行局委员，为中国力学登上国际舞台、推进国际学术交流合作，作出卓越贡献。

郑哲敏原籍宁波，祖辈在四明山东麓章水畔的月亮山下劳作。他的祖父是浙江省鄞县 (现宁波市海曙区) 乡下的一个农民。他的父亲小时放过牛，念过私塾、小学和初一，和许多宁波穷人家男孩一样，15 周岁到上海当学徒养活自己。他的母亲是农家女，没上过学。这样的家世，怎样走出了一位国家最高科学技术奖获得者？

1924 年 10 月 2 日郑哲敏生于济南。7 周岁时，他得了心脏病，心脏狂跳起来就得躺下。此外他还有疝气，肩膀也经常脱臼，有人说这孩子活不长，他却活到九十多岁。虽然没长成大高个，但身体硬朗，而且心智依然"哲敏"(据中国科学院外籍院士吴耀祖回忆，一起读研究生的同学们赞叹郑哲敏数学太棒——正是既"哲"又"敏")。这里面有什么奥妙？

抗日战争全面爆发后，郑哲敏辗转到成都读初中，高中时入读逃难进川的山西名校——铭贤中学，大学是享誉全国的西南联合大学，研究生则是世界名校——美国的加州理工学院。在 1956 年制订《十二年科学规划》①时，周恩来曾经夸赞"三钱"，即钱三强、钱学森、钱伟长，而郑哲敏竟然是其中钱伟长和钱学森"二钱"的门生。他的运气怎么这么好？郑哲敏自己的回答是"机遇留给有准备的人"。

1947 年底，清华大学教授钱伟长在推荐郑哲敏出国留学时写道：

"郑是几个班里我最好的学生之一。不仅天资聪颖、思路开阔、富于创新，而且工作努力，尽职尽责。他已接受了工程科学领域的实际和理论训练。给他几年深造，他将成为应用科学领域的出色科学工作者。"

后来郑哲敏取得的成就，完全证实了老师钱伟长先生的预言！2013 年 1 月采访郑哲敏的央视主持人风趣地说，好像六十多年前，钱伟长先生就预见到他喜爱的这个学生会获得国家最高科学技术奖。郑哲敏是怎样学习的？

郑哲敏是钱学森先生在美国指导的最后一位中国学生，1952 年获得博士学位后被美国强制羁留，经 1954 年中美日内瓦谈判才得以回国。他的学术成就是在中国这片土地上取得的。郑哲敏回国后经历了什么？为什么在较落后的科研条件下，他能取得国际力学界瞩目的成就？

---

① 全名为《1956～1967 年科学技术发展远景规划》。

本书将回答上述问题。

本书在中国科学院学部工作局、中国科学院技术科学部常务委员会支持下，在前期"老科学家学术成长资料采集工程"的基础上，又收集郑哲敏任中国科学院技术科学部副主任、主任和学部咨询评议工作委员会成员期间工作的资料、档案，以及他最后十年的科研、科普、生活等资料，经过补充、修改、多次研讨并征求亲属和专家意见，撰写成稿，由科学出版社出版。书中不免要引用一些专业名词，叙述一些科学问题，否则难以说清科学家的成长历程，即本书不仅是人物传记，也是科普读物，又是严谨的史学资料。因此有一定科学基础的读者阅读起来会比较顺畅；从事科学管理、制订科学研究政策的人会从中了解到一些规律性的东西。对青年学生和青年科技工作者，这是一本了解杰出科学家成长的读物。对科学家的生活和学习感兴趣但不熟悉力学的读者，不妨略过那些生疏的专业内容，联系"钱学森之问"——中国的人才培养问题来阅读，也会有所收获。

2021 年 8 月 25 日，郑哲敏逝世，享年九十有七。2019 年审阅本书稿时，他撰写了"留给后人的话"，这些话朴实、真诚、深邃，成为先生最后的嘱托。

在纪念先生百年诞辰之际将本书献给读者。由于我们学识有限，书中差错难免，敬请指正。

本书中的直接引语用楷体印刷，特此说明。

丁雁生、金和、李和娣、洪友士谨记
2023 年 9 月于中国科学院力学研究所

国家最高科学技术奖

证　书

郑哲敏 荣获国家最高科学技术

奖，特颁发此证书。

中华人民共和国主席　胡锦涛

2013 年 1 月 18 日

证书号：2012-ZG-01

目录

CONTENTS

第一章　童年和求学

一、童年 (1924.10~1930.8)

(一) 家世

1924 年 10 月 2 日，郑哲敏生于山东省济南市，是家中的第三个孩子，原籍浙江省鄞县 (现宁波市海曙区)。

父亲郑章斐 (1899~1981) 生于浙江四明山东麓的章水镇郑家村，母亲崔梅 (1900~1981) 生于同镇的崔家岙村。宁波有一条发源于四明山自西向东流的河，叫章水，汇甬江注东海。郑、崔两村坐落在章水流经的同一个山沟，崔家在上游，郑家在下游，相距三四里。两个家族均可溯源至北宋末年靖康之变后建炎南渡的难民，他们的先辈在江南已繁衍生息近九百年。

郑章斐幼年放牛，念过几年私塾、小学和一年初中，15 岁到上海一家眼镜行当学徒，为该店扭亏为盈立了大功。那家眼镜行有两个老板，其中一个是应启霖，他还是亨得利钟表眼镜行的三个老板之一。郑章斐机敏聪慧，深得应启霖赏识，1917 年底转到亨得利，1918 年正月被派到济南用 6900 银元开分店。18 岁的郑章斐得此机遇，除自身努力外，也与和应启霖、庄鸿奎 (亨得利的另一个老板) 是同乡有关系。外出闯荡的宁波人非常看重乡情，而应启霖、庄鸿奎老家都在章水镇，郑、崔两家的上游。外出闯荡的宁波人非常看重乡情。

1904 年通车的胶济铁路，1912 年通车的津浦铁路，都在济南城西分别设站，那里随之成为商埠①。济南工商业在辛亥革命后迅速崛起。得此天时地利，郑章斐的第一家店 1918 年 3 月 16 日在济南翔凤巷街口正式开张，名为青年钟表店；随后，第二家店在普利门开张，名为纽约表行；第三家店在经二纬四路口开张，名为大西洋钟表眼镜行；第四家、第五家店开到青岛、泰安。郑章斐请自家兄弟和内弟帮助照料，形成亨得利在山东的家族代理店②。亨得利总店业务蒸蒸日上，到全面抗战前夕已在全国拥有连锁店 84 家。

郑章斐从放牛郎变身"学生仔"(宁波话，学做生意的徒工)，是在 1915 年。那时上海工人运动初起，他不仅读夜校学习会计和英语，也曾上街游行示威，争取工人生存的权利。难能可贵的是，郑章斐从学徒变身经理人时，在十里洋场不忘本，保持着吃苦耐劳、诚信节俭的品格。崔梅不识字，她随丈夫接受新思想，相夫育子，和睦一生。

郑章斐夫妇育有 10 个儿女，抗日战争期间长女郑企玉病故、幼子郑学敏夭折，还有一个新生儿未成活，长大成人的三子四女中，郑哲敏在男孩中排行第二。郑哲敏的大姐郑企玉 1936 年高中毕业，估计她很可能出生于 1919 年。那么，郑章斐与崔梅成婚应当不晚于 1918 年，也许就在外派济南之前 (应、庄、郑、崔同饮一溪水，郑章斐的婚姻可能令亨得利的老板更放心，敢付重托)。郑哲敏的大哥郑维敏于 1923 年 1 月、二妹 (按女孩排行) 郑企静于 1927 年、三弟 (按男孩排行) 郑友敏于 1929 年、四弟郑学敏于 1930 年、四妹郑企克于 1933 年、五妹郑企仁于 1935 年相继生于济南，仅三妹郑企肃 1928 年生于青岛。

郑哲敏童年时家住济南商埠大西洋钟表眼镜行。一部分房间在店后一间磨镜片车间的楼上，由一个露天的楼梯上去。另一部分在店的二楼，有的房间临街。在家里，郑哲敏跟着父母讲宁波话，唱宁波儿歌，其中有一首的开头是"大师傅 ga (宁波音：锯) 大树，小师父 ga 小树，咪咪

① 郑哲敏学术成长资料全宗/其他资料 > 背景材料：济南 > "二三十年代的济南"。
② 郑哲敏学术成长资料全宗/其他资料 > 背景材料：从亨得利到大光明 > "亨得利济南店 _ 郑章斐"。

师父 ga douzi (锯小树杈)"。

那是个兵荒马乱的时期，母亲上街常常把淘气的郑哲敏带在身边。一天，母亲带他在邻近的露天菜市场买东西，突然间听到枪声，人们乱了起来，东奔西跑。母亲赶紧带郑哲敏回家，放进店里的黑乎乎的验光室，叫他躲着不要出来。在那里，郑哲敏看到墙上一个电插座，一股莫名的力量驱使他想摸一摸，明知不应该，却禁不住用手指去捅了一下。结果还好，只是被电轻击了一下，没出什么事。触电的感觉令他永记，却一直没敢告诉父母。

(二) 经历"五三惨案"

1928 年，四岁的郑哲敏刚开始记事，经历了一场大惨案。当时驻扎在山东的日军为阻挠中国的统一，蓄意对北伐途经济南的国民革命军挑起事端，终酿成以时任战地政务委员会外交处主任兼山东特派交涉员蔡公时及其公署工作人员共 17 人惨遭日军杀害为代表的"五三惨案"。在整个事件中，中国军民共六千余人遇害，财产损失不计其数。

当时郑家居住的济南商埠即在这次中日冲突的核心地带 (图 1.1)。为了躲避灾难，郑章斐带领全家从商埠经普利门逃向济南内城院西大街（北邻翔凤巷）的青年钟表店，中途一度失散。几十年后，已近耄耋之年的郑母与孙辈讲起当时的经历，对携带四岁的郑哲敏和年长一岁的长子通过日军关卡时的场景依然记忆犹新，历历在目。

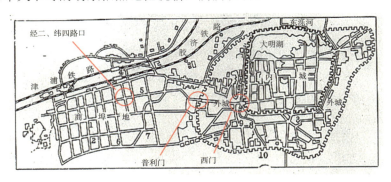

图 1.1　济南市街图

1. 日本总领事馆，2. 济南医院，3. 山东省政府，4. 火车站，5. 德国领事馆，6. 英国领事馆，7. 美国领事馆，8. 旧山东大学，9. 趵突泉，10. 旧齐鲁大学

逃进城里后的郑章斐一家人躲在床底下，以米袋充做沙袋佐以几层

被子，希望能阻挡日军炮弹的碎片。

当时，大哥郑维敏亲眼看到一位同胞被枪杀倒地。

有一天，才四岁的郑哲敏走到街上，看见落在地上的许多子弹壳弯身准备去捡。可是有个持枪并上了刺刀的日本兵就站在旁边，突然举起枪冲来，吓得他拔腿猛跑。此后二三十年，每当作噩梦，他必然在没命地奔跑和躲藏。

为了躲避日寇杀戮，郑章斐一度将家眷送回宁波。

1929 年 5 月日军才撤出济南。郑哲敏和哥哥郑维敏在家里手工制作小旗，欢迎北伐军。就在那个月，山东民众在泰安岱庙建了济南"五三惨案"纪念碑 (图 1.2)。

图 1.2　泰安岱庙济南"五三惨案"纪念碑 (摄于 2012 年 4 月)

1932 年在济南经四小纬六路一所小学 (后来中山公园的一部分) 建了"五三惨案"纪念亭。"七七事变"后有人将纪念亭拆解掩埋，20 世纪 80 年代扩建中山公园纪念亭才被发现。这纪念亭，现在复建于原西门附近趵突泉公园北端，并在趵突泉公园新建"五三惨案"纪念碑和纪念堂，迎请当年南洋华侨出资铸造的蔡公时全身铜像回国供奉于纪念堂。每年的五月三日十点，济南市鸣放防空警报，纪念"五三惨案"，勿忘国耻。

这场惨案及后来的抗日战争深刻地影响了郑哲敏一生。

二、在济南上学① (1930.9～1937.6)

(一) 幸福童年

1922 年后，中国确立 6-3-3 基础教育学制，郑章斐的子女受到了新学制规定的系统教育。

1930 年 9 月，即将满六周岁的郑哲敏进济南第五小学读一年级。家住商埠经二纬四路口的钟表店，出门朝南沿纬四路走下去不远就到了学校。大哥郑维敏也上第五小学，比郑哲敏高一年级。

入学头一天，妈妈领着去学校。上课时看到妈妈坐在最后一排靠墙的椅子上，郑哲敏感到有些难堪，觉得已经长大了还要妈妈盯着，不免丢人。在班上，郑哲敏学习一般，不突出也不太差，有些算术题感到吃力。在学校里不敢淘气，和同学没有闹过什么矛盾，只是爱动和贪玩。那时孩子犯错误要罚站或者挨戒尺打手心，记忆中郑哲敏似乎挨过一次戒尺。二年级的一次算术课上，老师一进门便要郑哲敏背诵九九歌。可是他对前次课堂上老师交代的事全然没有印象，回家后没做任何准备，十分尴尬。这件事给他很深的教训。

冬天的课间，郑哲敏和同学们都挤在教室外的墙脚晒太阳，穿着厚厚的棉衣和棉鞋，在雪中溜出的一条冰道上，比赛谁溜得最远。春秋的课间，在地上扇香烟盒中的画片，谁先把它翻过来谁就是赢家；还玩弹玻璃球、跳绳、踢毽子、下井字棋等等。校园里的小土包是郑哲敏爱玩的地方，高兴时放了学都赖着不回家。

郑哲敏七周岁时得了病。医生说是心脏病，症状是心动过速，每分钟心跳一百二十以上，甚至达到两百次，而且手脚发肿，常在运动后犯病。此外还有疝气，肩膀也经常脱臼，有人说这孩子活不长了。为了顺便看病，郑章斐到上海办事时带上了郑哲敏。在上海，郑哲敏好奇地观察街上来往的各式汽车，在一家外国钟表商店摆弄一个看似拍纸簿的东西，特别之处是写上的字抖一下就会消失。后来想起来，其实就是把一

① 郑哲敏学术成长资料全宗 > 郑哲敏回忆录 > "01 在济南"。

张透明膜蒙在软纸板上。在上海还曾经参观吴淞口炮台。1932 年"一·二八事变"①之后，炮台已毁，但仍然可以看出炮口大得足以让小孩的头伸进去。

那次旅行还去了宁波老家和苏杭一带。到宁波住在爷爷奶奶家，看见大伯父用艾草灸胸口来治胃病，觉得很奇怪。因为郑章斐不信中医，孩子们从来没有看过中医。在爷爷家，还遇上小叔叔的大儿子发高烧不退，导致失去听觉，不幸变成了聋哑人。记忆中，乘过京杭运河的小火轮。在无锡，郑哲敏险些出了大事。那天骑过毛驴后没把鞭子放回去，在回去放的时候，不经意地从驴屁股后面把鞭子插回鞍子，结果脑顶被驴蹄重重地踢了一脚。万幸的是那天头上戴着一顶厚厚的硬壳帽，居然安然无事。此事郑哲敏一直瞒着父母。

郑哲敏爱看汽车、火车、轮船、飞机，喜欢它们的外形和线条，特别是流线型，对它们的构造、操作和原理都很感兴趣。他用旧式铅笔刀在粉笔头上雕刻汽车模型，刻好几个之后当作玩具欣赏一番。住在商埠时，和大哥郑维敏钻进家北边的车站去看火车头，观看机车调头的转盘。

回济南后郑哲敏继续上学，只是不能太劳累。一旦犯病，就需要躺下休息几天。父母每次都细心照料。郑章斐一直很关心孩子们的健康情况，有一天带上好几个孩子到齐鲁大学医学院做全面体检，后来有一阵吃一种防止"大脖子"的西药，当时不懂那是为了补碘。父亲有两个西医朋友，一位姓赵，名字听起来像是赵近初，大概也是宁波人，另一位叫张运驹，北方人。张大夫是常客，经常来同父亲下象棋。孩子们有什么病痛，通常都是张大夫开药。

1932 年，郑章斐在经二纬四路口西北角租赁地盘，准备营建三层楼房。1933 年初，为建新楼，郑章斐家从商埠搬到济南城里院西大街（北邻翔凤巷），青年钟表店的后面。那个地方位于省政府前面的广场西边一点，有很深的院子，比较宽敞。

搬进新家的头一天，晚上电灯不亮，晚餐时点蜡烛照明。饭后过了一阵，郑哲敏回卧室，随手把一支点燃的蜡烛放在桌子就上床睡了。岂

① 1932 年日军进攻上海，发动"一·二八事变"。十九路军在蒋光鼐、蔡廷锴的指挥下奋起抗击，粉碎了日军侵占上海的企图，使得世界上知道中国还有一批能打的热血军人。

不知过后蜡烛燃尽，点燃了桌布。桌子紧靠窗户，旁边就是窗帘，一旦窗帘被点着，烧到上面纸糊的顶棚，就一定要引起大火。好在母亲发现桌布被点燃，及时制止了一场火灾。

搬家后，九岁的郑哲敏和十岁多的大哥郑维敏骑自行车仍然到商埠的第五小学读书，单程约六七里路。每天早上去学校都带上母亲给的铜板，主要用来在学校买早餐。通常喝碗粥，吃一个馒子和一个烧饼，偶尔也夹块肉，但这样做的次数多的话，就超过定额了。为此曾向小贩赊过钱，后来小贩的账本上竟然累计到一元钱，这令郑哲敏大为恐慌，回家后不得不硬着头皮向妈妈坦白，作检讨，好在像往常一样妈妈很宽大。在认识到错误以后也没有再犯，只用节余的钱偶尔买块烤红薯或者一碗肉汤浇的米饭，吃得特别香。中午有时不回家，偶尔去逛附近的一个露天闹市，看看西洋景，听人说大书，讲到高潮处，说书人停下来收钱时就偷着溜了。学校墙外经常有人带着驴队在那里休息，大概是给马路对面一家面粉厂和附近的一个酿酒厂驮粮食的。驴子的叫声很特别，引起了郑哲敏学驴叫的兴趣，回到家里有时在大人和兄弟姐妹面前表演。

大家放学回到家里，妈妈经常给孩子们吃些点心。郑哲敏特别喜爱的是用父母偶尔从餐馆带回来的烤鸭架子煮的稀粥，加酱油一拌味道特别香。再就是保姆做的葱油饼。然后，在家庭教师的辅导下做当天从学校带回来的作业或者家庭教师安排的学习，后者包括练习毛笔字和英语。家庭教师教的第一个单词是 blackboard（黑板），郑哲敏觉得拗口，顿时对学英语失去兴趣。

郑章斐的孩子们的校外生活蛮多样化，父母亲喜爱旅游，因此大家经常一块出去玩。父亲个子不高但走路很快，郑哲敏跟在后面需要一路小跑，母亲则跟在后面。大明湖、千佛山、趵突泉、黑虎泉、公园、动物园是他们熟悉的地方。有时父母让几个大一点的孩子骑毛驴去千佛山。他们还常常跟着父亲步行去大明湖，乘船游览历下亭、铁公祠和刘公祠等地。沿着去大明湖的石板小巷，下面潺潺流水，伴着这样的声音走路感觉特别好。有几年父亲还每年一次带全家到龙洞玩。这个地方比较远，需要租用两辆小汽车，带上吃的玩一整天。在青岛度暑假，汇泉浴场有两架小水上飞机，不时推出来在水上起降，这使郑哲敏兴奋不已。全家登崂山时，看到两个孩子在泉水里游泳，清澈的水里他们蛙泳的姿势美极了。郑哲敏十分羡慕，想要学会像他们一样的游泳。但是，父母担心他的心脏病，限制他运动，使他失去学习的机会。只是那优美的姿态留在脑海里，成为郑哲敏后来模仿着学游泳的模板。

家里比较宽敞，所以孩子们有较多的活动空间。郑章斐那时睡眠不好，胃也不太好，崔梅告诉孩子们别惊扰他，要尽量保持安静。郑哲敏常和大哥在另一个院子打乒乓球，冬天则在花园里打雪仗。郑哲敏爱看《西游记》、《三国演义》和武侠小说，孙悟空、诸葛亮、关云长、张飞、赵云、秦琼、岳飞、武松、李逵、鲁智深，还有黄天霸等绿林好汉是他心中的英雄。郑哲敏常到给父亲拉黄包车的王师傅那里听故事。人们叫他王四，是郑哲敏的朋友。他也常帮郑哲敏做木制刀棍、飞镖，还帮助和教郑哲敏养鸽子，安鸽哨。鸽子繁殖特别快，不久便满天飞了。用嫩柳枝或嫩叶吹哨子也是王四教的。

在家里大哥郑维敏个子高大，比较严肃，像个小大人。郑哲敏个子不大，活泼顽皮，在弟妹中像个孩子头。有一阵郑哲敏给弟妹们讲起了故事，一边讲一边编，他们倒也听得津津有味。

1936年听了几场著名的京剧，包括梅兰芳、金少山演的《霸王别姬》和谭富英演的《定军山》。一曲《夜深沉》令郑哲敏震撼，对京剧大感兴趣，学着唱了起来。钟表店也经营唱机和唱片，有不少京剧唱片，所以有学唱京剧的条件。郑哲敏爱唱几段三国戏，到今天仍然觉得有些京剧段子很有味道。如果不是因为抗战没了机会，说不定就当了票友。另外，父母还给郑哲敏买了个口琴，他琢磨着吹些曲子，用舌头打拍子，能成个调子，但没上到什么水平。

郑章斐的孩子们常有机会看电影，爱唱电影里的一些歌曲，例如《渔光曲》、《大路歌》、《毕业歌》等等。对有些电影老年郑哲敏仍有深刻印象，例如有一个电影讲从农村出来上学的一个穷孩子，进城后忘了本，背叛了自己的家庭和乡亲。印象深的还有美国电影《金刚》和卓别林的无声电影《摩登时代》，其中具有讽刺味道的是，用机器喂食（为了减少工人吃饭的时间）和卓别林在生产线上单调地用扳手拧螺丝，以至于见到一位弯下腰来的妇女背上的纽扣时就禁不住地用扳手去拧，这些场面至耄耋之年仍记忆犹新。

　　每年的农历新年是郑章斐家最热闹的时刻。除夕之前，全家要彻底地进行大扫除；母亲要准备各式各样好吃的，包括磨糯米和黑芝麻、包宁波汤圆、剥桂圆、炒年糕、切金华火腿等等。除夕晚要送旧年，迎新年。庭院里一张大桌子上摆满了供品和好吃的，上面还有生猪头，点上香。孩子们要磕头拜祖，迎财神，每人还会得到一份压岁钱，真是非常高兴。

　　在济南过中秋，街上也十分热闹，店铺前都张灯结彩，橱窗里陈列着嫦娥奔月和玉兔的模型，街上人们自发地举行游行，许多人化了装，有人踩高跷，更多的人边走边跳，许多地方都放各式各样的烟火，经久不息。

(二) 童年立志：读书

　　郑哲敏很喜欢骑车练车技。有一天兄弟俩放学骑车回家，快到家时郑哲敏一头撞上了一位挑担子的伙计，使热腾腾的包子撒落一地。那位小伙计一把抓住他要赔钱，幸好包子铺老板认出是亨得利老板的孩子，把兄弟俩放走了。据郑哲敏回忆，事后包子店一定是向父亲要了赔款，不过父亲没有责备过他俩。

　　郑章斐看到淘气、机灵的二儿子慢慢长大，有一天同他进行了一次严肃的谈话。他讲到做生意没出息，被人看不起，有时还受到霸道顾客的侮辱；祖父没有能力供他读书，因此到县城读了一年初中就只好去当学徒自谋生计。没能继续学业使他终生遗憾。郑章斐鼓励儿子一定要立志读书，以学问谋生。这次父子谈话，指明了郑哲敏一生的方向。

　　郑章斐年少时梦想读大学，因家境贫寒辍学而痛哭。经商成功后，他没有要求子女接班做生意，鼓励儿女全都走上读书的道路。与他共同经营钟表行业的亲兄弟们和许多近亲的子弟们也都选择了相似的道路。在远近亲戚中，凡有志于上大学但又遇到各式各样困难的，郑章斐都慷慨资助。

　　1934 年 9 月，亨得利新店在经二纬四路口西北角的新楼正式营业。新店钢筋混凝土结构，装修洋气，还安装了暖气，楼前挂着"亨得利"三个大大的金字 (图 1.3)，在济南有很高的声誉，被认为是同行业中最好的。看着这几个大字，十周岁的郑哲敏暗自想，长大后也一定要成为最好的。这是郑哲敏第一次立志——达成父母的期望。

图 1.3　老照片，济南市经二纬四路口西北角的亨得利，往北是火车站

1949 年 1 月 12 日，亨得利钟表店遭遇轰炸，多人死伤，房屋、商品全部被毁。

五年级时有一堂自然课，老师讲解飞机的升降和转向是如何通过操纵副翼、升降舵和方向舵完成的。这给郑哲敏留下深刻印象，并引起他比较浓厚的学习兴趣。后来，他用这个知识叠纸飞机。

郑哲敏常到店里的修理部去看师傅们拆装钟表和修理、更换零件，逐渐有了兴趣并开始自己动手拆卸和安装钟表。这样就逐渐熟悉了钟表工作的原理，特别是手表的擒纵机构，因为它控制着表的计时精度而且安装也需要特别细心，尤其是游丝很容易受损。有些师傅在缺少配件的条件下，硬是完全凭借手艺，用简单的虎钳、锉刀和钳子把精细的零件制造出来，令郑哲敏特别佩服。

一位姓李的家庭教师很有耐心，很认真也很热情，听说是从北平一个大学毕业的，教会六年级的郑哲敏英文字母的音标和使用英文字典查阅生字，为中学时期郑哲敏自学英语、阅读英文教材打下了基础。

小学毕业后郑哲敏投考济南商埠甘石桥的育英中学，兄长维敏已在那里读书。入学考试没把握，所以看发榜时心情忐忑。那天大姐企玉陪着去看榜，在紧张地找了一阵之后，她终于发现弟弟榜上有名，郑哲敏提起来的心这才放下。这是郑哲敏一生中唯一一次缺乏信心的入学考试。

1936 年 9 月郑哲敏进济南育英中学读初一。

一位留着大胡子、比较年长的代数课老师，使郑哲敏对代数有了浓厚的兴趣。这位老师的教学方式十分活泼。譬如说上课时他叫学生们都站起来，命令大家向前后左右转身，每转一次都同时重复一个代数恒等式，像是做游戏，在欢笑中就把常用的公式记住了。郑哲敏发现用 x 代表未知数竟然使一些小学时很难做的四则运算问题变得如此简单，觉得非常奇妙。

(三) 开始担心国家命运

日本帝国主义侵略使童年郑哲敏渐生忧虑，开始担心国家命运。

北伐军经过时，大家都唱"打倒列强！打倒列强！除军阀！除军阀！国民革命成功！国民革命成功！齐欢唱！齐欢唱！"。郑哲敏印象极深，终生未忘。虽然不大理解，但鸦片战争以来中华民族所受的耻辱和国家要翻身的奋斗目标，已经深深地印在郑哲敏心中。另一个印象极深、影响他一生的是破除迷信。常常听到一些砸迷信物品的故事，他认为那是应该做的事。课程规定要学《大学》和《中庸》，但他觉得难懂，不感兴趣，听课做习题都是应付应付而已。大约是受那个时代和家庭的影响，重理工、轻文科，认为中国许多东西都是落后的，甚至把一切都归结于迷信，认为封建主义和帝国主义都是坏的，要向西方学习的思想开始萌芽和生根，认为这才是救国之道。

"九一八事变"后，济南民众纷纷上街游行示威，强烈抗议日本侵略，给郑章斐的孩子们留下深刻印象。七周岁的郑哲敏模仿大人，曾带领四岁的二妹和三岁的三妹、两岁的三弟在家进行过一次小小的游行示威。对象是父亲店里的一位修表师傅，原因是这位男师傅涂脂抹粉，使孩子们感到十分别扭。游行后郑哲敏把一盆水倒在了那位师傅的床上。郑章斐严厉斥责淘气的儿子，用草绳把他捆绑起来，怒斥着要把他抛进一口井里。

1934 年 9 月，郑哲敏升到高小，参加了童子军 (图 1.4)。由于日本侵略，特别是侵占东三省，所以童子军的活动同军训很相似。个子小、身体灵活、反应快的郑哲敏得到体育老师的喜爱。体育老师教他练武术，包括拳术和舞弄刀枪，并安排他参加 1935 年济南市夏季运动会。练习时出了差错，同伴在郑哲敏的脑门上砍了一刀，流了血，好在并不严重，他头上扎着纱布坚持参加运动会。

图 1.4　1934 年郑哲敏童子军照

1936 年上初中后，学校的军训十分严格，动作要规范、守时、有纪律、经得起烈日下长时间的操练、有集体精神、听从命令，还一遍遍地高唱《义勇军进行曲》等抗日歌曲。当时心脏不太好的郑哲敏也都坚持住了。

1936 年暑假，郑哲敏小学毕业，全家登泰山。爬到中天门，郑哲敏觉得已经很高了，可是远远望去在更高的地方还有南天门，简直像在天上一般，令人吃惊。登上南天门后全家在山顶住了一宿，第二天一早，穿着临时租来的大棉袄看日出，景色非常壮观。周围的群山都在脚下，黄河好像一条丝带绵延而过。为了游泰山，郑章斐专门买了一台爱克发 (Agfa)相机，一家人站在泰山之巅拍了照片 (图 1.5)。可惜四妹企克和五妹企仁因为年龄过小，没有一起去。

图 1.5　1936 年夏泰山合影
(左起：后排企玉、崔梅、郑章斐、哲敏、维敏，前排企静、企肃、友敏)

读小学六年级时，听到日军不断蚕食华北，1935 年相继制造"察东事件"、"河北事件"、"张北事件"，迫使中国军队从察东、冀东、河北步步撤退，12 月在北平成立冀察政务委员会，变相"华北自治"。日本还利用民族分裂分子于 1936 年 5 月建立"蒙古军政府"，逐步侵占内蒙古。读初一时，日伪军在 1936 年 11 月进攻晋绥军，傅作义率部胜利抗击，即"绥远抗战"。1936 年 12 月发生"双十二事变"。一系列事变令少年郑哲敏不安。还隐隐听到关于朱、毛的传闻和济南的学校有学生在宿舍里半夜被捕。院西大街郑家居住的钟表店门前，每周二、四、六都有一连串插着第三路军旗子的卡车，押着五花大绑的死刑犯开赴法场，这一切使他感到恐惧和疑惑。

郑章斐有读报习惯，爱看《大公报》，并且仔细分析形势。当时的中国已是"山雨欲来风满楼""黑云压城城欲摧"。根据自己的判断，1936年他派人赴四川成都筹建分店，准备一旦日军侵占济南便内迁。

三、避难章水①(1937.7~1938.2)

(一) 奔丧宁波

1937 年刚刚放暑假，一个清凉的早上，郑章斐一家正围坐在院子里吃早饭，有人送来了一封电报，告知祖父郑宏鳌突犯重病。郑章斐当场决定，由他带领长女、长子和次子马上启程赶回宁波家乡，妻子在家待命。

当时，刚读完初中一年级的郑哲敏哪里知道，从此他就离开了生于斯长于斯的济南。入夏时他曾经捡了一只小猫，瘦得很可怜，于是养了起来。离开济南后那只小猫不知去向，但老年郑哲敏仍然清晰地记得它的可怜相。

郑哲敏和姐姐、哥哥随父亲乘火车抵达上海，收到宁波来电，得知祖父郑宏鳌已过世。于是郑章斐带领三个儿女火速奔丧，同时电召崔梅，要她率其余子女迅速赶往宁波，除了当时最小的妹妹企仁留在济南，全家都回到了宁波。

祖母半身不遂，祖父去世时她已卧床九年。自从祖父有病，长年卧

---

① 郑哲敏学术成长资料全宗 > 郑哲敏回忆录 > "02 在宁波"。

床的祖母心情焦急，大概是预感祖父将不久于人世，就有意少吃少喝，甚至不吃不喝。她那本来病弱的身躯支撑不住，在祖父逝世第四天，她也悄然离世。

郑宏鳌的儿子、儿媳、女儿、女婿和孙辈们从济南、青岛、福州赶来奔丧。赵天德衕 (宁波城内地名，得名于巷内的赵天德染坊，后名天德巷) 祖父母家布置了灵堂，墙上挂满了大幅帷帐、挽幛、挽联、条幅、花圈，白花花一片，儿孙身穿麻布孝服，头戴孝帽，腰缠草绳，在二老遗像前磕了头。当时，整个家族照了一张合影，成为现在郑家仅存的一张珍贵的全家照片 (图 1.6)。

图 1.6   1937 年 7 月 11 日郑氏家族合影 (郑企琼提供)
(前排左 2 郑企肃、左 4 郑维敏、左 5 郑哲敏、右 3 郑友敏、右 1 郑企静；二排左 4 郑企克、右 1 郑学敏；三排左 4 母亲崔梅、右 2 姑姑郑玉英、右 1 郑企琼；后排左 3 五叔郑章德、左 4 父亲郑章斐、左 5 大伯郑章焕、左 6 二叔郑章华、左 7 四叔郑章汉、右 1 郑企玉。照片上端为 1937 年 7 月 11 日大伯郑章焕手书)

不久，家里来了许多念经的法师与和尚做法事，这些事情孩子们实在是不懂。出殡的场面很大。那是个大暑天，长长的队伍里有直系家族大小成员，远、近亲朋好友，念经的法师与和尚，还有擎旗的，奏乐的，举纸人纸马的。为了防日晒，整个队伍还用珠罗纱罩着，吹吹打打沿宁波的几条主要大街行进，堵塞了甬江桥，交通为之暂断。

初到宁波，在北方住惯了的孩子们很不适应那里炎热且潮湿的气候，个个长一身痱子。在蚊虫叮咬下，抓破的地方流水，身上和头上都长了脓包，真是苦不堪言。母亲给他们抹药膏，但伤口久久不能愈合。

亲戚到全后只能住店。郑章斐一家住在甬江外滩的东亚旅店，每天一早可以观看上海来的客轮停靠码头。轮船的线条很吸引人，轮船停靠码头的过程也蛮有意思，所以郑哲敏常常趴在窗台上看个没完。一条来往于上海和宁波的船叫做"江华轮"，漆成黄色和绿色，很美；还有一条是常见的黑白色。旅馆外小贩很多，特别是卖新鲜鱼虾的小摊贩。黄包车也多。天刚蒙蒙亮街上便十分嘈杂，人们叫卖、说话和吵架的声音很大，火气也显得特别大，包括拉黄包车的车夫，动不动就争吵了起来。另外，许多人打赤脚，光膀子，袒胸露腹，这在济南很少见，令习惯了北方生活的他们很不习惯。

在宁波期间，郑章斐带领全家游览了宁波天童寺和阿育王寺、溪口雪窦寺。郑哲敏记得天童和阿育王两寺的素餐非常好吃。那天近黄昏，一家人赶到了一个瀑布下，听说有强盗出没，停留很短时间就离开了。

(二) 避难章水

郑家治丧期间，发生了震惊中外的"七七事变"。8月初郑章斐携长女、长子和郑哲敏回济南，路过上海发现形势紧张，战争一触即发，即令三个儿女返回宁波，独自去济南处理店务。8月13日，日军入侵上海，中国军民奋起抵抗，淞沪会战自此打响。

很快，日机开始轰炸宁波。郑哲敏和兄弟姐妹随母亲到章水镇避难，在郑家村祖屋短住后，搬到崔家岙村外婆家。孩子们辍学了，在四明山区度过了一段前所未有的农村生活。

章水镇位于鄞县的西端，朝东进入平原，朝西进入四明山。章水镇西北三四里的密岩村背后，现在是皎口水库。从密岩村向东南，章水 (又叫章溪) 处在一条逐渐展宽的山沟里，径流量相当大，汛期洪水汹涌澎湃。一些村子沿河散落，外婆的崔家岙村在紧邻章水镇的章水右岸，爷爷的郑家村坐落在崔家岙村下游四里的章水左岸。郑家村下游三四里，一道石崖逼近章水左岸，崖底道路狭窄崎岖，石滩水流宽阔湍急，折向南流。此崖名叫"天象岩"，号称"四明锁钥"，是经章水进四明山的咽喉要道。

传说建炎南渡 (1129~1130) 的中原难民到这里定居，每一个村子属一个祖姓。

据传郑氏先祖在靖康之变时应募入伍，参与了汴京保卫战。南渡后又参与了在明州 (今宁波) 对入侵金军的抵抗。最后落户余姚。郑姓两兄弟在明朝洪武三年 (公元 1370 年) 沿溪而下迁居章水左岸一个半圆形小山包下。历经几百年，风水宝地——小山包松林茂密，起名月亮山，两户人繁衍成为有几百户人的郑家村①。两兄弟后裔各修一祠。哥哥那支的上祠堂修得很气派，门前一棵樟树，挺拔高大，枝叶繁茂。前门柱对联曰，"锦绣峰山中望月，碧龙湖水底观天"；后门柱对联曰，"庙貌同月山永峙，恩波与章水长流"。弟弟那支的下祠堂建筑比不了上祠堂，现为一乡镇企业。

郑宏鳌 (1857~1937) 属于下祠堂，生日恰逢宗祠上大梁，得乳名堂梁②。如果这是下祠堂初建，那么下祠堂应当比上祠堂晚建 110 年。下祠堂家谱已失，现仅有残缺的几页手抄件。据宁波"天一阁"藏上祠堂的《章溪郑氏宗谱》记载，咸丰四年 (1854 年)、同治十二年 (1873 年) "宏"字辈已经参与主持修上祠堂家谱，而下祠堂的郑宏鳌咸丰七年才出生；光绪十九年 (1893 年) "宏"字辈已经是主修上祠堂家谱的房长，而这时郑宏鳌 36 岁，长子章焕不知是否出生，当属婚育较晚。

郑宏鳌种稻田和贝母，兼做贝母生意，把家乡出产的贝母运往宁波销售，虽家境能让子女读书识字，但必须放牛劳作。郑宏鳌人到中年，方才在上月亮山的小路边盖起一排三间两层木结构房子，底层屋门前有遮阳挡雨的瓦檐廊柱。

这房子 2012 年尚在 (图 1.7)。东侧山墙脚的一通界石，刻有"祥兴己墙"四个大字，右首还刻有"永作墙脚毋许变动"八个小字。这座百年老宅，无声地告诉我们，当年郑宏鳌的家境从贫穷而至小康。特别是，从墙脚界石刻的字，可以感到郑宏鳌奋斗出这三间木屋时的欣喜，勒石告诫儿孙，一定要守住这份家业。后辈称郑宏鳌为祥兴里太公，是否郑宏鳌字号"祥兴"？隔了几座房子，在小巷东北头还有两间同样形式的沿路木屋，是郑宏鳌续建的老宅，加起来一个儿子一间，但他的财力不足以让五间房连成片，也没有建成自家院子。

---

① 章溪郑氏宗谱，1913 年聚新堂木活字本，宁波市天一阁藏。

② 2012 年 4 月 25 日笔者访问宁波鄞州，在郑家村得知郑宏鳌的乳名。

图 1.7　郑宏鳌的老宅 (左) 和山墙脚的界石 (右)

郑宏鳌没有想到的是，老三郑章斐学徒有成，当了经理，带动老二、老四、老五一起做钟表生意，20 世纪 20 年代末在老宅西北边另外买地盖了新房。新居比较体面，两层楼，四周砌有石围墙，面积不算大，有大小三个门，大门朝南，边门朝东，北面还有一个后门。中间是个长方形庭院，一排坐北朝南的正房，包括客厅、厢房、厨房，南边大门门楼上又有几间简易的房间，共十几间屋子。老宅由四子章汉继承，郑宏鳌把新居分给了其他四个儿子。

发了财的郑宏鳌家随即遭到土匪绑架①。当时郑章汉正在家，因为参加劳动，不像财主，土匪竟然当面错过。妻子急中生智，声东击西地掩护他逃走。如此这般，郑家不敢再住章水，1930 年前后，郑宏鳌一家人搬到宁波城里租住。

郑宏鳌在著名的藏书楼"天一阁"不远处租了一幢两层小楼，天井里放着几只大水缸，一只缸里养了金鱼，其余几口缸盛满雨水，作饮用水。老妻身患类风湿病，半身瘫痪，由四儿媳照料。1925 年出生的小孙女郑企琼同祖父母和母亲 (四儿媳) 住在一起，在近处小学读书，也帮着做一些力所能及的家务。每日放学回家，祖父必在客厅摆上一张小板凳，一张小桌子，让孙女练习毛笔字。有时用一枚铜钱放在笔杆顶上，看它是否会掉下来。当然，笔拿得直就不会掉，笔拿歪了就掉下来。郑宏鳌就这样来纠正小孙女的写字姿势。他常说，能算会写最重要，女孩子也要读好书。一个在鸦片战争 17 年后出生的农民，在 20 世纪 30 年代有这

---

① 郑哲敏学术成长资料全宗 > 访谈资料 >20120421 采访郑晓叶 > 郑晓叶回忆录 > "乡情"。

样的眼光,在当时的中国是不多见的。这就是宁波与众不同的乡风。他的儿子学习写算之后,从农民变成了老板。这位年逾古稀的老人,要把这成功的经验用到心爱的小孙女身上。

1937 年 11 月,郑章斐离开济南去了成都。1937 年 11 月中旬上海、12 月 13 日南京、12 月 24 日杭州、12 月 27 日济南相继沦陷。日寇在南京大屠杀,在杭州和富阳一带烧杀①。宁波遭遇日寇轰炸,崔梅只好带着八个孩子到乡下躲避。郑企琼和她的继母也搬回老家,住进月亮山路边的老宅。当时日军急于向西进攻武汉,只是轰炸宁波,直到 1941 年太平洋战争爆发前半年多才侵占宁波。

郑哲敏第一次来到父辈 20 世纪 20 年代末盖的院子。爷爷家门外不远的路旁是一条小河,小河与南边的大河——章水相通。城里来的孩子眼中,许多人在小河里淘米,涮马桶和洗衣服,互相并不在意。饮水做饭则靠"天落水"。爷爷家房前有一排大水缸,从屋檐上接雨水。而多年生活在家乡的郑企琼眼中,小河上游淘米,下游涮马桶,次序是不能颠倒的。

不久后,崔梅带着她的孩子们搬到了上游四里崔家岙村 (图 1.8) 的娘家。

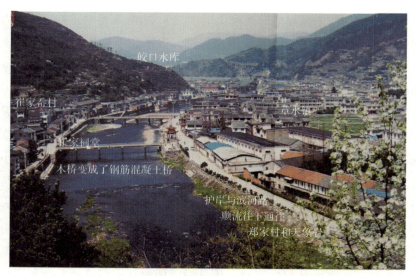

图 1.8　今日章水镇和郑哲敏抗战时逃难曾经住过的崔家岙村

(取自画册《四明印象・章水》)

---

① 楼子芳主编的《浙江抗日战争史》,杭州大学出版社,1995 年出版。

(三) 回忆家乡

　　乡村生活，对城里长大的孩子来说一切都很新鲜。2011 年，郑哲敏 87 岁时写的回忆录摘抄如下，足见他观察敏锐并且记性很好：

　　"崔家吞坐落在章水溪南侧的山坳里。外婆住的二舅家与另一家堂房面对面共用一个小院。同许多家庭一样，他家是一个三开间的两层木屋，中间用作客厅，后边隔出一间'账房'兼作楼梯间，右手是厨房和用餐的地方。二舅把中间房的二楼腾出来给我们住，这一间有个楼梯下楼，所以又是二楼的通道。我们全家，包括妈妈和大小八个孩子都挤在这个房间里住。

　　"二舅当时有一个女儿和一个儿子，还雇有一位长工。女儿的一只脚残废了，现在看来是因为小儿麻痹症造成的。他家的儿子有一天突然病倒了，全身抽动，请来的医生也无计可施，第二天凌晨便去世了，有人说他吃了过量的银杏，我们将信将疑。

　　"二舅在村子的河对面有一小片贝母地，上面种有一些桑树。在村子东边山丘上有一片白薯地。另外是不是还有田地，我们就不知道了。大门外有个牛圈，两头黄牛平时出租给深山处的'里山人'，冬天才领回来喂养，补充一些粮食。家里养了两条狗，打猎时也用作猎狗。

　　"村前架有一条木桥，通对岸的'街里'，即现章水镇政府所在地。给我留下较深印象的是对面桥头的一棵高大银杏树，这棵树现在仍在。雨季时桥会被大水冲倒，好在它是用铁链锁住固定在岸上的，大水过后木桥可以重建。村子这边的桥头摆满了粪缸，是村民们用来给地上肥的，气味很大，刚去的人开始都不太习惯，时间长了也就不在乎了。平时河水不深，可以涉水而过，大水来时，胆大的孩子们往往拉着牛尾巴游过河。河水清澈见底，孩子们在岸边钓鱼或者在石缝里摸鳝鱼，岩石上还有螺蛳，捡回家烧着吃味道也很不错。河里还可以游泳。我和大舅的儿子经常在河边玩。他教我怎样钓鱼，怎样找鱼饵，从他那里我才知道原来钓鱼还需要鱼坠和鱼漂。

　　"村东不远的山崖旁是浅滩，接着是比较深的潭。这条河能行小船，但更常见的是竹筏，大概是因为沿河有许多浅滩，比较便于竹筏通过。竹筏上可以装载不少货物，上行过滩船老大需要使劲拉纤。河里有一种鱼，本地人称其为蜜光鱼。镇的西头解放后建了个水库，称为皎口水库。1985年我回老家，人们告诉我，自从建了水库蜜光鱼便消失了。记得以前河中还有甲鱼之类，也许它们仍存在。过去河两边的山上全是森林，郁郁葱葱地长满了成材的大树，记得其中有高大、成片的杉树林。

"不论崔家呑或郑家村，现在的民居基本上都是老样子，同我们在时差不多。外婆家和爷爷家前几年去看都是老样子。重要的差别是人们用上了电灯、电饭锅、电视等电器。崔家呑村前的木桥改成了钢筋混凝土的了。镇子里多了些小工业。这个山沟沟还被确认为浙贝的原产地。

"过去，山上和村旁都长着成片的竹林，竹笋是当地一种日常的重要食品，竹子是制造多种日用制品的材料和建材，两者也都是外销产品。人们身上带的短砍柴刀既可用来砍和劈竹子，也可做一些精细的活。祠堂前面常常有本地匠人在那里编竹席，做竹筐。人们还告诉我们，竹笋从地里钻出来的速度很快，但竹林一旦开花就会成片地死去。

"采桑，养蚕，缫丝，纺纱，织丝绸是妇女们都要做的工作，自用或外销。丝织品以外，人们还用棉纱在土制织机上织一种蓝白相间的漂亮的土布和带子。妈妈时常让人在屋檐下搭起桌子，请裁缝师傅来到家里做衣服，他们来的时候都手持小布包，里面包着工具。

"男人们干地里活，二舅对种贝母很有讲究，下一颗贝母做种子，只能收获两三个，产量很低，所以下种需要很细心而且把它们在地里排列得非常整齐。再一件经常的活是上山捡柴，通常都是捡些落在地上的小树枝。大哥和我曾跟着二舅上山捡柴，回来时我们两人用扁担扛，才干的时候感到很吃力，肩膀很疼。我还负责放过黄牛，带着它在河边的草丛中吃草。我觉得牛啃草的声音很好听，看到它身体两侧肋下慢慢鼓起来也是一件很惬意的事。

"冬闲的时候，人们上山打猎，有时单人行动，打野猪则必须组织起来一起去。我们吃过一次野猪肉，比家猪的肉瘦，也很香。听说山上还有麂，虽然我没有亲眼见过，可是看到冬天人们穿着麂皮做的袜套穿草鞋。当时猎人用的是很原始的土枪，需要先把黑火药装进枪筒，然后用干草、旧棉絮一类的东西使劲把枪管堵紧。扳机附近有个点火装置和引火。火药装在牛角里，如果受了潮，就会哑枪，点不着火。跟着打猎才知道有两种子弹，一种是铅弹，用来射杀大型猎物，另一种是铁制的散粒，用以猎水鸭、野鸡之类的飞禽和野兔。有一次跟二舅打野鸡，我已经直接看到树丛中的猎物了，可是猎狗并不直接奔向目标，而是嗅着它的足迹绕着跑直到接近猎物把它赶跑，这使我感到吃惊，难道这是一般规律还是因为这是条没有经过专门训练的猎狗。它是条较为矮小的黄狗，平时我很爱带着它玩耍。

"在我眼里二舅也是个捕鱼能手，有的晚上他带我撑船到那个深潭去叉鱼，我们手持火把靠岩边行驶，这时会有鱼儿游过来，舅舅把钢叉猛地叉下去，往往能有所收获。白天有几次他带我乘船撒网打鱼，他站在船头上把网在胳膊上展好然后稳稳地撒出去，网张开来圆圆地落进水里，同时发出好听的响声，使我很佩服。还有一次组织了规模较大的捕鱼行动，几条竹筏把深潭的上下游卡住，水下和竹筏上都把渔网张开，然后两组竹筏相互靠拢，距离近的时候就有不少鱼蹦上竹筏被捉住。可惜不久天黑了下来，人们也很疲乏了，于是决定暂时停下来，等第二天天亮再继续捕鱼。当夜我们就睡在鹅卵石河滩上，我睡得很香，可是一觉醒来，半夜涨了水，被包围的鱼都跑掉了，我们空手而归。

"关于那个捕鱼的深潭，多年来有个疑问一直困扰着我。二舅告诉我这个地方归他，可是我不理解，为什么个人可以拥有一条河某一段的专用权呢？

"厨房旁放着一口火缸，平时把尚未烧尽的枝杈都堆在里面。利用缸里的余热可以熬粥，烤红薯和土豆等等。腌雪里蕻几乎是顿顿必备的菜肴。雪里蕻成熟的时候，每家每户都忙着腌雪里蕻，先把它洗净，然后撒上盐分层铺在缸子里，人们脱了鞋，光脚丫站进缸里一遍遍地把雪里蕻踩实。所腌的雪里蕻要足够全家一年的食用。有句谚语，宁波人三天不吃雪里蕻，两腿感到酸汪汪。从小我们就爱吃妈妈做的腌雪里蕻炒年糕，腌雪里蕻炖的黄鱼汤，蚕豆汤和墨斗鱼。

"耕牛老的时候，往往被杀掉当肉吃。我跟着去看过人们在山沟里杀牛，如同一些人所说，牛面临宰杀时确实流了泪，这令我有些伤心。外婆是不允许在自己家里的灶上煮牛肉的，所以必须在地里找个地方。有一天大家不知从什么地方搞到一块狗肉，于是我们躲在野地里生火把肉烧熟吃掉，味道确实很好，应了当地人的一句话，狗肉香，菩萨都要来瞧瞧。

"过年是个很热闹的时光。家家都忙着准备过年吃的东西。年糕和汤圆是必备的。做年糕先要把一种米蒸熟，然后分批放在石臼里，两个人抡起木槌轮番捶打，直至将其捣得非常细腻，然后再放进专制的木模里做成年糕，最后上锅蒸熟。做汤圆要先把糯米泡透后用石磨碾，再用布裹起来把多余的水排出来。另外，要干磨炒熟的黑芝麻，拌上生猪油和糖制成汤圆馅。水煮的汤圆要白里透黑，亮晶晶的才好。另外还要准备水煮猪头肉、火腿肉等等。孩子们围着干活的大人们转，吵吵闹闹、喜气洋洋地看热闹。

"家乡有许多很特别的习俗值得回忆。办红白喜事请来的客人，每家都会随身带来一个或几个小提篮，为的是用餐时把一些食物带回家，叫做节食饭。例如餐桌上的橘子，剥开来一片一片地搭成塔状，人们会抓几片放在这种篮子里。

"婚礼上闹洞房也是常见的事。那年冬天适逢我的一位大堂姐郑珠球结婚，新郎叫许云亭。为了参加他们的婚礼，那天我们回到爷爷家过夜。就餐前我们被要求捉弄一下新郎官，办法是给他盛饭时在碗底放一块饼，上面系上一根黑色棉线，让它在盛好饭后稍稍露一点头。粗心的新郎用餐时会把它当成异物抓起来，这样必然会把米饭撒在桌上，使他当众出丑。好在这位新郎很仔细，没有上我们的当。巧的是，这位新郎是后来我在力学所的一位同事和好朋友朱兆祥在浙大土木系的同班好友，解放前老朱还到过我们那里，对我们家乡一带相当了解。解放后，许云亭和郑珠球也双双来到北京，许云亭在铁道部任工程师，从事桥梁工程方面的工作。前几年去世了，之前，还赠送我一部他的著作。

"乡下也有一些陋习。有件事我们最不能接受。妈妈在崔家坳生下最后一个孩子，是我们最小的一个妹妹。出生后没有几天便夭折了。有人来把她用草袋包上带走了。事后我们知道，由于年龄过小，乡规不允许土葬，必须把她挂到远处的树上了，目的是让老鹰把她叼去。这实在是太不可思议了，在现代社会居然还有如此野蛮的事发生。这是我们心中永远的痛。"

章水镇没有中学，五个月的学业时间便随着玩耍过去了。

郑章斐去成都新开了一家钟表店，这是一年前预见并安排好了的。他从成都来信，要郑维敏和郑哲敏跟随四叔郑章汉一同到成都去。1938年春节后的一个下雪天，阳历二月的一个早上，刚满十五岁的哥哥和十三岁零四个月的郑哲敏辞别母亲、姐姐和弟妹们上路了。

想不到，这一走竟然整整八年才再次见到母亲和弟妹们。

家乡的印象就此深深地刻在弟兄两人心里，一生不忘：山水秀美、物产丰饶①、民风淳朴、文脉厚重②、四明锁钥 (图1.9)、抗日圣地③。家乡山和家乡水，家乡田和家乡菜，家乡人和家乡话，丝丝不断地永远牵连着远走他乡的游子。

图1.9　今日天象岩峭壁下的"四明锁钥"牌楼
(2012年4月25日摄)

---

① 画册《四明印象·章水》，中共章水镇委员会、章水镇人民政府编，宁波摄影家协会图片中心制。

② 宁波出版社2012年4月出版的《章水诗抄》，集唐至民国时期旧体诗360首，内有李白等名士佳作。王安石 (1021～1086) 26岁任县令，在鄞县开"变法"与"府学"之先。唐宋时宁波已是中国外贸港口。后世学派辈出，名家荟萃，更有天一阁闻名于世。

③ 抗日战争时中国共产党在四明山建立抗日根据地，章水是其门户，崔真吾烈士在崔家岙建立启明学校，李敏烈士1944年在章水镇壮烈牺牲。《四明锁钥·章水》(中国方正出版社，2006年) 记录了这些史实。

四、在成都上中学① (1938.2~1943.7)

(一) 六千里入川

　　早在 1936 年，郑章斐审时度势，曾赴四川成都筹建分店，准备日军一旦侵占济南时作为资金内移的根据地。他入行二十多年，出徒后已经做了十七年经理，资金、货源、经营和人手样样具备，1937 年底到成都自立门户，开创"大光明钟表眼镜行"，店址选在最繁华的春熙路和总府街 (也叫做提督街) 路口。

　　新店开张后，郑章斐要两个儿子去成都读书。

　　1938 年 2 月初，哥俩跟随四叔和一个年轻店员，坐汽车穿过四明山和会稽山到金华，从金华改乘火车走浙赣线到南昌，从九江转乘轮船沿长江到武汉、宜昌、重庆，再乘汽车到成都，行程约六千里，历时一个月。

　　郑哲敏和哥哥郑维敏离开尚未经历战火的四明山，看见到处都是惶恐不安的人，到处都有流落街头的难民！少年的心灵受到强烈冲击。虽然不知日寇屠城详情，但南京惨案的消息已在神州不胫而走。中华民族到了最危险的时候！在汉口，哥俩看见有许多青年学生上街作抗日讲演，控诉日寇暴行，也有人在街头义卖，还有人号召市民募捐买战斗机打日本鬼子，感到民众抗日热情高涨。

　　自哥俩离开济南，只半年时间，大片国土沦丧。国民政府决定暂迁重庆，大批人员、物资内迁，还有千百万难民慌不择路，水陆交通十分困难。郑哲敏一行的处境虽然比拖家带口的难民、流亡内地的学生好得多，不免仍然经历艰辛。他们在武汉只买到去宜昌的轮船票。到达宜昌的第二天，郑章汉通过轮船上的一位厨师买到四张去重庆的票。那个晚上四人被偷偷送上船，郑哲敏被领到一个有上中下三层铺的船员睡舱，塞进下铺底下狭窄的夹缝里。那天他心脏病复发，躺在那里既热又憋气，非常难受。夜深后突然听到四叔和大哥呼唤，郑哲敏连忙钻出床底，在码头上找到了他们。原来，开船前船长例行查船时，藏在锅炉房一侧的他们被查出赶下了船。过了几天，不知四叔通过什么关系搞到了一艘英国太古轮船公司的正式船票，又一个晚上四个人高高兴兴上了船，天不亮

---

① 郑哲敏学术成长资料全宗 > 郑哲敏回忆录 > "03 离家八年 (成都)"。

就起航了。郑哲敏兴奋地跑到船头观看，很奇怪，船行不久又掉头回到了宜昌，原来船长的羊癫风突然发作，取消了这班航行。这样，四个人滞留宜昌半个多月。二月份是长江的枯水期，大一点的船都停航了。最后，等到一班法籍轮船上的露天舱位，终于成行。

进出四川是单行线，昼航怕轰炸，夜航怕触礁。为了探测水深避免触礁，航行时不断有船员在两侧甲板上测量水深，并大声吆喝，向驾驶舱报告水情。进入三峡，峡谷陡峭，航道弯曲，江水浑浊，湍急咆哮，令人惊心动魄。船过清滩的时候，突然感到船身猛烈震动，马达和水流声猛地大了起来，郑哲敏赶紧跑到船头，只听马达声不断增强而不见船体前进，滩中巨大的岩石激起高高的浪花，发出雷鸣般的声音。就这样，轮船同水流僵持多时，然后突然冲了上去！正前方是一座山，船冲上滩后必须马上向右转，否则会撞上山崖。左边和前方山坡上站了不少人，船上有人说他们在等待船只失事以便打捞落水物品。不知是否属实，总之，听起来令人毛骨悚然。

在重庆上长途汽车，看见驾驶室司机的另一侧安装了一个烧木炭的炉子并附有一个手动的鼓风机，原来是煤气发生器，因为缺油改烧煤气了。煤气动力不足，车子不时停下来。如果停车时遇到坡路，副驾驶便赶紧下车，搬石头顶车轮，防止车子下滑。这样经过内江，两天后到了成都。

到成都后，和在济南一样，哥俩和父亲、叔叔、店员都住在自家店里。

郑哲敏到成都时正值台儿庄大战。四月初台儿庄告捷，五月徐州失守，六月初花园口黄河决堤，六月底马当要塞被袭，九江到武汉的长江航线成了战场，十月武汉沦陷。如果不是郑章斐及时召唤，再晚几个月，这条沿长江横穿赣鄂进川的路就不通了。

(二) 休学和自学

1938 年 3 月，郑哲敏随大哥郑维敏进建国中学读初二下。大哥原来在济南读过初二，插班没问题。郑哲敏原来在济南只读过初一，因学业荒疏、跳级和语言不通，患头痛病被迫休学。

9 月，郑维敏转学到重庆的南开中学读初三，郑哲敏则由父亲带着求医治疗。头痛原因众多，其治疗颇为棘手。在西医方面，看过华西医院神经科，不过那时郑哲敏以为只有精神病人才到那里去，不配合治疗。看过耳鼻喉科，在医生的建议下摘除了扁桃体。还托人联系到南京大学名医戚寿南 (宁波人) 的诊所看病。在西医没有找到有效办法的情况下，郑章斐又带儿子去看中医，实际上他并不相信中医。有一次中医在头上扎针，有的就扎在太阳穴上，这使郑哲敏十分紧张，因此很快就放弃了。排除了颅脑病变和外伤、药物刺激、全身系统性疾病等因素，最后弄明白吃阿司匹林能缓解郑哲敏的头疼。

另一方面，郑哲敏需要把紧张的心情慢慢松弛下来。华西大学离春熙路不远，绕出南门，跨过护城河往东走，也就几里路。那里有很美丽的建筑和宽阔的草坪，每天一大早，他都随父亲到那里去散步。郑哲敏还随父亲到灌县游览。他们参观都江堰的鱼嘴分水、飞沙堰溢洪和宝瓶口进水，拜谒李冰父子庙，了解两千一百多年来这项水利工程怎样造福成都平原，成就了天府之国。他们登青城山，漫步参天树林中的幽径，眺望苍岩壁立的群峰，触抚千年银杏，吮吸山谷清风，欣赏号称"天下幽"的美丽风光。青城山上上下下有一连串道教宫观，据说公元 143 年"天师"张陵来此结庐修道，此山遂成道教发祥地。郑章斐虽然不信佛道神仙，却也带着郑哲敏进出宫观，参观古迹，歇脚饮食，有时还与道士下象棋。在那里还遇见一位大学生，每天都到山上各处用布袋捕捉昆虫样本，非常勤奋，非常热情。就这样，父子俩在灌县整整玩了一个星期。

那时郑哲敏同父亲和四叔同住一个房间。照父亲的要求，他每天清晨起床后打扫房间，扫地、擦桌椅板凳，还学着缝补衣物、缝袜底。另外，郑章斐买来《曾国藩家训》让儿子阅读。因此，小时老师教的来自《大学》、《论语》和后世儒家的一些话，如"己所不欲勿施于人"、"慎独"、"十目所视，十手所指"、"吾日三省吾身"、"非礼勿视，非礼勿听，非礼勿言，非礼勿动"，以及"闲谈莫论人非"等等，都经过思考而有所理解，从而使勤劳与善良在少年郑哲敏的心里深深地扎下了根，影响了他的一生。

郑章斐还鼓励儿子自学英语，说早上记忆力好，用于学外语最好而且应当大声朗读。于是早晨朗读英语成为郑哲敏中学时代的一个习惯，较好地掌握英语及其发音。

起初郑哲敏读一些英语初级教材，后来在一个旧书摊上买到一本不厚的英文版欧几里得几何学。开始读英文版平面几何，确实相当吃力，生字只是其中之一，要搞懂每句话的意思，还必须学会了解句子的结构和各部分之间的关系。这涉及文法，但是他没有专门学习文法，而是在学习几何的过程中逐步掌握句式。在济南时家庭教师教会他查英文字典以及使用英语的音标，对他自学英语起了决定性的作用。就这样坚持自学，郑哲敏慢慢学会了初等的几何学知识，能够理解和欣赏严格逻辑论证的方法，同时提高了英语能力。

通过自学英语和英文版初等几何，郑哲敏获得了十分宝贵的自学经验。后来又以同一方式自学物理，包括杠杆原理、牛顿力学三大定律、绝对坐标系和运动坐标系等等，他做了长时间的思考，而且得到了正确的答案。

兴趣是最好的老师。自己愿意学习，越学越有兴趣，尝到了掌握知识的甜头，增强了自信心，从而更加自觉地学习，进入良性循环。郑哲敏因此受益终身。

大光明钟表店的斜对面，总府路上有一个剧场，上海业余话剧团在那里演出，演员里有白杨、赵丹、金焰、韩兰根等名人。他们经常演出曹禺、田汉等著名剧作家的作品，有现代剧也有历史剧，强烈地宣传抗战和爱国主义思想。因地理之便，郑哲敏常有机会观看他们的演出，也时常在街上看到他们。

1938 年底，一天夜里忽然听到"起火了! 起火了!"的呼喊，郑章斐一家被惊醒，只见窗外的火舌已经超过了大光明高高的后墙。于是连忙跑下楼来，同员工们一起尽可能把贵重的物品搬到街对面的人行道上。郑哲敏抱着一台蔡司 (Zeiss) 的验光设备跑到那里并看守堆放的东西。那天的大火几乎把整个街区都烧光了，唯独留下了大光明钟表店所在的那个犄角，靠的就是商店周围的砖砌的高墙，自然这也跟风向有关。灾后这件事在人群中传开了，传来传去变成当夜有一位神人站在大光明门前保护着这个钟表店。一场灾难竟然给大光明带来了福气，这块地成了宝地。在火灾后的街区重建中，郑章斐趁势在原址上盖起了一座崭新的大光明。

当时在成都有一些苏联志愿飞行员，他们喜欢购买瑞士名牌手表，时常到大光明来。郑哲敏常常盯着他们身上带的手枪看。有一天，一位中国飞行员拿出他的手枪并把它拆开给郑哲敏看。那一夜，他总是琢磨着怎样自己动手造手枪，以致整夜没有睡好。郑哲敏回忆说，这是他生平第一次"失眠"。

回忆十四岁时与父亲在成都的这段生活，郑哲敏在给儿子仰泽的《回忆录》中写道：

"他既是父亲又要充当妈妈。这是我一生和他密切相处的一段时间，别的子女没有这样的机会，连大哥也于1938年夏离开成都转学到重庆南开中学去了。不及一年的时间，他为我在如何做人、如何学习、如何克服包括疾病在内的困难方面打下了坚实的基础。他以自己的为人处世和偶尔的提醒，放手让我去自由地成长，从不强加于我，从不干预我，从来没有责备过我。之后虽然相隔万里，我总觉得有条线牵连着我们的心，许多事我愿意向他倾述。"

(三) 少年立志：救国

1939年初，郑章斐离开成都，经重庆、昆明绕道河内去上海，与妻子和其他儿女会合。途中在重庆、昆明开设大光明钟表眼镜行的分店，后来在上海开设了大光明钟表眼镜行总店，在济南也开了分店，至今总店的老房子，上海南京东路772号，更名"亨达利钟表"，依旧耸立在步行街上。

从此，弟兄俩与父母姊妹天各一方，独自生活直到抗日战争胜利。

1939年春天，郑哲敏考进华阳县中，重新读初二下。这所学校离大光明只三里路多一点，沿春熙路南下，转东大街向西，再拐两个弯到转轮街西口就到了。虽然头痛仍不时发生，好在郑哲敏已经不怕它，抓几片阿司匹林吞下去就不去理会它了。听四川话也已经没有困难，虽然作为插班生坐在教室最后，老师讲话能完全听懂了。只是开始时国文课不能完全跟上，郑哲敏便把老师在黑板上写的，统统都记下来，背熟，考试便能轻易过关，而且分数不低。其他课则有明显的优势。

一次考试中，郑哲敏拒绝让别人看答卷，得罪了几个同学，课间休息时被五六个人推搡。类似的事情发生了几次，只好把握住自己，不管别人是否作弊，"慎独"也就相安无事了。其实他们大多不坏，后来，郑哲敏与同学关系一直很融洽。

1938 年 12 月 2 日，根据日本天皇的命令，日军下达 345 号大陆作战令[①]，"直接空袭市民，给敌国民造成极大恐怖，挫败其意志"，妄图以炸迫降、以炸诱降。1938 年 11 月 8 日起到 1944 年 12 月 18 日止，成都共遭日寇空袭 31 次。1939 年重庆"五三"大轰炸后，为躲空袭，华阳县中从城里搬到城南乡下高攀桥的桂溪古寺。郑哲敏只能从走读改为住校，按时到成都大光明取生活费，父子间不时通信。

高攀桥，按谐音被老百姓叫做高板桥，位于九眼桥到三瓦窑的九三公路上，今日高攀路南段。从城里去那里，要经过九眼桥和四川大学，不到十里路，当年属于南郊，现在已是大街高楼。桂溪寺建于明朝，当年已经荒废，有三个大殿却无佛像，围墙尚存，门前一对石狮、一条小河和一座石拱桥，周围都是农田。华阳县立中学从华阳县桂溪乡政府借来古庙做疏散校址，设有教室和学生宿舍。庙后有两个大土墩。土墩前有个旗杆，是升旗的地方，再前面的广场就是操场，旁边有些简陋的体育设施。大土墩俗称皇坟，其实是明代蜀王府两个承奉(管事的大太监)的坟。乡下没有电，蚊子成群，学生睡竹排通铺上的狭窄床位，各自躲在自己的蚊帐里。

1939 年 6 月 11 日，星期天，傍晚，忽然听到成都方向传来隆隆的爆炸声，地面也在颤动，郑哲敏奔上大土墩，只见一批一批日军轰炸机低空掠过头顶，天空中布满了红色曳光弹，飞机的轰隆声和枪炮声震耳欲聋。天色渐暗，远处成都方向火光冲天。第二天清早，郑哲敏赶进城，看见仍在燃烧的房子和烧焦的人体，空气中弥漫着难闻的气味。日军扔下了大量燃烧弹，成都许多商店和民房采用木材和竹子建造，损失十分惨重，而新式建筑大光明钟表店则幸免于难。这是成都第 4 次被空袭。54 架日机投弹 111 枚，炸死无辜百姓 226 人，伤 600 人，损坏房屋 6075 家，49 条街道被毁，其中 16 条街烧成一片焦土，包括华阳县中校舍。

那天驻蓉空军击落日机三架，击伤数架。郑哲敏进城还看到被击落的日机残骸，上面有三井、三菱的标志。从此以后，每看到这样的字眼，

---

① 成都市人民防空办公室、成都市国防教育学会编著《成都大轰炸》，中国和平出版社，2009 年。

他总会想到成都被轰炸的场景。

才到高攀桥时学生伙食极差，正长身体的半大孩子们饥饿难忍。当发现老师吃的好得多，有人说老师交的餐费与学生一样时，抱怨变成愤怒，一群学生追赶着要揍管餐食的员工。为平息事态，校方决定学生自己管食堂。郑哲敏被推选参加食堂管理，轮流监厨，学生伙食明显改善，每周可以吃上一次肉，打一顿"牙祭"。后来知道，这是抗战时期各学校的普遍做法。

1939 年夏，郑维敏在重庆考入南开中学读高中后，来成都与二弟一起过暑假。暑热之际，学校门外那条小河尽管有些浑浊，依然成为学生游泳和消暑的地方。独自生活的郑哲敏无须顾虑父母的约束，随同学下水学习游泳。他回想当年两个孩子在崂山泉水里游泳的姿势，一个劲琢磨着练习，逐渐掌握了蛙泳的技术，速度上去了，长距离游也不再吃力。

班上的座次是按照前一学期的分数高低排的。9 月，初三上开学，郑哲敏坐到了第一排第一个座位。

10 月 1 日夜，日机第 5 次空袭成都。11 月 4 日第 6、7 次轰炸，54 架日机分两批来袭，被击落三架，其中包括日 13 航空队司令官奥田大佐。

入冬之后，四川云雾浓重，在空中看不见地面目标，日机被迫暂停空袭。

高攀桥的蚊虫很多，郑哲敏多次得疟疾。为此自备奎宁片，犯疟疾时就抓一把吞下去。另外，仍然常犯头痛的毛病，阿司匹林成为常备药，也是抓起来就吞。七周岁时得的心脏病仍经常发作，一旦不适就静静地躺几天。

当时物资十分缺乏，纸张又厚又黄，钢笔写上去不小心会马上渗开去，像泼墨国画那样。即使如此，郑哲敏仍然认真读书，认真做习题，写的作业十分整齐。

学习英语发音靠两条，一是字典上的音标，二是进城看美国电影。每天大清早跑到室外大声复习英语生词，积累了大量的词汇，得以终身受用。初中快毕业时，郑哲敏突然对英文写作感兴趣，把写的东西张贴在教室里，题材大都是一些故事或寓言，例如孔融让梨、司马光砸缸救人等。自发地这样做，贴出来后既无人响应也无人评论。应当说文中错误肯定不少，但使他逐渐找到用英语写作的感觉。

同在济南一样，体育课往往就是军训，模仿军人的队列训练，立正、向左右看齐、行军礼、向左右转，以及分列式、跑步走和正步走等。操练时经常唱抗日歌曲。在烈日下，长时间地、反复地操练，确实很单调，流不少汗，很辛苦，郑哲敏仍然做得很认真。他已经进入发育的关键阶段，期望肌肉有力、身体强壮，开始课外练习跑步、单杠、双杠、吊环，每天都要锻炼两个小时，一直坚持到高中毕业。

1940 年 5 月 13 日起，日寇大举轰炸重庆和成都，三个月共出动 75 批飞机，投弹两万七千余枚，大量平民罹难。其间，成都经历四次轰炸。7 月 24 日，成都遭遇第 11 次空袭。日机 36 架在城东南角 (含春熙路) 投弹上百枚，炸毁和烧毁 40 条街道，死伤三百余人。大光明钟表店再次幸免于难。

在华阳中学调查学生志愿时，郑哲敏第一填飞行员，第二填工程师。抗战时期，对日机作战勇敢、战绩辉煌、壮烈牺牲的战斗机飞行员成为他心中的偶像。填工程师，则反映一种比较实际的科学救国的思想，也同他父亲的期待有关。刻骨铭心地知道国家存亡与每个人的命运不可分割，志愿救国成为这个 16 岁少年自然的选择。

(四) 在铭贤中学的珍贵岁月

1940 年夏，初中毕业。根据两年未见面的一位家庭教师的建议，郑哲敏考进从山西太谷内迁到金堂县城南七八里路曾家寨的铭贤中学，远离了日寇的轰炸。

铭贤中学在成都东北六七十里的农村，邻近姚家渡，没有电，真正远离城市，再不能像在高攀桥那样进城去看美国电影。十来个人住一间宿舍，来自不同的年级，几乎听不懂他们的山西话，又一次遭遇口音问题。几天后听到一位即将毕业的同学讲一口漂亮的英语，简直和美国电影里听到的完全一样，郑哲敏才开始相信铭贤中学的教育质量，打消了逃回成都的想法。

这个学校的校长是孔祥熙，创建于辛亥革命前，得到孔祥熙留美时上的欧柏林大学 (Oberlin College) 的资助，设备和师资均好，在山西很有名。虽不是教会学校，却有牧师，当时许多学生信奉基督，组成团契。

另外还有民众社和英文社两个学生组织，同学们自由参加，是完全自治的。男生食堂由学生定期选举的同学主持。没有公开的三青团组织，但有个穿军服的军训教官。解放后才知道，铭贤中学有中共地下组织，有人后来成为中国共产党高级干部。

欧柏林大学每年向铭贤中学派遣两名年轻的教师，任期两年。所以这个学校的另一个名字叫做中国的欧柏林（Oberlin in China）。学校吸取了美国的一些教学经验，例如，班上没有固定座次，不同的课安排在不同的教室，学生们可以利用换教室的时间松弛一下等等。

甲班侧重文科，郑哲敏选读侧重理工科的乙班。

在济南讲山东话，在章水讲宁波话，到成都学四川话，进铭贤中学要学山西话吗？郑哲敏决心学讲国语，成为他讲普通话的开始。

金堂的曾姓家族有三个规模相当大的寨子——老寨、上新寨和下新寨，其中上新寨保存至今，周围都是农田，归姚渡镇管辖，现在叫光明村八组。上新寨中没人居住的房舍现今已经破损或坍塌，下新寨则成田野，老寨还有几座面阔的平房。上新寨西面八百米是西江河，北面一千多米处西江河汇入鳖河，顺鳖河往东三里是姚家渡，再往东在金堂县城汇入沱江。

当年曾家让出老寨和上新寨给铭贤中学作校址。老寨有许多进建筑良好的瓦房，有一个大厅作为开全校大会的地方，还有个大院子，成为男生宿舍。上新寨的建筑是传统园林式的，由三十八进庭院组成，有假山和画廊，做工十分讲究。上新寨围墙高高的，墙外有深沟，四角设碉楼。大门好似城楼，大门内的广场用来作为全体同学集体早操和其他体育活动的地方，寨中有上、下花园和一个戏台，大小庭院则成为校本部、教室和实验室、女生宿舍和部分教职工宿舍。其余教职工及其家属住进下新寨，与曾氏家族同住一个寨子。男生早上听号起床、洗漱，赶往百米外的新寨参加集体早操和短时间的自由活动，紧接着回老寨用早餐，去新寨上课，回老寨吃中饭，再去新寨上课，参加课后体育运动。晚饭后稍事休息就在油灯下很安静地做功课，同学们极少聊天，九点钟熄灯号一响就上床休息。

开学后的一次英语课，老师在黑板上写了两个单词 thing（东西、物、事）与 sing（唱、歌唱），郑哲敏被点名站起来反复读，每次都说发音不正确。原来是含 th 的词发音不对。经过相当一段时间试探，包括利用走路的时间，才找到了合适的舌尖位置。接下去，通过不懈的努力，终于纠正了连英语 th 带汉语韵尾辅音-ng 的发音，克服了从小养成的发音习惯。由此知道了如何使用发音部位，为后来学会德、法、俄语的准确发音打下基础。于是"有问题找自己"成为郑哲敏自学道路上的信条并影响了他一生。

数、理、化等课程，在学校规定之外，郑哲敏还各自备一种英文版教材。三角、代数、物理、化学和生物课的老师都很强。许多年过去了，许多老师讲的东西和讲课的神态，仍清晰地留在老年郑哲敏脑海里。

物理老师上课很有特点。在讲解离心力和向心力的一堂课上，他问了一个问题：当卡车向左拐弯的时候，车厢里站着的人相对于车身是向右倒还是向左倒？并有意给了一个错误的解答。这马上在课堂上引起了热烈的讨论，许多同学参加了进来，于是正确的答案出来了。

生物老师刘志光，原来是燕京大学生物系毕业生，抗战前曾在山东的齐鲁大学任讲师。在实验室，他教学生用显微镜看动植物的细胞，并且把它们细致地画下来，还教解剖兔子；在课堂上，他讲授细胞结构、染色体、遗传、变异、性别甚至提到了基因。40 年代初期的高中课堂，生物课讲得这样深是不多见的。许多年过去了，刘老师讲的东西和讲课的神态，至郑哲敏耄耋之年仍清晰地留存在他的脑子里。

英语教师大都是外籍的，能与中国孩子沟通。授课方式不同于国内以读写和文法为主的传统方式，实行的是美国方式，上课以听说为主，以课文为单元，偶尔补充一些文法，如句子的分解等。课堂上还不时有些小测验 (quiz)；经常练习听写 (dictation)，对听力和改进发音很有帮助。开始时郑哲敏听起来有些吃力，过了些时候慢慢习惯了。语句的图形分解很清晰，使郑哲敏逐渐掌握了动词不定式 (infinitive) 的用法。经常写作文，回答问题必须用英语。老师有时组织辩论会，按照规定的主题把学生分成正方和反方，用英语辩论。

高一时郑哲敏参加了英文社，在晚会上唱美国民歌、跳乡村舞蹈 (square dance)。在美籍老师指导下，郑哲敏作为主角在全校演过一个英语短剧。高二时曾任一届英文社的社长，最主要的工作是每月出版壁报和每周出版两页英文小报，报道学校新闻。为此必须组稿和自己写稿，定稿之前请外教把关，还要亲自动手刻印、装订和分发。为给"铭贤园地"（Ming Hsien Counter）更换版面，一天下午郑哲敏到金堂县城找到一位刻图章的师父刻了一个版头。回学校时天已经黑了，伸手不见五指，又要过一条河和小镇，郑哲敏很紧张，因为那时在路上经常会遇到一些不三不四、身穿短裤、斜挎"盒子枪"的人。

二年级时的一个傍晚，同班同学初毓华突然得了急病，必须马上送往成都就医。郑哲敏自告奋勇，雇了两个脚夫和一副"滑竿"，六七十里路，一口气把病人送到成都的一所医院。一路上脚夫们借助于滑竿的节奏飞快地前进，郑哲敏在后面紧跟，没有掉队。安排停当已是午夜后，到大光明过夜，感到身体发热，不过第二天醒来就没事了。铭贤中学的课外活动多样化，郑哲敏懂得身体是做事情的本钱，一直坚持锻炼，身体越来越结实，心脏病发作的频率低了。这次夜奔成都是对健康情况一次很好的考验。

1942 年 9 月上高三，代数课讲到极限的概念。有一天，郑哲敏独自证明了圆球与球外一个质点间的引力，等于把圆球质量集中在球心和那个球外质点之间的引力，很兴奋。没学过微积分，径直用极限概念得到作用力集中于质心的结论，相当于现在中学奥林匹克数学竞赛的难题，确实不容易。郑哲敏由此得到一条经验：用自己的、不同于书本上的方法证明一些东西是验证真正学会的一个好方法。

郑哲敏不仅学到了不少知识，与同学间的关系也很融洽。高三时被推选管学校男生食堂一年，没有辜负同学们的期望。铭贤中学的学生多数是山西同乡，不少人从幼稚园起就进入了铭贤学校系统，抗战一开始又跟着学校长途跋涉到四川。见不到父母兄弟姐妹，老师同学就是亲人；有家无家都不可归，学校村舍就是家园。共度国难，使学校里有一种大家庭的氛围。每逢节日，班上举行茶话会，备一点花生、橘子、茶水之类，有时外籍老师也来参加，郑哲敏曾用刚学会的二胡拉一段曲子当作余兴。中秋节是特别不好过的日子，和一两个要好的同学一起，望着天空明亮的月亮，默默地在田埂上散步或者干脆躺在地里的稻草堆上，深深思念远方的亲人。

1943 年夏，高中毕业 (图 1.10)。郑哲敏的学习成绩一直名列前茅。历届期终考试全体学生都集中在老寨的礼堂进行。有些考试，特别是数学，由于有充分的准备，郑哲敏时常在发下卷子后十来分钟就做完交卷了。这时他特别兴奋，一出考场就沿田埂猛跑直到很远的地方，然后气喘吁吁地躺在田里把情绪平静下来。

图 1.10　铭贤中学毕业班在新寨门口合影

(第二排左 2 为郑哲敏)

铭贤中学三年，郑哲敏如鱼得水，德智体全面发展，是他成长为拔尖学生的关键时期。他永远感谢那里老师的教育和同学的帮助。不过那里世外桃源式的生活远离了战争，脱离了社会，事实证明要补上这一课并非易事。

五、上西南联大① (1943.8~1946.7)

(一) 到重庆考大学

郑哲敏的目标是考取国立西南联合大学（简称西南联大或联大），理由是那个学校的声誉好。家庭和学校的影响使他选择工科，学以致用，富

① 郑哲敏学术成长资料全宗 > 郑哲敏回忆录 > "04 西南联大"。

国强民的爱国思想很早就深深地埋下了种子。听说电机工程学系最难,再说郑维敏就在那里读电机工程学系,哥哥从小就是郑哲敏学习的榜样,所以决定报考电机工程学系。

那年头各大学单独招生,西南联大最近的考场设在重庆,7 月 19~20 日在重庆报名[①]。1943 年 7 月,郑哲敏从成都乘汽车到重庆,住在新街口重庆大光明钟表店内四叔郑章汉家,投考西南联大电机工程学系。为保险起见,同时报考中央大学的电机工程学系。考前看了遍《中国之命运》,因为人们说国文的考题会来自这本书。此外没有做任何其他的准备,没有开过夜车。

从成都到重庆,经历了两件难忘的事。当时有人写信介绍郑哲敏去搭乘免费军车,办手续时被一个军人数落了一番,令他十分难堪。自己不是没钱买票呀,感觉受到莫大的侮辱,离开那里后痛苦地流了一场泪。这是刚离开学校呵护走进社会的第一次遭遇。第二件事,买票乘长途汽车经内江到重庆,路过青木关被军警检查,所有行李都打开,连准备送四叔的小匹夏布也未能幸免。青木关位于重庆城西百里,缙云山在此突然断裂,南北两峰对峙,西为陡峭山坡,东是一片谷地,可屯兵据守,系成渝古道必经之路,乃兵家必争之地,有"重庆第一关"之称。1938 年 3 月郑哲敏一行四人路过时并无人盘查,后来作为护卫陪都的一道重要关隘,军、警、宪、特都在此设置了盘查哨所,过往车辆及行人必须接受检查盘问。久居校园的郑哲敏不知社会情况,无奈受辱。

7 月 28 日至 30 日,在沙坪坝重庆大学参加西南联大招生考试。比起那些顶着蚊帐露宿在重庆大学操场的同学,郑哲敏能住在重庆大光明钟表店里真是很幸运。考试那两天,气温高达 39 至 40 摄氏度。头一天的考场在重庆大学的图书馆,低矮的天花板下挤满了考生,两臂、背上和胸口不断地流汗。第二天国文的考场设在嘉陵江畔的一个山顶上,作文规定用毛笔书写。考试中突然刮起大风,下了一场暴雨,连房顶上的瓦片也被风掀开了。考场的房顶开始漏雨,打湿了考卷,于是监考人不得不宣布暂时中止。郑哲敏同几位考生在考场大门外的屋檐下躲雨。突然一声霹雳从头上重重地打下来,一个比篮球略大的紫红色火球蹦蹦跳

---

① 《中央日报》重庆版 1943 年 7 月 3 日刊登西南联大民国三十二年招生广告。

跳地落在眼前，每当它撞到地面或者什么别的东西的时候都要改变方向。后来知道这是雷电击穿空气形成的等离子球体，很少人真正见过如此奇观。两天的考试一切都顺利，没有遇到任何难题和怪题。

8 月 1 日至 3 日，郑哲敏还在沙坪坝参加了中央大学的招生考试①。

8 月 14 日，《云南日报》发布西南联大新生名单，郑哲敏名列工学院在渝录取 93 名新生的第一名。一年前考进西南联大电机工程学系的郑维敏看到这个消息，立刻打电报告知，郑哲敏即乘飞机到达昆明，住进姑父主持的昆明大光明钟表店。这是他第一次坐飞机，没想到竟然如此颠簸。有时飞机因气流异常忽然坠落，心脏好像要蹦出胸口，令人头晕恶心，直到住进姑父家，脑子里还有点嗡嗡作响，房间也似乎有些摇晃。

《大公报》(重庆版) 8 月 20 日揭晓西南联大重庆考区新生榜，《中央日报》(重庆版) 9 月 6 日刊登郑哲敏考取中央大学工学院的广告时，他已经到了昆明。

(二) 西南联大第一年

1943 年 9 月，郑哲敏进入国立西南联合大学，与兄长同在工学院电机工程学系。

一年级新生住昆明老城西北角城墙里的昆北宿舍，那里跳蚤、臭虫和蚊子很多，灯光很弱。第一个晚上，房间里只住了郑哲敏和一位刚搬进来的土木系同学，跳蚤和臭虫咬得两人一夜不能入睡。

昆北宿舍向北，跨过城墙豁口就是西南联大南校区，再跨过环城马路就是西南联大校门和北校区 (图 1.11)。走进联大大门，两侧的墙上贴满了各式各样的壁报、通知、广告、启事等等。学生活动之多样化，政治性之强，不同见解之多，分歧意见之深，使在十分闭塞的农村读中学的郑哲敏感到十分新鲜和某种不安。

一年级听许宝騄讲微积分 (钟开莱曾代课)、许浈阳讲物理、王还讲英文、褚士荃讲工程画。郑哲敏对国文和经济课的内容印象深刻。把教学放在第一位，认真上课是联大老师共同的特点。

一年级必修课还有伦理学和三民主义。冯友兰的伦理课太抽象，不好懂，理工科学生不感兴趣，纷纷逃课，好在冯先生似乎并不在乎。至

① 《中央日报》(重庆版) 1943 年 7 月 2 日刊登中央大学民国三十二年招生广告。

于三民主义课,期考时大多数人都公开抄书,没有受到干涉,主考人与考生双方心照不宣,应付一下而已。

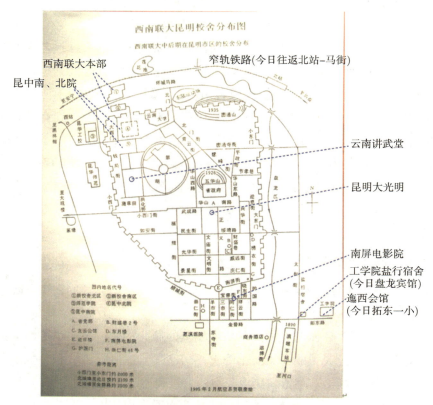

图 1.11 西南联大昆明校舍分布图 (摄于云南师大内的西南联大博物馆)

西南联大学生讨厌军训教官,对军训只是应付。有位姓毛的少将教官,在军训笔试中要同学回答谁是自己心中最可爱的人,有人写道"我心中最可爱的人是毛教官",这使他十分难堪,因为原来他想借此向蒋介石示好。每天早上出操,有的同学给教官们作难,硬要等他们拉扯着才肯起床。出操时不乏身着长袍的人,在教官的恳求下才勉强把长袍撩起来缠在身上。

联大名教授很多,令人目不暇接。著名数学家华罗庚先生走路时两腿迈大步走大八字,手中的拐杖在空中画圈圈。上课时在讲台上从一头走到另一头,不时还把脑袋伸到门外张望一下。著名化学家曾昭抡衣衫褴褛,把脚上的布鞋当成拖鞋,后跟总是没拉上,破袜子露出了脚后跟,而他却一点也不在乎。有一天逛旧书店遇到了大作家沈从文,他的穿着很像曾昭抡,身材也很瘦小。生物系的老师爱养花,系办公室前有个很漂亮的小花坛,点缀着农村式的校园。梅贻琦先生着装严肃,也很朴素,长衫外套一件马褂,头戴礼帽,外加一个手杖。跟在他后面走会发现一个特点,同许多人不一样,他走起路来从不抄短路,始终规规矩矩地按正规的道路走,给人以不苟同、事事按规矩办理的感觉。张奚若先生声音洪亮,留着小胡子,山东口音,批评起蒋介石来从不留情。

同学们中流传着教授们的许多故事,他们各自都有自己的特色。平常不容易见到他们,不过一遇到重要的节日,例如每到"五四",他们会纷纷露面,表达他们相同或相反的态度,使左中右各派观点都有所表现。

民盟当时在昆明很活跃,办有自己的报纸,经常发表一些与国民党唱反调的文章,引起人们热烈的讨论。

众多著名的教授和学者在学校里形成一种具有巨大感染力的力量,对于直接听过他们的课、只是听过他们的报告,或根本没有直接接触过他们的学生。他们的成就、言行、治学精神、对真理的执着和无畏、对教育的认真负责,无形中都是学生们学习和追求的榜样,成为学生们为自己设定的目标。

抗战前教授们享有较高的生活待遇,抗战时期却生活艰苦,甚至衣衫褴褛或卖家当度日。同学们非常理解、同情和尊重他们。因为为了教育事业,为了抗战,为了追求民主和自由,他们宁愿作出这些牺牲。

西南联大图书馆座位少,而且灯光不好。一年级时,郑哲敏时常去一家叫作青年茶馆的地方读书、做作业、和同学讨论问题,也在那里打桥牌。

(三) 在战乱中专心读书

抗战时,有人说"偌大中国摆不下一张平静的书桌",他们或投笔从戎,或奋起革命,豪气冲天。但也有人在战乱中专心致志地坐在书桌前读书,好似气静脱尘,实则志存高远,准备报国于建设之时。正如"西南联大进行曲之'勉词'":

西山苍苍,滇水茫茫。

这已不是渤海太行，这已不是衡岳潇湘。

同学们，莫忘记失掉的家乡！莫辜负伟大的时代！莫耽误宝贵的辰光！

赶紧学习，赶紧准备，抗战，建国，都要我们担当，都要我们担当！

同学们，要利用宝贵的时光，要创造伟大的时代，要恢复失掉的家乡！

郑哲敏就是在战乱中专心读书的一位，是赶紧学习、准备担当的一位。

1944 年 9 月上大二，郑哲敏转到机械系，改学机械工程。他转到位于昆明老城东南拓东路的工学院，住盐行货栈 (位于现今盘龙宾馆)，上课在盐行宿舍东边迤西会馆 (位于现今拓东一小)，上体育课则在更东面不远的拓东体育场。

盐行宿舍是一栋木柱瓦顶的两层楼房，庭院铺着鹅卵石。宿舍摆满双人床，间隙很小，用破床单把两个双人床围成一个单元，留下一个门帘供出入。有一阵宿舍里经常丢东西，闹得人心惶惶，不得已，每晚睡觉前在门帘后摆上个凳子，上面架起几个脸盆，构筑起一个防止小偷进入的"预警系统"。有天晚上郑哲敏起夜，还不等挪开脸盆，一位同"单元"里的同学突然从床上跳起来掐住郑的脖子，大叫"抓小偷"，打开灯后方才知道是一场误会。这位同学实在是过于紧张了。一楼原来的马厩改成食堂，杂乱的大厅摆着方桌，没有板凳和椅子，一组组学生轮流值厨，只能供应米饭和水煮菜。路边小贩卖的猪脚和豆腐干，算是调剂口味。后院有厨房、水井、盥洗台和厕所，还有一个简易棚算是浴室。谁要洗澡，就爬梯子倒一桶水到有漏水孔的高位水桶里，赶紧下来冲个冷水浴。

拓东路的工学院，生活大不同于昆明老城西北的联大本部。本部有文科，那里社会和文化娱乐活动频繁，工学院的学生则生活在丁字尺、计算尺和草稿纸的世界里，每学期要应付大约三十场考试。工学院除化工系来自南开，其余都来自清华，继承了清华工学院严谨求实的作风。基础课习题一大堆，实验、制图、设计和测试，缺一不可。学习报告交迟了要扣分，作弊者停课或开除。必修课不及格者必须重修，至少推迟一年毕业。机械系一门基础课不及格，或者其他两门课刚及格，通常被要求转系。百分之二三十的学生不及格属于正常，拓东路的不及格率令人难以置信[①]！

当时，一些没有经济来源的同学，必须四处勤工俭学挣生活费，学业常受影响。家境良好的郑哲敏则无此忧虑，可以专心读书。住盐行宿舍时，他常去宿舍西北两里路南屏电影院附近的一家茶馆读书、做作业、讨论问题。

当时，工学院男生穿越老城对角线去看望住在校本部的女同学，被叫做"马拉松拉伯"，反过来女生从西北角到东南角看望男生，被叫做"松拉马"。郑哲敏则不谈情说爱，只顾学海畅泳。

当时，工学院最受欢迎的课外活动是体育运动。迤西会馆东边的开阔地——拓东体育场有篮球场、排球场、单双杠等设施，工学院在校内外的比赛中都取得了令人羡慕的成绩 (图 1.12)。工学院有两个体育社团，尝到体育锻炼甜头的郑哲敏参加了其中的铁马体育会。铁马体育会组织各种体育活动，从学生工人对抗赛到夏令营、冬泳，还提供经济实惠的晚餐。

图 1.12　1945 年参加西南联大工学院运动会合影 (前右 2 是郑哲敏)

机械系二年级有静动力学、材料力学、机构学和内燃机等课程。

静动力学和材料力学由白家祉讲授，每周六早上照例考试。高中时期和一年级时，郑哲敏读过英国出版的分析力学书籍，因此工程力学课

---

① 易社强. 战争与革命中的西南联大. 饶佳荣，译. 北京：九州出版社，2012。

对他不是大的负担。材料力学则是新的。这个课采用传统的工科教材，它把各种典型载荷作用于梁的合力，合力作用点所产生的弯矩都归纳成简单易记的口诀，记住这些就可以利用叠加原理计算复杂载荷条件下的应力。郑哲敏认为，这个办法的缺点是把本来可以从积分微分方程中容易得到的结果，变成了使人忘记基本原理，成为死记硬背的东西。当时的教法使常微分方程和材料力学成为互不相干的两门功课。

刘仙洲讲授机构学，手执教鞭，要求严格，讲课清晰而有条理。有一次他要同学设计一个手轮，一位同学给出手轮的半径居然为 15 米。刘老师说作为一个工程师，不仅计算要正确，结果也必须是实际可行的。这件事，郑哲敏一生未忘。

航空工程系的宁榥讲授内燃机，参考书很深，绝大多数同学陷入雾中，被称为"天书"。宁先生的课激发了郑哲敏的好奇心，不禁找来这本书下功夫读，一遍遍直到读懂为止，期间补充了热力学，特别是自由能、相律 (phase rule) 和化学平衡等方面的知识。于是"天书"成了郑哲敏的强项，并体会到：最好的老师能激发你学习的热情；老师领进门，修行在自己。

郑哲敏还增修了航空系的航空概论和高等数学。航空界的前辈冯桂莲的航空概论，属于高级科普，由此学到一些有趣的知识。对高等数学老师颜道岸讲解戴德金切割 (Dedekind cut) 的印象很深。

机械系三年级的课程包括工程热力学、热机、电站管理、机械设计、水力机械、直流和交流电机、水力学等。

郑哲敏对杨津基先生讲授的电机课比较感兴趣，收获也较大。

机械设计理应是机械系的重头主课。郑哲敏感到可惜的是，实际内容变成了使用手册。唯一的开脱是客观上当时的计算条件和能力太差，难以用数值方法求解边界条件复杂的问题。不过就这个问题而言，土木系做得好一些，他们的结构力学使用更多的力学理论。

水力学的主讲教员一学期只到课两次。第一堂课声称这门课由他的助教代讲。期末考试他又一次出现。发卷后，有的同学站起来找监考的助教帮助解释考题，他以扰乱考场秩序为由大发雷霆，制止提问。接着心血来潮点名，全然不顾此刻同学们正需要集中精力回答考卷。郑哲敏认为，工学院的不少教材比较落后。例如，水力学中计算流量公式中的系数是有量纲的，课堂上根本不讲量纲分析，不介绍雷诺数和弗劳德数。抗战时期老师们生活困难，工学院的老师们利用他们的技术，可以有一些额外的收入，这本来就是无可厚非的。可是水力学的主讲老师可能是颠倒了主次，因为他不同于多数教师，穿戴十分洋气。

"七七事变"前清华机械系抢运出一批设备，经武汉、重庆辗转运到昆明，成为拓东路物资最充裕的一个系，设有金工、木工、锻工和铸造四个车间，还有一个热工实验室。机械系接受外界订单，生产小型钻床、车床和水泵、老虎钳等，不仅带来经费，还给学生带来实践机会。强明伦先生教金工课，刘德慕老师教铸造。金工课重点学习钳工，从学校到学校、无实践经验的人很少能真正做好，不过有没有这些亲身体会是大不一样的。当时所有机床都是皮带带动的，加工精度很低，学生们只是在车床上车一件简单的零件，得到点感性认识而已。铸造课要自己动手做砂型，控制沙子中的水分和保持、修改砂型都是不容易做好的事情。这些课虽不需要很多理论知识，但都不容易，郑哲敏从中得到的最大收获是学会尊重工人和他们的劳动。

郑哲敏一直坚持阅读英语教材，用英文写实验报告，对掌握专业英语和保持英语水平很有帮助。三年级时，他经常在茶馆里辅导一位低一级的同学材料力学，也有助于自己加深理解。

(四) 经历学生运动[①]

一面是紧张的学习，另一面是艰难的时局。

抗战期间战局的严峻变故和战后内战的爆发，不由得引起对政治敏感的知识分子群体，包括联大师生的思考。

1939年，抗日战争进入战略相持阶段后，中国的大西南相对稳定，但是日军攻取东南亚，于1941年、1942年从缅甸进犯滇西，绕到后背威胁中国的大后方。西南联大再无退路！做了上战场拼死一搏的准备。所幸，中国军队沿怒江与日寇对峙，付出惨烈代价稳住了阵脚。郑哲敏正是在这一时期在昆明读书，赶上美国支持下中国取得对云贵川的制空权。

---

① 中共云南省委党史资料征集委员会、中共云南师范大学委员会编. 一二·一运动. 北京：中共党史资料出版社，1988。

1943 年 8 月 23 日重庆遭遇日机最后一次轰炸后，西南联大渐渐不再遭遇轰炸。

1944 年 5 月中国远征军反攻滇西，5 月 11 日强渡怒江，9 月 8 日攻克松山，9 月 14 日光复腾冲。1944 年 10 月西南联大动员学生们参军，兄长郑维敏立即报名，经短训被送往印度。11 月中国远征军收复龙陵。1945 年 1 月 18 日中国远征军将日寇逐出滇西。3 月 30 日，中国驻印军与远征军会师缅北，完成反攻任务。这是甲午战争以来中国军队首次出国作战，立下了赫赫战功。

同期，日本在太平洋战场上屡屡战败，南洋通道受阻，试图打通大陆交通线。1944 年 4 月，日寇进攻豫、湘、桂，战线纵贯中国南北几千里，是年 4~6 月攻陷郑州、长沙，11 月底占南宁，12 月进至贵州独山。日寇虽打通大陆交通线却无力全线通车。豫湘桂战役，八个月里中国军队约损失五六十万人，失去 7 个空军基地和 36 个机场、二十余万平方公里国土和六千万同胞，成为抗战第二次大溃退。

1943 年后，盟军以斯大林格勒战役、诺曼底登陆、菲律宾海海战为转折点，逐步转入战略反攻，而 1944 年中国正面战场在握有制空权的条件下却一溃千里。史迪威以中国驻印军收复滇缅与国民政府军豫湘桂大溃退对比，直指国民党腐败，与蒋介石矛盾尖锐。美国虽然在 1944 年底撤换史迪威，但也不信任和轻视国民政府，甚至估计日军可能长期占领中国。1945 年 2 月雅尔塔会议上，为使苏联出兵打击大陆日军，罗斯福和丘吉尔背着中国与斯大林达成一项损害中国利益的秘密协定——允许外蒙古独立、承认苏联在中国东北的利益等等。

国内外反法西斯战场的形势对比，引起大学师生思考，在西南联大等大后方的学校兴起一场"反对腐败，要求民主"的辩论。

1945 年 8 月，郑维敏与许多同学一起，驾驶满载物资的汽车回到昆明，时任第五军总司令部少尉翻译。8 月 15 日，日本投降的消息发布时，哥俩正在南屏电影院看电影。冲出电影院时，满街已是一片欢腾。

1945 年 9 月上大三，郑哲敏连任班长并当选工学院学生会副主席。

云南省主席是龙云，他同蒋介石有一定的矛盾，为云南的民主运动留出了空间。在昆明有新华社，《新华日报》在昆明得以流通，民盟的活动频繁，学生运动得以开展，西南联大号称"民主堡垒"。蒋介石不能容忍这种局面，先将滇军主力调到越南接受日军投降，然后命令杜聿明在1945 年 9 月 30 日发动"驱龙事件"，缴了昆明剩余滇军的械，将龙云挟持到重庆软禁。那几天枪声骤起，军人持枪逼近西南联大。郑哲敏和同学们紧关盐行宿舍大门，持棍棒准备自卫。软禁龙云后，蒋介石委派李宗黄和关麟征担任云南的政治和军事首脑，并准备发动内战，密谋进攻解放区。

10 月，郑维敏退伍，返回西南联大继续学业 (图 1.13)。

图 1.13　郑哲敏 (左) 与兄长郑维敏在西南联大的合影

11 月 25 日晚，西南联大等四校师生在联大本部草坪聚会讨论时事，许多教授出席讲话，主题是反对内战，要求民主，到会者五千余人。突然会场周围枪声大作，子弹在头上飞过，当地军警企图以此阻止会议进行，并断绝了周围交通。第二天中央社称"本市西门外白泥坡附近，昨晚七时许，发生匪警。当地驻军据报后，即赶往捉捕。匪徒竟一面鸣枪，一面向黑暗中逃窜而散"。

11 月 26 日，联大和昆明一些学校学生上街宣传真相，作街头讲演以示抗议。31 所学校罢课，提出"要求停止内战、反对外国助长中国内战；要求追究枪击联大责任、更正中央社谣言"的罢课宣言。

12 月 1 日，李宗黄和关麟征派暴徒闯入包括西南联大工学院在内的五处校园，施以棍棒并投掷手榴弹，致四位同学惨遭杀害，许多师生受伤。于是学生的抗议进一步扩大，全国各地声援，形成了声势浩大的"一二·一"学生运动。正直的青年，面对流血的事实不可能无动于衷。平日不参加政治运动的郑哲敏，参加了"要求民主、抗议军警暴行"的学生运动，在活报剧中扮演被害学生。

12 月 25 日，昆明中等以上学校学生自治会宣布各校停灵复课。郑哲敏和同学们重回课堂。

六、在清华大学 (1946.8~1948.7)

(一) 从昆明回家①

1946 年 5 月 4 日，西南联大举行结业典礼，决定复员，北大、清华和南开分别迁回北平和天津复校。工学院除化工系去南开外，全部回归清华大学。

1946 年 5 月下旬国民党军攻占四平、长春，6 月大举进攻中原解放区，内战全面爆发。

1946 年 7 月，郑哲敏和兄长郑维敏随大队人马乘道奇牌敞篷卡车撤离昆明，经贵阳、南宁到长沙。因粤汉铁路尚未通车，改乘小火轮拖的木船走洞庭湖到武汉。换乘一条大登陆艇沿长江过南京，7 月下旬到达上海。

在撤离昆明期间，7 月 11 日李公朴遇刺，次日身亡。车队到达贵阳时得悉，7 月 15 日，闻一多在参加追悼李公朴大会后被蒋介石特务分子暗杀。两位先生的牺牲，进一步激发了全国人民"反独裁、反内战、求民主"的斗争。

路过武汉时，几位同学相约在街上走走。途经过去的日租界时，郑哲敏回想八年前路过武汉时的情景，有一种换了人间的感觉。

到上海登岸后，租了一个平板车，把行李堆在平板车上面，然后一起推着，挨家挨户把每个同学都送到家。一帮衣衫不整的学生就这样在十里洋场的大街上走过，引路人注目。

郑哲敏和哥哥郑维敏与阔别八年的家人团聚。父母身体健康，生意兴旺；弟妹长大，容颜难认，口音迥异。四叔的女儿郑企琼 (后改名郑晓

---

① 郑哲敏学术成长资料全宗 > 郑哲敏回忆录 > "05 回家"。

叶) 从宁波到上海读书, 成为家中一个新成员。

大姐郑企玉明显比弟妹大, 常替妈妈为弟妹们做许多事。在学校她是非常优秀的学生, 1937 年以全省统考第四名的成绩从济南省立女子高中毕业, 弟妹们都为她骄傲。后来在上海考进大学数学系, 不久肺结核便夺走了她年轻的生命。四弟郑学敏不幸在上海得了脑结核, 被病痛折磨至死。

受两个哥哥离家读书的影响, 读大一的二妹郑企静由上海医学院转学到北平的协和医学院, 高中刚毕业的三妹郑企肃和堂妹郑企琼考进燕京大学外语系和新闻系。

初秋, 兄弟姐妹五人先后抵达北平。

(二) 到清华读大四①

1946 年 10 月 10 日清华大学复校, 在北平开学。郑哲敏读大四, 连任班长, 选修德语。

抗战胜利后许多学者回到清华园任教, 仅工学院就有机械系的钱伟长和孟庆基 (后改名为孟少农), 航空系的沈元和屠守锷, 电机工程学系的钟士模和常迵以及访美回国的孟昭英, 水利系的夏震寰等。他们为各个专业带来的新知识使工学院的面貌为之一新。

钱伟长先生、孟庆基（孟少农）先生分别为机械系四年级学生开近代力学和汽车工程课。这两门课内容之新为任何一个过去所学课程所不及, 因此受到欢迎。同学们通过钱先生的课, 第一次接触到弹性力学的系统理论和偏微分方程解法。在课堂上钱先生还讲授传热学和 V2 火箭等方面的知识。孟庆基先生讲解了汽车结构、机加工方面的知识和机械加工新型装备。他的考试也很有特色, 期末考试是开卷的, 在考场上不仅可以向孟先生提问而且同学间也可以展开讨论, 使大家感到特别有收获。在孟先生的影响下, 毕业后许多同学参与了我国汽车工业的创建。

令同学们很感兴趣并决定他们工作方向的还有王遵明先生在机械系开的金相课。晶体结构、合金和相图、热处理和钢的多样金相结构引起了大家的兴趣。毕业后好几位同学从事这方面的专业工作。

---

① 郑哲敏学术成长资料全宗 > 郑哲敏回忆录 > "06 在清华"。

12 月底，郑哲敏参加抗议美军强奸北京大学女生暴行的游行。

读大四的郑哲敏曾听张维先生所做蜗壳应力分析、沈元先生所做圆球体的超声速绕流等报告。这一年他在知识方面的收获很大，尽管由于学生运动，有效的学习时间比较短。

(三) 钱伟长先生指导做毕业论文

1947 年初，钱伟长先生成为郑哲敏毕业专题研究的指导老师，手把手地教他研究"开口薄壁直筒受限扭转"(图 1.14)。从此，郑哲敏有机会到钱先生家请教。有一天的大早，钱先生大概刚起床，郑就到了他家，他未及洗漱便拿起笔来帮助郑推导公式。这件事使郑哲敏很感动，特别是回来后发现那个问题其实是比较初等的，如果自己努力一点，是不应该麻烦钱先生的。

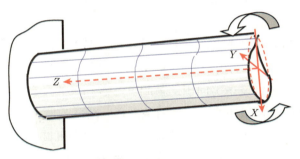

图 1.14　一个开口薄壁直筒的受限扭转示意图

人们从古代就开始利用扭转，发明蒸汽机后扭转成为极其重要的机械问题，然而直到 1784 年才有人真正从科学视角研究扭转，那人就是库仑。此后四十多年人们一直以为扭转轴的横截面保持平面，直到 1829年，柯西发现轴的横截面会发生翘曲 (warping)。它是一种沿柱体的轴向变形，如图 1.14，柱体右端的横截面发生翘曲，柱体左端同刚性墙壁相连而不能发生翘曲。又过了近二十年，圣·维南指出扭转轴横截面的轴向位移 w 是主要待求量，发现在对 w 无约束的条件下，它满足调和方程 $\nabla^2 w = 0$，而且正确地给出方程的定解条件，从而原则上解决了一类叫做"自由扭转"的问题。

从圣·维南 1847 年发表自由扭转论文到 1947 年，各国力学家在"自由扭转"领域做了大量工作。但是像图 1.14 的柱体左端固定在刚性墙壁上，使得左端横断面不能自然地发生轴向位移时，圣·维南的调和方程不再适用，叫做"受限扭转"，这成为扭转中的一类难题，需要寻找新的解决方法。1910 年，铁木辛柯曾经提出工字钢之类薄壁杆件受限扭转的一种求解方法。但是对于管状薄壁杆件受限扭转，问题复杂化，时常得不到令人满意的结果。

如果柱体的长度比它的断面尺度要长得多，根据圣·维南原理，这个受约束区只限于柱体靠墙的一端，对远处则迅速减少。这就使对它的分析可以大为简化。这种由薄壳形成的柱体多见于飞机，典型的如机翼。1944 年和 1946 年冯·卡门发表关于管状薄壁杆件受限扭转的两篇论文，其中第二篇与钱伟长先生合作完成。

1947 年钱伟长先生要求郑哲敏具体给出一个闭口薄壁筒的受限扭转解。虽然模型是已有的，一般解已经有了，但受限扭转方程较为复杂，还包括 w 的积分项，并不容易求解。郑哲敏采用钱伟长和冯·卡门 1946 年在《航空科学学报》第十期那篇论文的理论与技巧，完成了课题。钱伟长先生把这篇文章推荐给《清华大学学报》发表[①]。这是郑哲敏发表的第一篇科学论文。

这篇文章虽说是一个科学问题习作，但从一个大学生的角度看，在钱先生的指导下，郑哲敏在科学研究的能力上得到全面和严谨的训练。这可以从论文的内容上清楚地反映出来，大体包括以下几个方面：

(1) 在摘要和引言中把论文要讨论的问题以及所采用的假设简练地交代清楚。

(2) 从弹性力学的基本方程出发，一步步依据前提假设，推导出闭口薄壳约束扭转所遵循的基本方程。

(3) 求得基本方程的解析解，使用了渐近解、级数解和特征值解等现代应用力学的手段。

(4) 作为例子，用数值方法给出了一个典型算例，表明这个方法是可信的。

---

① 郑哲敏. Restricted torsion of thin-walled columns of air-foil sections，清华大学学报 (自然科学版)，1947(S1): 80-102. 钱伟长先生推荐发表，但坚持不署名。

(四) 留校当钱伟长先生的助教

1947 年 7 月，郑哲敏以优异成绩获清华大学学士学位，决定选择应用力学作为自己的科研方向，并获聘留校做钱伟长的助教。兄长郑维敏则留校做电机工程学系助教。助教的聘期是一年，名义工资保持为抗战前的每月 80 法币，实际上的数额要大得多。因为通货膨胀严重，法币几乎天天贬值，发工资后第一件事是把它换成"袁大头"(银元) 或者美元。那时的生活还需依靠联合国善后救济总署每月发的一袋面粉。

毕业前，弟兄俩和经济系的李伟 (郑维敏在南开中学的同学) 同住新斋，三人一间的条件比盐行宿舍好得多了。毕业后先是住 36 舍，同房间有哥儿俩以及黄敞等四人 (图 1.15)。后来郑哲敏搬到工字厅的一个单间，住在对面的是杨杰。

图 1.15　1948 年留校任助教，36 舍同宿舍四人合影
(左 1 郑哲敏，左 3 郑维敏，右 1 黄敞)

暑假，照系主任李辑祥先生安排，郑哲敏整理刘仙洲先生从美国带回来的成堆资料。当时的机械系很小，1947 年暑期前不过两个年级，每班不超过 40 人，教室人数也不多，小小的机械馆完全装得下，连小助教也两三人合用一个办公室。系里只有一个秘书和一个工友，就把所有的事都办了。系主任的办公室比较大，刘仙洲先生带来的资料都堆放在那里。郑哲敏在其中看到一篇关于美国工程教育的文章，讨论战后工科教育的改革问题，宣传应改变工程教育只注重传授经验和工艺的传统，提倡工

程教育要理工化，同钱伟长先生在课堂上介绍的加州理工学院冯·卡门以及哥廷根大学 F. 克莱因（Felix Klein）和 L. 普朗特（Ludwig Prandtl）所提倡的思想很接近。

9 月，开始辅导钱伟长先生为机械、航空、电机等系二年级学生开的工程力学和材料力学，跟着同学一起听课，帮助批改作业和答疑，另外就是评阅考卷。在科研方面，钱先生计划要郑哲敏做薄板大挠度渐近解方面的问题研究，指定阅读一本关于渐近级数的书和他本人所做圆板大挠度渐近解的工作 (那时尚未发表)。钱先生将板的挠度用中心最大挠度的幂级数展开，然后代入圆板挠度的非线性方程逐级求解，结果同 Way 的实验符合得很好。钱先生常向学生介绍美国特别是加州理工学院的一些情况，哥廷根大学克莱因和普朗特的故事，也涉及他对美国的资本主义体制采取的一种批判态度。他旗帜鲜明地支持学生 "反对饥饿，反对内战，反对独裁，争取民主" 的活动，受到同学们的拥护。

担任助教后，郑哲敏成为钱家的常客，与钱先生的夫人孔祥瑛也熟悉了。逢节假日，钱先生时常约郑哲敏到家里吃饭。钱先生比郑哲敏年长 12 岁，长子钱元凯当时还很小，他在屋内门框上拴挂一把小座椅让钱元凯在上面摇荡。在钱家，郑哲敏认识了赵九章先生和吴晗先生。

当助教期间，郑哲敏旁听了物理系王竹溪先生的热力学。王先生讲课条理非常清晰，逻辑严密，数学推导细致，是从工学院学到的知识的非常重要的补充。这门课导致郑哲敏买了龙门书局影印的普朗克（Planck）的一套理论物理，共五卷，爱不释手，而后出国时带去了美国。另外，郑哲敏通读柯朗（Courant）著《微积分》，觉得柯朗把微积分的基本概念讲得非常透彻，许多过去费解的东西变得很自然了。"学而时习之，不亦说乎？" 坚持阅读科学名著，是郑哲敏的成功经验，后来用于指导自己的研究生。

郑哲敏还旁听了外语系主任陈福田先生开的英国文学课和外语系学生的英语课各一门。

(五) 青年立志：确定人生方向

1947 年 "反饥饿，反内战，反迫害" 的学生运动风起云涌。郑哲敏参加一些进步学生的活动，但是怕耽误学习，又怕被人认为落后，所以思想上很矛盾。在思想深处，还有所期待，但绝不公开发表支持国民党的论点。可能由于立场比较中立和温和，郑哲敏多次被选为班长和学生会代表，但他尽量避开参加学生运动。

面对动荡的社会，大学毕业的郑哲敏不由得不思考人生。人人都是要死的，来到这个世界时什么也没有带来，离开时也什么都不能带走，因此财富也好，名利也好，都是暂时的。那么，人生的目的究竟是什么，人生的价值又在哪里？像往常一样，他带着这个问题到清华图书馆寻找答案。有一天借来一本英国人乔治·贝克莱（George Berkeley）著的哲学书，可是越读越感到糊涂，因为书里把客观世界完全看成主观的东西，认为客观世界只存在于主观想象之中，甚至并不存在。这种论点同直觉相违背，同所受的教育相违背，同所学的科学知识相违背。郑哲敏联系到自己成长和受教育的过程，想到生命、知识以及所有一切都来自家庭和社会，如果人生有什么意义的话，其价值只能在于当他在世的时候能为社会做点贡献，留下一点有益的、正面的东西。这些经过长时间思考的结论，把郑哲敏从困惑中解脱出来。在一次聚会中，郑哲敏谈起贝克莱的学说，引起了三妹郑企肃和堂妹郑企琼的不安。有一天她俩专门找二哥谈主观唯心主义的危害，好在这时郑哲敏已经放弃贝克莱了。

面对动荡的社会，郑哲敏第一次感悟到没有民主，物价飞涨，民不聊生，镇压学生运动，国民党的政治丑闻不断等等，因此必须彻底抛弃对旧社会的幻想。认识到了这一点使郑哲敏顿时感到一种思想上压力的释放。虽然对未来仍然感到忐忑不安，但对迎接即将到来的解放，持一种平静而理性的态度。

第二章 留学美国

一、在加州理工学院读硕和读博^① (1948.8～1952.6)

(一) 申请扶轮社留学奖学金

从清华大学毕业后，郑维敏和郑哲敏两兄弟曾先后向美国的加州理工学院 (Caltech) 申请留学，先后收到加州理工学院来信，说只有少数学生能获准。

1947 年入冬，有一天清华布告说，有兴趣的青年教师可以报名申请国际扶轮社奖学金。郑维敏看到布告，替那天恰好进城的弟弟报了名。

清华有二十一个人报名，其中十七人参加英语考试，主考人是陈福田和 Winter 教授，内容包括写一篇短文和口试。郑哲敏的短文题目是《为什么希望出国留学》，写到了出国学习的专业，回国后的志向等，有些提法来自对战后美国工科教育改革的理解。口试的内容大体上也是这些问题。当郑哲敏的回答涉及到工科教育改革的思想时，两个考官互相看了一眼并会心地笑了一下。主考人的评价为：郑哲敏是参加考试的申请人中英语最好的一位。口试时他的回答简洁而完整，详略得当。没发

---

① 郑哲敏学术成长资料全宗 > 郑哲敏回忆录 > "07 上海到 Caltech" 和 "08 Caltech 六年"。

现他的口语有什么毛病。他惹人喜欢而谦和，自信而平静地微笑着，迅速把握和准备了答案，善解人意。他的短文也写得潇洒。

郑哲敏通过了清华推荐扶轮社奖学金候选人的英语考试。不久扶轮社 Ballou 先生转来一份申请表，陈福田先生帮助填写了表格。1947 年 11 月 10 日，清华大学正式向北平市扶轮社推荐郑哲敏为奖学金候选人，校长梅贻琦、教务长吴泽霖、英语系主任陈福田分别写了推荐信。11 月 11 日，机械系主任李辑祥教授和老师钱伟长教授也分别向扶轮社写了推荐信。其中钱伟长先生写道：郑是几个班里我最好的学生之一。不仅天资聪颖、思路开阔、富于创新，而且工作努力，尽职尽责。他已接受了工程科学领域的实际和理论训练。给他几年深造，他将成为应用科学领域的出色科学工作者。

后来郑哲敏取得的卓越成就，完全证实了钱伟长先生的预言！

郑哲敏参加了北平扶轮社的面试。北大、燕大等北平的大学也都各推荐一人。

1948 年 1 月 10 日，北平扶轮社与郑哲敏约谈。1 月 12 日，在六个申请人中，郑哲敏被北平扶轮社选中。

2 月 28 日，华北区扶轮社负责人凌其峻通知，郑哲敏当选为华北区的扶轮社奖学金候选人，并要求到他的办公室见面。郑哲敏寒假赴沪探亲，2 月 29 日回到学校，随即去见凌先生。原来凌其峻是清华学堂早期的留美学生，仁立毛毯公司的负责人，办公室设在王府井大街。凌先生告诉他，位于美国芝加哥的扶轮社总社，还要根据华北、华中和华南地区所推荐的候选人的情况，最终选定一人作为国际扶轮社奖学金的获得者。这需要一个过程，为了不错过向国外大学申请的时机，建议提前向拟留学的学校提出入学申请。

由于可以选择两个不同国家的学校，郑哲敏选择了美国加州理工学院和英国伦敦帝国理工学院。3 月 3 日，郑哲敏函询加州理工学院，是否收到 1948 年 1 月寄的入学申请和钱伟长等的推荐信。3 月 15 日，收到加州理工学院复信，称如体检合格可接受入学申请。为此，郑哲敏在清华大学的校医院做了健康检查，把结果同时送往这两个学校。

4 月 14 日，加州理工学院来信，说郑哲敏的胸部 X 光报告没通过，校医不允许注册。郑哲敏马上去协和医院检查，确认只有一个钙化点，开出协和医院的健康证明即寄加州理工学院。5月12日，郑哲敏接到加州理工学院来信，医学检查已经通过，正式通知9月入学。

5月25日，获国际扶轮社总社秘书长的通知，经校、市、区、国四级选拔，郑哲敏成为1948年度中国唯一的一名"国际扶轮社国际奖学金"获得者。5月27日，郑哲敏出席北平扶轮社为感谢北平几个大学帮助推荐奖学金候选人在万国饭店举行的午宴，出席宴会的校长有北大的胡适、燕大的陆志韦以及美国驻北平的领事Freeman等。

5月24日，郑哲敏接到郑企琼20日发自城里的信，告知她当日离开燕京大学。27日，郑章斐电报询问此事。28日，郑哲敏写信回答父亲的电报询问：

"爱球（郑企琼小名——作者注）有主张，能实干，肯吃苦，为燕大多数同学敬重和拥戴，当选学生自治会常务理事。这学期学潮，暗中有人监视她，恐怕是离开学校原因。目前的局势是阶级冲突表面化和急剧化的结果。爱球现在选择了和我们意见并不相同的一条路，功过是非必须由历史来决定。但是我相信，在作这个决定之先，她一定经过了理智的考虑，应该是她认为最好的一条路，我们实未便加以干涉。爱球的身体很好，祝福她常保健康。"

解放后才知道，堂妹郑企琼在燕大已加入中共地下党，当时南下迎接全国解放。

(二) 从上海到旧金山

扶轮社给郑哲敏代订了美国总统轮船公司"梅格斯将军号"(General Meigs)的头等舱船票，将于8月16日自上海起航。鉴于办出入境手续的时间紧迫，6月14日，扶轮社凌其峻先生给了一封致外交部部长王正廷的信，请在郑哲敏办护照时予以帮助。7月15日，清华大学颁发离职证书。陈福田教授给了一封致OMEA总部T.C. Van博士的信，请在郑哲敏办签证时予以帮助。7月16日，北平扶轮社凌先生给了致美国驻华使馆Leighton Stuart博士、致美国驻沪领事馆领事信各一封，请在郑哲敏办签证时予以帮助。

7月下旬郑哲敏回到上海，收到邮寄来的护照，"敏"错译成Ming。

为去掉这个字母 g，跑到当时外交部驻沪办事处，出乎意料的是，办事处草草地用涂改液把最后一个字母 g 涂掉，使护照上留下了清晰的涂改痕迹，人们完全有理由把这份护照当成伪造的。于是郑哲敏连夜乘火车赶到南京，到外交部办理护照的部门要求换一份新护照，但是遭遇回绝。在十分无奈的情况下，求一位机械系校友找当时资源委员会写了封介绍信。7 月 31 日，郑哲敏再到南京外交部护照处，迎面遇见一位认识但叫不上名字的联大女同学，她正好在那里工作。问了情况，还没有出示介绍信，她要过护照走进一个房间，不一会儿就重新办了一份护照。事情竟这样出乎意料地解决了。

8 月初，郑哲敏拿到护照即返北平，去驻美国天津领事馆申办赴美签证。在天津—北平的火车上，看到天津外围的一些防卫工事和沿途一些被截断的电线杆。显然，人民解放军已逼近平津铁路。

8 月 13 日，在北平的清华友人写信给返回上海的郑哲敏，话别并告知朱自清先生在 12 日逝世。

8 月 16 日，郑哲敏在上海十六铺码头登船赴美留学，惜别父母亲人(图 2.1)。

图 2.1　郑哲敏 (左 1) 告别亲人赴美留学

(右 1 父亲郑章斐，中间母亲崔梅)

"梅格斯将军号"客轮途经香港、马尼拉、吕宋岛、关岛、中途岛、檀香山。郑哲敏兴致勃勃地领略沿途风光和大海景色,亲历太平洋的狂风巨浪。到檀香山时听说当地码头工人正在罢工,停靠计划临时取消,失去了登岛旅游的难得机会。

1948 年 9 月 9 日,"梅格斯将军号"航行 25 天后到达旧金山。一位扶轮社的官员表示欢迎,当场给了扣除来往船票之后半年的奖学金——一千六百美元 (全额四千美元,资助一年,扣除来回旅费,实有三千二百美元)。

(三) 一年获硕士学位

9 月 11 日中午,郑哲敏踏上南行的火车,当晚到达格伦代尔 (Glendale),那个车站离加州理工学院 (Caltech) 所在城市帕萨迪纳 (Pasadena) 很近,当地扶轮社的秘书 Lutz 先生和加州理工学院的冯元桢接站。冯元桢刚拿到博士学位,留校做博士后,从此二人成为终生好友。

在 Lutz 先生家住了一夜,13 日到加州理工学院的研究生宿舍 Old Dormitory——一座木制两层楼,与化学系唐有祺住一间。

9 月 27 日注册入学,全年学费五百美元。第一年的主要课程是工程数学 (主要是复变函数,M.S. Plesset 教授)、振动理论 (D. Hudson 教授)、经济学、实验和数据分析 (包括统计数学、误差分析等,McClintock 教授)、水力学。

进入加州理工学院不久,郑哲敏参加了学校的 International Club,以利妥善安排学习和健身、休息。学校里的外国研究生大多都是它的成员,主要的活动是聚会或郊游。

由 Lutz 安排,参观一些工厂和实验室,在洛杉矶西偏北海滨城市圣巴巴拉 (Santa Barbara) 地区扶轮社的一次年会上简要地介绍了中国当时的一些情况。

1949 年初,有一天豪斯纳 (G.W. Housner) 教授告诉郑哲敏,国际扶轮社邀请他担任扶轮社在加州理工学院的联系人,以便随时了解郑哲敏在学校的生活和学习情况。G.W. Housner 教授,1910 年生,1948 年率先提出用响应谱研究地震。1949 年 2 月 2 日,Housner 回信告诉扶轮社,郑哲敏的学习情况令人满意,提议一年期满后继续资助郑哲敏,并把信件副本给了郑哲敏。

1949 年 6 月，郑哲敏顺利获得加州理工学院机械系硕士学位。扶轮社的资助结束，Housner 的提议无果。郑哲敏申请读博，以及全年学费奖学金 (五百美元) 和在学助教位置，获批准并担任在学助教，教工学院的力学和材料力学、研究生的工程数学。假日期间，跟 Plesset 教授做暑期工作，准备研究泥沙运动问题。

暑期，郑哲敏改与到 Caltech 留学的罗沛霖合住一个房间。几个中国同学相约游泳 (图 2.2)。

图 2.2   加州理工学院同学

(左起：郑哲敏、唐有祺、朱正道、冯元桢、罗沛霖、罗时钧)

暑假，还和朱正道、庄逢甘到加州中部的约塞米蒂 (Yosemite) 国家公园旅游，路过著名的圣华金谷 (San Joaquin Valley)——一个隔山同太平洋海岸线平行的内陆平原，全年干旱少雨却又是全美出名的农业高产区。回校后，郑哲敏买了一辆 Studebaker 牌的二手车，开车与唐有祺和肖健一同到了拉斯维加斯 (Las Vegas)，然后到胡佛坝 (Hoover Dam)，生平第一次见到这种规模的大坝。

暑期结束，郑哲敏在九月家信中说，博士论文准备研究泥沙，希望能用到泥沙在河流中流动与沉淀问题。他知道当时上海经济尚未安定，认为困难是暂时的，要妹妹向暂避香港的父母说明情况。

　　1949 年底，郑哲敏父母从香港返回上海。

(四) 做钱学森的博士生

　　新学期开始，郑哲敏参加了中国留美科学工作者协会的洛杉矶分会，同宿舍的罗沛霖担任分会的会长并负责与芝加哥总会的联络。协会订阅了纽约出版的《华侨日报》和香港《大公报》，还不时从总会或英国的相应组织收到回国指南之类的材料，都放在郑哲敏与罗沛霖同住的寝室供会员阅览。

　　1949 年 10 月 1 日，中华人民共和国成立。10 月 6 日，中秋之夜，郑哲敏参加加州理工学院中国同学聚会，第一次近距离见到钱学森和蒋英。师生互相祝酒，亲切交谈，祝贺独立自由的祖国从今走向繁荣富强。

　　罗沛霖虽然 1948 年才到加州理工学院留学，他却是钱学森在交大时的同学，已经有多年实际工作经验，与当教授的钱学森很熟。钱学森有时到宿舍看望老同学，郑哲敏因此与钱学森有了接触。

　　1938 年，钱学森曾在他的博士论文中得出一个重要结论，高速飞行时飞行体表面空气层因阻滞和摩擦作用对飞行体起加热作用，而当时普遍认为飞行体表面被空气所冷却。这一成果从理论上预见了实现高速飞行将遇见一个新的障碍——热障问题。40 年代初，钱学森和冯·卡门等采用量纲分析方法，提出了高超声速流的相似律，大大减少了风洞实验和设计的工作量，并且为高超声速飞行器的设计奠定了基础。1949 年 9 月，钱学森从麻省理工学院回到加州理工学院，在航空系组建火箭喷气中心，也就是后来大名鼎鼎的喷气推进实验室 (JPL) 并担任主任。那年的新学期他开了一门课叫做 "火箭推进"，郑哲敏选了这门课，内容主要是高速飞行提出的热应力和材料性质问题。钱先生在课堂上提到希望有一种简化的方法解决热应力计算的问题以代替昂贵且困难的实验。郑哲敏表示，希望能参与这项研究，于是钱学森先生成为郑哲敏的博士论文导师。回忆这件事时郑哲敏说，这是一个机遇，也许罗沛霖向钱学森说了推荐的话。

　　钱学森以突破热障的热弹性力学问题作为郑哲敏博士论文的研究方向，选择高速加热在陶瓷中产生的热应力作为研究的一个课题，试图借助实验结果讨论不同陶瓷材料的抗热冲击性能。另外，钱先生要求探讨火箭发动机的热应力，是否可以用普通加载的方式模拟高速气流内壁加热在薄壁壳体中产生的热应力，即寻找是否存在模拟实验相似规律。

根据研究方向，郑哲敏确定了博士生课程，主要是弹性力学和板壳理论 (G. W. Housner 教授)、高等分析数学 (复变函数、特殊函数、运算微积、渐近方法，A. Erdelyi 教授)、经典热力学 (P. Epstein 教授)、传热学 (流体传热、辐射传热，W. D. Rannie 教授)、火箭引论 (钱学森教授)。学校要求博士生掌握两门外语。凭清华四年级上过的一年德语，第一门外语轻松过了关。学校不接受中文作为一种外国语，因此又学了点法语，只考专业性法语，不进行口试，也过了关。

在"火箭引论"课上，郑哲敏听到钱先生讲应该进一步研究的问题。

钱学森先生主持的喷气推进中心每周都有讨论会 (seminar)。有一次钱先生专门论述了理论与实验的关系，特别指出理论必须要有实验的验证，并需要依靠实验结果加以修正和完善。他还在各种场合多次提倡工程科学。

钱学森给郑哲敏讲了许多做学问的东西。

"你做一项工作，一旦你选了一个题目，那你就要下定决心去做。不做则已，要做，就要争第一。你应该比其他人都好，要做到最好、最出色。"郑哲敏从此知道，创新是科学研究不可分割的一部分。

钱学森还常说，世界上有些事物，表面上看起来是很复杂的，对于我们做科学工作的人来说，就应该具有抓住复杂问题里面主要矛盾进行分析的能力，要着重培养这个能力。这是老师对郑哲敏影响比较大的一个经验。

还有一点，钱学森说，你做任何工作，都要把这项工作放到它所处的环境中，把它放到大背景里来做。这样，你工作目的才会明确。如果你失去了大的背景，你的工作就变得没有目标。回忆老师的教诲，郑哲敏感触良深。钱学森做博士论文搞空气动力学，同时参加火箭探索，毕业后马上做固体力学非线性稳定性研究。他与老师联合发表的两篇论文，是这个领域非常重要的两篇文章。他接着继续做火箭工作，因为高温高压燃气的测量要付出很大代价，他提出物理力学，用微观理论推算材料宏观性质，在这方面走出一大步，到 21 世纪各国科学家仍在走这条路。

钱学森还从火箭的具体控制问题出发，创立了工程控制论，这又是一个更广阔的领域。从小处做一个问题，看它的大背景，然后在大背景里选择最重要的问题去做。这也就要求我们不断地学习，一生都要去学习。郑哲敏说，老师研究局部时不忘关注全局、不断学习的理念使自己受益匪浅。

(五) 经历老师钱学森被迫害

郑哲敏偶尔生病时，钱先生会来宿舍看他。有时邀请他去家里吃饭，或一起去看演出。有时钱先生夫妇外出，他还受托帮助照料孩子。

1950 年 6 月 6 日美国联邦调查局指认钱学森是美共党员，同时美国军方吊销钱学森从事国防科研的安全许可证。6 月 16 日开始，钱学森多次向校方表示辞职意向，8 月初预订到 8 月 28 日取道加拿大赴香港的机票。

6 月 25 日朝鲜战争爆发。来加州理工学院只两年的罗沛霖决定尽快回国，他的导师索伦森教授惜才，临时为他举行了博士学位论文答辩。

7 月中旬，留美中国科协理事丁儆途经洛杉矶、旧金山乘船回国，作为留美科协会员，郑哲敏曾开车迎送。这是他们两位第一次见面。

8 月，郑哲敏开车送罗沛霖去洛杉矶火车站赶赴旧金山，登机飞夏威夷，追赶从旧金山开往香港的轮船。罗沛霖刚离开美国，联邦调查局就去加州理工学院查问罗沛霖去了哪里。当开往香港的下一班船经过日本时，加州理工学院的中国学者赵忠尧、沈善炯、钱学森指导的博士罗时钧曾在日本遭美军扣押。

8 月 21 日美国移民局扣押钱学森交轮船公司托运的行李，声言查获秘密资料。8 月 23 日宣布禁止钱学森出境。

经紧急审查，美国当局在 9 月 5 日已经知道[①]，只查到几份解密的资料，相对于钱学森头脑中的信息，这些资料可以忽略不计。

9 月 7 日，钱学森突然被捕，关押在特米诺岛 (Terminal Island)。

恰在 9 月 7 日那一天郑哲敏和冯元桢夫妇一同开车前往波士顿。当时郑哲敏考虑到如果论文进展顺利，有望次年完成论文回国，计划用这个假期横穿美国，尽可能多地参观一些地方。9 月 8 日，郑哲敏到达旧

---

① 张现民. 羁绊与归来：钱学森的回国历程 (1950—1955). 北京：中共党史出版社，2019.

金山的早上，从报纸得知导师被捕，便折回帕萨迪纳 (Pasadena)。因帮不上忙，几天之后搭乘火车追冯元桢夫妇，在易家训家会合，继续开车旅行。

郑哲敏和冯元桢夫妇的旅行超过一个月。其间，9 月 19 日留美中国科学工作者协会自行通告解散；9 月 23 日钱学森获得取保释放 (保释金 15000 美元是一个学生的未婚妻支付的)，此后一直被监视居住。

10 月返校后，郑哲敏收到罗沛霖在轮船上完成的博士论文手稿，即找人打印，钱学森亲手为老同学抄填公式，然后由郑哲敏交给了罗沛霖的导师索伦森教授。后来，加州理工学院在 1952 年正式授予罗沛霖特别荣誉衔 (magna cum laude) 哲学博士学位。

看报听广播，知道中国人民志愿军抗美援朝，留美同学们担心志愿军是否打得过装备精良的"联合国军"。年底，传来美军溃败的消息，麦克阿瑟的圣诞梦破产。苏联没有出兵，中国力挽狂澜，郑哲敏对中国共产党和新中国的信心大增。中国人真的站起来了！自豪感油然而生。

(六) 钱学森先生指导做博士论文

1950 年 12 月 4 日，郑哲敏顺利通过博士生资格考试 (qualify)。因没能回答一个简单的流体力学问题，决心自学流体力学，同时旁听 H. Stewart 和 C. Millikan 在航空系开的流体力学课。Rannie 的传热学牵涉到分子动力学和量子力学，所以接着自学了一些量子力学、分子运动论和动理学。在 Plesset 的影响下，自学了张量分析和一些微分几何知识。在塑性力学方面读 Hill 的书和 Prager、Drucker 等人的一些文章，打下了一定的基础。

1951 年郑哲敏继续在钱学森先生指导下做博士论文。为了验证博士论文的第一部分结果，找到了少量实验结果，做了大体的验证。博士论文的第二部分中采用了重新定义中性面的方法使模拟成为可能，得到钱先生认可。

1951 年 6 月 15 日，博士论文的一部分工作以 "Resistance to thermal shock" 为题被钱先生推荐寄到 *Journal of the American Rocket Society*，在该刊当年 11 月号发表，署名郑哲敏。Resistance to thermal shock，即热冲击抗力，指急热或急冷时材料抵抗失效的强度。

20 世纪 40~50 年代，许多新的陶瓷材料不断问世。它们的优良耐热性得到提高，强度和合成技术也有明显改善，引起了有关方面，包括航空航天部门的兴趣，也引起了郑哲敏的兴趣。他对交叉领域感兴趣，如空气弹性力学、水弹性力学等，热弹性力学当然也属于这一类。另外，选择这样一个题目也有冯元桢的影响。

W. G. Lidman 和 A. R. Bobrowsky 在 1949 年美国国家航空咨询委员会 (NACA) 第 1836 号技术报告中，依据实验说明热冲击抗力正比于 $\sigma_0 k/(\alpha E)$，式中 σ_0、k、α、E 分别为材料的极限强度、热导率、热膨胀系数和杨氏模量。

郑哲敏认为文献对已有实验结果的分析存在缺陷。他将这个问题作为论文的一部分进行了研究。

首先，对什么是抗热冲击强度应该有一个确切的定义。快速加热或冷却时温度和膨胀不均匀，产生很强的局部热应力，可能超过极限强度导致材料破坏。郑哲敏定义极限强度 σ_0 与局部热应力 σ 之比为材料的无量纲热冲击抗力 S，表示为

$$S = \frac{\sigma_0}{\sigma}$$

$S > 1$ 则材料安全，$S \leqslant 1$ 则材料破坏。

其次，郑哲敏认为，热冲击抗力问题实质是寻求该条件下的热应力 σ 问题，它所涉及的热传导问题完全可以用业已成熟的数学手段加以解决。他把问题抽象为一块已加热的薄板突然放进常温的环境，然后根据热传导方程和弹性板壳理论，计算平板中的瞬态温度和不同时刻的应力分布。在求解热传导方程时，他采用界面传热的模型，因此平板的表面温度并不立刻就等于环境的温度。由于温度分布是瞬态的，所以应力场也是不均匀的而且随时间变化。

试件是否破坏应当与最大拉应力的值有直接关联。当平板的两面同时暴露于冷环境中时，最大瞬时拉应力 $\sigma_{\max}$ 必然发生于板的中心，郑哲敏求得最大瞬时拉应力

$$\sigma_{\max} = \frac{\alpha T_0 E}{1 - \nu} \sigma_{\max}^*.$$

式中 ν 是泊松比，T_0 是材料发生热冲击破裂时的热源温度，$\sigma_{\max}^*$ 是无

量纲应力。破裂时无量纲热冲击抗力 S 表示为

$$S = \frac{(1 - \nu) \, \sigma_0}{\alpha T_0 E \sigma_{\max}^*}$$

无量纲应力 $\sigma_{\max}^*$ 取决于温度分布，是热传导系数比 $R = \dfrac{k}{hb}$ 的函数，b 为板厚，h 为界面的导温系数，b 和 h 均视为常数。在 R 足够大时 $\sigma_{\max}^* \sim \dfrac{1}{T_0 k}$，热冲击抗力 S 近似表示为

$$S \sim \frac{(1 - \nu) \, \sigma_0 k}{\alpha E}$$

此式比 NASA 技术报告实验归纳的表达式 $\sigma_0 k / (\alpha E)$ 严谨且物理意义清晰。对照 NACA 技术报告的实验数据，发现对于多种陶瓷材料，当 S 接近或小于 1 时，试件会在实验中破坏。如果 S 明显大于 1，则可以耐受多次热冲击实验而不出现破坏。这表明论文所做分析与实验现象基本相符。

郑哲敏的这篇论文是在钱学森指导下学习和实践工程科学思想的起点。热障是航天飞行器往返地面的重大技术问题，而陶瓷绝热片正是今天航天器突破热障的一个关键材料。20 世纪 50 年代初，钱学森就安排郑哲敏研究这个问题，大大超前于当时的工程实践。在研究工作的起步阶段，针对陶瓷材料的热冲击抗力，探讨其热应力的时空分布，从而与实验数据比较，得出基本结论，是一条可行的严谨的科学研究途径，正是应用力学学派的研究思路。量纲分析使郑哲敏得到的结论，与文献由实验得到的结论一致，比实验结论更全面、更深刻地阐明了影响热冲击抗力的基本控制因素。

1951 年夏，郑哲敏论文工作基本结束，到秋天博士论文就通过了。

等待授学位并继续工作时，郑哲敏搬到学校附近 South Wilson Avenue 238 号，一直住到回国。这是一座中国留学生租下的房子，冯元桢夫妇、李整武（后改名李正武）夫妇、李定一夫妇、吴耀祖夫妇，还有徐璋本已经住在那里。

1952 年 4 月 14 日，钱先生主笔，一篇以 "A similarity law for stressing rapidly heated thin-walled cylinders" 为题的论文寄到 *Journal of the American Rocket Society*，在该刊 5~6 月号发表，郑哲敏是第二

作者。

固体燃料火箭发动机的热应力问题是钱先生当时很关心的问题，这篇文章研究了这个问题，并且提出了一种新颖的方法，即用冷试验来模拟高温试验，以避免高温试验难以克服的实际困难。

该文把火箭发动机简化为一个薄壁筒。一个等厚薄壁筒受到流经内壁的热高压气体快速加热时，材料的温度将由内壁面高温向外壁面环境温度急剧下降。材料的杨氏模量随温度升高而降低。该文将此圆筒的应力分析简化为经典柱面薄壳平衡问题，首先列出了薄壳的基本方程。这里采用了一个关于中性面的基本假设，这个假设来自郑哲敏的博士论文。利用它，基本方程得到简化。第二步将这个基本方程组无量纲化。关键的第三步是将方程组的解分成两个部分叠加，分别被称为一次和二次解。大家知道，固体火箭发动机的主体是由圆筒形壳体、位于一端的封头和另一端的喷嘴组成。所谓一次解是燃烧室的高温、高压气体作用于一个两端不受约束的圆筒所产生的应力和应变。圆筒受两端约束产生的应力与应变构成二次解。一次解容易求，因此问题归结为如何求二次解。分析表明，以无量纲位移方式表达的基本方程 (线性化了的) 不显含温度影响，因此只要正确选择有关参数，完全可以用冷实验来模拟实物试验。文章给出了实验需要满足的参数换算关系 (模型律)，并给出了一个实例。

这是一个如何建立和使用模型律的很好的例子，很有启发性。其中郑哲敏提出的"适当定义中性面使得积分 $\frac{1}{1-v^2}\int E(z)z\mathrm{d}z = 0$"的基本假设，使得薄壳的无量纲平衡方程大大简化，利于揭示薄壁条件下热筒和冷筒间变形与载荷的定量关系。如今回过头来看，郑哲敏认为这个假设还是粗糙了一点。

1952 年 6 月，郑哲敏参加授博士学位仪式，获加州理工学院应用力学与数学博士学位。

二、博士毕业后的第一项研究工作 (1951.9~1952.1)

仅用不到两年时间，郑哲敏就完成了博士论文。在等候加州理工学院授予博士学位之际，他承担了一个关于输水管振动的工程问题的研究。

那是第二次世界大战后美国扩建哥伦比亚河大古力 (Grand Coulee) 水利枢纽，增建由罗斯福湖向班克斯湖输水的大型水泵站、输水管和水渠系统，灌溉周边的干旱地区。该水利枢纽兴建了 12 根输水管，每管流量 ~40 米³/秒，扬程 89+25 米高。1951 年开始输水时管道意外发生严重振动，影响了工程进度，引起制造商的关注。那年秋天，位于洛杉矶的 Byron-Jackson 水泵公司到加州理工学院咨询这个振动问题。Rannie 教授在一次讨论会上提出这个问题并问郑哲敏能否解决，郑哲敏表示可以先进行分析。

按厂方介绍，管道的直径为 12 英尺 (约 3.66 米)，壁厚 h 为 7/16 英寸 (约 11.11 毫米)，平均流速 U 为 12.4 英尺/秒 (3.78 米/秒)，平均静压为 26 磅/英寸² (1.8 个标准大气压)。工厂方面的描述是模糊的，只说振动很剧烈，强调管壁上奇怪地出现 12 个环向分布的波。郑哲敏分析后认为是水泵激发充水的管子共振，水流过薄壁圆管发生法向非均匀胀缩振动。管壁的振型如图 2.3 所示，轴向坐标为 x，环向角度为 θ。管壁法向位移 (振幅) 记作 $w(x,\theta)$，环向波数记作 n，轴向波数记作 k。他算出环向最可能出现 6 个波纹，然而厂方说的是 12 个波纹。众所周知，分辨振型是物体振动最重要的问题，对于形状与受力较复杂的输水管流固耦合振动，振型却没有现成答案。Rannie 教授猜想也许是厂方误判，询问得知他们把正负振幅当作两个波了，郑哲敏的判断正确。

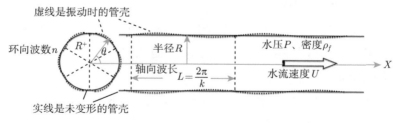

图 2.3　输水管薄壳的模态振动示意图

1947 年的薄壁筒受限扭转是郑哲敏第一次研究有关薄壁管问题，1951 年的火箭发动机热应力是他第二次研究有关薄壁管问题，输水管流固耦合振动恰是他第三次研究有关薄壁管问题，载荷一次比一次更复杂，但他对问题的认识一次比一次更深刻。这样，仅仅三四个月，郑哲敏就确认了输水管流固耦合振动的模态，计算了振型，给出了消除输水管振动的技术方案，成为他完全独立研究的第一个工程科学问题。

1952 年 1 月 20 日，郑哲敏提交给 Byron-Jackson 水泵公司一份题为 "Analysis of pipe vibrations with internal fluid flow" 的正式报告，给出适合工程的解决方案。公司认可了报告，并按照建议加上了按一定间距设计的固定环，据说效果很好。作为补偿，付给郑哲敏区区 400 美元。钱先生曾开玩笑地对郑哲敏说，应该大大敲他们一下。

郑哲敏头两次留学签证的期限分别是两年和一年。1951 年 4 月，他提前五个月向移民局申请延长签证，未得答复。9 月向移民局催办延长签证，当局要求等待。在移民局，他曾被带到一间办公室，在被要求宣誓不说假话之后，一位官员询问政治敏感的问题，包括拥护谁，是毛泽东还是蒋介石，中国共产党还是国民党，以及中国共产党是不是由苏联共产党控制的等等。郑哲敏当即如实回答说：1949 年，中国人民已经做出了选择，拥护毛泽东和中国共产党，当然这也就是自己的选择；本人不认为苏联共产党能够控制中国共产党。

时至今日，大古力枢纽包括它的宏伟输水工程仍在正常运转 (图 2.4)。人们可能都不知道，当年一位 28 岁的中国博士为此做出的一份贡献。读了这份研究报告，不得不由衷赞美工程科学研究的魅力。

图 2.4　今日大古力水利枢纽——美国功率最大的水电站
(照片左下是当年曾发生共振的直径 3.66 米的输水管)

三、被强制羁留 (1952.6~1954.9)

(一) 被关进移民局监狱[①]

1952 年 6 月郑哲敏获博士学位后，接到美国司法部移民归化局 (以下简称移民局) 的约谈通知。6 月 30 日，他刚迈进移民局办公室，就被宣布，根据 6 月 16 日的命令他因 "非法居留" 被逮捕，随即按指印押到移民局监狱，就是曾关押钱学森的在特米诺岛的那个监狱。接着，冯元桢的夫人喻娴士来到移民局并遭到同样待遇。利用喻娴士求助丈夫冯元桢的机会，郑哲敏托冯元桢代办保释。冯元桢立即与移民局交涉，交一千美元担保郑哲敏出狱候审。

出狱后，郑哲敏请了律师，申请自动离境，目的是避免被强行遣返至台湾。加州理工学院的 D. Hudson 教授、G.W. Housner 教授曾出席移民局的听证会，为他作证。

7 月初，移民局正式通知，同意郑哲敏自动离境。可是 4 天后，又通知不得离境或企图离境，否则就要罚款和监禁，理由是那样做违反美国利益。移民局扣押了郑哲敏的护照。而在 6 月 27 日，美国国会通过《麦卡伦–沃尔特移民和归化法》，规定未加入美国国籍的外侨，必须随身携带合法证明，否则就处以罚款、监禁，或两者并科。

1951 年 4 月 26 日，移民局曾判决将钱学森驱逐出境，1952 年 2 月 8 日美国司法部维持该判决，但以 "1950 年 8 月 23 日禁止钱学森离境的命令未撤销" 为由宣布暂缓执行，钱学森继续被监视居住并勒令每月到移民局报到[②]。老师的处境郑哲敏很清楚并尽可能为老师分忧，没想到自己也遭遇同样的处境，没有合法身份，哪儿都不许去。

(二) 滞留加州理工学院

郑哲敏临时在加州理工学院机械工程系教书，非正式职工。每月报酬 383 美元，加上其他劳务所得，1953 年收入 4905.78 美元，年课税 11.47 美元。

郑哲敏出狱以后的生活很单调，寂寞和孤独，三天两头去冯元桢家，同他们聊聊天，与孩子玩玩。有时去看望老师钱学森，偶尔帮助老师和

---

① 郑哲敏学术成长资料全宗 > 郑哲敏回忆录 > "08 Caltech 六年"。
② 郑成良总策划、张现民主编. 钱学森年谱. 北京：中央文献出版社，2015。

师母照料孩子 (图 2.5)。另外就是读书，包括《资本论》、斯大林的文章，还有一些进步的外国作者写的书。原来关心不多的事，这时倍加关心，总想能多学些什么。

图 2.5　郑哲敏与老师的儿子钱永刚在加州海滩

(钱学森摄)

给研究生讲授量纲分析 (dimensional analysis) 时，除了指出基本量和导出量是 π 定理的基本概念之外，针对无量纲量的构造没有唯一性，郑哲敏还根据自己的切身体验指出，自变量与因变量是运用 π 定理必须注意的基本概念，强调按照客观存在的因果关系构造无量纲量。这是他后来做量纲分析成功的"诀窍"。

继续研究有水流输水管振动问题。郑哲敏建议为输水管加设加固环，虽然帮助工厂方面解决了问题，但留下了新的学科问题。如果加固环使管道的 $\frac{\partial w}{\partial x}$ 连同那里的 w 同时成为零，力学分析的问题反而简化了，因为每一节管子可以单独处理，它们之间没有耦合。但是如果加固环仅仅使那里的 w 成为零，那么应该怎样办呢？这成为郑哲敏滞留期间考虑的问题。他花费不少时间，写成了三篇材料。第一篇是等间距简支连续梁的自振频率；第二篇是有内外轴向流 (可压缩与不可压缩，亚声速或超声速)、等间隔环向支撑的管线的自由振动；第三篇是无限长，一侧有水流，等间隔支撑连续梁的自由振动 (图 2.6)。后两篇未完成计算，只是半成品。

滞留加州理工学院期间，郑哲敏还完成了一篇热应力波的初稿。受 Julian Cole 之约在航空系的一次 Seminar 作了报告，题为 "An analysis of thermal stress wave"。

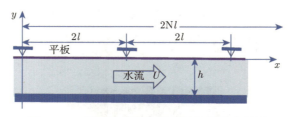

图 2.6　一侧有水流的无限长等间隔简支平板

预计回国后需要用俄语，郑哲敏旁听学校里的一门俄语，老师是曾帮助他与移民局打官司的律师 Jacob。

1954 年继续在加州理工学院机械工程系临时教书。

一篇论文被列为 1954 年 GALCIT 的报告，题为 "The free vibration of a class of continuous beams"。

旁听了钱学森先生的两门课：物理力学和工程控制论。

1953 年冬，郑哲敏认识了到加州理工学术休假看望钱学森、蒋英的郭永怀、李佩。两家人亲密相聚，交流期待回国之情。嗣后，郑哲敏有幸聆听了钱学森先生关于庞加莱-莱特希尔-郭 (PLK) 方法的系列报告。PLK 方法是现在称为奇异摄动法中的一种，是庞加莱 (Poincaré) 开创、莱特希尔 (Lighthill) 发展的小参数求解方法，被郭永怀推广到激波与边界层的相互作用问题，随即被钱学森按三人的姓氏命名。

他还帮助 Housner 教授做过含水容器自由振动的研究，并且利用加州理工学院的模拟计算机得到了一次地震的加速度响应谱，获得 Housner 教授 1000 美元的资助。

受当地的一个海军实验室委托，郑哲敏完成了一篇关于水中表面波引起沙性海床起沙临界条件的报告。到 9 月，未能完成最后的打印他就离开了学校。

四、绕道回国[①] (1954.10~1955.2)

(一) 离开美国

1954 年 7 月 23 日，移民局函告郑哲敏，自收到信后可以自动离境。

四天后，收到移民局的第二封信，要求必须于 9 月底之前离境，否则将被驱逐出境。

郑哲敏办的第一件事是从移民局把被扣的护照领回来，到洛杉矶中国总领事馆办理延长手续。第二件事是办理经欧洲回国的签证，以便把父亲郑章斐存在美国银行的两万美元，避免被美国冻结而转存到瑞士的一家银行。当时在美国很难在两个月内办理到香港的签证，所幸先获得日本入境申请后，顺利获得了法国、瑞士和意大利的过境签证，准备到瑞士再办理过境香港的签证。随即买妥从纽约经法国、瑞士和意大利到东京的轮船和火车票，总计 800 余美元。除了所持的中华民国护照外，又在公证处办了一张说明身份的证件，有人戏称其为无国籍身份证。

移民局索要离境计划，郑哲敏根据船票确认离境日期为 9 月 27 日。

9 月 17 日，移民局洛杉矶分局签发"监视离境文书"，要求"确认该目标于 1954 年 9 月 25 日从你港乘 SS Flander 轮驱逐出境。该目标持 No.F.14496 中国护照，右拇指印见文书"(证书原文如此，打错了上船日期)。美国当局以此羞辱郑哲敏。

加州理工学院的中国朋友们在距帕萨迪纳几十公里的箭头公园举办野餐，欢送郑哲敏,师母蒋英带着两个孩子代表被监视居住的钱学森参加。

机械工程系秘书 Lovejoy 女士在学校附近的一个花园里办了欢送晚会。郑哲敏难忘温暖情谊，一直保留着老师、同事和同学的告别签字 (图 2.7)，并正式拍照留念 (图 2.8)。

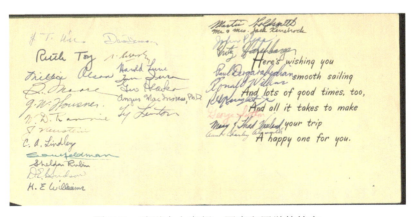

图 2.7　欢送会上老师、同事和同学的签字

图 2.8　回国前意气风发的郑哲敏

9 月 23 日晚上，钱学森先生在家饯行，交代了两件事。一是回国后国家需要做什么就做什么。即使国家需要的是非常简单的事，例如管道流动的阻力计算，也应当努力去做好。二是，对于一个按计划发展的社会主义国家，运筹学特别需要，可以在国家建设中发挥积极的作用。要把这个意见转告钱伟长先生。

9 月 24 日晚上，郑哲敏乘飞机离开洛杉矶，冯元桢夫妇、吴耀祖夫妇以及其他一些同学来送行。惜别话长，竟误了一班飞机。

9 月 27 日晨，到纽约的码头准备登船，一位移民局官员已经等在那里。当联大同学童诗白送别时，那位官员也紧跟上来监视郑哲敏出境。

(二) 绕道欧洲

10 月 1 日天黑，郑哲敏乘船到达法国西北的勒阿弗尔 (Le Havre) 港，办完入境手续后乘夜班火车抵达巴黎。

10 月 2 日，郑哲敏由加州理工学院同学李整武介绍的朋友宋先生陪同，参观巴黎并参加了巴黎中国留学生举行的国庆庆祝会，晚上在他家用晚餐。

在巴黎见识了巴黎歌剧院和巴黎喜剧院，各看一场演出。重点参观了卢浮宫，有许多文物来自埃及、巴比伦 (巴格达)、印度和中国，艺术品中有很多旷世之作。在凡尔赛和会印象的影响下，到郊区的凡尔赛宫做了短暂的参观。

10 月 10 日，到巴黎第十天，郑哲敏按计划乘火车前往瑞士，宋先生特意送站。目的地是瑞士西北边界一个叫做拉绍德封 (La Chaux-de-Fonds) 的小城，附近集中了许多表厂，离首都伯尔尼几十公里。郑哲敏按约定到著名表厂摩凡陀 (Movado) 参观和学习，并将父亲的两万美元存到瑞士银行。郑章斐办的上海大光明钟表行是摩凡陀在中国的代理商。

10 月 16 日，到我国驻瑞士使馆申请回国证书，以便取得香港的过境签证。

10 月 17 日，为省钱搬出旅馆，住进拉绍德封的一间出租房，房东太太是位意大利人。

收到我国驻瑞使馆寄来的归国证之后，拖了很久英国驻瑞士使馆才给了香港的过境签证。轮船公司通知，因修船，启航日期被延至 1955 年 1 月晚些时候。

在瑞士期间空闲时间很多，主要用来学习俄语，积累更多的词汇。曾参观摩凡陀的装配车间，有一段时间每天到那个车间跟师傅们学习组装手表。

瑞士有很多地方可玩，为减少花费只去过伯尔尼、苏黎世和日内瓦。没有爬阿尔卑斯山，不过远眺终年积雪的山峰也留下了美好的记忆。

1955 年元旦，郑哲敏在日内瓦无意中发现一个手持机械式计算器，功能与台式机械式计算机相当，小巧玲珑十分可爱，立刻买下。回国后，他用这个小小的计算器完成了许多计算。

大约 1 月 14 日，郑哲敏乘火车经意大利到法国马赛登船。房东太太嘱咐，路过意大利时一定去看望她父母。意大利行期 4 天，曾参观米兰大教堂、米开朗琪罗的雕塑作品、古罗马遗址。第四天途径热那亚，下火车拜访瑞士房东太太父母居住的村落。回国后曾与房东先生互通过一次书信。

大约 1 月 21 日，郑哲敏在马赛乘坐 "柬埔寨号" (Cambodia) 轮船，经停埃及的塞得港、红海口当时的法国殖民地吉布提 (Djibouti)、锡兰 (今斯里兰卡) 的哥伦布港、新加坡、当时南越的西贡 (今越南的胡志明市)、菲律宾马尼拉港，走了 24 天到达香港。

到香港，郑哲敏在父亲的一位钟表业朋友家住了近一个星期，委托香港的中国旅行社办理从深圳入境的手续以及从九龙到罗湖、从广州到上海的火车票,并与教育部在广州的留学生接待办公室取得了联系。

1955 年 2 月 21 日星期一,郑哲敏从罗湖桥入境,回到阔别六年半的祖国。

第三章　报效祖国

一、从罗湖桥到北京 (1952.2~1956.1)^①

(一) 回到新中国

1955 年 2 月 21 日星期一，郑哲敏终于从罗湖桥入境，看见了高高悬挂的耀眼的五星红旗。当晚住在深圳农民的出租房，一夜房租竟然是一万元人民币 (第一套人民币)，引起他关于通货膨胀的一丝忧虑。而恰在那一天国务院发布命令，决定由中国人民银行自 1955 年 3 月 1 日起发行第二套人民币，收回第一套人民币。第一套人民币 1 万元等于第二套人民币 1 元。

次日郑哲敏到达广州。在留学生办事处报到，如数填写有国外存款两万余美元。浏览广州街景，一是看见有的商店橱窗陈列着各式电机、电气设备、多种工具。在解放前，这些东西大多需要进口。二是市里比较繁华的地段，没有了旧城市那种嘈杂、脏乱、极度贫困和乱七八糟的现象。三是走进一家新华书店，买了一本《中华人民共和国宪法》，准备仔细研读。

第三天办完有关手续后，参观了黄花岗七十二烈士陵园。

---

① 郑哲敏学术成长资料全宗 > 郑哲敏回忆录 > "10 回到新中国"。

2 月 24 日早上，郑哲敏乘火车去上海。上车前，一位值班的解放军战士要求检查郑哲敏行李。同车的人们介绍解放后国内的情况和大好形势。他们说得很真诚，很自然。

2 月 25 日，郑哲敏到达上海，父母亲接站。家仍旧在南京东路大光明钟表总店的楼上。楼下店铺里的气氛同过去没有明显的变化。家里一切都没有什么明显变化，也许来往的客人比过去稍许少了些。四妹企克1953 年提前一年从上海交大毕业后在复旦大学任教师，只有节假日才回家看看；五妹企仁上高中，白天不在家。此外，郑哲敏看见，父亲把自己学徒时的师傅请到家中供养。父亲不忘师恩，对弟妹有显著影响，令他们尊重老师、努力学习。

父母拿出三妹企肃 2 月 12 日写的信询问情况。企肃家信说，2 月10 日外交部电话询问哲敏回国事，还说乔冠华讲美国已承诺放行 27 位留学生，但尚未全部回国。

1954 年 4 月至 7 月日内瓦会议讨论朝鲜、印度支那和平问题。周恩来总理兼外交部长的外交活动引起轰动。从报纸电台的有关报道，留美学子清晰看到祖国日益强大，感到中美关系发生微妙变化。看到三妹的信，郑哲敏方才确知，是中美日内瓦谈判促成自己回国，祖国时刻关注自己这样一个普通留学生回国的事。

中美官员于 1954 年 6 月 5 日在日内瓦进行中美对峙中的首次接触，到 6 月 21 日共进行 4 次。中方关心羁留美国不能回来的留学人员，美方关心在中国领空被击落关押的飞行员。本书作者按政府信息公开手续于2012 年提出申请，中国外交部美大司 2012 年 10 月 23 日函证实，1954年 6 月 21 日第 4 次会谈时，美方提交首批 15 位准许离境的中国留学生名单，其中包括郑哲敏。中方宣布将 11 名侵入中国的在押美籍罪犯驱逐出境。美国则硬把无罪的中国留学生"驱逐出境"。后来，中方拿出确证戳穿美方"钱学森不愿意回国"的谎言，美方被迫在 1955 年允许钱学森回国。

羁留美国的中国留学生得以回国，是新中国外交斗争的一个胜利。郑哲敏被列入第一批名单，估计也是郑哲敏本人打官司抗争的结果。1956年 1 月 9 日，亲历迫害的留美归国学子在《人民日报》发表《控诉美国政府迫害留美中国学生》的文章，表达对美帝国主义欺凌中国留学生的强烈谴责。郑哲敏是 68 位署名者之一。

中华人民共和国成立后，闹钟成了农村、工厂、军队和家庭广泛使用的计时用品，因此上海的闹钟生产得到迅速发展。郑哲敏参观父亲由多年经商转而兴办实业的上海大光明钟厂，为父亲实现夙愿感到高兴，认为除了父亲的不懈努力，解放后的工商政策起到了决定性的作用。

上海物价平稳，人民币面值已经稳定，市容整洁，秩序井然。昔日的拥挤、混乱和嚣闹，贪污受贿、赌博、娼妓、流氓、恶霸等许多丑恶现象被消除了。这与出国之前有天壤之别，极大地增加了郑哲敏对中国共产党和新社会的信心。

(二) 回到北京

郑哲敏在上海陆续看到三妹和大哥从北京寄来的家书。三妹企肃 2 月 25 日写给父亲的信说，钱伟长先生要二哥回国的消息，嘱咐二哥找钱先生。大哥维敏 2 月 27 日给父亲写信，希望二弟早日到北京。

3 月初，郑哲敏即乘火车赴京，到高教部留学生办事处报到，住西四王府仓的留学生招待所，与研究壳体力学的程世祜、研究流体力学的周光炯和研究材料科学的李恒德住同一间屋。招待所里当时还住着吴仲华和李敏华夫妇以及他们的两个十来岁的男孩。

郑哲敏受钱学森之托，按照三妹家信所嘱，到清华大学拜望了老师钱伟长。得知中国科学院筹建数学研究所时设立了应用数学组，开始只有钱伟长、胡海昌、林鸿荪三人，到 1953 年发展为力学研究室，钱伟长先生为主任。先期回国的加州理工学院同学庄逢甘和罗时钧都曾在那里，1953 年已调到哈尔滨。

在"回国留学生工作分配登记表"上郑哲敏写了如下的话："回国本是一贯的主张。我们之所以获得教育，直接或间接的是由于全国人民的劳动，因此回国服务是不可推辞的责任。同时一个人如果不是在为群众的利益工作，那么生活便失去了意义。"志愿是去中国科学院数学研究所力学研究室。

等待分配期间，曾经到清华大学去看望西南联大同学陈南平和他的夫人顾小华，乘火车去参观官厅水库，还与一位同船回国的留法学生游览颐和园。官厅水库是中华人民共和国刚成立时，为消除永定河洪水对京津地区的威胁，于 1951 年 10 月开工建设，1954 年基本建成的。郑哲敏参观时电站刚开始发电，用的是三台哈尔滨电机厂制造的 1 万千瓦混流式水轮机。解放前中国水轮机依赖进口。1951 年由归国工程师借助欧美资料，在哈尔滨设计制造了第一台国产立轴 800 千瓦混流式水轮机。接着学习苏联经验，1954 年哈尔滨电机厂就造成了用于官厅的 1 万千瓦机组。虽然比国外当时造 10 万千瓦水轮机的水平还差一大截，但从无到有、从小到大的进步依然令人兴奋。

(三) 入职力学研究室

4 月初，郑哲敏如愿以偿，分配到中国科学院数学研究所力学研究室，报到前曾在文津街受到竺可桢副院长的接见。去数学所报到后，他住进清华园的集体宿舍，过后不久搬进哥哥维敏在清华新分到的单元房暂住。

数学所位于清华大学南门内不远的一座两层砖楼里，力学研究室人数不多，除了室主任钱伟长，还有林鸿荪、蔡树棠、胡海昌、何善堉等几人。先后和同时报到的还有李敏华、程世祜。李敏华、程世祜和郑哲敏等均任副研究员。

郑哲敏月工资人民币 130 元，虽然远低于在加州理工学院的收入，却比 1955 年北京人均月收入高数倍。当时北京每月伙食费一人不到 10 元。不在乎吃穿的郑哲敏生活无忧，可以专心研究力学。

当时力学研究室在数学所里有三五间房，每间七八平方米，差不多能容四个人办公。力学室有一个很小的图书馆，借书一般要到城里的中国科学院图书馆。那时大多外文书刊清单出来后，副研究员及以上的人有权在上面画钩。你钩上的图书，图书馆就给你预订。延续滞留加州理工学院时的思路，郑哲敏完成一篇论文 "Vibration of pipes carrying water"，列入清华大学 1955 年校庆报告集。国家提倡做工间操，郑哲敏每次都积极参加。同样，他也积极参加爱国卫生运动，定时做大扫除。

1955 年 5 月 18 日开始，《人民日报》每天刊登声讨胡风的文章、读者来信和漫画。数学所每个星期一次政治学习，读有关社论和文件。

郑哲敏十分困惑的是：一向被认为是进步的作家胡风怎么成了反革命？十分普通的来往信件怎么变成了反革命的证据？另外，数学所一位副研究员被指认是国民党，过不多久就知道弄错了。然而，他同夫人当时被拉上台批判的情景，令郑哲敏愕然。

初次的经历，使郑哲敏感到政治危险，远离为好。

(四) 开始科研

1955 年暑期，应届毕业的大学生马宗魁和刘正常、中技生齐景泰分配到力学室。力学室开始分组，郑哲敏担任弹性组组长，成员有程世祜、胡海昌、何善堉、马宗魁。当时对弹性力学研究没有固定的想法，但郑哲敏对力学室沿用数学所的做法，大家都是搞理论研究，面向实际问题少，也没有实验工作，感到很不适应，一度缺乏信心。

9 月，力学研究室从清华园搬到中关村化学所新建大楼四楼的东侧。郑哲敏在清华大学兼授材料力学。在这期间，轻工业部一位工程师来访，使郑哲敏接触到钢化玻璃的强度问题，背景是当时长春汽车厂要用到解放牌卡车上。钢化玻璃是经过高温处理的玻璃，一旦撞坏就会碎成蚕豆大小的颗粒，不会像刀子那样容易伤人。后来他们提供了很多块玻璃试样，郑哲敏与马宗魁借用清华大学土木系的材料试验机做平板弯曲实验，得到了钢化玻璃破坏的临界弯曲应力。这是郑哲敏回国做的第一项生产部门委托的工作。

(五) 迎接老师钱学森回国

9 月 17 日，钱学森一家登上"克利夫兰总统号"邮轮回国。下旬，中华全国科学技术普及协会的朱兆祥处长到访，为去深圳迎接钱学森先生一家回国询问钱家情况。郑哲敏为此兴奋，一一作答并提交一份书面材料。身负重任的朱兆祥比郑哲敏年长三岁，学识匪浅，待人谦和，一口宁波味的普通话格外亲切。两人第一次见面，谈得很投机，郑哲敏感觉很好。

恰在当月，中国科学院常务会议通过《关于制订中国科学院十五年发展远景计划的指示》。初进计划经济的新中国，开始筹划科学远景。一天，老师钱伟长要郑哲敏起草一份筹建力学研究所的报告。背景是中国科学院副院长吴有训找周培源、钱伟长商议在数学所力学研究室基础上筹建力学研究所，酝酿由钱学森和钱伟长出任正副所长。郑哲敏精心草拟这份报告。

10 月 28 日钱学森先生一家由朱兆祥陪同抵京，郑哲敏到前门火车站迎接并送他们住进北京饭店。10 月 31 日，朱兆祥从全国科普协会调到中国科学院，参加筹建力学所。11 月 17~19 日，钱学森和钱伟长到力学研究室与科学家座谈建立力学所和力学研究方向，朱兆祥记录。其中19 日由郑哲敏、胡海昌根据钱学森的要求，汇报关于抗地震结构研究的初步设想。钱学森说，中国多发地震，弹性力学组要结合抗地震结构开展工作。钱学森知道郑哲敏为创建地震响应谱理论的 Housner 教授工作过并获 Housner 赏识。郑哲敏向两位钱老师汇报：① 要为抗震结构研究打下基础，② 介绍结构动力学，并提出研究步骤：

(1) 文献资料整理 (一个月)；

(2) 熟悉地震 (三四个月)；

(3) 结构动力学 (文献阅读、自己研究。一年半)；

(4) 研究地震对结构的影响；

(5) 研究抗震结构原理。

(六) 中国科学院力学研究所成立[①]

12 月 22 日，钱学森访问东北归来，与钱伟长在化学所四楼的力学研究室讨论向中国科学院数理学部呈报建所事项，事后安排郑哲敏起草呈文。

1956 年 1 月 5 日，中国科学院第一次常务会议，决定申报成立力学研究所。1 月 7 日，中国科学院将郑哲敏起草的呈文略作修改，报陈毅副总理和国务院审批 (图 3.1)。

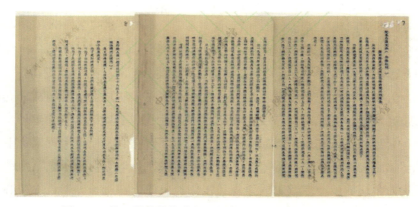

图 3.1　物理学数学化学部呈报的成立力学研究所的报告

① 孔捧端. 中国科学院力学研究所的创建过程. 应用数学与力学，2017, 38(10): 1081-1092.

　　1 月 6 日，钱学森在力学所第一次全所会议上谈建所指导思想。

　　1 月 16 日，陈毅副总理批复中国科学院关于组建力学研究所的报告，中国科学院力学研究所正式成立。郑哲敏 (副研究员) 是最早的 16 个成员之一，其余 15 位是所长钱学森 (研究员)、副所长钱伟长 (教授，清华副校长)、李敏华 (副研)、林同骥 (副研)、程世祜 (副研)、林鸿荪 (助研)、胡海昌 (助研)、蔡树棠 (研究实习员)、何善埻 (研究实习员)、马宗魁 (研究实习员)、刘正常 (研究实习员)、叶钧道 (研究实习员)、齐景泰 (练习生)、所务秘书朱兆祥 (行政 13 级) 和会计毛振瑛 (行政 17 级)。稍晚，许国志和戴汝为进力学所，又称初创 18 人。

　　当时，力学研究所暂时借用中关村化学研究所的四楼东半层。9 月，搬迁到新落成的三层楼房，就在化学研究所的南面。

　　晋曾毅 (行政九级) 9 月来所担任党支部书记、副所长，至 1958 年调任中国科学技术大学首任副校长兼党委副书记。晋曾毅早年到比利时和法国勤工俭学，当过法共巴黎中国语言组书记，1937 年回国参加抗战，中华人民共和国成立后曾任北京工业学院副院长、高教部教学指导司司长。1959 年 51 岁时病逝。

　　郑哲敏在 9 月 19 日任首届所学术委员会委员。另外，当选所工会主席。

　　刘源张、沈志荣、卞荫贵、潘良儒、桂湘云等高研陆续来到力学所，还招进一批大学毕业生，组建成六个研究组：弹性力学组、塑性力学组、流体力学组、化学流体力学组、物理力学组和运筹学组。新建的自动控制研究组准备扩建为独立的研究所，因而在同一个楼里成立了自动化研究所筹备委员会，钱伟长兼筹委会主任。

　　郑哲敏继续任弹性力学组组长。朱兆祥任所务秘书、党支部委员、副研究员，参加塑性力学组科研。后来两人命运与共，成为互敬互助的终生挚友。

二、在初创的力学研究所 (1956～1957)[①]

(一) 钱学森所长的布局

　　钱学森所长多次谈到他的技术科学思想，特别是研究工作要有国家

---

① 郑哲敏学术成长资料全宗 > 郑哲敏回忆录 > "11 创建时期的力学所"。

需求为背景。建所一开始便提出，流体力学以叶栅流动研究为主，塑性力学要以本构理论研究为主，弹性力学要以抗地震研究为主。化学流体力学、物理力学、控制论是新兴的学科，它们的方向要以培养干部和调查研究为主。运筹学要结合国民经济需要，例如物资运输和调度的理论。

几十年后回头看，这种学科布局体现了一种层次，弹性力学、塑性力学、流体力学在一个层次上，作为比较成熟的学科，要把目标放在国家当前的重要需求方面，而运筹学、物理力学和化学流体力学是为下一步发展做准备。

在具体选题问题上，钱学森的观点十分明确，主张以问题为导向，不赞成以一般或普适的理论为导向。这个观点也影响到他对研究课题和成果的评价，而且这与钱伟长所领导的力学研究室有所不同，因此影响到他对例如胡海昌的工作的评价，并对郑哲敏以后的选题有深远的影响。

钱学森十分关心国家的发展和力学所可以为之做些什么。为此他亲自设计了一个新颖的风力发电装置，并在力学所建立第一个风力发电研究小组。他深信流体力学可以在化学工业领域内为提高生产率起重要的作用，因此积极支持当时化工冶金研究所所长叶渚沛转炉顶吹氧的主张，不仅对顶吹氧做了力学分析和计算而且亲自向有关部门做宣传。这些活动表达了一种信息，即力学所是一个关心国家事务和开放的研究所。

钱学森多次谈到力学所需要重视实验研究，因为说到底力学理论需要有实验的验证。建所伊始便委托北大数学力学系为力学所设计并建造了一座低速风洞。他还决定力学所立刻着手筹建一个机械加工厂，以便实验工作所需。为此所里从上海聘请了一批有经验的工人，把附属工厂迅速建立了起来。

钱学森积极推动所内不同学科组之间的学术交流并时常亲自参加。运筹组许国志先生所作的排队问题的一次报告给郑哲敏留下了深刻的印象。

钱学森要求所内新参加工作的大学生要边干边学，积极参加研究组举办的专题报告会，补充力学基本知识，争取在较短时间内适应工作需要，迅速成为研究骨干。根据上述要求，各组都开展了文献调研，重点了解国内外有关领域的发展现状和重点问题，并通过这个活动，明确自己的研究课题。就是说研究课题要站在国际的前沿。对每一位新来的大学生的学习都作了安排，并要求他们参加组里每周进行的专题报告会。所以那时所内学习和讨论的风气很盛，优良的学术气氛开始形成，人们安心读书和自己的工作，外界的干预很少。

1956 年秋，力学所招收了一批研究生，其中不乏此前没有深造机会且在学术上有相当水平的高校教师。

钱学森对培养研究生达到美国博士水平是有丰富经验的，他认为理工科的大学生经过二至三年的力学训练，是可以做到的。这一点在他 1948 年发表的文章里有充分的表述。所以他在高研会议上介绍了这个想法，并且给出了我国所急需的科研人才一代代成长的乐观图像。这对在座的高级研究员们是一种要求也是一份责任。

(二) 郭永怀回国到力学所

郭永怀于 1956 年 9 月 30 日回到阔别 16 年的祖国，10 月抵京。钱学森先生带着郑哲敏到北京车站迎接郭先生、夫人李佩和女儿郭芹，并送他们到北京饭店暂住。不久他们就搬到中关村 13 号楼，郭先生随即来力学所上班，任力学所研究员兼学术秘书。12 月 24 日中国科学院批准增补郭永怀为力学所学术委员会委员。

1957 年 2 月，郭永怀当选中国力学学会副理事长、3 月被推荐为全国政协委员、5 月被选聘为中国科学院学部委员。1958 年 1 月接任《力学学报》主编，3 月任力学所常务副所长。

郭永怀先生和钱学森先生是挚友，他们都出自冯·卡门麾下，在学术上有共同的认识，同样热切期望参加新中国的建设。郭先生治学严谨，平易近人。钱学森在所外有重要任务，不可能全时在力学所工作。郭先生到所后把所领导的许多事务承担了下来，这首先包括图书馆的建立和订阅书刊的制度，学会和学报工作，所学术委员会的工作等。

短期内力学所集中了一批从美国归来参加工作的副研究员及以上的高级研究人员，在钱、郭两位密切合作下，以钱学森技术科学思想为引导，在自由、平和的气氛中，力学所有序地走出了发展的第一步。力学所以具有国内外享有盛名的学术领导人、新颖的学科布局和建所思想，出现在国人面前。

(三) 弹性力学研究组

1956 年 9 月，刚从美国回来的高研沈志荣以及新毕业的大学生邵丙璜、林华宝、钟万勰参加弹性力学组工作。

力学所招收的研究生，到弹性组的有韩良弼、刘曦、郑铨、刘世宁等。郑哲敏担任韩良弼、刘曦、郑铨的导师。胡海昌担任刘世宁的导师。

这时弹性力学组已分为三个小组，小组长分别为郑哲敏、沈志荣、胡海昌，马宗魁任大组秘书。

郑哲敏这期间主要研究水弹性力学和工程地震力学问题。郑哲敏小组的成员有马宗魁，1957 年夏分配到力学所的郭汉彦、徐朝仪、俞云书，以及哈尔滨工程力学所派来进修的罗学海和徐祥文、地球物理所派来的金立肇。

(四) 水弹性力学研究

1956 年初，钱学森所长要求新成立的力学研究所参加 9 月在比利时召开的第 9 届国际应用力学大会①，指定郑哲敏写一篇有关水弹性力学的论文，并亲自审阅后送交大会发表。论文题为 "Problems in hydro-elasticity"，是 1951 年底到 1952 年初郑哲敏独立完成的一项研究工作的延续和深化。

郑哲敏关于大古力水利枢纽输水管流固耦合振动的工作在理论上并不完备，因为它受流速不大的限制。因此在滞留美国期间，他对更一般的条件下的输水管振动，即任意平均流速且管道的法向位移受周期性刚性约束条件下，无限长输水管的振动做进一步的研究，得出了这个问题的解析解，但没完成必要的数值计算，被搁置起来。1956 年重新把它捡起来做完。这篇稿子经钱学森先生审阅后，在第 9 届国际应用力学大会报告，并在会后收入大会文集 (Proc. 9th International Congress of Applied Mechanics, Vol. 7, pp. 497-508, 1956)。这篇文章同时包括等间隔支撑的

---

① 自 1924 年第一届到 1960 年第十届，一直名为 "国际应用力学大会"。1946 年成立国际理论与应用力学联合会 (IUTAM)，1964 年第十一届起始称 "国际理论与应用力学大会" (ICTAM)。

平板的流固耦合振动的解。

鉴于大会文集出版不及时，且国内只有极少数读者能看到，郑哲敏在《力学学报》第 2 卷第 1 期和第 2 期分别发表《平板在流体作用下的振动》和《输水管的振动问题》两文，做了更详细的介绍。

(五) 工程地震研究

1956 年力学所成立以后，抗震结构成为弹性力学组的重点工作。郑哲敏向地球物理所傅承义、李善邦和谢裕寿学习，建立了密切学术联系。地球物理所与哈尔滨土木建筑所 (后改称哈尔滨工程力学所，1966 年邢台地震后转隶国家地震局) 派人来力学所参加抗震研究。地球物理所关注的是地震、震级和烈度，哈尔滨土建所的目标是抗震工程，力学所的主题则是地震与工程之间的桥梁——抗震结构的力学。通过这些合作，郑哲敏在国内着力推广 Housner 教授率先提出的地震响应谱方法。

1956 年 7 月，郑哲敏受钱学森先生委派，和胡海昌一起去参观甘肃白银一个露天铜矿的万吨级大爆破，准备实地考察爆破地震情况。爆炸引起的振动是工业爆破和军工方面必须考虑的问题。爆破的振动效应与地震作用有许多相似之处，其振动源可以控制，有利于观测研究。去时曾因泥石流受阻于天水，到白银后由于药室塌方，一位工人被埋，爆破施工延迟而返京。大西北地貌雄伟粗犷，黄土高原辽阔荒芜、干旱缺雨，人民憨厚坚毅，生产与生活艰苦，给人留下深刻印象。郑哲敏见到了什么是真正的贫困，感到作为一位科技工作者身上的责任。

1956 年，关于地震中湖水对坝面压力的研究按计划完成初稿；就梁的重力问题举行 11 次讨论会，大体完成总结。在结构动力学中心问题下，进行板在均匀气流中颤动的研究，并与清华大学卢文达合作研究有关建筑物振动时地面耗散的能量。郑哲敏由此认识卢文达的姐姐卢凤才，一年多后喜结连理。

1957 年 2 月，郑哲敏在第一次全国力学学术会议上作了工程地震专题报告，会后撰写《关于工程地震的若干问题》，于 5 月投送《力学学报》，8 月在第 1 卷第 3 期刊出。文中第 4 节内容是与董铁宝先生数次讨论后形成的。董先生 1956 年回国到北大任教，1957 年开始在力学所弹性组兼职。他是我国计算结构力学的先行者，做过抗地震方面研究，又是冯元桢和易家训的朋友，担任力学所学术委员会委员，与郑哲敏成了好朋友。

《关于工程地震的若干问题》是一篇综述论文，重点介绍了在美国已经被成功应用的强震谱理论，建议将地震宏观考察、强震观测、近场地面运动作为工程地震考察的重点，并指出需要加强力学与地学的合作。

地震前结构物处于平衡位置，初始位移和初始速度均为零。地震使结构物的基础突然产生一定水平加速度 $\ddot{v}(t)$，结构物在这个加速度驱动下发生了圆频率为 ω_i 的振动。文章介绍了描写房屋之类结构物对地震响应的最简化的"弹簧–振子模型"(图 3.2)，由此得到一个二阶常微分方程组。积分此方程组，求得结构物振动的位移和应力。

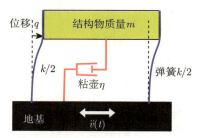

图 3.2 地震时描写结构物振动的弹簧–振子模型示意图

(q 为某自由度的正则坐标，k 为弹性系数，η 为阻尼系数)

加州理工学院教授 Housner 指出，计算振动位移和应力都要用到一个积分函数 $R_i(t)$

$$R_i\left(t\right) = \frac{\omega_i}{\sqrt{1-\zeta_i^2}} \int_0^t \ddot{v}(\tau) \mathrm{e}^{-\omega_i \zeta_i(t-\tau)} \sin\left[\omega_i \sqrt{1-\zeta_i^2}(t-\tau)\right] \mathrm{d}\tau$$

下标 i 表示它随第 i 个自由度振动的圆频率 ω_i 变化，并在结构物的自振频率附近出现峰值，式中 ζ_i 是阻尼系数 η_i 与临界阻尼的比。R_i 对应于地震中所有自由度振动圆频率的包络曲线称为"地震响应谱"。郑哲敏推动了地震响应谱理论在我国的应用。

研究抗震结构，必须实验测量各种结构的振动特征，为此需要筹建振动实验室。郑哲敏申请到一笔小额外汇，利用 1956 年 9 月参加国际应用力学大会的机会，到瑞士苏黎世采购测振用的仪器和传感器。1957

年上半年，仪器和传感器到货，他和马宗魁着手建振动实验室，自学电子学，调试仪器，慢慢地掌握了振动测量和一些电学的知识。

轻工业部找到弹性组，希望帮忙解决广州一家造纸厂厂房振动的问题。那时力学所正在开展反右派运动，在取得所领导的同意后，轻工业部一位姓关的工程师便陪同郑哲敏等带着仪器上路了。第一站到嘉兴的一家造纸厂，测量了那里的厂房振动，算是一次练兵。第二站到广州。那是一家生产报纸的新厂，装备了从芬兰进口的造纸机，厂房由国内设计和施工。郑哲敏在一些关键部位布置了测点，很快便发现只要处理纸浆的振动筛一开动，厂房振动就立刻加剧。经过计算，厂房的自振频率同振动筛的频率很接近，判定严重的厂房振动是因为振动筛与厂房发生共振。

1957 年参与刘家峡重力式高坝抗震问题的研究。这个水电站的规划始于 1953 年。1955 年 7 月，第一届全国人民代表大会第二次会议通过关于治理黄河规划的决议，决定兴建刘家峡水电站，勘察设计工作全面展开。1958 年 9 月，刘家峡水库开工。

设计库容 57 亿立方米，发电机组装机容量 122.5 万千瓦，设计坝高 147 米。地震时大坝将有何响应？力学所弹性力学组参加了这一研究。当时不具备数值模拟条件，但进口的测试仪器已到货，郑哲敏决定采取以实验为主的技术路线。

要正确地做实验，必须先对大坝振动进行力学理论分析。在一般情况下，水坝一侧为库水，在地震作用下库水会对水坝产生动水压力，大坝将发生流固耦合振动。为此，首先，郑哲敏和马宗魁将坝体简化为一条直立的单侧有水的悬臂梁 (图 3.3)，用材料力学假设简化它，同时把水视为理想不可压缩流体并忽略水的表面波效应，从而得到一个关于悬臂梁振动挠度 $w(y,t)$ 的微分–积分方程。然后，求得描写无水条件下悬臂梁振动的正交函数系，用这一族正交函数系将一侧有水的待求的振动挠度作级数展开，代入振动挠度的微分–积分方程，从而求得坝–水耦合振动的自振频率。另外，从能量守恒角度解读关于悬臂梁振动挠度的微分–积分方程，用瑞利 (Rayleigh) 法求得均匀截面水坝的最低振动圆频率，还求得变截面水坝的最低振动圆频率。

1957 年 12 月，关于刘家峡大坝的上述工作在关于工程地震的学术报告会上由马宗魁宣读。马宗魁回所时带来钱令希先生的一封信，表示力学所的工作对他们有帮助，因为他们正在用静电模拟的方法直接测量坝面水动压力。郑哲敏和马宗魁的这项理论工作在 1959 年 4 月以《悬臂梁在一侧受有液体作用时的自由振动》为题发表在《力学学报》。从学术角度看，这一工作是郑哲敏解决输水管耦合振动思路的延续，把水弹性力学研究扩展到水坝与水体的耦合振动。令人想不到的是，二十多年后有人指责这篇论文抄袭，竟然成为诬告郑哲敏的"炮弹"。

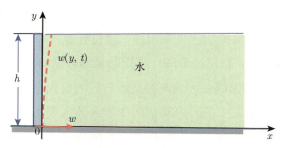

图 3.3　一条直立悬臂梁单侧受水作用的示意图

　　郑哲敏指导郭汉彦等建成了一个机械式振动台和冲击振动台，前者用于练兵，后者是为了实现水坝地震作用下的模拟实验。设想的冲击振动台能实现短脉冲作用下的瞬时加速度，那么就可以用杜阿梅尔 (Duhamel) 积分和相似律求得水坝上各点的应力。他们用硬橡胶做了大坝缩尺模型。由于橡胶的弹性系数比较小，贴上应变片会产生局部"刚化"现象，使应变测量值低于模型的变形值。在应力梯度不大而应变片尺寸显著小于模型尺寸时，应变计测量值与模型实际值应当存在一定比例。据此，设计实验测得这个比值，校正了局部"刚化"造成的系统误差。严格说，模型的粘性阻尼很难与实物相同，即用模型测得的应力估计实际应力时，必须加以修正。为此，采用地震响应谱理论关于应力与粘性阻尼系数的关系式，将模型应力表达式中的临界阻尼比换成实际水坝的临界阻尼比，从而解决了粘性阻尼不严格相似的困难。

　　在冲击振动台上用应变仪测量模型坝振动的应变，然后换算为水坝在脉冲载荷下的应力，鉴于当时国内没有地震烈度比较准确的强震记录，根据美国 1940 年一个典型的强震响应谱，通过积分得到地震作用下坝体所受的应力状态。为了模拟地震时的地面加速度，郑哲敏根据他在加州理工学院的经验，请范良藻做了一个光电转换装置和一台单自由度的模拟线路，实际上是一个小型的模拟计算机。频谱计算显示，第二振型最大拉应力分量约为第一振型最大拉应力分量的 2/5，第一、二振型拉应力分量和的最大值约为第一振型拉应力分量最大值的 4/5，即高大的重力坝必须考虑第二振型的影响。这项实验工作以《重力坝抗震问题研究(一)》为题，1959 年 1 月投《力学学报》，1960 年 1 月刊出。

1959 年底，钱学森所长告知，中国科学院的抗地震结构研究划归哈尔滨土建所，于是郑哲敏中止了做了四年的地震领域的工作。

(六) 参加 1956 年国家 12 年远景规划制订

力学所成立之初，恰逢新中国向科学进军。

1956 年 1 月 14~20 日，中共中央在北京召开关于知识分子问题的会议[1][2]。周恩来代表中共中央作《关于知识分子问题的报告》，充分肯定知识分子在社会主义建设中的作用，宣布知识分子的大部分已经是工人阶级的一部分，提出制定科学技术发展远景规划的任务，向全国人民发出"向现代科学进军"的号召。毛泽东在会议的最后一天讲话，号召全党努力学习科学知识，同党外知识分子团结一致，为迅速赶上世界科学先进水平而奋斗。

经历 1955 年批判胡风和肃反之后听到这些话，郑哲敏感受到缓和之风。

知识分子问题会议之后，全国形成"向科学进军"的热潮！

1 月 31 日国务院召开制订科学发展远景规划的动员大会。3 月 14 日，陈毅任主任的国务院科学规划委员会成立，同日决定钱学森担任由 12 名科学家组成的综合组组长，负责整个规划项目的评价、裁决、选择和推荐工作，综合各方建议，为中央领导提供决策依据。由周恩来亲自领导，陈毅、李富春、聂荣臻具体组织，召集 600 多位科学家在西郊宾馆制订规划，到 4 月又邀请 16 位苏联专家参加。（1956 年 11 月，科学规划委员会改由聂荣臻任主任）

---

① 《毛泽东年谱（1949—1976）第 2 卷·（1953.1—1956.9）》（中共中央文献研究室，北京，中央文献出版社，2013 年）。

② 《中国共产党一百年大事记》（中共中央党史和文献研究院，北京，人民出版社，2021 年）。

参加"基础科学的发展方向"中力学规划工作的科学家有钱学森、周培源、钱伟长、张维、吴仲华、沈元、林同骥、李敏华、钱令希、季文美、王仁、郑哲敏、林鸿荪、刘恢先等。按钱学森的安排,郑哲敏与朱兆祥、林鸿荪一起担任秘书,听取和汇总各个学科规划组意见,在力学规划组的指导下起草力学和分学科的规划初稿,交由力学规划组讨论定稿。这项工作日夜奋战约两个月。

一天晚饭后休息,郑哲敏和钱学森先生坐在院子里聊天。1954 年我国水稻平均亩产 329 斤[①],比同年西班牙的产量低 361 斤;小麦亩产 115 斤,比荷兰低 336 斤;玉米亩产 182 斤,比美国低 129 斤。提高粮食单产是我国发展农业生产让老百姓摆脱饥饿的关键,粮食亩产极限引起科学家关注。钱先生说,照射在叶面上的太阳能远比所产粮食的能量大,因此粮食的亩产一定有增长的潜力,当时他说如何估算和提高能量转换效率是个问题。

6 月 14 日,规划会议代表应邀到中南海同国家领导人合影,郑哲敏是后排右起第 9 位,前排右起第 4 人是钱伟长,后二排右起第 5 人是朱兆祥 (图 3.4)。拍照后,郑哲敏在路过的茶桌坐下稍事休息。不料周总理、陈毅等人在紧挨的茶桌坐下,总理边讲话边做手势,给人一个十分活跃、和谐的印象。

图 3.4　中央领导接见参与规划起草的科学家时的合影(局部)
(郑哲敏是后排右起第 9 位)

---

① 1 亩 ≈ 666.7 米^2,1 斤 = 0.5 千克。

《十二年科学规划》确定的力学研究方向，体现了国家需求，凝聚了新中国力学家的心血，字字句句铭刻在郑哲敏心里，成为他奋斗的明确目标。

(七) 参加第 9 届国际应用力学大会和第一次全国力学学术会议

中国力学界的 4 位代表，为出席 9 月 5~13 日在布鲁塞尔举行的第 9 届国际应用力学大会，1956 年 8 月就动身了。当时新中国与比利时尚无外交关系，要到莫斯科办理签证。中国代表团团长是国际理论与应用力学联合会理事周培源，成员有钱伟长、郑哲敏和朱兆祥。郑哲敏在会上作了关于《水弹性力学》的报告。那次会上有两个耀眼的明星，一个是德鲁克 (Drucker)，另一个是莱特希尔。会议期间，郑哲敏随着周培源，会见顾毓琇先生，与著名的英国力学家泰勒 (G.I. Taylor) 近距离接触，拜访冯·卡门并将一张钱学森与毛主席坐在一起的照片送给他。在会上，郑哲敏还遇到了老朋友易家训 (图 3.5)。

图 3.5　1956 年 9 月冯·卡门与中国力学家合影
(前排左起：周培源、冯·卡门、顾毓琇、柏实义，后排左 3 起钱伟长、易家训、郑哲敏)

会议结束后，和钱伟长、朱兆祥前往瑞士苏黎世，郑哲敏用出国前申请的一笔小额外汇采购测振用的仪器和传感器，还垫款为力学所图书馆购置了一些专业书籍。回国时在莫斯科顺访苏联科学院力学研究所，Rabotnov 教授详细介绍了固体蠕变方面的工作。

为迎接将在 1957 年举行的第一次全国力学学术会议，郑哲敏在 1956 年底提交了《坝面振动所产生的水压力》和《等跨度均匀梁的自由振动》两篇论文。

1957 年 2 月 5~10 日，郑哲敏参加第一次全国力学学术会议，作为秘书处成员做学术报告的组织工作，担任弹性力学分组会议主席之一，作了专题报告。2 月 10 日，中国力学学会在第一次全国力学学术会议上正式成立，郑哲敏当选学会理事，参加固体力学专业委员会。随后《力学学报》创刊，郑哲敏担任编委。

(八) 在力学研究班和国防部五院授课

钱学森深感新中国急需力学人才，在制定《十二年科学规划》时便确定力学所与高等院校合作，要开办力学研究班。1957 年 2 月，由力学所与清华大学联合举办的工程力学研究班开班，钱伟长担任班主任 (1957 年 11 月改郭永怀为班主任)，要求经两年的训练达到硕士毕业水平。钱学森指定郑哲敏讲授分析力学和振动，一个学期每周三次，地点在动物园内的植物所。根据培养目标和在加州理工学院的教学经验，郑哲敏制定了计划。分析力学是包括连续介质力学在内各分支学科的基础，一定要使学员真正掌握，其深度应当包括拉格朗日 (Lagrange) 和哈密顿 (Hamilton) 原理；作为应用的一面，应当相当完整地介绍有限自由度线性系统的微幅振动，并且说明通过瑞利-里茨 (Rayleigh-Ritz) 原理，任一线弹性体的振动可以表述为正则坐标系的常微分方程；在数学方法方面使学员学会矢量和矩阵的代数运算、广义坐标、正则坐标系、正则展开、变分原理、正则函数、傅里叶级数、拉普拉斯变换等；非线性振动只涉及单自由度的系统，包括相平面、奇点以及奇点的分类、特例等。开新课，备课少说需要五倍时间，若一天用 5 小时备课，则需一百多天。这个课由清华大学的李方泽担任助教，课后整理成讲义。有几位已经是大学年轻教师的学员帮助李老师一同整理讲义。在李方泽的协助下，这门课顺利地教了下来。学员反映进度快了点，内容也多了，存在超学时问题。郑哲敏功底坚实，在加州理工学院和清华都上过讲台，讲课平实易懂，内容充实新颖，很受研究班同学欢迎。当年的学生尹祥础现在已逾八旬，对郑哲敏的分析力学课记忆犹新，毕业后他历经坎坷，无奈卖掉过几百公斤藏书，然而当时听郑哲敏授课记的笔记却不舍得丢掉，珍藏至今。

钱学森在 1956 年 10 月 8 日受命出任国防部第五研究院院长，立即给刚调集来的技术人员拟定了有关专业的学习计划，亲自讲《导弹概论》。1957 年初，他交给郑哲敏一个临时任务，到五院讲授"导弹结构力学引论"。导弹结构的主体是薄壁圆筒，壳体受发动机推力、空气阻力、高速飞行气动热作用。发动机受高压高温燃气作用，液体燃料储筒受高压液体作用。火箭对有效质量有苛刻限制，各种结构的强度余量留得很少。火箭壳体的气动特性非常重要，对壳体结构刚度有严格限制。因此导弹对结构的质量、强度、稳定性等有苛刻要求。就郑哲敏而言，虽然在薄壁管方面做过几项工作，在加州理工学院听过钱学森的火箭课程，但是并没有系统全面地研究过导弹结构力学，为此查阅有关资料，根据已掌握的薄壁结构和振动开这门课，尽力完成了任务。

1957 年应北京大学数学力学系之邀约，指导北大应届毕业生柳春图的毕业论文，研究管道流动的振动问题。

同时开两门新课，还要带领弹性力学组做抗震结构研究，调试从瑞士买来的测振仪器 (需要补电学和测量知识)，同时做三份工作。那个时期，郑哲敏从中关村出发，在植物所和五院间来回跑，极其紧张。

三、经历思想改造 (1956~1959)

(一) 资本主义工商业社会主义改造

郑哲敏在力学所参加的第一次系统的政治学习的主要题目是农业合作化和资本主义工商业社会主义改造，而后者深度改变了他父母的生活。

1956 年 1 月 20 日，上海市在中苏友好大厦举行资本主义工商业申请公私合营大会。郑章斐平静地接受了公私合营，积极参加资产评估并接受公方估价。他搬出南京路大光明钟表店楼上的住所，用个人积蓄生平第一次购置了住房。8 月 11 日郑章斐在一封给亲戚的家书 (图 3.6) 中说自己"工作忙而精神愉快，感到愈老愈健了"。信中还写道，维敏、哲敏为赶超世界科学水平非常紧张地工作，哲敏参加起草《十二年科学规划》并将出国参加科学会议，喜悦之情可鉴。12 月，郑章斐出任上海钟表同业公会筹委会筹备委员。

郑章斐从未安排子女承业经商，让子女实现了自己的读书梦，全部走上科教文化岗位。郑哲敏在 1949 年就知道，民族资产阶级是国旗上四颗小五角星之一，知道新中国终将消灭剥削，但没想到是用"和平赎买"方式平和地改造资本主义工商业。郑哲敏和他的兄长、弟妹全都由衷支持父母积极接受公私合营。

图 3.6　郑章斐 1956 年 8 月 11 日信

(二) 整风学习

进入 1957 年，郑哲敏觉得 1956 年开始的缓和之风在继续，听了毛泽东 2 月 27 日《关于正确处理人民内部矛盾》的讲话录音，更证实了这一点。

1957 年 4 月 27 日，中共中央公布《关于整风运动的指示》，决定在全党进行一次以正确处理人民内部矛盾为主题，以克服官僚主义、宗派主义和主观主义为内容的整风运动，发动群众向党提出批评建议。

回国两年多来，听到不少关于知识分子要不断改造自己的资产阶级思想的要求，所以郑哲敏在整风鸣放运动中讲话很小心。1956 年认识的卢凤才每次来信都提醒，发言要慎之又慎。

所里的高研座谈会的主题是时势和政治学习。因为大多数成员是刚从国外回来的，所以讨论的问题多属对政策的理解。对这些问题一般由力学所当时的党支部在会上做解释和说明。在每周举行的例会上，高研们提出了一些一般性的意见或建议，个别的少许尖锐一些，郑哲敏的印象都不深。也许是因为中国科学院对这些回国不久的人有些特殊政策，反右派运动开展后，没有人受到追究。

(三) 经历反右派运动

经林鸿荪和杨南生介绍，郑哲敏在 1956 年参加了民盟，所以 1957 年反右派运动中，时常到中关村语言所参加在那里举行的民盟支部活动。

1957 年 6 月开始反右派运动。看到清华大学批判钱伟长的火力不断上升，而钱伟长先生不肯示弱。郑哲敏为老师担忧，以为钱先生态度缓和一点，矛盾也许能解决。于是有一天去找朱兆祥，建议一起去劝说钱先生。朱兆祥请示了院党组，同意探访副所长钱伟长。6 月 22 日晚上，朱兆祥带领郑哲敏、杨南生和林鸿荪，四人到清华大学照澜院钱伟长先生家。朱兆祥一方面肯定钱先生解放前和解放后的表现，另一方面又希望他继续跟党走。钱先生谈得也很平和、诚恳。在走回中关村的路上，四个人很高兴，认为钱伟长先生听得进意见，谈话有效果，完全没有意识到这次访问后来给朱兆祥带来大祸。此后，郑哲敏只在不得已的情况下发言，小心翼翼避开敏感问题。

1958 年春节，郑哲敏与卢凤才喜结连理，马宗魁主持婚礼。郭永怀夫妇设家宴祝贺，钱学森夫妇在座，令郑、卢二人非常感动。卢凤才，1927 年 8 月 26 日生，1948 年重庆大学化学系毕业，1953 年北大化学系研究生毕业，被唐敖庆教授点名到长春吉林人民大学 (现在的吉林大学) 化学系任教。此后，郭永怀主动设法让卢凤才从长春调到北京中国科学院化学研究所工作。

1958 年春，郑哲敏被要求在高研座谈会上做检查，一是交代与钱伟长的关系，二是检查和事佬、缺乏原则的思想根源，后者又被批为商人习气。一连做了三次检查才通过。但郑哲敏始终没有明白，自己究竟犯了哪些错误。

1957 年 9 月 8 日中共中央发出《关于自然科学方面反右派斗争的指示》，划定了一些具体的政策界限，指出：① 在高级自然科学家中，有一部分人，此次有一些反党反社会主义言行，但一向埋头于科学研究工作，并有较高的科学成就，我们在今后还要用他们的专长进行科学工作，对于这一部分人，不可轻易划为右派分子；② 有些具有突出成就的自然科学家，在国内外相当著名，平素不大关心政治，在这次鸣放中有的按其言论应划为右派分子，对他们应由负责人找其谈话，指出其错误，但不要拿到群众中去斗；③ 对在 1954 年日内瓦会议后争取回国的一批科学家，不列入政治排队，对他们要采取长期在工作中考察和耐心教育改造的方针，以利于进一步争取海外留学生回国参加建设。按这个文件，"要求郑哲敏在高研座谈会反复检讨"并不符合中央的精神。

在做检讨中郑哲敏意识到，自己在政治上已遭受怀疑，国外银行寄来的对账单更添加了麻烦。1958 年 6 月 1 日，他致函瑞士联合银行 (Union de Banques Suisse)，告知中止所有信息，直到再通知。

反右斗争严重扩大化伤害了广大知识分子，郑哲敏也身陷其中。他爱国，拥护共产党，不愿做落后分子，认真读报，真诚积极跟形势，但对有些做法又难以接受。他庆幸学了自然科学，把科研当成了自己的防空洞、避难所。

(四) 经历批判彭德怀的"反右倾"

1959 年 8 月 3 日至 9 月 21 日，郑哲敏随人大代表——钱学森、郭永怀两位所长到 17 省市视察，历时 50 天，参观中国科学院有关研究所、高等学校与一些设计部门。此行受到当地党政军一把手的接待，沿途有荷枪的保卫人员陪同，坐火车专列。经过大连时，钱令希到宾馆看望，悄悄地说"别看你们在这里吃的很好，外面可是没吃的呀！"

钱、郭一行刚到青岛，从 8 月 27 日的报上看到庐山会议公报和《人民日报》关于"反右倾"的社论。回所后，得知朱兆祥被开除党籍、行政降三级，调到中国科学技术大学去教书。郑哲敏内心受到震慑，深感不安。朱兆祥去看钱伟长是自己提议的，多年压在心底备受煎熬。

当时力学所少数回乡的人带回坏消息，但被压制，掩盖了农村经济困难，多数人不知真相。"反右倾"时要求力学所从军队转业的中层干部对批判彭德怀表示态度，还要求一批回农村探过亲的复员军人对"大跃进"表示态度，带来一种紧张的气氛。郑哲敏庆幸，学理工科至少可以少同政治打交道。从什么地方看到过"资产阶级知识分子要向党争取青年"，这条罪名很大，因此小心翼翼地同年轻人有意地保持一定的距离以避免嫌疑。

1978 年朱兆祥得到平反，恢复党籍，党龄仍从 1940 年计算。这位出身贫苦的青年 19 岁时参加中国共产党，为新中国的诞生和建设奋斗 19 年，其中包括参与创建力学所。蒙冤的 19 年，他忍辱负重，在中国科大爆炸力学专业连开 20 门新课，与郑哲敏分别在教育、科研战线并肩开拓爆炸力学。第三个 19 年后，他继续发奋图强，创立了宁波大学。朱兆祥成为郑哲敏最敬佩的同乡、心心相印的至交。

四、研究国民经济建设中的力学问题 (1958～1960)

中国科学院当时的几位领导，郑哲敏认为是很优秀，很能干的，他们的报告动员力很强也有说服力。其中一位刚从农业口转到中国科学院来，在党内原来的级别很高，在院内讲起科学来却头头是道，不禁令人折服，绝对是一位能力强、十分善于学习的人。在"大跃进"运动的压力下，为了完成上级下达的政治任务，中国科学院领导也掀起了成果献礼活动，不是一次而是隔一阵便再发动一次。其实哪来的这么多成果。于是出现虚假东西，吹嘘的东西，严重违反了实事求是的科学精神，鼓励了弄虚作假和浮夸行为。

(一) 力学所的"上天、入地、下海"

1958 年 7 月，钱学森、郭永怀和副所长兼党总支书记杨刚毅，讨论力学研究所的未来发展，提出了"上天、入地、下海和为工农业生产服务"的响亮口号，并在全所大会上作了传达和动员。院领导对此也大力支持，并且在力学所召开了现场会。紧接着力学所从学科建制转变为任务建制，分别成立了三个高新技术研究室。第一研究室是上天研究室，钱学森先生要求，结合火箭发动机的研制研究燃烧的稳定性问题；第二研究室是入地研究室，任务是岩土爆破和研制火钻 (一种利用燃气钻硬岩的工具，可应用到采矿、采石、开挖等工程)；第三研究室是下海研究室，任务是研制海面下的潜水运输器。以上三个研究室因为涉密，对参加人员的政审要求较高。所内其他不够政审条件的人员则组建第四研究室。

"上天、入地、下海"明显带有"大跃进"的印记，不仅三位领导的看法不尽一致，而且内容含糊。根据钱学森一贯的思想，他主张力学所应当研究"上天"中的科学问题，特别是力学问题，作为整个火箭技术工业的理论支撑。而杨刚毅是要独立于航天部门，自搞一套，实现产品的研制。所以钱杨之间存在科研还是生产的深刻矛盾，直接涉及力学所的建所思想这一根本问题。杨的看法得到院领导的支持。至于"下海"，力学所当时并不具备条件，虽然钱先生本人曾在力学研究班上讲授水动力学，并且特别强调与国家建设有密切的关系，但在所内从未做任何安排。大型潜水运输船在所内的讨论会上确曾有过讨论，但仅限于议论而已。力学所有水动力学基础的也只有研究生程贯一等少数几人。因此从所内当时的条件看，很难理解为什么把"下海"作为一个研究方向。"入地"的基础之一是钱先生对用火钻凿岩有想法，希望看到它的发展，另外他对工程爆破，如定向爆破有浓厚的兴趣，认为其中有科学问题待研究，而且在国内会有多方面的应用。在力学所的讨论会上曾经对地球深处岩石的性质有过讨论，有人称地心的物质状态为第五态，仅限于议论一番而已。所以在"入地"方面可落实的东西也并不多。

郑哲敏认为，由于这些问题的存在，对"上天、入地、下海"这个提法后来不得不多次做调整。"下海"任务转移到工业部门，三室撤销，部分人员和设备调出。"入地"不切实际的想法放弃了，定向爆破、渗流、火钻，以及爆破打井、深耕爆破等一些小项目，组成二室，由土力学专家钱寿易先生任主任。"上天"成为力学所唯一的主要任务，不仅在所内进行人员大调动，成立了多个新部门，而且调入大批青年大学生，其中不少是所谓"拔青苗"出来的未毕业大学生，以及众多的复员军人。力学所职工由年初的 170 余人扩大到年底的 1100 余人。与此同时，开始了大规模基本建设。由于中国科学院和力学所在上天工作的定位并不符合航天工业的需求，力学所的方向任务长期动荡，基本建设也成为巨大的浪费。最后，力学所不得不重新调整自己的方向，并部分地恢复了学科建制，新成立了爆炸力学、物理力学、电磁流体力学和土力学等研究室，此为后话。

(二)"为工农业生产服务"的第四研究室

1958 年"大跃进"中，郑哲敏被任命为四室副主任，方向是"为工农业生产服务"。调整以前力学所的工作，凡不能归入"上天、入地、下海"三大方向的研究项目，随同人员和设备，都转到第四研究室。四室涉及的领域很广，抗震之外，还接受了三峡工程的闸头应力分析、升船机、大型水轮机，以及激波管合成氮化物、低水头发电等任务。一时间，这个研究室俨然成为原先的"小"力学所。

与此同时，所里对研究室主任提出了要对全室工作和方向负责的要求，包括不定时向所长作本室的全面汇报。四室无正主任，郑哲敏感到副主任肩上的担子很重。然而，郑哲敏的科研经历仅限于个人，毫无领导别人的经验。回国之初担任弹性力学组长，秘书马宗魁非常努力，帮助解决许多杂事。组里各位高研各干各的，工作交叉不多，所以，组长多少是名义上的，没有什么实质性的东西。后来所长安排弹性组做抗地震研究，增加了几个新来的大学生，其他高研并未介入，只是在所里的支持下建立了振动实验室，郑哲敏借此学了些电子学方面的东西，以掌握实验工具和试验方法。

四室成立不久，从部队转业来的靳汝泽担任党支部书记和副主任，成为郑哲敏的直接领导。靳汝泽抗战初期参加革命，是来自空军的团级干部，一位很严肃认真的人，对自己和他所领导的人都很严格。从陆军转身空军的亲身经历，使他对科学技术和专家的重要性有深刻体会。因此在科研业务上，督促之外他放手让郑哲敏工作，充分信任，发挥业务副主任的作用。这使郑哲敏有机会从各研究组学习到很多专业知识，并逐步学会编写全研究室的年度计划，研究和把握研究室的科研方向，安排室里同志们的工作，学会做全室的年度总结。在有些科研业务方面还能对研究组起到实际的帮助作用。在日常工作中，郑哲敏学着像钱所长和郭所长那样，定期听取各个研究组的工作汇报。总之，在第四研究室副主任的岗位上，得到党支部书记的支持，郑哲敏的科研管理能力有所提高。郑哲敏知道这个机会的珍贵和来之不易，因为并非所有的人都有幸在初次走上研究室领导岗位时，遇到这样给予信任和支持的党支部书记。

与所里提出的"上天、入地、下海"相比，在高指标的气氛下，第四研究室的方向显然不够协调，因此这个研究室的存在具有先天的不稳定性，它不免成为一种过渡性的安排。1960 年 12 月，靳汝泽调到怀柔分部任主任和书记。此后不久的一个早上，党委书记走进郑哲敏的办公室，告知所里决定撤销第四研究室，要郑哲敏一周内提出人员和所属实验室的遣散分配方案，至于郑哲敏自己的去向则由本人决定。

由郑哲敏建议，原四室大多数同志去了当时李敏华先生主持的高温结构研究室，包括高研黄茂光、沈志荣和胡海昌；潘良儒回到水动力学研究室；激波固氮的研究组被拆散，组长李峻宇调往上海的一个化工研究院；陈致英回到物理力学研究室。所有实验室也都分配给其他室，其中送到高温结构研究室的有材料试验机、蠕变机、疲劳试验机和郑哲敏亲手建立起来的振动实验室。钟万勰被交换到大连工学院，前来进修的罗学海和徐文祥回到哈尔滨工程力学所，进修震动的金利肇回到地球物理所。

回顾起来，在"大跃进"和"反右倾"的时代，第四研究室的研究工作还是有进展的。例如第四研究室结合刘家峡水坝、三峡水坝等建设项目做了不少工作，还开辟了新的研究方向——爆炸成形。

为了研究刘家峡水坝的抗震，建立了振动实验室，用冲击振动台做了坝体振动的实验验证。

关于三峡项目，沈志荣负责船闸闸头的应力分析，邵丙璜参加，建立光弹性实验装置和分析方法，有点成果，但没写文章。郑哲敏和潘良儒等人做了水轮机叶片的设计，计算工作是请复旦大学合作做的。这项工作后来由刚从力学所调走的赵雪华发表在《力学学报》上。胡海昌、刘世宁、钟万勰的一个组也做了一些有关壳体的工作。黄茂光承担的是升船机部分，对水箱的振动做了初步的应力分析。

第四研究室虽然撤销了，但郑哲敏从中学到的东西却是十分宝贵的，认为四室的那段经历为他后来的发展打下了基础。

(三) 三峡水轮机的设计论证

1958 年"三峡试验坝"要上马，中国科学院成立三峡科研领导小组，张劲夫亲任组长，钱学森是小组成员。那时世界上水轮机最大的功率是十万千瓦。考虑到三峡必须使用更大的水轮机，钱学森所长提出搞"百万千瓦"水轮机，遭到工业界一些人的反对，认为这样大的水轮机不可思议。钱学森却认为这是有可能的，因此在四室建立了水轮机设计理论的研究组，组长潘良儒。当时设定的具体目标是 50 万千瓦的混流式水轮机。

混流式水轮机叶片的翼型设计是一个工程科学问题。水轮机内水的流动相当复杂，翼型设计需要采取三维流动模型，应当考虑水的湍流、空化和气蚀等问题。但是，限于当时计算力学发展程度尚低，只有采取近似解析办法，即一元理论、二元理论和新兴的三元理论。时至 21 世纪，流体力学数值模拟突飞猛进，已经在解决混流式水轮机的湍流、空化和气蚀等问题中发挥重要作用，使模型机水能效率达到 95%，真机效率达到 92%。这一基本事实说明，当年研究水轮机的三维流动是很有远见的。

1958 年，苏联列宁格勒大学的瓦兰德 (Валандер) 教授来华讲学，力学所把他的报告翻译整理成文，以《流体在混流式透平中流动的计算》为题，1959 年 1 月发表在《力学学报》第 3 卷第 1 期。

郑哲敏在瓦兰德讲学的基础上，攻下三元流动理论，与课题组成员共同发展了一种水轮机叶型计算的三元理论方法。采用四个基本假设——无粘、不可压、有势、定常。忽略水的粘性之后，该模型在叶片处用人为添加的分布点涡做了弥补。推导基本方程时修改了关于流层厚度 $h(z)$ 的假设，在点涡分布的多项式表达中加了一项 $A\sqrt{\dfrac{1+x}{1-x}}$，使得计算翼型能合理实现，而且将三元理论与二元理论结合来分析流层间的作用。这项工作有机械研究所、南开大学、武汉大学、杭州大学、复旦大学先后参加协作。郑哲敏参加撰写《混流式水轮机叶片的设计和计算》，1960 年 4 月发表在《力学学报》第 4 卷第 2 期。该文有 11 篇引文，其中 10 篇俄文，1 篇英语，也是当时向苏联学习的写照。

当时哈尔滨电机厂正在设计制造新安江水电站的 7.25 万千瓦和 7.5 万千瓦的混流式水轮机，没有参加协作。清华大学水利系和 1958 年组建的中国水利水电科学研究院也没有参加协作。采用三维流动模型是中国科学院在混流式水轮机水力设计方面的积极尝试，但没有能够与当时正在从事的水轮机设计直接合作，因此未能经历实际检验，是一大遗憾。

51 年后的 2009 年钱学森去世，郑哲敏回忆说，"我们当时预计的水轮机组能力只有 50 万千瓦。不过，现在三峡工程实现了 70 万千瓦，与钱先生 1958 年说的 100 万千瓦已没有本质差别。这可以看出钱先生有很强的预见性。"

又过 10 年，2019 年，中国在白鹤滩水电站完成世界首台 100 万千瓦的水轮机的安装。百万千瓦机组单台就有 50 多米高、8000 多吨重。2022年，白鹤滩水电站 16 台百万千瓦水轮机组全部投产。钱先生的预言已经变成现实！

回顾这段历史，可以看出发展科学技术需要考虑三步战略。以水轮机为例：解放前中国水轮机全靠进口；1951 年借助欧美资料造成第一台国产 800 千瓦水轮机；1954 年学习苏联经验造成 1 万千瓦水轮机，安装在官厅水库。到 1958 年，当时的第一步战略是针对新安江水电站急需，设计制造 7 万千瓦级的水轮机，并为第二步战略——研制国际领先的 10万千瓦水轮机，积累设计理论、制造技术等方面经验；第三步战略则是根据将来的需求，对 50 万乃至 100 万千瓦水轮机进行基础研究，同时鼓励科学家和工程师自由探索。可惜，钱学森的技术科学思想，没能普遍落实。

(四)　"这是新生事物!"[①]

1959 年底，抗震研究在中国科学院系统内转给哈尔滨工程力学所，力学所不再承担。钱所长告诉郑哲敏，第四研究室的研究方向不够"高、精、尖、新"，必须提出新的方向。为此，全室动员起来讨论新方向。在这个过程中，王礼立提出的高压成形，邵丙璜提出的高速成形 (根据美国大型火箭壳体采用爆炸技术成型的报道)，得到较多的支持。郑哲敏看到这两个题目在材料性质和力学分析方面有比较丰富的内涵，也很支持。于是提议将"高速、高压下材料的力学性质和在加工方面的应用"作为第四研究室的新方向。这项建议得到研究室党支部的全力支持，上报后又相继得到所长和中国科学院领导的批准，将"高压高速下金属塑性理论和金属压力加工新技术的研究"列入 1960 年度力学所科研计划。于是，相应的两个组很快组成并开展工作。高压成型组着手搞铝材的挤压成型，不料没有高强度钢和高压密封件而陷于重重困难，而高速成型初试成功，看到可喜苗头。

高速成型是一种金属板材的成型技术，国外已有报道，具体做法是板料下面放模具，板料上面有适当高度的水，起爆水中炸药使板材瞬间成型 (如图 3.7 所示)。因"爆炸成形"既形象又深刻，后来不再叫"高

---

① 郑哲敏学术成长资料全宗 > 郑哲敏回忆录 > "12 与爆炸力学结缘"。

速成型"。

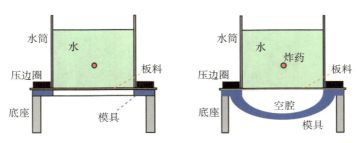

图 3.7　爆炸成形装置示意图

(左：自由成形；右：有模成形)

那时，四室从主任郑哲敏到课题组成员，没有一个人摸过雷管、用过炸药，对爆炸一点底都没有。恰好北京工业学院 (现名北京理工大学) 火炸药专业的陈维波，1959 年 9 月毕业分配到力学所，在二室参加爆破工作，支援了四室的爆炸成形实验。1960 年元旦后，邵丙璜、韩良弼等人在一个盛水的钢筒下端用法兰盘夹紧一块零点几毫米厚的马口铁（一种镀锡冷轧薄钢板），马口铁上部接上一个装满水的圆柱壳，陈维波把一发雷管放在水中起爆，马口铁瞬间从模具的环形空间变形鼓出，成形为一个直径 7 厘米的小碗。这个实验立即得到钱、郭二位所长的赞扬。

1960 年春节后，力学所举行继续"大跃进"的全所动员大会，并在所大楼前东边的篮球场由四室为全所职工演示用一个雷管做爆炸成形实验 (见图 3.8、图 3.9)。钱学森拿着一个爆炸成形的碗型件说，别看这个

图 3.8　1960 年春节后在力学所主楼东南篮球场现场演示爆炸成形实验

(人群中间站立讲话的是钱学森，左前蹲着的是郑哲敏。右图为实验装置。球场正建，地面尚未及平整)

图 3.9　　1960 年初，钱学森 (前右 2)、郭永怀 (前右 1) 观看爆炸成形演示实验结果

零件小，但是个新生事物。爆炸成形技术大有前途，可以当水压机用。在 20 世纪五六十年代，中国缺少大型水压机，难以制造大型挤压成形件。听钱所长这样评说，郑哲敏和四室的同事倍感兴奋。

(五) 爆炸成形研究遭遇挫折[①]

　　由于缺少大型冲压机械，1958 年北京制造的第一辆小卧车的外壳，是老工人用榔头一锤一锤敲出来的。如果爆炸方法马上能代替水压机成形冲压件，该多好啊！在继续"跃进"的氛围中，1960 年上半年爆炸成形技术小试成功后，决定马上去工厂投入生产。年中安排邵丙璜带队找到北京汽车制造厂，说服厂方试用爆炸成形技术制造汽车零件。首选的是小汽车后备箱的箱盖，厂里有制造模具的技术，所以很快就开始试验，可是第一次试验却完全失败了。分析发现是力学所自己犯了一个低级错误：模具空腔没有抽真空，导致模具腔内的空气受压缩，达到很高压力使钢板失稳，形成反鼓包和大的褶皱。抽真空问题解决后，其他问题又接踵而来，以致不得不放弃。试做别的、看似简单的零件，也都没有成功，只能撤出北京汽车制造厂。另外，郭汉彦带队到长春汽车厂，尝试用爆炸成形的方法成形解放牌卡车的一些钣金零件，但结果不稳定，最后也不得已退出。事实毫不留情地告诉人们，爆炸成形从机理到工艺还有许多问题没有认识清楚，革命热情代替不了客观规律。

　　正在这时进入困难时期，粮食限量，肉类和食用油的供应极其有限。

---

　　① 郑哲敏. 记爆炸成形. 力学所创新文化科研案例讲稿 (2014 年). 力学与实践，2021，43(6): 999-1001。

国家给高研提供一些特殊供应，包括每月两条香烟、不定期的黄豆、冷冻的黄鱼和黄羊肉等。这个时期的特点是实行劳逸结合，没有政治运动，可以不受干扰地坐下来安心搞科研。人们热情继续高涨，力学所入夜后仍灯火辉煌，郑哲敏和所里许多同志几乎天天都工作到深夜。

为了克服严峻的经济困难，根据中央关于调整的精神，力学所开始调整机构、精简人员。1960年12月，力学所"定方向、定任务、定人员、定制度、定设备"，四室被撤销，爆炸成形和高压加工组调入二室。郑哲敏随这两个组去二室，理由是成立这两个组，郑哲敏个人有责任，同时郑哲敏对这两个课题也比较有兴趣。

五、深入研究爆炸成形 (1961~1966)

(一) 转入第二研究室

郑哲敏1961年转到第二研究室，受到二室的热情欢迎。

第二研究室当时的主任是钱寿易先生，留学美国麻省理工学院(MIT)的博士，曾受教于 D.W. Taylor 教授。取得博士学位后，从事大型工程建设，成为著名土力学专家，应钱学森邀请于1958年携全家回国。钱寿易先生工作认真、细致，对人和善，从不强加于人。

第二研究室当时的党支部书记兼副主任是马金祥，也是一位抗战初参加革命的团级转业军人，工作认真，敢于负责，善于团结人，1961年6月当选所党委委员，1963年4月调离二室(先后任技术处处长、怀柔分部主任)。

1961年初，郑哲敏担任二室的副主任，配合钱寿易主任，分管爆炸成形和高压加工方面的工作，并为中国科大近代力学系土岩爆破专业安排专业课程。虽然郑哲敏对爆炸现象和有关理论并不熟悉，但是在动力学方面有一定的基础，很快就进入角色。钱寿易先生1962年开始专注于土力学研究，并于1963年夏承接治理上海地面沉降的重大任务。郑哲敏在1962年接受了指导爆破组的任务，此后，研究爆炸的力学问题就成为郑哲敏的职责。

郑哲敏与钱寿易先生开始了长时间的愉快合作，与党支部书记马金祥的合作也是愉快的。

(二) 按照科学研究规律办事

1961 年，中国科学院党组根据中央精神，提出"一保、二补、三探"原则，即一要保证五院和二机部的设计、试制需要，二要补充国家第一位任务，三要探索中国科学院自提项目，为下一步工作铺路。

按照科学研究规律办事，落实到科研人员，首先就要掌握已有的科学基础，但二室的科研人员过去并没有学过波动理论，而波动却是爆炸的基本现象。为此，郑哲敏为爆破组和爆炸成形组开弹性波的课。那时高压加工遇到很大困惑，试验工作难以继续，因此安排王礼立从事塑性波方面的研究工作。

1961 年 5 月 18 日，既是国防部五院院长，又是中国科学院力学研究所所长的钱学森主持"518"会议，确定力学所承担五个国防课题，其中"爆炸成形"课题为五院研制火箭发动机喷管提供理论和技术支持，称为 105 项目。郑哲敏受命负责该项目，具体任务为：① 金属薄板典型零件的爆炸成形基本理论研究——建立爆炸成形相似律；② 薄板爆炸成形的一些特殊问题研究。这属于中国科学院的"保证"项目，使爆炸成形研究有了具体的应用目标，有了对口的工程项目与合作单位，对爆炸成形研究非常关键。

承担 105 项目后，二室获准在怀柔分部建设爆炸试验场。此前，爆炸成形组只能到处求人寻找爆炸场地，一度找到海淀区偏西北山区的台头村放炮。当地道路崎岖，二室的人抱着仪器，带着雷管炸药，搬着钢结构器材，颠簸几十里路去放炮，困难可想而知。有了怀柔试验场，虽然远在百里之外，毕竟是自家的场地，有生活和实验的基础条件，摆脱了到处求人的尴尬局面。

1961 年 7 月 6 日中共中央政治局审议《关于自然科学研究机构当前工作的十四条意见（草案）》（简称"科研十四条"）。7 月 17 日，郑哲敏参加在人民大会堂召开的大会，听聂荣臻元帅详细讲解"科研十四条"，阐明党的知识分子政策和科学技术政策，纠正了一些错误认识。聂帅讲到苏联撤走专家时说："我们要自力更生，发愤图强，把奋斗的'奋'改为愤怒的'愤'，依靠自己的力量和自己的专家，把导弹研制出来！"两天后，中共中央以中发 [61]505 号文件批准《关于当前自然科学工作中若干政策问题的请示报告》，将"科研十四条"作为附件下发。内容包括：出成果出人才是研究机构的根本任务；保持研究工作的相对稳定性；正确贯彻执行理论联系实际的原则；研究计划要从实际出发，适应研究工作的特点；发扬"敢想、敢说、敢干"的精神，坚持"严肃、严格、严密"的精神；保证科学研究的时间；建立系统的干部培养制度；加强协作，发展交流；勤俭办科学；百花齐放，百家争鸣；团结、教育和改造知识分子；加强思想政治工作；大兴调查研究；健全领导制度。9 月 15 日，中国科学院为贯彻"科研十四条"，颁发《中国科学院自然科学研究所暂行条例》(简称"七十二条")。党中央的这一决策，极大地调动了郑哲敏和二室群众的积极性，创造了进行科学研究的良好社会环境，使得爆炸成形课题经历挫折之后，迅速走上符合科研规律的轨道。

总结下厂实践的经验和教训，郑哲敏把爆炸成形提炼成三个互相联系的方面，将爆炸成形组分为成型、载荷和材料三个小组，并从二室吸收了新的成员。另外，成立测试组，为整个研究室服务。成形组 (组长郑哲敏，成员邵炳璜、郭汉彦、杨振声等) 侧重爆炸成形技术、参数与工艺；载荷组 (组长谈庆明) 侧重水下爆炸的理论；材料组 (郑哲敏兼组长，后来王礼立任组长) 研究有关材料的力学性质。此外，测试组 (包括炸药制备，组长赵双禄) 则是研究工作的保障。这样布局，使得爆炸成形的研究符合科学研究的基本规律，既有广度又有深度，有持续发展的潜力，使得参研人员发挥各自特长并形成有机的团队，具有强劲的战斗力。这个布局得益于聆听聂荣臻关于"科研十四条"的报告，因为他明确要求科研工作要重视全面部署。

爆炸成形组与杭州锅炉厂协作锅炉封头爆炸成形研究。1961 年，邵炳璜等先后炸成直径 219 毫米、厚 5 毫米到直径 1000 毫米、厚 14 毫米等大小封头。浙江省经委和工业厅鉴定，认为再加改进可用于大型封头生产。

同年，钱学森筹划在 1963 年由中国力学学会、中国航空学会和中国机械工程学会联合召开一个关于爆炸成形的学术会议，他要求届时力学所要拿出具体成果来。另外他还要郑哲敏尽快向他交一份爆炸成形研究的进展报告。老师的这一要求，使郑哲敏感到紧迫。

1962 年 1 月 5 日，应陈毅、聂荣臻、陆定一等副总理邀请，郑哲敏参加人民大会堂宴会。周总理出席，座位一边是钱三强，一边是钱学森。宴会简朴，实实在在的四菜一汤，给人印象最深的是那一大碗红烧肉。餐后，领导人分别讲了话，中心意思十分明确，那就是今后国家的科学技术和各方面的建设要依靠中国人自己的专家，所以必须尊重自己的知识分子，希望大家积极响应。郑哲敏深受鼓舞，感到自己的工作不应限于一般性指导，应当亲自动手参与到爆炸成形工作中去。会后郑哲敏便集中考虑出现"二次加载"的原因（详情见下文"突破关键问题"）。

1962 年 2 月 16 日，聂荣臻在广州主持召开全国科学技术工作会议，开了 25 天。会议目的是贯彻"科研十四条"，搞一个新的科学规划，后来增加讨论知识分子阶级属性的议题。3 月 2 日周恩来在会上作了《论知识分子问题》的报告。3 月 5 日陈毅到会讲话，为知识分子"脱帽加冕"。广州会议后，中国科学院党组书记张劲夫根据"科研十四条"精神宣布，政治思想工作要点点滴滴围绕"出成果，出人才"服务。郭永怀回来说："现在好了，可以放开手脚工作了！"郑哲敏听了虽然很高兴，可是仍有担心。

（三）突破关键问题

郑哲敏在 1960 年还决定测量工件的成形过程，如图 3.10 所示，给

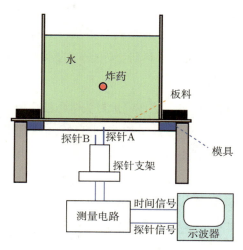

图 3.10 板料位移–时间测试

定电探针到板料距离，记录变形的板料接通电探针的时间，从而获得板料中心位移–时间曲线。

1960 年主要科研人员下厂推广爆炸成形之际，郑哲敏曾交代韩良弼，坚持做平板自由成形的系统参数试验，并且要求把最大中心位移作为药量和其他几何参数的函数以幂次方的形式表示出来。韩良弼是 1957 年考进力学所的研究生，1958 年停止执行研究生制度后留所工作，1961 年恢复研究生制度又重新做研究生。承接 105 项目任务后，这些工作继续进行。

板料变形时间约 300 微秒 (1 微秒等于一百万分之一秒)。记录时间需要分辨微秒，但那时力学所没有计时分辨率这样高的示波器。学物理出身的范良藻制成了一个恒流源，以给定电流 I 向电容器 C 充电。当电容器的输出电阻很大时，它的电压 V 近似地等于 It/C，从而把记录探针接通时间 t 转变为记录探针接通电压 V。原理很简单，当时难以找到合格的元器件，只能从大量质量不高的元器件中筛选可用的元器件。范良藻和孟珊测到圆板中心位移随时间变化的曲线，1961 年撰写《爆炸成型的成型过程实验研究》，报告板料位移-时间曲线存在一个异常弯折。

经过反复核对，确认异常弯折是二次加载现象。后来才知道，1951 年和 1956 年曾有国外文献报道过这个现象。对二次加载现象如何解释，在一段时间成为郑哲敏思考的主要问题。

那些日子，郑哲敏首先研究水中平面冲击波对一个薄板的作用，通过具体计算发现反射后，会在板后出现负压区，然而水是承受不了拉力的，因此必然出现"空化现象"，而且空化会向水的内部传播，在水中形成"裂缝"。恰似压力波在固体表面反射会造成崩落现象。

集中药包爆炸产生的水中冲击波对平板的作用较为复杂。为了更简洁地描述空化现象，郑哲敏将这一概念推广到初始充满水的球壳的胀形，炸药包放在球心，板料、爆生气体球以及入射波、反射波和空化区随时间的变化如图 3.11 所示。图中绿线标注的是拉格朗日坐标下的水中激波、水球和空化区，红线标注爆炸气体半径 $a(t)$，蓝线标注板料变形量 $y(t)$。

炸药的能量约有一半以水中冲击波方式传播，在爆炸近区很快衰减。水中激波到达板料时，已经弱化到接近声波。

药包爆炸在水中产生激波，设 $t = 0$ 时刻入射激波恰好到达板料，使板料运动，其位移量记作 $y(t)$，同时产生反射激波。板料加速运动为第一阶段。反射波使近板料处的水在 t_1 时刻出现负压 (图 3.11 中的 A 点)，水因不能承担负压而发生空化 (汽化)。在 $t = t_1$ 时，球壳位移达到 $y(t_1) = y_1$，其运动进入第二阶段，速度逐渐下降。空化区在水中扩展 (空化区前沿如图 3.10 中的 $A \to B$ 线所示)。因反射激波逐渐衰减，在 B 点停止空化，B 点到爆炸气球之间为一水球。

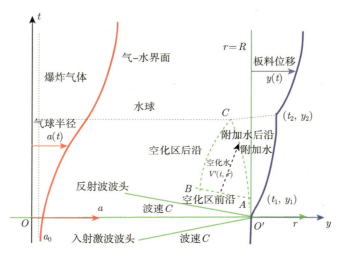

图 3.11 球对称爆炸时板料、水球、爆炸气球、空化区的时间–路程曲线示意图
(r 是水球的拉格朗日坐标，原点 O 在炸药球心，ABC 为空化区；$a(t)$ 是 t 时刻爆炸气球半径，a_0 为炸药球半径；初始时刻板料到原点距离 $r = R$，$y(t)$ 是板料在 t 时刻的位移量，$y(0) = 0$ 为 O' 点)

另外，空化区后面的水球受爆炸气球的驱动形成波后流。经过好几个日夜的苦苦思索，有一次在课题组报告空化问题，郑哲敏突然想到，加速中的水球会逐步吞食已空化的水。由于空化区内水汽混合物的压力为常数，空化水的质点 (t, r) 以各自不同的恒定速度 $V'(t, r)$ 贴到板料上，使附加水逐渐变厚。附加水后沿如图 3.10 中的 $A \to C$ 线。空化区后沿的水逐渐加速 (如图 3.10 中的空化区后沿 $B \to C$ 线)，最终会赶上减速中的附加水并在 C 点发生碰撞，导致空化区完全消失。碰撞时水球表面的速度大于附加水的速度，因而导致板料在 t_2 时刻突然二次加速，对应的位移量 $y(t_2) = y_2$。在 $t > t_2$ 时进入板料运动的最后阶段。这一灵感使他对"二次加载"的认识顿然明晰，并令人信服地提出了板料三个运

动阶段的微分方程，解释了困惑多时的难题。

虽然以上讨论限于理想的球壳，但在爆炸成形的一般情况下，板材都比较薄，板料曲率与药量 (以药包长度计) 都很小，所以一定会在变形大的地方发生空化。所以二次加载事件是爆炸成形过程的一个普遍现象。

1962 年 3 月，郑哲敏以球壳胀形为例，写出了关于激波冲击板料发生空化的报告初稿，阐述空化提高了爆炸成形的能量利用率，板料因二次加载获得的成形量明显大于二次加载之前的成形量。

一个典型实验：板料厚 3 毫米，模具直径 100 毫米，炸药量 ~2 克，炸药到板料距离 100 毫米。1962 年夏，测试团队多次复试显示，板料中心位移–时间曲线在接近 100 微秒处出现弯折，毛料成形时确实存在二次加载。随后杨振声、谈庆明的非线性计算和郑哲敏、孙国芳、孙同坤的近似计算，与实验一致，表明郑哲敏提出的这个模型是对的，从而揭示了整个爆炸成形过程。

1963 年 2 月，郑哲敏对激波冲击板料发生空化的报告做了整理和补充。

爆炸成形需要用多少炸药和怎样通过试验获取成形所需的参数，这是工程需要回答的问题，即钱学森要求解决的相似律 (或模型律) 问题。1962 年 8 月，郑哲敏考虑，如果把爆炸产物看成多方气体，把水 (传压介质) 看成无粘的可压缩流体，把成形的板料和模具看成弹塑性的并且不计应变率影响，那么在不更换炸药和传压介质、不更换板料品种的条件下，爆炸成形应当几何相似。自由成形和有模成形的相似准则分别表示为

$$\text{自由成形}\frac{y}{L} = f\left(\frac{W}{\sigma \delta L^2}\right), \quad \text{有模成形}\frac{W}{\sigma \delta L^2} = \text{const}$$

式中 y 为自由成形板料的变形量，L 为板料尺度，W 为炸药量，δ 为板料厚度，σ 为材料屈服强度。据此，可用模型试验来换算原型的成形参数。

这个分析得到力学所实验和工厂试验数据的证实。整理韩良弼、邵丙璜等人的实验资料发现，在固定变形量条件下，不论是自由成形还是有模成形，对于薄壁零件，所需炸药量均与毛料厚度成正比，与国外的经验公式一致。在厚度足够小时，这时因为张应力远大于弯曲应力，所以总变形能也同厚度成正比。因此，药量与厚度成正比就是药量与总变

形能成正比，郑哲敏称之为能量准则。

郭汉彦、孙同坤等人在北京的 211 厂的实验直接印证了能量准则。

对球壳的爆炸胀形过程的数值计算，也表明能量准则是一个不错的近似。

郑哲敏将爆炸成形二次加载与模型律的进展写成一个正式报告交给钱学森所长。钱先生很快批复，建议将此文送内部刊物《航天科技》发表，认为会对教育青年科技工作者很有帮助。力学所档案室收存了这些报告的手稿 (图 3.12)，粗糙的稿纸记载了当时面临的经济困难，暗褐色的纸张难掩作者智慧的光彩。这批手稿突显了中国科学家在艰难中奋斗的宝贵精神。

图 3.12　1962 年 8 月郑哲敏《爆炸成型模型律》手稿
(后来"爆炸成型"改称"爆炸成形")

211 厂的成形实验工作完成后，高速成形对材料的疲劳性能和抗腐蚀疲劳性能有何影响的问题摆在眼前。为此材料组的赵士达 (接替 1963 年 8 月被调离力学所的王礼立任材料组组长) 和高举贤用自行设计制造的专用疲劳机和腐蚀疲劳机开展了实验研究。他们的结论是：与静态成形相比，爆炸成形零件在以上两种性能方面都没有明显的差别。在疲劳实验的数据分析和处理方面，赵士达接受了董铁宝推荐的一种小批试样的统计方法，取得了很好的效果。

(四) 钱学森命名爆炸力学

看到力学所的理论用到 211 厂，炸成了火箭发动机喷管，钱学森非常高兴，说了一句话：现在看来，一个新的学科形成了，就是爆炸力学。

同时，他协商召开全国性的学术会议，不仅力学所要做学术报告，211厂的工程师也要作报告，介绍导弹喷管这种又大又薄、形状复杂的关键部件，是怎样炸成的。

钱学森要求会上要有展板。开会前，他兴冲冲到实验室检查准备情况。在一块展板前皱起了眉头，板起面孔说："郑哲敏呢，把他叫来！"

在场的人赶紧找来郑哲敏。钱学森指着那块展板说："你看看！"

郑哲敏一看，展板上数据的有效数字多到五六位。这是干活的人不经意写上展板的。

"小数点后面竟然精确到四位数字！工程上的问题有那么精确吗？"

"我没注意，没注意。叫他们改。"

"这要注意啊！要准确嘛！不要闹笑话。"

钱学森还问，"特别是土岩工程方面，小数点越多越准确？"

为了研究爆炸成形，二室的同志流了许多汗水，耗费了心血，学到了科研本领，成果用于生产，为国家做了实实在在贡献。大家佩服郑哲敏的学术水平，觉得大有奔头。没想到，郑哲敏竟然因为有效数字挨老师严厉批评！从此开始，老二室的人都牢记这个教训，并且告诉后来者，在这儿搞科研一个小数点也不能马虎。

1963年6月，在中国力学学会、中国机械工程学会和中国航空学会联合举办的爆炸成形学术报告会上，力学所二室报告了研究成果。钱学森所长在总结会上发言，鼓励大家继续努力，并且命名了力学的一个新分支学科——"爆炸力学"。这次会议对爆炸成形在国内的成功开展和爆炸力学的发展是个巨大的推动。

(五) 爆炸成形荣获一等奖

1964年5月，《爆炸成形模型律与成形机制》获国家计委、国家科委和国家经委联合颁发的国家"新产品、新技术、新材料、新工艺奖"第一名，郑哲敏参加了授奖会议。

6月14日国家科委将爆炸成形的六篇研究报告编入国家科委科学技术研究报告系列：爆炸成形模型律 (郑哲敏)、水中击波入射于平板时空化的形成及其作用 (郑哲敏)、球壳的变形计算和能量准则 (郑哲敏、孙同坤、孙国芳)、球壳爆炸成形机制的初步探讨 (杨振声、谈庆明、刘小苹、刘良吉)、锥壳爆炸成形试验研究报告 (郭汉彦、孙同坤)、锅炉封头爆炸成形的实验研究及药量公式的建立 (邵丙璜、夏生杰、孙同坤、陆毓均)。

力学所的爆炸成形出现在中央电视台新闻广播上,郑哲敏出镜作了约二十分钟的介绍。陈维波回忆说,我们几个陪郑先生去央视做节目。做完节目,电视台让我们看赫鲁晓夫下台的录像。当时国内尚未报道,我们印象太深了。真巧,我国第一个核装置同一天试爆成功!那天是 1964 年 10 月 16 日。

1964 年 10 月,二室承接北京锅炉厂提出的 1 米直径锅炉封头爆炸成形任务。入冬,郑哲敏陪吴有训副院长视察,新华社记者李基禄现场采访,拍了一批爆炸成形实验的照片 (图 3.13)。

1965 年 10 月,郭沫若、张劲夫到怀柔视察,二室为他们实验演示爆炸成形相似律。视察火箭实验基地后,郭沫若院长挥笔题词:"深感此地亦有大庆精神"。

60 年代,爆炸成形在许多工厂得到应用。力学所研究爆炸成形机理和工艺参数的成功,吸引了许多单位来学习,其中最有名的是大连造船厂的工程师陈火金,他后来成为全国劳动模范。1980 年 5 月 2 日,时任国务院副总理王震在《工人日报》撰文,赞扬陈火金"虚心向力学家郑哲敏同志请教","是学习的模范"。

(六) "实践—理论—实践"的循环

爆炸成形的研究成果被迅速推广,新的实践又提出了新的问题,其中最突出的是爆炸成形的模具强度和材料的力学性质问题。此前,郑哲敏曾安排人分析模具强度,并尝试用各种不同材料做模具。几个年轻人大胆制作水泥砂浆模具,它不抗拉,虽然炸碎了,但说明模具的惯性也对板料成形有贡献。

按照几何相似律,模具的重量正比于零件尺寸的三次方。1965 年二室与某兵工厂合作研究用爆炸成形方法制造坦克炮塔,按比例放大的模具太大太重,超出了工厂的加工能力。面对参研人员的疑问,郑哲敏突然想到,为什么不可以把模具分块铸造,爆炸前拼装在一起,爆炸时利用模具自身的惯性使炮塔成形呢?这就好像打台球时,一个球击走另一个球,自己却停了下来,明显的道理是两个球的惯性相等。虽然爆炸成

(左上) 吊装压边圈

(中) 装炸药

(右) 爆炸瞬间，传压水向上喷出，周围卷起尘土

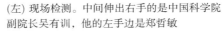

(左) 现场检测。中间伸出右手的是中国科学院
副院长吴有训，他的左手边是郑哲敏

(中) 现场合影

　　二排中吴有训

　　二排右1郑哲敏

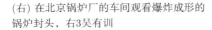

(右) 在北京锅炉厂的车间观看爆炸成形的
锅炉封头，右3吴有训

(新华社记者李基禄摄)

图 3.13　中国科学院副院长吴有训视察爆炸成形实验 (1964 年)

形炮塔最终没有成功，但证实分块模具拼装起来是可行的。这种模具被称为惯性模。

1966 年，二室与江南造船厂合作研究爆炸成形制造直径约 3 米、厚度约 3 厘米的封头状零件，郑哲敏指导，孙同坤、陆毓均、孙庚辰等参加，决定采用惯性模方案 (如果采用整体模具，重量上百吨，难以制造)。

郑哲敏亲临试验现场。伴随爆炸的巨响，烟雾消去之后，人们看到，巨大的模具横七竖八地被抛在周围，成形后的零件却岿然不动地站立在那里。实践表明，不仅模具受力很小，而且成形后零件的精度还可以得到保证。这项技术正式鉴定并获通过时，郑哲敏未能参加。

惯性模的技术很快地得到推广，人们不仅把它应用于大型零件，而且应用于通过一次爆炸，同时实现成形、开孔、卷边等多种工艺。

从 1960 年初用一个雷管炸成铁皮小碗到 1963 年完成火箭喷管爆炸成形，经历了"从实际中来，到实际中去"的过程。一开始没弄清工程技术原理就匆匆下厂，失败了。回过头突破关键问题，建立二次加载理论并归纳出几何相似的模型律 (即能量准则)，再回到实际中去，才顺利解决了喷管成形问题。这一曲折历程说明，在从实际来去之间有一个环节——"创建技术科学理论"不容忽视。

创新惯性模的过程，是将爆炸成形成果应用到成形大型零件时又一次"从实际中来——创建技术科学理论——到实际中去"的过程，即认识在又一次"实践—理论—实践"循环中逐步提高的过程。

郑哲敏和二室的同志们由此真切地认识到，钱学森倡导的技术科学的精髓。它就是将基础理论用于解决工程技术问题时，践行辩证唯物主义认识论。

六、开拓爆炸力学 (1957~1968)

(一) 首次阐述"爆炸力学"

1963 钱学森命名"爆炸力学"，这取代了"爆破力学"和"爆炸动力学"的提法。爆炸力学作为新兴学科列入力学所 1963~1967 年发展规模设计任务书，二室的爆炸成形与工程爆破课题纳入爆炸力学分支学科，中国科学技术大学近代力学系的土岩爆破专业更名为爆炸力学专业。

爆炸本是一类自然现象，自中国古代发明火药，出现了人为的爆炸现象。火药西传后，欧洲人发明了雷管和炸药，用于工业和军事；发现了炸药爆轰现象，开始建立爆炸理论。第二次世界大战以来，爆炸理论和技术进步显著，涉及物理、化学、数学等基础学科和诸多工程技术领域，欧美散见于各相关学科，苏联则称"爆炸物理"。爆炸的力学效应的核心内涵是力学的质量、动量和能量守恒规律以及极端状态下的物性。钱学森定位为一门新兴的交叉学科——爆炸力学，中国力学学会后来建立了爆炸力学专业委员会。

爆炸成形的创新和国家对爆炸技术的迫切需求，以及钱学森、郭永怀的安排，使郑哲敏把开拓爆炸力学作为长期研究方向，在 1963 年 8 月 19 日送交一份报告，首次系统阐述了爆炸力学并规划它在力学所的发展。

(二) 国家需求

在有关爆炸的问题上，从单项研究到一个分支学科——爆炸力学的开拓，与钱学森、郭永怀有直接关系。他们对爆炸学科有期待，并且了解国家重大需求。

1957 年 2 月，钱学森在《科学通报》第 4 期上发表《论技术科学》一文，其中写道："我国现在正在进行大规模的基本建设，在土石工程中累积了不少经验，在大爆破作业中也学会了先进操作方法。但这些都还没有做出科学的总结，创造出土壤和岩石移动工程的理论，这是不应该的，土和岩石力学的研究任务就是要补足这个缺陷。"

1957 年 6~10 月力学所草拟的《力学学科第二个五年计划的初步意见》及其附件——《第三个五年计划的初步轮廓》指出，土力学和岩石力学、爆炸波力学、固体推进剂和凝聚爆炸物的化学流体力学问题，是 12 年远景规划预期在第三个五年计划 (1963~1967 年) 要完成的任务。

1958 年，工程爆破列为第二研究室的一项主要任务。

郭永怀在 1959 年担任国家三峡工程领导小组防空大组负责人，1960 年出任二机部核武器研究所副所长，1962 年任该所场外实验委员会主任。1963 年郭永怀要郑哲敏草拟一份规划——《强爆炸波的形成、传播及其作用》。这份规划后来被正式纳入"十二年科学规划补充稿"中的"力学学科补充规划"。很巧的是当时郑哲敏正在阅读一本有关空中点源强爆炸的俄文专业书。

1963 年 1 月，中国科学院计划工作会议确定爆破力学实验室为院重点实验室，建在怀柔分部。

1963 年 4 月，中国科学院新技术局局长谷羽召开会议，主题是空中核爆炸时地面冲击波的压力测量问题。应邀参加会议者有自动化所杨嘉墀，声学所汪德昭和力学所郑哲敏。会上国防科委有关领导对这项任务做了说明，杨先生和汪先生分别对测量方案作了介绍，郑哲敏就动态压力计需满足的参数作了报告。会后，力学所受国防科委委托负责压力探头的动静态标定。后来力学所陆续又接受了关于空中核爆炸和地下核爆炸的研究项目。当年 8 月，郑哲敏规划爆炸力学时，主要研究方向是岩土爆破、爆炸成形和核爆炸力学效应，预计的爆炸力学实验室含空中爆炸、水下爆炸、地下爆炸、爆炸成形、材料及测试等六个部分。

1963 年底，郑哲敏应邀到上海参加在金城饭店举办的特种结构座谈会，与会的还有董铁宝和朱兆祥、力学界的老前辈张维和李国豪，主持会议的是张爱萍和陈士榘两位上将。1963 年后，郑哲敏多次跟随郭永怀副所长，参与工程兵有关核防护工程问题的会议；1964 年郑哲敏担任国家科委原子防护工程专业组组员；1966 年 5 月郑哲敏应邀访问罗布泊，参观防护工程试验场地并观看空中核爆炸试验。

1964 年 6 月，国防科委委托中国科学院研究"地下核爆炸近似计算方案"。中国科学院安排力学所承担地下核爆炸力学效应近似计算和数值模拟的力学模型研究；安排计算所承担该项数值计算的计算方法研究、程序设计以及利用本所计算机进行计算；最后，力学所再对计算结果进行分析。

1965 年 6 月 4 日，国家科委开会讨论西南铁路隧洞科技工作问题，力学所李树诚副所长、郑哲敏、解伯民、张建华参加。受国家科委的派遣，力学所李树诚和郑哲敏、刘正常、张建华等以及高校的张维和李国豪先生等，到我国云南和贵州，对在建的成昆铁路进行考察，目的是探讨在哪些方面中国科学院和高校可以对这项工程做贡献。在京人员于 6 月 7 日乘飞机出发。这次考察历时约一个月，从贵州经昆明，越过金沙江和大渡河，过峨眉到达旅行终点成都，并在那里作总结。力学所承诺两项任务：① 派员参加成昆铁路有关的爆破工程和隧洞掘进工程项目；② 开展爆炸硬化新技术的研究，以求有效延长道辙的使用寿命。

1965 年国防科委要求力学所研究远距离抛掷和堆积的爆破方案。

1965 年包头 52 所来访，解伯民接待。他们提出如何在打靶试验中节约钢材的问题，解伯民当即建议应用模型律做缩比试验以替代实弹打靶。次年年初，郑哲敏访问了 52 所。

上述新情况为爆炸力学的发展提供客观条件，也基本决定了 1962 年后很长一段时期，包括"文革"期间，第二研究室承担的爆炸力学任务。

(三) 岩土爆破研究

郑哲敏来到第二研究室后，受钱寿易先生和马金祥支部书记的委托，开始负责指导岩土爆破组的科研工作。

1961 年春荒时节，钱寿易、郑哲敏出差河南安阳去看望在那里做爆炸打井的小组。这个组的负责人是陈维波[①]。那里打井队的研究人员生活十分艰苦，粮食都不能保证。受当地特殊照顾，钱寿易和郑哲敏住在县委招待所，餐餐有白面。郑哲敏设法要了些榨油后的棉籽渣，有些香味，但苦涩难咽，难以消化。就是它，绝大多数人也是吃不到的。

花了几天时间观察陈维波的实验，郑哲敏觉得爆炸后的井壁根本站不住，爆后立刻就垮了下来。很明显这是土里的含水量太大造成的，就是说这里的地下水位太高，不适宜于搞爆炸打井。郑哲敏把这些意见告诉了陈维波。

1961 年四季度，力学所贯彻"八字方针"，终止火钻、爆炸打井、爆炸开湖等项目。

当时二室爆破组正在进行定向爆破筑坝的工作。在此之前，尚在四室的郑哲敏经马金祥支书的邀请与爆破组有过几次接触，对他们的工作有一些了解，知道他们 1960 年参加了在广东省乳源县的南水工程，与合作单位一起，用定向爆破筑坝技术成功完成了南水水坝建设。力学所提供了能每秒拍摄几百张的高速摄影机，手上有一些宝贵的影像资料，同时也有一些并不适用于爆破地震测量的石油勘探用拾振器和有关设备。

郑哲敏到二室在大爆破做的第一件事，是参加爆破组关于南水爆破的技术总结。通过讨论，大家认为定向爆破的主要科学问题可以归结为，大抵抗线定向爆破的药量公式、鼓包的形成和发展的规律，以及抛掷堆积和爆破地震。这成为爆破组相当长一段时间内的共同认识。

---

① 郑哲敏学术成长资料全宗 ＞ 口述文字资料 ＞ "采访陈维波"。

1961 年 10 月，水利部发文通知南水工程作总结，地点在广东韶关乳源县，主持人是水利部的一位王处长。力学所出席的有钱寿易、郑哲敏和爆破组的一些成员。中国水利水电科学研究院的霍永基、中国铁道科学研究院的冯叔瑜、铁道兵科学技术研究院的朱忠节也参加了会议，他们都是国内有经验的爆破专家和南水工程的主要骨干。另外还有广东水利设计院的马乃耀等人。朱忠节所作的报告特别引起郑哲敏的兴趣。朱忠节根据铁道兵的许多经验，总结了一套相当完整的经验公式，用以计算堆积体的平均距离，爆破的有效土石方量，个别飞石的最大抛掷距离，药包间的夹持作用等。郑哲敏从中学习到不少东西，特别是认识到有效抛掷量应同时顾及抛掷和滑坡两个因素。在抛掷方向上则应注意多临空面的作用。

会议认为，南水工程是一次成功的试验，水坝经受了蓄水的考验，导流洞也是成功的。但定向爆破筑坝技术仍存在不少问题，主要有水坝防渗问题，边坡的稳定性和落石问题，造成后续工程量大、费用高等问题，因而总造价和工期方面并无明显优势。

爆破组建立于"大跃进"年代，他们参加了河北东川口水坝定向爆破工程①，对岩土定向爆破有了初步的感性认识。50 年代末，有关部门曾考虑用爆破方法构筑三峡大坝，在三峡科研组下设了三峡爆破组，包括水科院、铁科院、铁道兵、力学所等。1960 年 2 月，在三峡爆破组统一领导下启动了广东韶关南水水电站定向爆破筑坝工程。当年 12 月 25 日爆破时，兼任三峡大坝防护组负责人的郭永怀亲临现场。1961 年 2 月，力学所向院党组呈文汇报南水定向爆破筑坝情况时指出："结合爆破任务进行爆破理论研究，是我所爆破组任务。系统的爆破理论尚未建立，它远远落后于爆破工程。爆破理论研究迫不及待！"

南水爆破总结之后，定向爆破理论研究成为爆破组的主要工作，但是，理论研究进展很慢，组内有畏难的情绪。针对爆破组内的畏难情绪，郭永怀指定郑哲敏兼任爆破组组长。郑哲敏认为，虽然已有的计算公式在较小的最小抵抗线的条件下大体可用于工程，但在理论上有缺陷，需要进一步改进。爆破面对的是地质材料，怎样描述它包括破裂在内的动

---

① 郑哲敏学术成长资料全宗 > 口述文字资料 > "采访霍永基"。

态力学性质，是个需要应对的挑战。当时的指导思想是强调参加爆破工程的实践，掌握有关相似律，把爆破理论向高里提。

从力学学科角度看，爆破过程远不是用传统力学方法可以解决的。钱学森在 1978 年曾指出："爆破理论的研究，要在引入严格的力学相似和无量纲参数分析的基础上，建立爆破的物理模型，结合小尺寸的模型实验，从实验结果分析找出规律；同时要结合工程进行科研观测，搜集数据资料，用以检验计算机模拟的计算结果，提高并深化爆破理论研究成果。"量纲分析是爆破理论研究的基本方法，钱学森的这个思路当然不是 1978 年才想到的。

当时爆破组的尹祥础回忆[①]：大爆破组每一次重要的会郑先生都参加，基本上是手把手牵着我们走的。印象最深的就是量纲分析。量纲分析在力学班时应该学了不少了。郭永怀讲边界层理论，讲流体力学肯定讲雷诺数，讲了不少。钱伟长讲应用数学，专门有一章叫作"相似和量纲分析"。但是学了没用上。到了我们搞大爆破，真的还不大会用，到底怎么选参数？我记得那个重力影响，完全是郑先生手把着手教我们的。这种第一次的印象，一辈子，很长、很远以后，你还会想起来，还受益。

1963 年 8 月郑哲敏指出，定向爆破理论比爆炸成形难，原因是固体介质及其破坏比流体复杂。他希望用五年时间在实验室控制条件下，围绕抛掷形成过程研究单一因素影响：① 明确爆炸弹性波强度及弹性波崩落；② 探明弹性区与破坏区分界面的形成条件；③ 研究爆生气体的推力(压力、总能量)；④ 通过流体和砂介质，明确推力作用和重力影响。前 3 项需要做球、柱类简单形状弹脆性模型实验，并且在小药量下具有合理的破碎粒度。因此，第一步必须研究模型材料。在后五年，再着重研究半无限体抛掷爆破。在① 漏斗形成；② 摩擦损失，鼓包形成过程；③ 抛掷时的空气阻力(解决初速与抛距经验公式的矛盾)等项研究基础上，从理论上得出药量计算公式，并用大抵抗线爆破数据检验重力影响。多药包问题的研究，大体将安排在十年以后。在各阶段，都要争取参加爆破工程的现场试验和观测。

爆破组曾派许连坡作为力学所代表参加考察三峡爆破筑坝地址。当

---

① 郑哲敏学术成长资料全宗 > 口述文字资料 > "采访尹祥础"。

时大坝选在三斗坪下游的石牌村，石灰岩地区，山势十分陡峭。爆破筑坝的坝面坡度平缓，高坝的施工方量巨大，而且巨型堆石体和爆破致裂的巨大山体防渗处理很难，坝面保护和边坡稳定工作量很大，特别是爆破会造成新的不稳定坡面，使水工结构长期受到滑坡灾害的威胁。关于三峡大坝的建造是否采用定向爆破方案的辩论很激烈。约在 1963 年较晚时，三峡工程放弃定向爆破筑坝方案，中国科学院突然取消当年 1 月已经批准的在怀柔分部建设爆炸力学实验室的基建项目。

1964 年，爆破组参加金川露天矿大爆破。那年夏天，身体不适的郑哲敏曾与秘书金和一起去现场看望，郑哲敏抱病下百米深井。第一阶段，爆破组在戈壁黄土层炸了 17 炮，找到适用炸药配方；第二阶段，爆破组炸三个小山，分别用药 1 吨、17 吨、24 吨，得到重要设计参数。但在施爆前，力学所人员被金川指挥部查封，好多人政审不合格，不得已全体撤回。

接连遭遇打击，爆破组的工作困难重重。做机理研究，所里没有做爆破试验的场所，如果试验规模太小了根本无法模拟真实爆破，更不具备观测的条件。稍大一些的规模，必须另找其他地方。谁愿意提供场地？资金从哪里来？都是问题。那时计算机的条件还不具备，即使有也还没有好的模型来描述岩土体在爆炸作用下的行为。郑哲敏 1963 年设想的爆破机理研究方案不能实施。爆破组陷入内外交困的境地，不像爆炸成形那样，找到了突破口，而且得到 105 项目的支持。郭永怀先生指示，让去野外工程现场的人回所学习《爆炸物理学》(鲍姆等著，俄文原版 1959年，众智译，科学出版社 1963 年 6 月出版)，用一年的时间读书，掌握了基本知识，才有可能进入研究工作。

1965 年 6 月，郑哲敏调研后承担国家科委的任务，安排爆破组参加成昆铁路有关的爆破工程和隧洞掘进工程项目。

与成昆铁路任务同期，国防科委主任聂荣臻咨询了郭永怀副所长，给力学所下达了平地远程爆破抛掷堆山研究的任务 (代号 2040)[①]。郭永怀提出的方案分两阶段：先在平地中爆炸开挖深大沟槽，将沟槽中岩土向上抛到空中；旋即起爆预埋在两侧的炸药，将沟槽两侧岩土抛向沟槽轴

---

① 郑哲敏学术成长资料全宗 ＞ 口述文字资料 ＞20121227 采访周家汉。

线；这时抛到空中的岩土回落，压在稍后抛到轴线的岩土之上，实现平地堆山。这项研究难度很大，超出了过去经验知识的范围，因此必须另觅新招。在合作单位的配合下，谈庆明提出了模拟平面药包和多临空面的组合方案，能在指定方向上满足堆山要求的抛掷距离和堆积体的集中度，有可能达到任务所要求的"平地爆破堆山"的目的。郑哲敏到野外试验场去视察研究工作的进展，表态支持谈庆明做小型模拟试验的意见。1968 年完成研究任务，结论是：平地爆破堆山，技术上是可能的，经济上是成问题的，抛掷爆破相似律研究则取得了进展。

从此，爆破组走上了以爆破工程为主的道路。从策划、设计、施工，到观测、爆后检查，他们参加了几乎所有的大型的定向爆破工程。他们还参加了成昆铁路的爆破作业和大石板段的隧道开挖。爆破组成员在参与工程项目中得到了锻炼，并利用外部条件，尽可能地开展一些研究性的试验工作。他们往往工作在荒山野岭，条件十分艰苦。但他们从不言放弃，逐渐成为国内一支有实力、有影响的爆破工程队伍。改革开放后，他们开创新爆破技术，做出了显著贡献。

(四) 铁路辙叉爆炸硬化研究[①]

1965 年承担的成昆铁路的辙叉表面硬化任务，9 月份交给赵士达为首的材料组负责，并安排陈维波参加。设立这个项目的依据是，制造辙叉的高锰钢有显著的加工硬化性质，用爆炸方法可能有效。

这个项目的合作单位有铁科院的两个研究所 (研究辙叉的铁建所和研究高锰钢的金属所)、铁道部生产辙叉的山海关桥梁厂。郑哲敏和铁科院的一位总工经常参加项目会议。赵士达等在郑哲敏指导下，与协作单位共同努力，工作进展很快。很短的时间内，他们设计并制备了塑性炸药、铸造了小样品，进行了样品试验，取得了样品沿深度方向的硬度分布，并爆炸处理了辙叉，得出爆炸硬化原则上可行的结论。

为了取得能延长多少寿命的数据，他们与铁路部门商定，在京沈之间的山海关路段上，用爆炸硬化的辙叉进行在轨试验。这个路段来往的车辆多，并且临近生产辙叉的工厂，便于得出结果。另外，京津之间有一段裁弯取直的铁道，在那儿铺了十几对爆炸硬化辙叉做在轨试验。这

---

① 郑哲敏学术成长资料全宗 > 口述文字资料 >20130106 采访赵士达。

使他们的工作强度大增，每次试验必须在两次列车运行之间、很短时间间隔里更换辙叉，每隔几天就要观测，获取辙叉寿命数据。

1966~1967 年间的在轨试验证实了他们的结论，即爆炸硬化可以有效延长辙叉寿命。但同时发现，辙叉的质量不稳定，经常含有大的铸孔，导致在爆炸作用下破裂。这本是需要改进的辙叉生产问题，但厂方不认可。

赵士达回忆说，1968 年山海关厂的合作队伍没了，已经爆炸硬化的辙叉不知下落，炸药库被拆，工作无法继续，很好的科研成果白白丢掉了。辛苦了一番的科研人员非常无奈。

(五) 空中爆炸波测压标定和地面压力分布测量

1963 年 5 月 15 日，国防科委 21 所委托力学研究所进行 "冲击波测压计力学性能的标定" 任务 (代号 21-6112)，要求在短期内测试一批仪器的性能，进行动、静态标定，以便在首次核爆炸试验中应用。力学研究所组建了 21 号任务组，由郑哲敏、郭汉彦分任正、副组长，组员大多是新来的大学生和中专生，开始进行静、动两个实验室的建设。在吴承康和俞鸿儒的协助下，设计加工了激波管，调试了测量系统，于 1964 年春实验室建成，并开始对核爆炸场安置的测压计进行标定。张劲夫到实验室视察，双手抱拳，拜托郑哲敏带好这批徒弟。1964 年 7 月，21 号任务组按时完成任务，保证了我国第一颗原子弹试爆时测量任务的完成。

原子弹首爆两个小时后，毛泽东、周恩来等国家领导人来到人民大会堂，接见参加音乐舞蹈史诗《东方红》创作和演出的全体人员。周总理宣布原子弹爆炸成功，在场的人们欢呼跳跃。后来，力学所参加 21 号任务的科技人员，曾光荣受邀，去人民大会堂观看《东方红》演出。

任务虽然完成，回顾起来，缺憾是有的。力学所在压力标定激波管上投入了不少力量，并在短时间之内完成压电探头标定任务，是成功的，但核爆炸时测量结果不理想。郑哲敏说，由于压力作用时间相对长，动态效应可以忽略。这一点应该是可以预见的，在早先新技术局召开的讨论会上也谈过这个问题。特别是马赫反射区，动压变化缓慢，压电数据不容易测得准。另外，电磁干扰极强，会影响压电数据的精度。

1965~1967 年国防科委 21 所委托力学研究所进行化爆模拟实验 (代号 21-7)。为了解决化爆与在大气中进行的核爆炸威力当量的换算问题，力学所在怀柔分部建立了爆炸场，进行了大量系统的化爆试验，测出了七种爆炸高度下空中爆炸球面波在地面的压力分布，向 21 所提供了系统完整的资料。

(六) 地下核爆炸力学效应研究——流体弹塑性模型的提出

1964 年 6 月，国防科委 21 所委托力学所承担地下核爆炸力学效应的预报和检验任务 (代号 21-9)。为此，成立了以郑哲敏、解伯民为正、副组长的 21-9 任务组。

核爆瞬间产生强 X 射线辐射，被照射的邻近介质瞬间达到很高的温度和压力，气化成为等离子体。这样，起爆后极短时间内地下的爆心就充满高压物质，它突然作用于岩壁，在岩体中形成激波。激波超压随传播距离迅速衰减。在近区，岩石气化；气化区外岩石液化。液化区外出现压碎区，其岩石在上万大气压到几百万大气压的激波作用下变形而压碎。压力较高时，岩石状态接近于可压缩理想流体；压力较低时，剪力的作用愈来愈显著，岩石状态接近于有一定弹塑性的砂介质。压碎区外是破裂区，原因是岩石所受的拉应力超过了断裂极限。破裂区岩石的裂缝基本上是径向的，其形成滞后于激波前沿掠过的时间。破裂区外则是弹性区。

爆心空腔的大小、岩石中激波的强度，以及流体-弹塑性体分区的尺度等参数与核爆当量的关系，是地下核爆炸力学效应的预报和检验最关心的问题。

国防科委核防护工程组指定力学所采用点源强爆炸模型做地下核爆炸的解析解。21-9 任务组用流体模型计算地下强爆炸，所得激波时程曲线与文献报道的实测结果相当符合，说明流体模型是地下强爆炸近区的一个有用的理论模型。1964 年 11 月他们提交了《地下强爆炸的一个近似计算方法》，1965 年 1 月提交了《地下强爆炸的几个实例计算》等研究报告。

经过实际计算和分析，郑哲敏认为，适用于空气介质的泰勒和谢多夫的点源强爆炸理论不适用于模拟地下岩石介质的核爆炸，用解析方法解决问题的希望不大，需要另辟蹊径。

郑哲敏知道物理学家很早就对高压条件下的状态方程进行过实验和理论研究，并且提出过理论的状态方程，例如德拜 (Debye) 方程，高到几十万甚至几百万大气压,低到几万大气压,岩石的状态方程可以认为是已知的。工程界做过约一万大气压的岩石围压试验。他看过冯·卡门早年的一份研究大理石在高压下行为的论文,知道只要围压足够高,岩石可以同时发生大的塑性变形 (塑性流动) 和大的体积变形,从固体到流体是连续演变的,亦即表现为流体弹塑性的行为。

当时研究小组掌握一些公开的美国地下核试验的结果,知道有些试验是在玄武岩中进行的,有少数关于爆炸当量和爆后弹坑尺寸的报道。报道中还有一个分区计算的方案,即在爆源近区采用可压缩流体模型,远处改用弹塑性模型。郑哲敏认为,分区计算的毛病,首先在于两个区域的分界线难以确定,难免不带来很大的人为因素,对全局性运动场的后果难以估计。与解伯民讨论后,郑哲敏在短时间内写出以小塑性变形为基础的流体弹塑性方程,转而寻求数值解。于是,郑哲敏与解伯民联名撰写了《关于地下爆炸计算模型的一个建议》。他们向郭永怀先生汇报,郭先生认为可调参数太多会成为问题,同意于 1965 年 5 月上报国防科委。

这个模型中流体是能承受流动应力 (主剪应力) 的。这个流动应力 τ 与静水压力 p 的关系表示为

$$\tau = \tau_0 + \alpha \tanh (\beta p)$$

式中 τ_0 表示常压下的流动应力,$\alpha \tanh (\beta p)$ 表示静水压 p 对流动应力的增强。当 p 较小时,$\alpha \tanh (\beta p)$ 趋于 $\alpha \beta p$;当 p 很大时,$\alpha \tanh (\beta p)$ 趋于 α,即不再随静水压增加。郑哲敏当时认为,这样的设置为拟合试验和计算结果提供了空间。后来,有人称其为"饱和模型"。

当激波很强时,瞬时使岩石经过弹性区进入塑性区,以后经过多次复杂的加卸载过程。

1966 年年中,这份由郑哲敏和解伯民建议的基本模型为国防科委采纳。国防科委要求郑哲敏等以这个模型为基础,参考国外发表的地下核爆炸观测数据为范例进行数值模拟,并答应提供岩石的状态方程和其他必要的数据。

1967 年,郑哲敏等指出,地下爆炸时,处在弹–塑性区的岩石反复加卸载,其应力–应变关系需要考虑"磁滞效应"。

1959 年 7 月，钱学森在讨论中国科学技术大学力学系教学大纲时指出，力学系的力学课程门类太多[①]。他说："真搞得好，可以用一门课来概括，就叫'连续介质力学'。你们看行不行？"会后，钱学森安排郑哲敏承担这个任务。郑哲敏认真思考过流体与固体合并为一的力学问题，所以在 1965 年很快就写出了流体-弹塑性体统一的基本方程组。

1970 年美国出版了一本 R. Kinslow 主编的书，名为 *High-Velocity Impact Phenomena*。从该书引用的文献知，那个时期美国连续开了几次关于超高速撞击 (Hypervelocity Impact) 的学术讨论会，劳伦斯利弗莫尔国家实验室的 M.L.Wilkins，在 1963 年 UCRL-7322 报告以及 1964 年收入 *Methods in Computational Physics* 第 3 卷的文章，提出 Elastic-Plastic Flow，即弹塑性流动模型。郑哲敏和解伯民在 1965 年建议流体弹塑性体模型时，并不知道 M.L.Wilkins 等的工作。由此可知，郑哲敏和解伯民是独立于国外在同期创立流体弹塑性体模型的，在国际上足以比肩。

(七) 中国科大爆炸力学专业的课程设置

1961 年郑哲敏转入二室时主持爆炸成形的研究，到 1962 年，钱寿易先生又把指导中国科学技术大学近代力学系岩土爆破专业的责任委托给郑哲敏。从那时开始，郑哲敏就为岩土爆破专业制订了课程方案，并安排第二研究室的研究人员给中国科大四专业第一届 (58 级) 和第二届 (59 级) 的学生讲授专业基础课：解伯民讲授《爆炸动力学》、谈庆明讲授《水下爆炸》。另外，二室尹祥础、谈庆明、王礼立分别给 58 级讲授《固体力学》、《流体力学》和《应力波》；59 级的一些课程改由朱兆祥等科大教员开设，二室杨振声讲授《弹塑性波》。1963~1964 年，第二研究室的骨干分别指导了该专业第一、二届毕业班全部学生的毕业论文。

1964 年 7 月力学所成立土力学研究室，钱寿易先生转任土力学研究室主任。郑哲敏成为爆炸力学研究室主任之后，钱寿易先生把科大力学系爆炸力学专业教研室主任的职权移交给郑哲敏，但是中国科学技术大学没有正式履行任职手续。

---

① 郑哲敏学术成长资料全宗 ＞ 口述文字资料 ＞ "采访尹祥础"。

第四章 历尽艰辛

一、经历"四清"运动 (1965)

1965 年 2 月，中国科学院力学研究所开始社会主义教育运动（简称"四清"运动）。

基础科学研究、技术科学研究和工程技术之间需要有分工和协作。力学所的定位主要是做技术科学研究，不是主要做工程。实行"调整、巩固、充实、提高"八字方针以来强调的这一科学研究规律，然而此时却被贴上"脱离实际的资产阶级"标签进行批判。

二室从杭州锅炉厂取得锅炉封头成形的试验成果后，转过来从理论上研究成形的塑性动力学过程，也被说成是执行资产阶级的科研路线。郑哲敏被要求做检查。

二室党支部把室主任负责规划、计划和具体指挥课题组研究等工作全部拿走，二室主任郑哲敏只是被党支部通知参加会议。

1965 年年中，运动结束时，二室爆炸成形的理论分析停了下来，载荷组被取消，材料组预定的材料力学性质研究项目也被取消。这次运动使爆炸成形的进一步研究失去了必要的理论支持。

以谈庆明为组长的载荷组，学习并逐步掌握了从凝聚态炸药的爆震到水下爆炸的理论，用数值方法计算了球壳爆炸成形的全过程。他们用压痕法测到了冲击波的冲量，并与九室的李筱清合作研制测量冲击波参数的传感器和系统，采用美国方案，用电气石晶体作为感受元件，经过几年的努力，终于获得成功。这是国内首创，1964 年无偿地把全部技术转给 702 所。在水下爆炸冲击波的形成理论方面，他们发现爆震波理论方面被视为经典的 Jones 和 Miller 的文章有错。这个研究力量最强的小组被解散，郑哲敏痛心、惋惜，但无力抗争。

郑哲敏看到，二室理论研究、实验研究与实际应用的比例严重失衡了。

二、"文化大革命"前期 (1966~1971)

(一) 铺天盖地的大字报

1966 年 5~6 月间，郑哲敏应邀到罗布泊核爆现场参观并观看空爆实验，对空中核爆的巨大威力和效应有了一些深刻的体会。

回到北京正赶上批判"三家村"，所里到处挂着大字报。

事态越来越严重。大哥维敏同郑哲敏商量，此时随大哥住在清华园新林院的父母处境不安全。征得老人同意后，第二天一早便把二位老人送上去上海的火车。那时心情很不好，觉得不应当把老人送走，但是又没有其他办法。

力学研究所有一栏大字报的标题叫"郑家铺子"，矛头直指郑哲敏。这使郑哲敏十分紧张，也无勇气争辩。

那年晚些时候一个大型封头的爆炸成形项目在上海江南造船厂进行，所以郑哲敏去了上海。火车接近蚌埠时遇到阻碍，车速不得不降下来，而且走走停停，到达上海时已经晚点达十几个小时。

当时江南造船厂尚运行正常，力学所的试验照常进行。第一次亲眼看到惯性模的效果，确实觉得好得有些出乎意料。工厂派一位 8 级工师傅来协助。他一到场便使人感到威风凛凛，指挥起来得心应手也很有效。这时老厂的规矩仍在。

1967 年初，上海街头出现了抢房的事。郑哲敏在江南造船厂，想到父母的家就在延安中路，会不会有同样的遭遇？他踌躇很久，没敢回去看看。

（二）在运动的狭缝里完成流体弹塑性模型的首次计算

因为 21-9 任务被上级定为绝密，所以"文革"之前约两年，没有受到政治运动太多的干扰。但是 1966 年，21-9 任务受到强烈干扰，一时间郑哲敏感觉自己孤身一人在工作。周恩来总理在中国科学院的群众大会上大声疾呼，中国科学院承担的重要任务不能停。郑哲敏觉得委托力学所承担这项任务，是对他本人的信任和委托，必须坚持下去。他在 1965 年建议的基础上，坚持对地下核爆炸的计算方案做详细研究。

1967 年 3 月，中国科学院计算技术研究所的李荫藩，奉命来力学所参加 21-9 的计算工作。那时计算机高级语言，例如 FORTRAN 等尚未出现，编程只能采用汇编语言，即直接用二进制编码写程序，非常繁杂，非计算机专业人士无法进行复杂的数值计算。李荫藩与郑哲敏等密切合作，使数值计算得以顺利进行。李荫藩负责编排程序，上机，出结果，郑哲敏等负责整理数据，画图，分析结果。经过讨论改进程序，调整参数，拟定下一步的工作。这个方式工作效率很高。计算结果的分析表明，前驱波的出现和塑性波速与理论预计一致，空腔大小对所采用的参数敏感，因此适当调整预设的计算参数有可能有效地模拟实测结果。由此，计算进入参数调整阶段。在这个过程中，为了增加能量消耗，引进了加载、减载、重新加载时的磁滞模型。此外还把公式做了修改，使其适用于大变形。因为当时考虑的是一维球对称问题，所以这些修改并不造成困难。接着，郑哲敏等来到通县，21 所又派一位谢同志参加计算，并且补充了许多重要的现场参数，包括爆室气体的状态方程，岩石的高压状态方程和其他参数等。这样到 1968 年底，一维模拟计算结果与国外观测数据基本相符，虽然结果没有全部整理出来，应该做的事基本都完成了。他们的工作信心逐步增加，相信会有成功的应用，可以完成任务。

1968 年 12 月初，郑哲敏被隔离审查，彻底离开了 21-9 项目工作。此后项目进展如何，他全然不知。

课题组的解伯民、刘育魁、张德良、李荫藩等完善了后续工作，根据理论分析和数值计算结果，对 1969 年 9 月 23 日第一次地下核爆炸实验的各种仪器布置提供量程预报，并提出了可确定岩石在各种状态下的合理模型。力学所还参加了 1975 年我国第二次地下核爆炸试验，提出了力学效应试验方案，分析整理了力学效应的试验资料，结合爆炸后现场开挖时的实际观察，给出岩石中应力波的传播规律。事实证明：第二次和第三次地下核爆炸现场实测与数值计算结果完全一致，预报与实际符合。力学所的理论研究成果和实测数据成为国防工程设计的依据资料。

这个模型是我们独立于美国提出的，推动了力学学科的发展，形成了打通流体力学和固体力学界限的流体弹塑性体力学新分支；而且后来成为研究导弹核武器、常规武器效应和一些爆炸现象的重要模型，是继二次大战提出流体模型之后，爆炸力学领域一个里程碑性质的进展。

流体弹塑性体模型原本具有广泛而重要的应用前景，可惜刚一产生，便因政治运动失去发展的机会。郑哲敏 1971 年底从"五七"干校回到力学所后，看到 R. Kinslow 主编，1970 年出版的 *High-Velocity Impact Phenomena*，由此知道 M.L. Wilkins 在 1963～1964 年提出 Elastic-Plastic Flow 并编制一维和二维不定常程序开始试算，国外已经系统地发表了类似的工作。虽然我们 1965 年就提出了流体弹塑性体模型，却又被远远抛在后面。

(三) 遭受迫害，陷入幻觉

1968 年下半年，力学所开始"清理阶级队伍"。当时有人"认定"资助郑哲敏出国的扶轮社是美国特务外围组织，怀疑郑哲敏是特务。二室成立了郑哲敏专案组。

1966 年秋天，十一室的王鑑莉和安遟龄新婚，按力学所安排入住郑哲敏家的北屋。两家相处和谐。1968 年刚入冬，郑哲敏深夜没回家。卢凤才敲王鑑莉门，已经上床的王鑑莉穿上衣服就陪卢凤才去力学所询问[①]，才知道有几个人在办公室盘问他。从此郑哲敏就受审查了。

刚开始专案组找郑哲敏谈话时，他工作依旧，王鑑莉和安遟龄见他晚上在家仍然工作到深夜。后来又被"提审"，专案组态度更加严厉，他吃不下饭，睡不着觉。这一时段发生了三位留学回国的熟人中两人自杀，一人被审查导致精神异常还被隔离审查的情况，令他震惊，连做噩梦。

---

① 郑哲敏学术成长资料全宗 > 口述文字资料 > "采访王鑑莉和安遟龄"。

12 月 5 日那天，郑哲敏被通知参加批斗大会。走进力学所大楼时，他脑子闪出个影子，好像在洛杉矶什么地方，被引到一间特务机关的屋子。接着他在一间坐满人的大屋子里被摁住脑袋，惊慌失措中把那个影子说出来。于是，立即被隔离审查。

隔离审查半年，郑哲敏"特嫌"案查无实据。工宣队认为郑哲敏的案子没有依据，于 1969 年 6 月让郑哲敏回家。

郑哲敏回家后头痛难忍，呕吐。王鑑莉带他去天津找王的姨父，一位著名的老中医看病。老大夫开的药里有蝎子、蜈蚣，苦得很。蜈蚣有毒，而且很难买到，安遐龄去新疆出差时，还给他买了一大捆回来。王鑑莉和安遐龄对他的关照，令他无比感动，令他觉得还有希望，令他坚持生活。

一天哥哥郑维敏来看他，郑哲敏哭着对他说"我当了特务了"。此时的郑维敏，因 1944 年 10 月响应西南联大动员参加中国远征军打通滇缅印通道，抗战胜利后复学，而同样备受盘查，但他泰然处之。他严肃地对弟弟说："好好想想，你的家庭，你的教育，你的经历，你怎么可能呢？"哥哥的话使他有所醒悟。

(四) 干校劳动，继续受审查

1970 年 4 月，力学所取消研究室，按军队建制改称为"连"，课题组改称为"班"，爆炸力学室和土力学室组成三连。7 月，力学所军管结束，延续"连排班"称呼，并按中国科学院要求组织科技人员和干部去"五七"干校劳动。

1970 年 7 月 2 日，郑哲敏夫妇俩下放到中国科学院在湖北潜江的"五七"干校劳动 (分属不同连队)。刚十岁的儿子郑仰泽正上小学，郑哲敏申请让卢凤才晚一年去干校，未获批准。夫妇俩怕"特嫌"身份给王鑑莉招惹麻烦，只得把孩子托给老保姆冯阿姨照看。那以后，郑维敏夫妇时常到弟弟家看望小侄子，郑章斐与小孙子有书信来往。合住一个单元的王鑑莉、安遐龄也真情照料小仰泽，十一室的行政秘书吴玉民来时也陪伴小仰泽。他们在最困难的时候向小仰泽伸出援手，长大当了教授的郑仰泽一直记着他们，感激他们。

潜江"五七"干校原来是一个劳改农场，郑哲敏等人去的时候，劳改犯还没完全撤离。周边是一个湖，犯人是跑不出去的。那里有血吸虫，下田的时候，只要有水，就得穿上防血吸虫的长袜。"五七"干校按连队编制，力学所的人编在基建连，郑哲敏与二、七室的陈维波、陈受恒、楼志刚等人在一个班。二、七室好多人都在干校劳动。

基建连负责盖房，郑哲敏当了技术要求最高的砌墙的把角师傅，盖了几十栋平房。郑哲敏也担任过炊事班的烧火工，他琢磨用力学知识改灶，调整灶底通风，使起火快又省煤。大家评选郑哲敏做劳模，但是没通过。

在潜江，郑哲敏仍然被审查，有人一叫"郑哲敏！"他马上就得去。那种屈辱，周围一些同事都感到难受。遇到开会批斗，他还被捎带着陪斗挨批。他一天到晚老是头痛，只好攥拳捶脑袋；睡不好觉，眼睛也随之肿胀。他拿了一本英文书看，好像是《物理流体力学》，有人说他还看业务书。他说不是，因为睡不好觉，晚上看看书迷迷糊糊尚能入眠，否则老是失眠。他不太说话。许多同事对他比较客气，他也能得到一些安慰。有一次扛上百斤的粮袋，郑哲敏一个趔趄摔倒，身旁的同事马上过来，告诉他不能再干这么重的活。

在干校的郑哲敏深深牵挂独自留在北京的幼子郑仰泽，与同样思念留在北京的四岁半幼女的陈维波有共同语言，两人时常乘晚上值班叙说家长里短。

1971 年春夏，基建连从湖北潜江的"五七"干校转移到中国科学院在河南确山的"五七"干校，继续盖房。到了确山，伙食大为改善。郑哲敏去镇上买瓶酒，晚上喝两盅，有点迷糊了才能睡觉。

1971 年 8 月 23 日，力学所革委会办事组捎信告诉郑哲敏，国外存款账单及冯元桢来信等经中国银行转来力学所，要求说明情况、提出处理意见，由力学所与中国银行联系办理。1971 年 10 月 14 日，力学所革委会催问 8 月捎信给郑哲敏之事，并转寄冯元桢来信和银行单据，要求速办。

(五) 从幻觉中解脱

郑哲敏虽然不积极参与政治活动，并非对大事不清醒。到干校劳动，整天面对砖瓦灰浆，脱离了京城的激烈动荡，可以反思往事。"文革"的形势一天一个样，令人眼花缭乱。虽然学者苦不聊生，但是老革命成了"走资派"，处境比学者更惨。从来思维缜密的郑哲敏，掂量这些亲历的怪事，嘴上不说，内心却逐渐自我解脱。

郑哲敏后来说："其实对我说，干校的最大收获，是我从长期的痛苦中自我解脱了出来。初到干校，我仍不断思索我的'问题'。苦思很长很长时间，却仍毫无进展。突然有一天一个字出现在我脑子里，这个字是hallucination，一个很久不用的字，它的直译是'幻觉'，意思是人在压力下，会出现'幻觉'，即脑子里不真实的想法。借助于这个字，联系到大哥对我说的话和我的一生经历，根本不存在自己'当特务'的可能。于是我彻底想通了，马上在思想上彻底解放了。我是一个正常的普通人，人格上不比别人差，爱国不比别人差。我做人堂堂正正。别人愿意怎么想管他呢，随他去！此后，负罪感没有了，我在人群中平视周围，也不再躲躲闪闪，不再有欠人什么的感觉，我彻底自由了！"

于是，郑哲敏给力学所革委会写了一封信，彻底否定那些不实之词。没有人提出异议。也结束了头脑中一场艰难的"自我质疑"，得到了解脱。

1971年11月中国科学院下放到"五七"干校的人员陆续返京。22日干校学员鉴定表中给郑哲敏的班组意见为："郑哲敏同志在生产劳动中，不顾自己的年龄大、身体有病，能吃苦耐劳认真负责，在劳动中注意改造世界观，培养劳动人民的感情。能注意认真看书学习，精神面貌有很大改变。"连队党支部11月24日签署"同意班组意见"。

从"特嫌"到"同志"，给苦难中的郑哲敏带来了一些宽慰。

三、"文化大革命"后期 (1972~1976)

(一) 家的温暖

1971年11月，干校全体人员回到北京。郑哲敏和妻子卢凤才、儿子郑仰泽终于团聚了，家的温暖格外珍贵！

夫妇两人去干校时，家里大部分时间就王鑑莉、仰泽和保姆三个人。安遐龄在怀柔不经常回来，他俩的孩子寄托在安遐龄的嫂子家。从干校回来，得知仰泽给在上海的爷爷写信，不会写的字会问王阿姨。王阿姨带他参观首钢，去看炼钢，还去了动物园。

王鑑莉特别喜欢仰泽，在猴山问他："你知道人是什么变的？"

"是猴子变的。"

"那怎么现在它不变成人了呢？"

仰泽扇呼扇呼大眼睛说："它不敢！"

"那它为什么不敢呢？"

"你看，这么多人看着它，它能变人吗？"

1971 年 8 月王鑑莉和安遐龄的第二个孩子出生了。早晨一起来，仰泽就开开北屋的门，看看宝宝醒了没有。王阿姨去厨房，仰泽就站在床边看着，生怕他掉到地上。

看到王鑑莉疼爱仰泽，仰泽对王阿姨很亲，郑哲敏和卢凤才深感欣慰，真诚感谢。两家人已经亲如一家。郑哲敏下班回家就要帮王鑑莉抱孩子，卢凤才就说 "洗手去"。后来，郑哲敏养成了一回家先洗手的习惯。洗完手，举着手出来说，"看，我洗过手了"，就把王鑑莉的孩子抱过来。不一会儿，哗——孩子尿他一身。那阵子，有时吃完饭就先不去趴书桌，郑哲敏抱抱孩子，哄一会儿再递给王鑑莉，然后才去看书。

这时仰泽已经上初中。闲暇时，郑哲敏陪儿子骑自行车到清华大学、颐和园遛弯，教儿子学会 "定车"、撒把，父子俩还要比赛一番[①]。他教仰泽动手做各种模型，按照从外文书店买的 *Jane's Fighting Ships* 和 *Jane's All the World's Aircraft* 做舰船和飞机模型。仰泽自制的收音机从一个晶体管一直装到 9 个晶体管，有短波，可以学英语。郑哲敏还教仰泽学游泳、学划船，观察作用和反作用。父子情深，儿子长进了，郑哲敏头痛渐轻但尚未痊愈。

(二) 解脱幻觉后第一次说 "不"

回所后郑哲敏面临的主要问题便是科研工作，原来从事的地下核爆已有别人承担，他无意去争。

1972 年春，三连党支部确定：原来爆破组的人员继续做爆破，原来爆炸成形组的人员继续做爆炸成形。在召集做爆炸成形的人员开会宣布党支部决定时，郑哲敏不同意再做老题目，解脱幻觉后第一次说 "不"。他明确指出，爆炸成形已经没有多少力学问题需要研究了，而坦克装甲方面的力学问题则是国家急需。党支部将意见反映上去。党的领导小组副

[①] 郑哲敏资料全宗 > 口述文字资料 > 20111217 采访郑仰泽。

组长靳汝泽认真听取双方的不同意见，做结论时，完全赞同郑哲敏的意见，并进一步明确要求郑哲敏，不仅要考虑爆炸力学的方向和题目，还要为全所考虑今后的发展方向和题目。

回到变成三连的研究室，郑哲敏十分幸运地遇上支部书记田泽普[①]。老田是一位抗日战争时期的老干部，1961 年来力学所在机关当领导，1971 年到基层任党支部书记。郑哲敏回忆说："我当时虽然还没有正式政治结论，可是由于老田信任我，没有遇到过困难。例如我到工厂和研究所出差，需要有保密方面的介绍信，我想后面都有老田的支持。他甚至几次安排我到小汤山疗养院疗养，1976 年秋我在上海家中疗养，也是他安排的。有一年参观力学所二室一个爆破小组在大寨的工作 (指中国科学院 1975 年 1 月 23 日至 2 月 1 日在大寨召开'定向爆破搬山造田现场经验交流会')，在老田的坚持下，没有让他们把一些污蔑专家的言论写入一份报告。所以我一直非常感激他。"

(三) 参加力学学科基础理论研究规划座谈会

1972 年 7 月 1 日，中国科学院将力学所等单位下放北京市，由北京市和中国科学院双重领导。

随 "乒乓外交" 中美关系出现缓和，杨振宁和李政道两位华裔诺贝尔物理学奖获得者先后于 1971 年、1972 年来访。周恩来总理接见了他们，他们都强调了基础研究的重要性。接着，力学界前辈林家翘和郑哲敏的老朋友易家训作为美国科学家访华团成员到访力学所，他们带来了许多新的科学技术发展的信息，也都强调了科学的基础性和创新性。

1972 年，周恩来指示中国科学院制订科学规划，把全国的基础研究抓起来，并且说基础研究 "不要像浮云那样，风一吹便过去了"。中国科学院传达总理指示，温暖了老科学家心窝，得到科研人员真情响应。正苦于研究方向任务被完全打乱，研究秩序被破坏，队伍被拆散的力学所时任领导，包括负责业务的靳如泽和刘剑峰[②]，提议利用这个机会召开一个全国性力学学科的讨论会。

1972 年 12 月 21~29 日，力学所被中国科学院指定组织召开全国性

---

① 郑哲敏资料全宗 > 口述文字资料 > 20111205 采访田泽普。
② 郑哲敏资料全宗 > 口述文字资料 > 20120412 采访刘剑峰。

的"力学学科基础理论研究规划座谈会"。与会者除中国科学院所属力学研究单位外,有石油部门和清华大学、北京大学、北京航空学院、北京工业学院、大连工学院、西北工业大学、同济大学、吉林大学、中山大学等,共三十多个单位。许多力学界资深的学者、教授应邀参加,其中有的参会者是出"牛棚"直接来京的。此时此刻老朋友见面,相互问候,共同切磋,实在难得。各项讨论进行得很热烈,很快取得一致,并建议于 1973 年召开力学座谈会,讨论 1973~1980 年力学学科的主攻方向和主要措施。会议建议成立筹备组,由力学所、北大、清华、北航、北工、大工、西工大、同济和武汉岩土所等九个单位组成。会后,以中国科学院二局名义向各有关部门发送了会议纪要。

郑哲敏全程参加了这次会议的筹备,代表力学所发言,并参与起草会议纪要。这是他第一次介入力学所全所性工作,拓宽了视野,对全所的工作有了更具体的了解。

(四) 力学所爆炸力学研究的又一次高潮

1973 年,中断对极左思潮的批判,转为批"极右",基础理论研究的规划工作又被搁置。虽然原定 1973 年的力学规划座谈会没有召开,但是,科研人员厌倦空洞口号和批来批去,都渴望能早日回到工作上去。

1973 年 2 月,力学所恢复研究室建制,三连 (爆炸力学、土力学) 恢复为第二研究室,杨振声为室主任,谈庆明和郭汉彦为室副主任,田泽普继续担任党支部书记。郑哲敏得以集中精力做研究工作,继续发挥指导爆炸力学学科发展的关键作用。1973 年 4 月 30 日郑哲敏和钱寿易被任命为力学所图书资料小组成员 (图 4.1)。

1974 年 7 月,中国科学院发布《关于制定我院十年规划工作的安排意见 (草案)》。力学所编制十年科学规划时,郑哲敏在 9 月提出了爆炸力学规划,包括土岩爆破、核防护、穿破甲等,并布局材料动态性质的研究,主张建立一支又红又专的能根据国家需要不断开辟新领域的爆炸力学专业研究队伍[①]。

在郑哲敏的实际指导下,爆炸力学研究室迎来了研究工作的又一次高潮。主要工作有 (按起始年排序,同年开始的按完成年排序):

---

① 郑哲敏资料全宗 > 手稿 >"二室规划" (1974 年 9 月)。

图 4.1   郑哲敏与钱寿易 (左) 在力学所图书馆

1. 1970～1978 年，进行爆炸合成金刚石的实验研究。

2. 1972～1976 年，完成了 "装甲钢抗弹性能非破坏性检验方法" 研究和 "特种弹对装甲破坏原理及新型装甲抗弹性能考核方法" 研究。

3. 1972～1976 年，经北京市公安局批准，在力学所大院的东南角建成一座大型爆炸洞，有力支撑了力学所爆炸力学研究。

4. 1973～1978 年，受总参工程兵委托，参加地下 (9 #) 和地面 (4 #) 核爆炸力学效应的量程预报任务。结果表明，预报与现场实测完全一致。

5. 1973～1979 年，与有关单位合作完成脉冲 X 光摄影系统研制、用于材料动态力学性质观测的轻气炮和霍普金森压杆研制，建立了模拟穿甲的靶道。

6. 1973～1981 年，与有关单位合作完成穿破甲机理研究。

7. 1974～1976 年，将定向爆破技术用于农田基本建设。

8. 1974～1978 年，完成核防护工程的消波池研究。

上述工作获得 1978 年全国科学大会奖 6 项，1982 年国家自然科学奖二等奖一项，中国科学院 1982 年成果奖 3 项。

党支部书记田泽普在二室得到大家一致的赞誉。1978 年他调任中国科学院声学所副所长，郑哲敏和大家一起依依送别，合影留念 (图 4.2)。

(五) 设计建设爆炸洞

爆炸洞是一个用于研究炸药爆炸现象的密闭结构物，需要抗得住几十万甚至上百万大气压、上千度高温的爆炸，需要观测千分之一秒 (毫秒) 到百万分之一秒 (微秒) 的瞬态过程,需要削减强烈振动对建筑物的损害,需要控制爆炸产生的有害气体及剧烈噪声对周围环境的污染。

图 4.2　1978 年 5 月 20 日二室欢送田泽普合影
(二排中田泽普,左郑哲敏,右钱寿易)

郭永怀副所长早就提议建设爆炸洞。20 世纪 60 年代力学所曾多次论证和立项建设爆炸实验室,钱学森所长曾亲自审查方案,但均未能实施。1972 年 2 月,二室承接工程兵司令部提出的核爆炸防护工程任务。恰好刘西尧来力学所视察,力学所趁机争取到中国科学院划拨一块邻接的建设用地。3 月,二室党支部向院、所呈送 "筹建爆炸洞请示报告"。7 月 1 日,中国科学院将力学所下放北京市,实行北京市和中国科学院双重领导,改称北京力学所。12 月 13 日北京市公安局批准北京力学所建设爆炸洞。1973 年 3 月,二室承接五机部委托的穿、破甲机理研究,对爆炸洞的需求更加紧迫。爆炸洞的建设就此开始。

当时需要北京力学所自行设计爆炸洞,但是经多地调研获知,国内尚无设计爆炸洞的完备规范。郑哲敏、钱寿易指出,静力学设计已经成熟,问题在于动力学设计。主要有两个力学问题:① 结构物内爆炸载荷的确定;② 动载荷下结构强度的确定。当时文献报道的爆炸冲击波超压的计算公式有五个,计算结果各不相同。另外,已知的国内爆炸洞设计都没有考虑洞体的频率特征,说明当时设计单位尚不掌握建筑物振动响应谱的概念,而郑哲敏 1957 年就曾介绍地震响应谱并处理某厂房共振问题。二室在郑哲敏、钱寿易指导下分析爆炸载荷，用承担核爆任务测到的空气激波实验资料校核爆炸冲击波超压计算公式，用能量法近似分析爆炸洞的振动基频，到北京工业学院的爆炸洞测振，校验频率近似分析结果。提出设计方案后，制作按比例缩小的全钢模型，用 1 克上下的药球爆炸模拟原型 1 千克量级炸药的爆炸效应。经过周密严谨的工作，确定了爆炸洞的载荷，以及结构方案和强度设计。

1973 年 7 月 14 日，郑哲敏等到工程兵四所征求对爆炸洞设计方案的鉴定意见。工程兵得益于力学所在核防护工程，以及地下与空中核爆冲击波方面的贡献，对力学所建设爆炸洞实验室特别支持，不仅认真提供咨询意见，司令员陈士榘上将还决定派施工部队帮助力学所建造爆炸洞。

7 月底到 8 月下旬，郑哲敏先后在爆炸洞平面、立面、侧面及相应剖面图以及配筋图的审定栏签字，承担总责。设计方案为半球顶圆柱壳钢筋混凝土结构，内径 9.2 米，洞内净高 7.4 米，外层是 0.78 米厚的钢筋混凝土，内衬 2 厘米厚钢板，确保预定位置偏炸 1 公斤 TNT 安全。设计重量 1400 多吨，是许用炸药量的百万倍，使爆炸振动很小。洞体周围设有脉冲 X 光照相、可见光高速摄影、电子仪器等观测设备，以及装药准备间、地下雷管炸药库等，连同穿甲靶道、材料动态性质实验室共计600 平方米。

1973 年 9 月 5 日，北京市规划局地质地形勘测处给出 73 技 373 号简明技勘报告。那时，爆炸洞地点周围是大片的菜地。

9 月，工程兵 8686 部队千里来京施工，二室全体科研人员承担各项辅助工作。开挖基坑时发现地下有深厚淤泥，地下水突涌，大量抽水并修改图纸投进大量毛石。在采购不到原定的 $\phi 40mm$ 钢筋时，立即采用 $\phi 30mm$ 钢筋修改设计。就这样，军民齐心协力，1973 年底完成基础浇注。

1974 年是爆炸洞施工高峰。主体混凝土浇筑时全室齐出工，连病号都来了。负责捣固的工程兵官兵更是拼命，在密集的钢筋缝里施工不差分毫，昼夜连续奋战。在钢结构安装公司大力支援下，当年完成主体工程。1975 年完成各项配套工程，进行设备安装、调试，1976 年爆炸洞正式竣工。当年拼搏奋斗的情景，二室的老人们至今难忘。

建设爆炸洞的同时，郑哲敏还抓紧组织配套实验装备的自主研制，包括脉冲 X 光摄影系统 (金辉、杨业敏等)、用于材料动态力学性质观测的一级轻气炮 (赵士达等) 和分离式霍普金森压杆 (段祝平等)，以及相应的测试仪器 (张挺等)。自主研制过程中建立并提高了爆炸力学实验观测队伍。这些装备在国内起到了引领作用，促进了我国爆炸力学的发展。其中脉冲 X 光机同步照相装置获中国科学院 1979 年科技成果奖二等奖，一级轻气炮获 1981 年度中国科学院科技成果奖二等奖。

建成后，爆炸洞进行了大量实验工作，包括炸药性能实验、固体中爆炸波模拟实验、炸药装药聚能实验、金属爆炸加工实验、穿破甲实验、土腔爆破模拟实验、空气冲击波孔板衰减实验、防雷鞋效果实验、结构物抗震模拟实验、爆炸抛淤实验、炸药装药低速撞击实验等，为多个获奖项目完成了实验。实践证明，爆炸洞设计合理，安全可靠，是一座卓有成效的用于研究爆炸现象和规律的重要设施。

(六) 扩展流体弹塑性体模型的穿破甲机理研究

郑哲敏关于这项研究的决策是经过深思熟虑的，是符合客观发展需要的。

他和解伯民早在 1965 年提出了流体弹塑性体模型，"文化大革命"期间中断了研究；然而美国却把流体弹塑性体模型应用于核爆炸、坦克和反坦克、空间反导等方面的研究，并取得了快速的发展。1969 年的珍宝岛冲突，使我军把反坦克列为紧急战备任务。中国兵器科学研究院 (简称兵科院) 在执行装备研制紧急任务过程中发现，基础研究是突破装备研制的"瓶颈"，急需立项研究穿破甲机理。1966 年郑哲敏、解伯民二位曾建议兵科院 52 所采用模型试验法。1969 年 52 所与二室高举贤等人合作完成了钝头穿甲弹的模型律和非破坏检验方法研究。1970 年又转入次口径穿甲弹机理、模型律和非破坏性检验方法研究[1]。这些工作令兵科院尝到甜头，1972 年希望力学所参加穿破甲机理项目。所以，不论是国防建设的重要性还是学科的发展需要，研究与装甲有关的力学问题有充分依据。

1973 年初，力学所和兵科院的 52 所和 204 所正式建立协作关系，全面展开反坦克弹 (矛) 和坦克装甲 (盾) 的相互作用的实验和理论研究。

---

[1] 郑哲敏资料全宗 > 口述文字资料 > 20120929 采访高举贤。

侵彻动压记作 $\frac{1}{2}\rho v^2$ (ρ 为密度，v 为速度)，靶板强度为 σ，穿甲时 $\frac{1}{2}\rho v^2 > \sigma$、破甲时 $\frac{1}{2}\rho v^2 \gg \sigma$，郑先生据此判断，穿破甲属于流体弹塑性体的问题。二室参加该项目人员没用过流体弹塑性模型，刘小苹建议请郑先生作介绍。郑先生一共报告了两个半天，从基础讲起，讲到流体弹塑性模型及其应用。郑先生对未知事物犀利的洞察力，令众人佩服不已。听这样的报告，二室老同志说"是一种享受"。大家认为这个报告极为重要，应该当作教材来阅读钻研，于是由谈庆明和段祝平整理成文。先油印了一百多份，很快兄弟单位都来索要。后来在《力学情报》上分两期 (1973 年第 5 和 6 期) 发表。这个报告成为国内学习流体弹塑性体模型的较为系统而基础的教材，对穿破甲机理研究起了指导作用。事实是，该课题的研究基本符合郑哲敏在 1973 年做的展望。

在开展穿破甲研究之初，郑哲敏利用各种机会参观有关工厂和靶场，认真听取和学习那里工作人员的讲解，特别注重观察和分析所看到的实际现象，在脑子里逐渐完善对穿破甲机理的认识，并经常同组里的同志们交流。这有利于统一全组的认识和年度计划的制定。

课题的组长单位是 52 所，他们的支持是很关键的。1973~1981 年，课题组长 52 所吕德业部署穿破甲机理的研究时，非常尊重郑哲敏的建议，用 52 所和 204 所的实验条件，取得了一批宝贵的实验数据和资料。还支持力学所、北京大学、204 所协作，参考美国的 HELP、HEMP 程序，进行二维不定常侵彻问题的编程计算，是国内计算爆炸力学方向的一次早期尝试。

在穿甲方面，郑哲敏提出了长杆弹侵彻金属靶的理论模型，以及靶道模拟试验方法。高举贤、孙庚辰等与 52 所合作做了缩尺比为 100:19 的模型实验，给出了穿甲现象的几何相似律。从此，靶道模拟试验方法在全国有关实验室得到推广。这种试验方法的优点是能大大节约靶板的用量并缩短研制周期。

在破甲方面，郑哲敏提出了高速射流的形成和断裂以及侵彻装甲的机理。

力学所高举贤等通过模型实验，证明了破甲现象满足几何相似律。

　　破甲弹侵彻装甲板的能力来源于它所产生的高速射流。204 所实验发现，自由飞行射流的速度大体呈线性分布。

　　射流侵彻钢靶的理想不可压缩流体模型是成熟的理论，但不能解释材料的强度对侵彻的影响。因此，材料强度的作用成为破甲机理研究的核心问题。郑哲敏采用流体弹塑性体模型提出了对射流侵彻速度公式的强度修正。

　　在 1974 年度计划会上，郑哲敏建议用截割靶测量自由射流的运动和变形规律。这个建议被接受并委托西安 204 所执行。7~8 月间，郑哲敏等出差西安，在 204 所住了一个月，观察聚能射流侵彻截割钢靶的实验现象[①]。8 月 24 日，郑哲敏在 204 所报告射流侵彻问题，深入浅出地解释连续射流对靶板的准定常侵彻，只要认定射流速度与侵彻速度之间存在确定的关系，不需要知道该关系的具体形式，在已知射流微元速度线性分布的条件下，就能简洁地导出描写侵彻过程的常微分方程，而且求得侵彻深度的积分表达式。204 所参研同志全神贯注地听报告，感到物理图像非常清楚，很容易就得到了穿深公式，并且理解了实验观测射流速度与侵彻速度关系的重要意义。在当时的工业部门工作，很少用到微分方程，主要精力是做实验、整理经验公式。郑哲敏的报告，画龙点睛，显著提高了整个课题的学术水平，使大家抓到了重点，感到有底，有信心，劲头十足地按计划分工干活，并根据实验整理出射流速度与侵彻速度关系受靶板强度影响的经验公式。

　　204 所在大量脉冲 X 光照相的基础上，整理出某型破甲弹射流颈缩-拉断的实验规律，即射流的颈缩-拉断从速度最高的头部逐渐向速度最低的尾部发展，以射流微元速度 5 千米/秒为界，高速射流段与低速射流段的颈缩-拉断区各有自己的规律。射流的拉断究竟服从什么规律？成为 204 所参研人员的疑问。

　　试验结果在 1976 年年底交到郑哲敏手里。郑哲敏首先把它们点成曲线。图像显示高速段射流的拉断规律不同于低速段，因此必然受不同机理的控制。

　　已有实验表明，在高速段，截割靶板中形成的孔径远大于射流的直

---

① 郑哲敏资料全宗 > 口述文字资料 > 20121112 访问白以龙。

径，所以不存在出靶射流受靶板运动干扰的问题。唯一可能的干扰来自周围的空气。碰巧在 1956 年郑哲敏在研究流体和圆管间的流固振动问题时，考虑过圆管外面有超声速轴向流的情况。把老材料翻出来，发现只要代入一个常数，简单的无粘和线性理论居然同试验曲线很好符合。这有些出乎意料，但没有其他解释。于是把高速段的拉断定性为空气干扰的结果。

郑哲敏仔细分析了自由射流低速段的断裂的数据和理论分析，发现射流拉断的时间与射流参数之间有自模拟的关系，从而得出低速度段射流拉断的一个十分简洁的解析关系，它与试验数据几乎完全符合，说明低速段的拉断属于一般的拉伸颈缩现象。

在飞行中拉断，属于射流运动的稳定性问题。稳定性分析是最难的力学课题之一，没有深厚功力，往往不知从何下手。与郑哲敏同期，一位留美华裔学者利用美国计算机和计算程序的优势，在射流上人为施加微小扰动，模拟了射流拉断现象。从传统力学的角度看，郑哲敏用量纲分析和解析方法阐述射流失稳规律，思路更巧妙，物理意义更加清晰，成为稳定性分析方面的一个成功案例。

1977 年初，郑哲敏第一时间到 204 所报告了射流拉断问题的研究结果。

这批数据的获得以及就此得到的新认识，是力学所爆炸力学研究又一次新的突破。鉴于射流拉断对于破甲过程有重大影响，这一成果对于改进破甲弹的设计和使用，对于新型装甲的设计和应用，有重要的指导作用。

图 4.3 为 1978 年郑哲敏与力学所研究破甲机理的部分同事讨论工作。

由于流体弹塑性体模型及其在核爆炸和穿破甲研究上的贡献，在 1982 年获国家自然科学奖二等奖，主要获奖人为郑哲敏、解伯民、李荫藩、谈庆明、郭汉彦、高举贤等 6 人。

还有一个重要的问题，复合材料装甲的抗破甲能力来自何处，有什么特点？它的密度不算高，强度比较低，为什么也具备相当强的抗破甲能力？试验很说明问题。一天，郑哲敏参加试验，因为人数少，郑哲敏主动负责在现场记录试验结果，并预报下一发破甲弹的穿透轨迹。这种试验需要连续放若干炮，炮与炮之间，可以有充分时间完成计算。所以这个任务并不繁复。最初的许多炮，试验数据沿流体力学的规律走。可是只要出现射流拉断，侵彻能力便几乎完全丧失了，复合材料的抗力甚至超过了钢！真是不可思议。回到所里研究后，郑哲敏认为一定是复合材料的特殊性质，导致射流的运动受到严重干扰，以致严重丧失侵彻的能力，于是设计了专门的试验，用脉冲 X 光观察拉断射流受干扰的情况。叶东英从 X 光底片看到，穿过玻璃钢靶板的射流已经拉断，完全被打乱。她兴奋地跑去告诉郑先生。先生得出结论，复合材料靶板能把射流搞乱以致失去侵彻能力。

图 4.3　1978 年郑哲敏与力学所研究破甲机理的部分同事讨论工作
(左起：刘小苹、高举贤、叶东英、郑哲敏、谈庆明)

在速度每秒几公里的金属射流面前，钢板就像是水，难有招架之功。然而，金属射流也有软肋，就像飞驰的自行车撞人很厉害，但是从侧面一推，骑车人和自行车就会摔倒在地。金属射流的软肋就是它的稳定性差，从侧面随机干扰，它就歪七扭八地断裂，散乱地打向靶板，侵彻能力急剧下降。侧向干扰成为 20 世纪 80 年代以来国内外装甲防护的主要技术发展方向，多层靶、夹有高聚物和陶瓷核的复合靶、嵌有炸药层的主动装甲纷纷问世。郑哲敏敏锐地看到这一点，深入研究复合材料装甲的抗侵彻能力，为这一技术方向的早期发展做出了重要贡献。

这一时期郑哲敏经历了从迷茫到觉醒的心路历程。

这期间，力学所的爆炸力学研究经历了从停滞到高潮的曲折过程。郑哲敏和二室科技人员为祖国的社会主义建设做了新贡献。这些成就，与郑哲敏和二室科技人员逐步识别良莠、坚持科研工作密不可分，也与工程兵、兵科院及所内外各方面协力奉献密不可分。

第五章　春回大地

一、迎接科学的春天 (1976.10~1978)

1976 年 10 月 "四人帮" 垮台。郑哲敏迎来人生的新篇章。

1977 年 10 月 31 日，国务院正式批准下放北京市实行双重领导的六所二厂回归中国科学院。1978 年 1 月 1 日，北京力学所回归中国科学院建制，恢复原名称中国科学院力学研究所。当月，中国科学院出版委员会批准恢复中国力学学会主办的《力学学报》，郑哲敏担任《力学学报》第三任主编。

1977 年 12 月，第一届全国爆炸力学学术会议在黄山召开，主持人为丁儆、朱兆祥，66 个单位 201 人参会，收到论文报告 140 篇，展现了爆炸力学为我国国防和经济建设做出的巨大贡献。郑哲敏和朱兆祥将1972 年以来历次编制规划时积累的发展爆炸力学的意见和盘托出，经过全体代表认真讨论，形成了 "关于发展爆炸力学的几点意见"。

(一) 中国科学院力学规划的制订

1977 年，中央决定，在适当的时候召开全国科学大会。

1977 年 6 月 21 日 ~7 月 7 日，中国科学院工作会议开始制订科学规划，郑哲敏参加了 "科学规划座谈会"。8 月，力学所成立 "力学"、"工程热物理" 两个学科规划小组, 郑哲敏、吴仲华分任两个规划小组组长。

院内基础学科规划有数学、物理、化学、天文、地学、生物、力学七个。力学方面参加的有力学所、武汉岩土所和兰州渗流力学研究室。刚恢复工作的院秘书长郁文负责听取各学科小组的汇报。

学科规划的指导思想是"侧重基础, 侧重提高"。郑哲敏认为, 针对学科研究体系被严重破坏乃至取消的局面, 这个口号无疑是正确的。即使在平时, 包括现在, 中国科学院的定位也应该强调这些, 否则如何体现中国科学院不同于一般研究单位, 如何体现科学和技术的研究是多层次、有分工、有梯队的根本事实与规律。不正是因为中国科学院强调了基础和提高才能把问题研究得更透, 更具科学性, 才可能真正有所创新。

1977 年 9 月, 党组书记方毅领导中国科学院和刚恢复的国家科委制订《1978-1985 年全国自然科学学科规划纲要 (草案)》和《1978-1985 年全国科学技术发展规划纲要 (草案)》。于是中国科学院力学学科规划工作转而成为全国规划工作的一部分, 郑哲敏转而参与制订全国自然科学规划纲要, 接收到丰富的调研材料。

(二) 全国力学规划的制订

不少人认为基础科学就是"数、理、化、天、地、生"六个一级学科, 不包括力学。技术科学中又将力学称为"某某工程技术力学", 当时全国的学科发展规划不包含力学规划。力学定位于基础科学还是技术科学, 在力学界也有争议。力学所的谈镐生先生为力学规划上书中央, 说明力学的重要性和基础性。中国科学院将谈镐生意见转呈国务院。1977 年12 月 22 日得到邓小平"立即组织制订力学学科发展规划"的批示, 遂决定在 1978 年补订全国力学规划[①]。

1978 年 1 月 21 日, 郑哲敏出席全国力学规划筹备工作办公室召开的座谈会, 商议如何制订好全国力学发展规划。会议决定由郑哲敏负责规划的起草。他根据 1972 年以来多次规划的积累, 组织研究近代力学史, 分析力学发展的趋势, 为规划的制订做了充分的准备。

在学科定位的激烈争论中, 规划起草小组成员、北京大学的朱照宣提出"力学既是基础科学, 也是技术科学"这一定位描述。

---

① 郑哲敏资料全宗 > 口述文字资料 > 20120508 采访江文华和石光漪。

6月，起草小组形成了《全国力学发展规划纲要》。8月，在"全国力学学科发展规划会议"上，对郑哲敏等执笔的规划进行了热烈的讨论，并取得关于力学的学科定位的统一认识：力学是众多自然科学学科和工程技术的基础，既是基础科学，也是技术科学。

(三) 出席全国科学大会

1978年3月，中央召开了全国科学大会。在开幕式上，邓小平发表讲话，明确指出"四个现代化，关键是科学技术的现代化"；知识分子的"绝大多数已经是工人阶级自己的一部分"；重申了"科学技术是生产力"这一马克思主义基本观点。从而澄清了长期束缚科学技术发展的重大理论是非问题，打开了长期禁锢知识分子的桎梏。

郑哲敏作为力学所代表之一出席全国科学大会。

力学所共有18项科研成果获得大会奖励，包括与第二研究室有关的研究成果：火钻、定向爆破开山造田和修筑水坝、攀枝花矿山铁矿大爆破、吉林陨石雨研究，以及穿甲模拟技术研究、破甲机理研究、轻型陶瓷复合装甲和靶板侵彻机理等8项。

3月31日，郭沫若在全国科学大会闭幕式上以《科学的春天》为题书面发言。他说："华主席为首的党中央，一举扫除了这伙祸国殃民的害人虫，使我们得到了第二次解放。现在，我们可以扬眉吐气地说，反动派摧残科学事业的那种情景，确实是一去不复返了！科学的春天到来了！从我一生的经历，我悟出了一条千真万确的真理：只有社会主义才能解放科学，也只有在科学的基础上才能建设社会主义。科学需要社会主义，社会主义更需要科学。看到今天这种喜人的情景，真是无比感慨和兴奋。"

郑哲敏和全国科技人员一样欢欣鼓舞，溢于言表。

(四) 中国大百科全书《力学卷》的编写

1978年，中央批准成立中国大百科全书出版社。

第一版《中国大百科全书》按不同学科分卷出版，共74卷。

中国大百科全书《力学卷》的编辑历经6年，于1985年出版，计14个分支学科、681个条目。

《力学卷》的编写邀请了中国力学界众多的科学家参加，编委会由钱令希为主任，钱伟长、郑哲敏、林同骥、朱照宣为副主任。郑哲敏负责具体的组织工作，决定《力学卷》分为总条目及力学史、一般力学、固体力学、流体力学、理性力学、实验力学、物理力学、爆炸力学、电磁流体力学和等离子体动力学、岩土力学、渗流力学、生物力学、计算力学等部分，并分别邀请各部分的负责人。

郑哲敏在制订力学规划工作的基础上，请朱照宣起草撰写《力学卷》的总条目"力学"。由钱令希、钱伟长、郑哲敏、林同骥和朱照宣共同署名的总条目，把力学的性质和内容撰写得非常全面，反映了中国力学界长期以来争论探讨的各方面的意见。

总条目开宗明义地说明，力学是研究物质机械运动规律的科学，然后分别阐述了发展简史、学科性质、研究方法和学科分类。特别是在学科性质部分，阐明了力学与物理学的关系以及力学与数学的关系，并指出力学既是基础科学又是技术科学的两重属性。这一提法统一了两种比较极端的想法，即力学是一切自然科学的基础和力学只限于工程技术，为广大力学工作者所接受。

郑哲敏兼任"爆炸力学"分支学科主编，为词条审定、把关耗费了很多心血，并亲撰"爆炸力学"、"爆炸"、"高速碰撞"、"流体弹塑性体"等词条。他将爆炸力学定义为"力学的一个分支，研究爆炸的发生和发展规律以及爆炸的力学效应的利用和防护的学科。它从力学角度研究化学爆炸、核爆炸、电爆炸、离子束爆炸、高速碰撞等能量突然释放或急剧转化的过程和由此产生的强冲击波（又称激波）、高速流动、大变形和破坏、抛掷等效应"。并指出，"爆炸力学是流体力学、固体力学和物理学、化学之间的一门交叉学科，在武器研制、交通运输和水利建设、矿藏开发、机械加工、安全生产等方面有广泛应用"。

二、又遭诬陷和彻底平反（1979~1983）

1978 年展开真理标准大讨论，中国共产党十一届三中全会否定"以阶级斗争为纲"，把全党工作的中心转移到社会主义现代化建设上来，实现了伟大转折。然而事物的发展总是曲折的。在纠正文革严重错误时，有些受极左思潮影响较深的同志仍旧抱着老一套不放。郑哲敏就亲身经历了十一届三中全会后继续与极左思潮的斗争。

(一) 落实政策和申请入党

自全国落实知识分子政策，郑哲敏的处境大为好转。

1977 年 10 月，郑哲敏当选北京市第五届政协特邀代表。

1978 年 7 月，经过中国科学院院部组织的评审，作为京区单位的第一批，郑哲敏晋升研究员。此时距他 1955 年回国时受聘为副研究员已是二十三载有余。

1978 年 10 月 18 日，郑哲敏受命担任力学所副所长，主管科研业务。

1979 年 5 月 15 日，黑龙江省农业机械化学校政治处致函中国科学院力学研究所，告知改正郑哲敏弟弟错划右派，通知"将郑哲敏同志档案中有关郑友敏同志被划右派的有关材料予以清理销毁，消除影响"。

清华大学李恒德、钱宁于 1979 年 3 月写信反映清华、北大、中国科学院的大约 28 位 1954~1955 年回国的科学家在"文化大革命"中受打击迫害，要求为他们平反。9 月初，党和国家领导人批阅来信，邀请 1954~1955 年回国的 28 位科学家座谈，说不仅要为他们平反，还要把他们的事迹载入史册。郑哲敏参加了另一个宣布平反的会议，听到党中央为 1954~1955 年归国学人平反冤案的传达，深深感动。

早在 1958 年，郑哲敏就有加入中国共产党的愿望，担任副所长后更渴望自己成为一名共产党员。根据 1978 年制订力学规划时提的建议，郑哲敏当时正要率中国理论与应用力学代表团出访，目的是了解国外力学的发展，考量我国力学的规划，恢复和建立国际学术联系 (图 5.1)。1979 年 9 月 10 日，在率团出访欧美前两天，他郑重申请加入中国共产党。

1979 年 10 月，郑哲敏参加中国科学院组织的全国核爆炸防护会议，当选中国力学学会爆炸力学专业委员会首任主任，被国家科委聘为理论与应用力学学科组组员。

1980 年 10 月，郑哲敏参加国防科委召开的地下核爆炸学术讨论会，参观了我国最后一次大气核爆炸试验。

1980 年，郑哲敏当选为中国科学院学部委员 (1993 年改称院士)。

十一届三中全会以后，郑哲敏最初是顺利的，没想到在中央宣布平反之后，却在所里遭遇排斥和诬陷。

图 5.1　1979 年郑哲敏 (前排右 3) 率团访美合影

(二) 暗流初起

1979 年 3 月，根据十一届三中全会的精神，中国科学院开始实行党政工作分开政策。5 月，力学所调来了新任党委书记。"文革"以来钱学森所长已经不到力学所视事。当时，中国科学院已在力学所任命了七位副所长，其中五位是科学家。

新任书记到所后，不顾刚订完力学规划，撇开科学家副所长搞了个力学所十年科研发展规划。另外，不顾业务副所长反对，强行按流体力学、固体力学、一般力学，把研究室划分为三片管理。

有一天，新任书记在听取材料力学性能研究室 (十六室) 工作汇报的会上宣称：成立材料力学性能研究室是错误的，要撤销！郑哲敏不禁愕然。这个研究室，是为落实 1978 年规划的第一个项目，经所党委批准在 1978 年底组建的。在许多到会者，特别是原党委书记的反对下，新书记收回了意见。

中央要求各有关单位给 1954~1955 年回国的留学生平反，恢复名誉，郑哲敏名列其中。新任书记等与郑哲敏谈话，虽然认为郑哲敏没有政治历史问题，但不承认"文革"中以"特嫌"隔离审查是冤案。因此郑哲敏不同意签字。

1979 年冬天，有人向国务院和中国科学院领导写信，声言郑哲敏和马宗魁在 1957 年初稿、1959 年刊发的关于"一侧有水悬臂梁"的论文中一个公式是"抄袭"。力学所党委请本所一位专家调查，专家明确告诉党委书记，郑哲敏的论文不是抄袭。但是，这位新任党委书记听不进专家的调查结论。

(三) 担任常务副所长遭遇排斥、刁难和诬陷

1980 年 11 月，中国科学院党组决定要在力学所挑选一位科学家接替钱学森担任所长。时任中国科学院副院长、著名物理学家和力学家周培源，亲自到力学所开了三个座谈会，一个是机关的，两个是基层的，了解到多数参会人赞成郑哲敏。但是，那位党委书记表示，所里现在没有适当的人选担任业务所长，并列数郑哲敏有严重的政治历史问题、剽窃别人的科研成果、群众对他意见大等。这位书记还找周培源说，"周老，你来兼力学所所长，我当你的助手"，被周培源一口拒绝。

1980 年 12 月 18 日，郑哲敏被任命为力学所常务副所长，行使所长职权。那位党委书记却说：常务副所长嘛，既不是所长，也不是代理所长，应该理解为还是副所长，只是管管具体的行政事务工作。

这位党委书记，以及一位同期调进力学所的党委副书记，不懂力学，不理解钱学森、郭永怀、周培源这些大科学家为什么看重郑哲敏的学识和人品，不理解工程兵司令员陈士榘、核试验基地研究所所长程开甲为什么支持郑哲敏工作并赞誉郑哲敏的贡献，却放纵个人情绪，抵制中国科学院对郑哲敏的任命。他们轻信谗言，阻碍常务副所长履职，使得郑哲敏进退两难，头痛病复发，甚至想到辞职。

1981 年 7 月，中国科学院党组把那位党委书记调离力学所。新任党委书记表示，党委要充分支持所长工作，创造条件让常务副所长行使职权。但是某副书记摆老资格，固执己见，无视中国科学院党组对郑哲敏的历史结论的批复和中国科学院数理学部对郑哲敏论文的鉴定意见，继续阻碍常务副所长履职，并阻挠基层党组织吸收郑哲敏入党。

1983 年 4 月，郑哲敏了解到有人因未获提职而怠工，宣称要搞政治

斗争，肆意污蔑郑哲敏是老反共分子，还有一位所级领导和一些中层干部参与。郑哲敏意识到问题严峻，在 4 月 13 日写信给中国科学院院长兼党组书记卢嘉锡，希望调查核实并做出处理。在郑哲敏写这封信之前，时任党委书记已向院党组汇报力学所党内出现了这一情况。

(四) 院党组采取组织措施和《人民日报》评论

1983 年夏，中国科学院党组派李克为首的调查组到力学所深入了解情况。8 月 24 日，中国科学院党组听取李克关于力学所问题的汇报。党组认为力学所是一个有很好条件的所，一定要办好。针对存在的严重问题，果断采取组织措施，决定那位党委副书记离休，有牵连的几位中层干部离休或调离。党组重申对郑哲敏的历史结论的批复，重申数理学部对所谓"剽窃"问题的审查结论，并过问郑哲敏申请入党的问题。

1983 年 11 月，力学所所办党支部大会通过郑哲敏加入中国共产党。

1984 年 2 月 16 日，中国科学院任命郑哲敏为代理所长。1984 年 8 月 25 日，经中央组织部批准，郑哲敏任力学所所长。这时离他的 60 岁生日只差 38 天。

回顾这六十年，他亲历日寇的侵略和屠杀，立下了爱国的志向。他亲见旧社会的腐败和黑暗，开始心向共产党。他亲身领教了西方民主的虚伪和压迫，满怀希望回到新生的祖国。他投身社会主义建设，竭尽全力奉献自己的才智。他历经磨难不改初衷，认定中国共产党坚持真理纠正错误的伟大和光荣，终于成为一名共产党员，立志为国家富强和人民幸福而奋斗终生。

回顾力学所 1979~1983 年间的状况，应当说力学所党委贯彻十一届三中全会精神做了大量工作，使力学所总体上与全国同步前进。虽然一位党委书记、一位党委副书记和某些中层干部的错误只是力学所的局部，却反映了"左"的思想影响尚存，仍须着力克服。

1984 年 3 月 30 日，《人民日报》发表长篇报道《被延误了五年的任命——记一位力学专家走上领导岗位的艰难历程》，同时发布评论员文章《不能再拖了》。

评论员文章指出，党的十一届三中全会以来，对那些受"左"的思想影响较深、对党的知识分子政策一时不太理解的同志，党一直进行严肃的批评教育和耐心的等待。如今，五年多过去了，很多同志已经把自己的思想统一到党中央的路线、方针、政策上来了。可是有些人至今仍然抱住过去那一套不放，他们的所作所为确实成了四化道路上的严重障碍。党依然希望这些同志通过整党学习，提高认识，改弦更张。但是，不能无限期地等待下去。到本世纪末还有几个五年？人的创造力最旺盛的时期又有几个五年？因此，在思想教育的基础上，应当果断地采取必要的组织措施，把科研、文教、卫生单位中那些文化比较低又不懂知识分子政策的主要负责人坚决调出来，换上有文化、懂政策、年纪较轻的，有"识才之眼，用才之胆，爱才之心，育才之方"的坚决执行党的知识分子政策的同志去担任。力学所这样做了，工作开始出现新的局面。有类似问题的其他单位，也应当这样做。

第六章　大展宏图

　　1978 年出席全国科学大会之后，郑哲敏晋升研究员，并由副职到正职逐渐挑起力学研究所和中国力学学会的重担；1980 年当选中国科学院技术科学部学部委员 (1993 年改称院士)，20 世纪 90 年代先后担任中国科学院技术科学部副主任、主任，以及中国科学院学部主席团执行委员会委员。在其位谋其政，郑哲敏大展宏图，尽心奉献。

一、为力学研究所的改革和发展做出重大贡献

(一) 力学所科研秩序初步恢复

　　"文革" 时期力学所受到的破坏是多方面的，有些触及力学所建所思想的根本。学科体系被打乱，研究课题分散，多数科研目标不清晰，学术气氛欠浓，科研设备和实验手段落后，科研人员知识老化，科技队伍"青黄不接"，比例严重失调。

　　1978~1980 年间，中国科学院首先恢复力学所领导班子，先后任命了七位副所长和两位党委书记 (其中吴仲华副所长 1980 年 4 月转任工程热物理所所长)，并批准原十一室由七机部回归力学所。力学所采取一系列行动，如落实党的知识分子政策，调整研究系统，关心职工待遇，新

建十五、十六、十七研究室，恢复学术委员会，《力学学报》复刊，招收研究生，等等，逐渐恢复科研秩序。

1980 年 12 月 18 日，郑哲敏受命担任常务副所长，行使所长职权。1981 年，中国科学院提出"侧重基础、侧重提高，为国民经济和国防建设服务"的办院方针，发文恢复"党委领导下的所长负责制"。这成为力学所工作的基本方针，与郑哲敏追求的钱学森工程科学建所目标相吻合。

为实现这一目标，他立足力学学科，坚持科研、重点抓超前性的预先研究工作，在理论和实践及其结合上下功夫。

为实现这一目标，他注重学术交流和人才培养，邀请在科研和教学第一线工作的国际著名学者来访交流和讲学，逐步派出优秀的学术骨干到国外的学术同行那里访问工作，力求了解力学相关领域的国际最新科技发展，同时注重与国内相关领域的工业部门加强联系和交流，了解国家对力学的需求。

为此，郑哲敏领导的所领导班子采取如下重大措施：① 建立党委领导下的所长负责制的工作机制；② 重建所学术委员会和所学位委员会；③ 加强研究室建设，选择具备一定条件的科技人员担任室主任和课题组长；④ 梳理课题，针对重点课题或新增重点课题建立报告和评价制度；⑤ 建立各类人员的考核制度；⑥ 通过试点招收和培养研究生；⑦ 对学非所用、安排不当的科技人员，逐步调整；⑧ 保证科技人员每周六分之五的业务工作时间。

1981 年力学所在科研业务方面的主要工作为：

(1) 贯彻"党委领导下的所长负责制"，由常务副所长、副所长和党委正副书记 8 人组成所务委员会，初步形成了所级领导办公会议制度。谈镐生副所长兼任所学术委员会主任，郑哲敏常务副所长兼任所学位委员会主任，加强学术和教育工作。

(2) 清理了全所课题。

课题分为四类，清理工作分所、室两级进行。一般课题由各室自行清理和整顿。列入所的四个重点课题，以及新增加的重点课题，由所里组织清理。这些课题需分批向所学术委员会报告并分别写出书面报告，由学术委员会给予评价。

第一类课题：有较大的学术和实际意义；学科上有一定积累，现在又有新的见解；有学科带头人、科技力量和试验条件；并要求在预定时期内取得较大成果。对这些课题在支撑条件上优先解决。确认第一类课题 4 项：纯氧纯氢高频等离子发生技术及其应用，高速弹头气动力热力学研究，流体弹塑性理论若干基本典型问题的研究，通讯中断与投放中的再入气动问题。

第二类课题：学术上代表重要方向，意义重大，但队伍尚待形成或题目尚不具体，预期成果尚无较大把握，或实验条件尚不具备者列为这一类。所里将这一类课题也作为重点积极支持，精心培育。入选第二类课题：跨声速流动的研究，湍流扩散理论与试验研究，弹塑性断裂理论和高应变疲劳的研究，粘弹性材料本构关系和强度理论的研究，高温气体性质研究，直流电弧等离子体发生器的研究，三相工频等离子体直接冶炼难熔金属及其合金的试验研究，气动激光器中的微观动力学研究，两相流动测量技术的研究和应用，地球物理流体力学，海洋工程力学，高雷诺数跨声速管风洞，煤粉锅炉点火及煤粉燃烧稳定燃烧的研究。

第三类课题：探索性课题或只具有一般意义的课题，又不需要特殊人力物力支持者，作为一般项目由研究室管理。

第四类课题：少量自选课题，只要有利于科学发展和人才培养，不花大钱，可以干，由研究室掌握。

(3) 在清理课题的基础上，进一步明确了力学所工作的调整方向和目标，制订了五年滚动计划，提出：

1) 保持力学所综合性研究所的特点，进一步明确了基础、应用、发展三类研究的关系，以应用研究，特别是应用基础研究为主；

2) 在"两服务"方面，由"军民结合，以军为主"逐渐转为与工农业有更广泛的关系的研究为主；

3) 研究工作要"侧重基础，侧重提高"，注意发挥研究人员在教学和社会服务方面的作用。

经过逐步调整和整顿，力学所进入到恢复发展与改革探索阶段。

(二) 力学所科技体制改革开局 ①

为落实中共中央书记处 1983 年底对中国科学院 "大力加强应用研究，积极而有选择地参加发展工作，继续重视基础研究" 的指示，中国科学院党组于 1984 年 11 月提出《关于改革问题的汇报提纲》，并获中共中央书记处及国务院批准试行。汇报提纲的基本思路包括四个方面：第一，加强科技工作和经济建设的联系，改变两者脱节的现象，使中国科学院的大部分科研力量为经济建设中的主要任务服务。第二，加快科研成果的开发工作和转化，注意形成以中国科学院为主或有中国科学院单位参加的产业，培育成具有高科技含量的企业。第三，增进科研单位和高校系统的联合，使中国科学院的实验室，特别是从事基础研究的实验室成为面向全国、开放、流动的实验室。第四，扩大研究所的自主权，实行所长负责制、科研经费分配的基金制与合同制、发展高新技术开发公司等措施。

郑哲敏赞成这个基本思路。为了使科学研究适应经济建设需求，他采取具体措施，为力学所体制改革做了准备。例如成立了七、十两个研究室，启动了 "南海某海区工程地质调查评估" 与 "海洋基础研究" 等项目；与航天部某研究所签订 5 年的科研协议；尝试成立了两个技术开发公司；等等。到 1984 年，他提出三类项目的比例为基础研究占 5%~10%、应用研究占 60%~65%、发展研究占 25%~35%；并已在 1984 年开始全面建立岗位责任制，对课题逐一进行论证调整。

在 1985 年 1 月院工作会议上，郑哲敏征得力学所党委支持，表示愿意试行所长负责制。1985 年 1 月 14 日，经中国科学院党组批准，力学所由党委领导下的所长负责制率先改为试行所长负责制。4 月，院党组决定在全院实行所长负责制。力学所党委努力支持所长，认真发挥保证和监督作用，郑哲敏全权领导力学所的业务、行政工作，并尊重党委意见，在重大问题决策时，必事先征求党委意见。力学所党政领导班子团结协作，为力学所的科技体制改革创造了基本条件。

1985 年 1 月 15 日，在力学所中层干部、高研和机关人员会上，郑哲敏和所党委书记韩林一起传达院工作会议精神。1 月 23 日，新班子召

---

① 中国科学院力学研究所年报，1985 年。

开全所大会传达院工作会议精神，郑哲敏报告 1985 年工作安排。

根据中国科学院《关于改革问题的汇报提纲》，以及院关于科技体制改革的一项重大措施"改变研究经费拨款方式，实行基金制和合同制"等，强调 1985 年将是力学所创造性地进行改革的关键年。郑哲敏告诉大家，"扩大研究所自主权"，就是把研究所放到社会上去，在服从国家大计划的前提下，一定程度上自谋生计，在竞争中增强研究所的活力。靠国家拨款"吃大锅饭"的日子一去不复返了。

中国科学院提出，逐年减拨科研事业经费，三年实现根本改革。1984 年院拨力学所的科研事业费为 363 万元，1985 年减拨 60 万元，当时预计 1986 年将比 1984 年减拨 210 万元。力学所有十二个分支学科，在研课题 80 多个，八百多员工的工资，四万八千平方米建筑要维护使用，两千多万元仪器设备要运行保养，一年三百多万元的事业费本来就拮据，1984 年赤字约 100 万元，再减这么多怎么办？按照科技体制改革方案，经费缺口将从基金、合同及专项拨款三个口子，靠科技优势竞争得来。改革科技拨款制度，发展技术市场，国家要通过这两点促使科研工作转轨，从而解决科学技术与经济建设脱节的老大难问题。

郑哲敏真切地感到不小的压力和严峻的考验。搞得好，力学所可以起飞；搞不好，力学所就可能衰败！1956 年建所以来，他一直在力学所拼搏，力学研究就是他的生命。现在，接过老师钱学森的担子当第二任所长才一年，就赶上了体制改革难题。1979 年到 1985 年，他多次出国访问，到了许多国家，见到老朋友，结交新朋友，反复比较国内外的科技体制，为中国科技的进步欣慰，更为中国科技仍然远远落后着急。他与领导班子成员深入商讨，在传达院工作会议精神的大会上向全所职工坦率陈词：大家务必要有紧迫感，人人都来想办法，迎接挑战，休戚与共，艰苦奋斗，奋力起飞。否则，力学所就会失去竞争力。

关于科研的布局。因为力学所 1984 年的安排与院《关于改革问题的汇报提纲》的安排是衔接的，郑哲敏胸有成竹地提出，作为指导方针，对 1982 年以来逐渐确定的能源、环境与农业、某些军工项目，以及新工艺新材料新技术等四个方面的力学问题优先加以支持。继续 1984 年开始的课题论证，论证通过的课题全部按照基金、合同、专项拨款的要求管理和争取后续经费。希望通过新课题论证，使一批有真才实学、为人正派的中青年走上组建与领导课题的岗位，使力学所后继有人。宣布扩大研究组的自主权，通过论证的课题，实行研究组长聘任制、研究组有领导地自由组合、研究组长有权支配课题经费。扩大研究组的自主权是力学所科研运行机制的一个重大改变，赋予科学家自主权，力求最大可能地发挥人们的聪明才智，增强科研活力。

关于开发的布局。力学所已经把科研成果的开发推广当作两个支柱之一。郑哲敏指出，海洋土力学的经验 (见第七章第一节) 说明，开发工作做好了，使人民感到知识有价值，科学研究有价值，才会得到社会的真正支持。否则自己喊科学研究多重要，不会有很大作用。开发工作的反馈，将会促进应用研究，开创应用研究新局面。要充分认识开发工作的重要性。技术已经成熟的，例如热网保温技术的开发已经成立公司，丹迪公司和一部分爆破技术也应当这样做。技术尚不成熟但已支持多年的应用研究课题，怎样向开发阶段转化，研究室和业务处要提出方案。所里对开发项目，可提供贷款或风险投资等支持。所决定要成立科技开发公司，下设若干分公司，独立核算，自主经营，企业化管理。对于搞开发的人，多劳多得，不吃大锅饭，有收入的条件下待遇应当优于一般科技人员。

关于生活后勤和技术后勤，郑哲敏提出，立即着手实现社会化。所决定成立一个综合服务公司，可以承包食堂、环境卫生、印刷装订、工厂加工等。上半年作为承包试验期，摸索经验，下半年再修改、正式签订承包合同。

关于机关，郑哲敏强调，所机关也要简政放权，着眼于把研究室，特别是研究组搞活。要适应新形势，制定业务、财务、人事的规章制度，自治配套，使新形势下全所各项工作逐步走向正轨。

郑哲敏还强调，科学的发展和繁荣要靠自由的交流。因此，在搞技术市场的时候，我们还要合作与交流，既要抓物质文明也要抓精神文明，思想政治工作不能放松。

郑哲敏代表所领导班子提出的上述改革方案，全面、有力、可行，为力学所的科技体制改革开了一个好头。

　　为逐步调整研究方向，郑哲敏抓紧在研课题的论证。1985 年 2 月 25 日，第五次所长办公会批准第一批课题 36 项，所拨经费 63 万元。3 月 13 日，郑哲敏召开第一批课题负责人及有关室主任会议，聘任所管课题组长 36 位，发了聘书并签订了共同合同条款。恰在同一天，中共中央发布《关于科学技术体制改革的决定》。学习中央决定，使郑哲敏和力学所上上下下更加理解中央决策，知道中国科学院已经起步的改革完全符合中央决定精神，从而更加积极、坚定地投身改革。

　　1985 年 3 月 23 日，第九次所长办公会议批准了第二批课题 9 项，所拨经费 9 万元。3 月 30 日，第十次所长办公会议批准了第三批课题和申报科学基金的项目，核拨各研究室主任基金 38 万元。综上所述，确认所管课题 45 个，参加所管课题的 460 人，超过全所科技人员的 3/4，其中参加基础课题的人数占全所科技人员的 9%。剩下不到 1/4 的科技人员参加室管课题，室管课题的组长则由室主任聘任。

　　科技人员自由组成科研团队，课题组按规章制度有权自主使用科研经费，是打破计划管理体制的重大举措，调动了科技人员的积极性，增强了科技竞争活力。

　　1985 年 7 月 4~6 日力学所第一届第一次职工代表大会正式举行，郑哲敏和两位副所长到会作了报告。郑哲敏回顾半年改革的成绩，然后坦率说明遇到的困难：一是争取项目经费的结果尚不清楚，全所今后三至五年内的"温饱"问题还没有解决。二是优先领域虽然选定，但课题分散，没有形成拳头。长此下去，力学所的存在就会成为问题。三是申报建立开放研究实验室，利于力学所稳定基础和应用基础研究。四是成果开发遭遇困难，因为力学所的实物成果往往是试制样品，非实物的技术性成果多属原理或方法性质，没有达到商品的水平。五是信息、经济核算、经济杠杆、成果评议、成果推广、业务谈判、人才流动、立法执法等都存在问题，改进管理的困难也很大。职代会针对郑哲敏提到的难题，回应 64 项提案，绝大多数是为改革献计献策。一面是真诚请教，一面是热诚支持，这种上下团结的局面，令人感动。

　　力学所成功切入科技体制改革，1985 年顺利开局：基金与合同两个口子的收入均明显超过预计，1985 年全所各项收入合计八百余万元，"温饱" 有所保证, 收支相抵后还基本消除了上年的百万元赤字。这个数字背后是, 绝大多数课题按计划完成, 撰写报告 215 篇, 发表论文 105 篇, 为近几年最多, 其中 "南海北部湾围 11-1 海区工程地质评价" 获得高度评价, 达到国际同类工作水平; 与 15 个省市的一百多个单位建立横向联系, 签订了 158 项科技合同, 其中管道保温技术、爆炸拆除技术、振动和疲劳分析、激光和微机应用、测试技术等获较大经济效益或社会效益; 接待 17 个国家百余人次来力学所访问, 派出国工作或留学 14 名, 学成回国 8 名, 出国学术交流 18 名; 招收博士生 10 名、硕士生 19 名, 授予博士学位 1 名、硕士学位 11 名; 获准建立博士后流动站, 进站 3 人。这是郑哲敏为首的领导班子深思熟虑, 全所上上下下共同努力的成果。

(三) 贯彻 "巩固、消化、补充、改善" 八字方针 ①

1986 年, 中国科技体制改革进入第二年, 又是我国第七个五年计划的第一年, 还是力学所建所 30 周年。

1 月 25 日至 2 月 1 日, 郑哲敏在院工作会议上获知, 中央的指导思想是巩固已有改革成果为深化改革做准备, 提出 "巩固、消化、补充、改善" 八字方针。卢嘉锡院长说, 始终要有紧迫感, 在八个字上狠下功夫。回顾 1985 年, 力学所成功切入科技体制改革, 但是, 已经确定的五方面研究重点尚未形成拳头, 改革的重头戏开放研究实验室尚未申报成功, 横向联系尚待加强, 转入开发的成果尚需商品化, 人才培养与科技管理尚待理顺。因此, 新八字方针正是力学所改革所需。院工作会议还宣布, 全院实行专业技术职务聘任制。

在 1986~1987 年, 郑哲敏领导力学所在 "巩固、消化、补充、改善" 八个字上努力下功夫。

按照中国科学院的要求, 1986 年, 郑哲敏在所领导班子和学术委员会上作报告, 分析基本情况、指导思想、优先项目、分支学科发展政策。他清醒地指出, 从 20 世纪 50 年代到 80 年代, 力学研究布局已经改变。在国外, 航空、航天、导弹、核弹的热潮已经过去并且集中于少数国家基地, 大批力学家转移到其他领域并且做出很好成绩, 特别是地学 (大气、海洋)、生物力学、材料科学等, 湍流和理性力学等基础研究有重大发展。

---

① 中国科学院力学研究所年报, 1986 年、1987 年。

在国内，科学家数量少且集中于中国科学院的时期已经过去，产业部门和高等学校的科研力量显著增强，出现新的分工协作问题。

根据这一改变，郑哲敏认为，力学所应当以应用基础研究为重点；调整研究方向，突出对国民经济和国防建设有重大意义的项目，形成学科配套、科研与技术人员比例合理的队伍，建设好实验基地；基础理论研究不能放松，要培育新领域。郑哲敏强调，人才是关键，要注意发挥中国科学院多学科、综合性优势。

他将 1982 年以来逐渐确定的"能源、环境与农业、某些军工项目，以及新工艺新材料新技术"四个方面，增加"重大基本理论与新领域"，确认五个方面为力学所的优先领域，并且就其中"环境与农业"和"重大基本理论与新领域"做了较深入说明。

关于"环境与农业"，他着重提出水资源问题：大气与海洋、大气与陆地交互作用，全球模式；水从植被、地面到大气的转移；泥石流、沙漠、冰川、冻土的力学问题；大气与地下水污染；农业与国土整治。这些涉及生物力学、流体的传热传质、土壤的物性与力学性质、渗流力学、地面径流的形成、侵蚀、泥沙运动等。

关于"重大基本理论与新领域"，他提到湍流、生物力学、地球流体力学、物理力学等，并着重对非线性问题展开说明。他谈了非线性科学的概况 (普遍性、突破性进展、前沿，非线性与大系统)；过去的工作 (流体的混沌、非线性波、孤立子，固体的板壳失稳，分子动力学计算晶间结构，经典与量子 Monte Carlo 法)，国际力学界取得了巨大进展；下一步打算 (环境流体力学，湍流，非线性动力系统，大涡模拟和直接模拟，Benard 流，非线性振动，断裂与分维，实验条件) 和关于建设"力学研究中心"的想法 (高标准、多学科、多层次；实验、分析、计算相结合)。

1987 年 2 月 25~26 日，郑哲敏在力学所第一届第三次职代会第一阶段会议上报告了关于进一步改革的设想，集中代表意见后形成了"加快步伐，建立科研新体制"的改革方案，在 3 月份召开的院工作会议上向中国科学院领导做了汇报。这个改革方案表述的力学所的长期发展模式为：

力学所是以基础和应用基础为主的研究所，从长远看，应成为开放的、流动的、全国力学家的、在世界上有影响有声誉的力学研究中心。一方面从事力学前沿领域中基础和基础性的研究工作，进行高技术跟踪；另一方面承担并有能力解决国民经济建设和国防建设中重大的综合性的课题。同时，组织开展国际学术交流，培养吸收并向其他部门输送高级力学人才。

与此相适应，力学所的体制应是基础研究、应用研究、开发工作纵横配置，能将科研成果迅速转化成直接生产力的、与经济一体化的体制。

郑哲敏特别关注力学和地学的结合。一是开展海洋工程力学研究。在20世纪80年代初他就支持海洋科技中力学问题的研究，就任力学所所长之后更抓紧这方面工作，承接了"六五"攻关任务。1984年，支持钱寿易先生成立海洋土力学研究室 (七室)。要求十二室集中力量于海洋结构力学，包括平台结构和管结点的应力分析、振动、疲劳和断裂。郑哲敏与林同骥、钱寿易、李敏华、吴仲华等专家联合倡议，中国科学院组织院内相关单位发挥综合优势，于1986年12月2日成立了中国科学院海洋工程科学技术研究中心，挂靠在力学所，郑哲敏为中心主任。1987年，在海洋工程科学技术研究中心旗下，支持林同骥先生牵头承担"七五"国家自然科学基金重大项目"海洋工程中的力学问题"的研究。

二是调研水资源力学问题。利用赴美国讲学的机会，考察加利福尼亚州的水资源，收集并带回有关加州水资源的分布和治理的详细资料。1984年9月，带队赴西北考察，到达青海高原，登上昆仑山口 (图6.1)。1985年6月率队进行了三峡工程的考察。1986年参加中国科学院西部考察团。1986年9月，在力学所开设环境流体力学课题，成立环境流体力学小组，与有关研究组合作承担三峡建坝对生态的影响，黄淮海综合治理，太湖水质，河口排污，大气模式中海汽、地汽间水分的交换等课题。

1987年2月向院申报《仿南开数学所建力学科学中心》。4月15日，向院数理化局呈送《关于建立"力学科学中心"的申请报告》，附"力学科学中心"研究领域论证报告。6月11日，向院报送"力学科学中心"论证材料：① 连续介质力学基础与材料力学性质、② 环境流体力学、③ 流体力学的几个基本问题、④ 物理化学流体力学等附件。中国科学院数理化局多次与力学所研究，建议力学所目前以申请"开放实验室"为好。据此，郑哲敏组织科技骨干重新撰写报告，6 月 27 日向院申报"近代连续介质力学开放实验室"，近期主要选择连续介质力学基础、连续介质力学的非线性效应、环境流体力学等三个研究方向。这是力学所改革方案的一个主要部分，经过共同努力，终于在 1987 年 8 月得到中国科学院批准建设。11 月，郑哲敏签字向院提交《中国科学院开放研究实验室任务书》。在 1988 年 6 月 20 日，经中国科学院院长办公会议审议，批准成立了"中国科学院力学研究所非线性连续介质力学开放研究实验室"，郑哲敏为实验室第一任主任。

图 6.1　1984 年 9 月在昆仑山口

(右 1 郭尚平，右 2 白以龙，右 3 郑哲敏，左 4 林同骥，左 3 江文华，左 2 罗明辉，左 1 周家汉)

为将主要力量投入国民经济建设，放手让应用研究和开发推广项目与企业联合，进入技术市场，郑哲敏也做了大量工作。

(四) 倡导所风，庆祝建所 30 周年

1986 年 3 月 6~8 日，在力学所第一届第二次职代会上，郑哲敏提出，建所 30 年了，应当思考什么是力学所的所风。有外单位人说，力学所作风严，是"钱、郭"传统。郑哲敏说，科学是最讲究实事求是的，要严格按照科学规律办事。治学、培养人才、评议成果、协作共事、开创新领域都离不开"严"字。职工代表认真讨论了所风问题，认为力学所历来有严谨的传统，应当发扬，但当前更应该强调创新精神，使研究所更有

活力。4 月 8 日所长办公会议决定，将 "创新、严谨，团结、奋进" 八个字作为力学所的所风。

郑哲敏手书所风 (图 6.2)，并反复斟酌将这饱含中国味的八个字译为英语的 Creativeness、Rigorousness、Cooperation、Dedication。

图 6.2 郑哲敏的所风手书

1986 年 6 月庆祝力学所建所 30 周年，15 位学部委员、19 位国外知名专家到力学所参加学术交流，共同探讨 "力学未来"。周光召、严济慈、茅以升、周培源、钱令希、刘恢先、杜庆华、李佩、冯元桢等在开幕式上作了热情洋溢的讲话，还有一批原力学所老同志共叙当年奋斗历程。郑哲敏回顾建所 30 年的成就，展望未来，建所元老朱兆祥先生回忆钱学森建所思想。这次活动激发了职工的爱所情怀，凝聚了人心，传承了优良作风，促进了力学所的科技体制改革和研究开发工作。

作为身处上层的战略科学家，郑哲敏从不为力学所谋取特殊利益。例如，他当了国家自然科学基金委员会力学重大项目评审组的组长，就严格遵守基金委的规矩，重大项目他不牵头。本来，他是有资格牵头重大项目的，他都让贤，保证评审组的公正。郑哲敏为力学评审组学者的团结做出了很大的贡献，也做出了榜样。基金委力学学科的发展，一直比较平稳，力学界主流是团结的，国家自然科学基金力学重大项目中不同单位的合作基本上是满意的，取得了预期的效果。这与他的工作、影响密不可分。郑哲敏是大院士拿小经费，他身边的研究人员经费总是比较紧张，对此体会深刻。这样做有利大局，常常不利小局，要做到大小两利着实不易。

郑哲敏担任所长后，为了严守在力学所工作方面的客观性和公正性，卸任爆炸力学研究室主任和材料力学性质研究室主任职务，由中年科技骨干接任。

(五) 第二个所长任期 ①

1987 年 12 月 31 日，63 岁的郑哲敏受命续任力学所所长。

1988 年，中国科学院提出 "把全院主要力量动员和组织到为国民经济建设服务的主战场，同时保持一支精干队伍从事基础研究和高技术跟踪" 的办院方针。1989 年院工作会议提出 "根据工作性质的不同，实行两种运行机制的做法"，即 "一院两制" 的思路。

按照院 "一院两制" 的思路，力学所强化基础研究并坚持工程科学的研究，同时试行研究与开发人员分流，建立了力学所爆炸技术部、天力工业控制公司、科力温度测量与控制高技术公司、丹迪自动化系统工程公司、技术服务公司，加上前已成立的科联保温公司，将一部分科研力量转向科技开发，走进市场。后勤与工厂则试行承包制。

郑哲敏对力学所做了三方面的安排：

(1) 为强化基础研究，创建了 "中国科学院力学研究所非线性连续介质力学开放研究实验室"（Laboratory for Nonlinear Mechanics of Continuous Media，LNM）；

(2) 继续组织好工程科学的研究，即能源、环境与农业、某些军工项目、新工艺新材料新技术等四个方面，继续强调力学所要以应用基础研究为主；

(3) 组织新技术开发工作。

针对人们对 "科研与开发分流" 议论纷纷的情况，身为所长的郑哲敏从自己身边人做起，1988 年秋将爆炸力学研究室人员根据工作性质进行 "分流"。这也符合 "爆破作业必须要有公司资质" 的政策规范。在 20 世纪 90 年代和进入 21 世纪，虽然力学所的爆炸研究、工程爆破仍然有若干不错的成果，但是 "分流" 政策导致爆炸力学科研工作明显削弱、技术开发后继乏力，使爆炸力学科研工作受到了一定程度的削弱。

郑哲敏和力学所领导班子，带领全所克服困难，顺利完成了 1989 年科技体制改革和科研、开发等各项任务。

① 中国科学院力学研究所年报，1988 年、1989 年。

1989 年 12 月 20 日，年逾 65 岁的郑哲敏在全所大会作工作总结并卸任所长，回归科研岗位。他感谢全所同志的支持，感谢中国科学院领导的支持，特别是感谢力学所党委和两届领导班子成员的支持，并说 1984 年以来五年的合作是同志式的、互相有教益的，也是十分愉快的。

二、为中国力学学会的建设与发展做出重要贡献

(一) 由中国力学学会理事到理事长

1957 年 2 月 5~10 日，中国科学院数学物理学化学部和技术科学部发起召开首届全国力学界学术盛会——第一次全国力学学术报告会。由钱学森、周培源、钱伟长、郭永怀等倡议[1]，与会者一致同意，在会议最后一天成立了中国力学学会，选出 35 名理事，一致选举钱学森为理事长。郑哲敏当选理事会的理事，并担任《力学学报》首届编辑委员会的委员。

"文化大革命"期间，学会被迫停止活动，《力学学报》也被迫停刊。

1977 年 10 月学会恢复活动，迎来了发展时期。1978 年 1 月，中国科学院出版委员会批准将《力学》恢复为《力学学报》，仍由力学学会主办。钱学森提出：第一届学会领导班子普遍年事已高，必须选拔新人。于是，1978 年 8 月 19 日，借全国力学规划会议召开，在友谊宾馆召开了学会的第一届理事扩大会议，郑哲敏被增补为常务理事[2]，并继钱学森、郭永怀之后，担当《力学学报》第三任主编 (1978~1985 年)。

1982~1986 年，钱令希任力学学会第二届理事长，郑哲敏被推举为常务副理事长[3](图 6.3)，主持学会日常工作。1986 年，郑哲敏当选第三届理事长[4](图 6.4)，钱学森和周培源任名誉理事长，钱令希任名誉理事。1990 年王仁当选第四届理事长，此后郑哲敏任名誉理事[5]。

在主持学会工作期间，郑哲敏已是中国科学院力学研究所所长。两副重担压在他身上，而当时面临的两种情况是：一方面，受"文革"的破

---

① 林鸿荪. 记第一次全国力学学术报告会. 力学学报，1957,1(2)：233-236。

② 中国力学学会. 中国力学学会史. 上海：上海交通大学出版社，2008：37，330。

③ 中国力学学会. 中国力学学会史. 上海：上海交通大学出版社，2008：146。

④ 中国力学学会. 中国力学学会史. 上海：上海交通大学出版社，2008：48，332。

⑤ 中国力学学会. 中国力学学会史. 上海：上海交通大学出版社，2008：337。

坏，力学的科研院所、教学单位凋敝，人才流失，信息不通，百废待兴；另一方面，国家政策和管理逐步走上正轨，迎来了科学发展的春天。郑哲敏面临艰苦的工作和难得的机遇。

图 6.3　中国力学学会第二届常务理事、理事长与前任理事长钱学森合影
(前排左 3 郑哲敏，左 5 钱令希，左 6 钱学森)

图 6.4　1986 年郑哲敏当选为中国力学学会第三届理事长，与部分会议代表
在内蒙古草原上合影
(前排左 4 郑哲敏)

(二) 坚持民主办会

　　经历过"文革"的力学家们格外注重民主学风。在郑哲敏领导学会期间，坚持在科学面前人人平等，自由交流，百家争鸣。为了发扬这种精

神，他十分重视学会的民主建设。

钱学森师从冯·卡门，深感学术民主、自由交流的宝贵。他曾经说，"我的许多奇思妙想常常是通过和同事聊天时得到的"。郑哲敏继承了这一传统，把学术民主、自由交流看作是发展科学的必要过程，是创新的源泉。

首先是对学会的章程做了更明确的规定，强调要民主办会，要使力学学会成为"力学科学工作者之家"，要团结广大力学工作者为国家建设多做贡献；学会的任务就是组织学术交流，发展科学，等等。并进一步制定了《中国力学学会组织工作条例》，对学会的任务宗旨，理事、常务理事，各专业委员会、工作委员会的组成，民主选举程序，负责人的职责、人选标准都做了规定。

他充分发挥了学会办公室的职能，使办公室起到了上承下达的枢纽作用。

郑哲敏特别强调**"理事要理事"**，并且以身作则，不管平时工作有多忙，只要是学会的工作，他都尽心尽力。他要审阅大量的学报论文，组织各种会议，起草学科发展报告，在学术交流会上他仍然带头作学术报告。

郑哲敏谦虚谨慎，凡遇大事都向学会的老领导钱学森、周培源、钱令希等一一汇报、请示，在常务理事会上，他总是倾听大家意见，民主协商。在他的带动下，学会的各位理事、常务理事都有明确分工，按期开会研讨力学发展方向，制订学术活动计划。大家都乐意出钱出力，并以此为荣。20 世纪 80 年代学术会议经费非常紧张，由原来的"供给制"改为自筹资金。即便如此，依靠会员单位和广大力学工作者的支持，学术活动依然十分活跃，办出了特色，办出了质量，提高了水平。

为了保障民主，不出现"一言堂"，《中国力学学会组织工作条例》特别规定理事长和各个专业委员会、工作委员会的主任委员不得连任，常务理事的年龄不得超过 70 岁、任期不得超过两届等。这些规定使学会长久保持了活跃的生命力。学会 90% 以上的专业委员会主任委员任期都不超过连续两届。曾经有一个专业委员会，鉴于老主任的出色工作与威望，全体委员再三要求常务理事会同意他继任。郑哲敏经过慎重考虑，坚持按既定规则办。之后，老主任领导大家选出了新主任，新主任尽职尽责，把工作做得有声有色，更上一层楼。

早在 1982 年钱学森就提出力学学会理事中工程方面的人比重太少。之后，郑哲敏领导全体理事扩大会民主选举，增补了 31 位工程技术界一线的人士为理事，促进了力学与工程应用的结合。

由于有了这一系列的组织措施，打造了学会凝聚力量、砥砺学问、创新活跃、团结进取的精神，人人都愿意参加力学学会，为学会做贡献。"文革"前，力学学会会员一千余名，至 20 世纪 90 年代初已超过两万人。

(三) 协助建立健全各专业委员会，提倡学术交流，发展学科

郑哲敏主持学会工作，认为学会应当成为学科发展的一面旗帜，主线就是要为广大力学工作者搭建起一座学术交流的平台。在这个平台上，通过多学科的交融，促成新理论、新观念、新方法的形成，孕育新的学科生长点；通过基础理论与应用技术的互动，推动力学学科的全面进步，实现全国力学学科规划，培育人才，创新成果，使力学更好地为国家建设服务。

• 以规划为导向促进新学科发展

作为学科带头人，郑哲敏对新知识、新理论有过人的敏感和远见，并遵循《1978 年-1985 年全国基础科学发展规划（草案）• 理论与应用力学》(下文简称《规划》)，力促新分支学科发展。

1. 断裂力学

1978 年《规划》将断裂力学列为重点发展学科。早在 1973 年，郑哲敏获知陈篪 (冶金工业部钢铁研究院，中国断裂力学开拓者之一) 熟悉并已在开展国际上很活跃的断裂力学工作，便立即邀请他到力学所作报告，还支持《力学》编辑部在 1974 年组织全国断裂力学交流会，之后又于 1976 年召开了武汉大会，促使断裂力学在全国普及，短短数年后，在化工、冶金、机械制造、材料、航空航天等众多领域都取得成果。1980 年郑哲敏指出，断裂韧性中的尺度因子是导致材料断裂的细观缺陷的宏观表现，从而开辟了断裂力学研究的一个新方向。如今，中国断裂力学的发展已在世界上取得一席之地。

2. 生物力学

生物力学是 1978 年《规划》中的重点发展学科，是一个力学与生命科学、医学工程相结合的新生长点，关注人类健康，国外发展很快。

1976 年前后，国内只有少数单位和个人开始生物力学研究，1979 年中国力学学会成立了生物力学专业组。郑哲敏邀请挚友冯元桢 (国际上誉为生物力学之父) 来华讲课。1979 年冯元桢带领他的助手颜荣次，先后到武汉华中工学院和重庆大学开办生物力学讲习班。郑哲敏鼓励陶祖莱、柳兆荣、王君健等几十个年轻人去听课，从读书会开始学生物力学。与此同时，他又让学会办公室主任石光漪多次与中国生物医学工程学会顾方舟联系，协商联合召开生物力学学术会议及学科带头人、组织规模等相关事宜。1981 年在上海召开了"第一届生物力学学术会议"，力学学会理事江可宗 (上海力学学会秘书长) 主持，中国医学科学院院长黄家驷 (中国生物医学工程学会首任理事长) 出席了会议。冯元桢先生和美国毛昭宪教授到会作了学术报告。参会代表 156 名，74 篇报告大部分属于调研性质。与会者看到差距，掀起了研究生物力学的热潮。

1984 年生物力学专业委员会正式成立，隶属于中国力学学会和中国生物医学工程学会，并推举有威望的康振黄为首届主任。自此以后，联合中国生物物理学会、流变学专业委员会共同组织每三年左右一次的全国学术会议，从未间断。

抚今思昔，如今能站在世界之林，国内生物力学的发展与郑哲敏早期的高瞻远瞩和努力牵线搭桥密不可分。

3. 地球构造动力学

1978 年《规划》把地球构造动力学列为重点发展学科，这也是郑哲敏非常关注的新分支学科，于 1980 年成立专业组，1986 年更名为地球动力学专业委员会。在 20 世纪 70 年代，王仁先生以半百之年毅然从他熟悉的塑性力学领域带头转入几乎完全陌生的新的交叉学科，而且带出了一支队伍。地球动力学专业委员会联合中国地震学会、中国地质学会、中国地球物理学会共同组织活动，有不少新的进展。

1980~1990 年十年间开了五届年会，取得很好成绩。

● 完善专业委员会

力学学会成立初期，只有流体力学、固体力学、一般力学、岩土力学 4 个传统分支学科的专业委员会。到郑哲敏任期后，专业委员会增加至 16 个，还有十多个专业组。如爆炸力学专业委员会 (1979 年成立)；实验力学专业委员会 (1979 年成立)；反应堆结构力学专业委员会 (1980 年成立)；工程爆破专业委员会 (1983 年成立)；生物力学专业委员会 (1984 年成立)，流体控制专业委员会 (1984 年成立)；地球动力学专业委员会 (1984 年成立)；计算力学专业委员会 (1985 年成立)；理性力学和力学中的数学方法专业委员会 (1985 年成立)；流变学专业委员会 (1985 年成立)；物理力学专业委员会 (1986 年成立)；等离子体科学与技术专业委员会 (1987 年成立) 等。

这些专业委员会的建立，基本完成了力学学科的布局。

● 开好国内学术交流会议，推进学科发展

学术会议既是力学工作者交流学术成果、启迪思想、沟通信息的舞台，也是凝聚人才、壮大队伍和提高素质的一个重要平台。郑哲敏非常重视并要求做好，一定要创造一个平等、自由、宽松的环境。对学术交流会议论文审稿，相对宽松，只要没有原则性错误，都允许发表，而且要给予同等的时间进行探讨。因此，力学学会所组织的学术活动非常活跃。各个专业委员会或专业组都有定期的年会，以 2~4 年的固定周期召开，还有不定期的、大中小不同规模的、灵活多样的各种学术交流活动，如讲座、读书会、专题研讨班、展览、实地考察等，形式多种多样。在 1982~1990 年期间，累计会议 190 个，平均每年约 20 个国内学术会议，发表论文总数 19900 篇，参加学术交流的总人数 18000 人次[①]。

学术会议的一个特点是与其他学会交融、交叉。除前文所列生物力学、地球动力学之外，断裂力学会议，从 1977 年开始，就是中国力学学会与中国机械工程学会、中国航空学会、中国金属学会联合召开；复合材料学术会议与中国航天学会、中国宇航学会和后来成立的中国复合材料学会联合召开；空气动力学术会议与中国航空学会联合召开；等等。

另一个特点是地区性学术协作网的建立。如华东地区六省一市、中

---

① 郑哲敏. 中国力学学会第三届理事会工作总结，人、环境与力学. 北京：科学出版社，1991。

南、西南九省 (自治区、市)、北方七省力学教学座谈会，云贵川三省各种专业年会活动等。地区性活动更多来自工农业生产第一线研究需要和成果交流，由学会在该地区的副理事长、常务理事、理事们根据 "理事要理事" 的要求自觉组织学术活动，人数在百人上下，为发展地区力学学科做出了贡献。

1990 年前已建立起来的省、自治区、市的地方力学学会计有上海、北京、江苏、武汉、内蒙古等 38 个。在 1988 年中国力学学会第三届第二次理事会上，邀请了地方力学学会的秘书长参加会议，并请他们作了经验介绍。郑哲敏在这次会上作了 "交流工作经验，探讨学会改革之路" 的报告，对地方学会给予充分肯定和高度评价。

- **十年总结和十年预测活动**

1987~1988 年间，为纪念中国力学学会成立 30 周年和全国力学规划制定十年，配合国家中长期科技发展规划，郑哲敏、王仁领导学会在部分专业委员会开展了 "十年总结和十年预测" 活动，着重探讨力学学科如何为国民经济建设服务。

岩土力学专业委员会组织了岩土力学战略研讨会，请 50 多位专家对国内外情况作详细调研，提出了 20 多个专题报告，经过讨论提出了对我国岩土力学发展的战略规划建议，专刊于《岩土工程学报》。

复合材料专业组也撰写了 80 多万字的专辑，由北京大学出版社出版。

其他如光测力学发展前景研讨会、电测力学发展前景讨论会、构造动力学基础理论及前沿课题研讨会、计算力学发展方向讨论会、激波相互作用与激波应用前景研讨会、冲击动力学研讨班等，总计形成了 90 多篇报告并分别出版。它们不仅为力学界起到了导向作用，也是国家学术决策、咨询的重要依据。

- **坚持学科定位，既为国民经济建设服务，也注重基础研究**

坚持按照力学学科定位推进力学学会工作。

(1) 郑哲敏秉承钱学森的思想，十分重视力学在工程技术领域的应用研究。

例如，计算力学专业委员会与土建、机械、船舶等工程领域紧密联系，用计算力学的新成就，如离散方法、解析和数值结合法、非线性有限元模型模态分析等，开展了对海洋工程结构、高层建筑、港口工程、车辆和船舶等的静、动力分析，大大提高了我国的工程设计水平。

实验力学专业委员会在 20 世纪 90 年代的十年创业总结中说："从开创时仅以电阻应变测量和光弹性法为主的实验应力分析工作，发展为包括电学、光学、声学多种实验方法及实验与计算相结合的应力分析混合法的基础研究与应用研究相结合的现代实验力学。""实验力学工作者在人造卫星研制、火箭导弹的发射、新型飞机和舰艇的试制、核反应堆的制造以及重型动力机械、水利工程、石油探井、市政设计各领域都发挥着不可或缺的作用。"

爆炸力学专业委员会是郑哲敏与丁儆等先生于 1979 年创立，改革开放初期最早恢复学术活动的。1977 年在黄山召开第一届全国爆炸力学学术会议，1981 年在扬州召开第二届全国爆炸力学学术会议 (郑哲敏报告流体弹塑性体模型，获热烈响应，与会人员一致认为充实了爆炸力学的理论基础)。1985~1990 年，该专业委员会转向国民经济，组织了"爆炸作用与防护"、"燃烧与爆炸灾害"、"粉尘与爆炸"等多种学术交流活动。爆炸加工专业组在爆炸焊接、冲击波合成、爆炸烧结 (金属粉末爆炸压实)、爆炸成形与雕刻、爆炸硬化等多方面都有新进展。爆炸力学专业委员会自建立以来，每 3~4 年召开一次全国学术交流会，至今未间断。

工程爆破专业委员会由冯叔瑜 (首届主任委员，中国工程院院士，时任铁道科学院爆破室研究员) 和郑哲敏共同创建。早在 20 世纪 70 年代，以土岩爆破工程专业组开展活动。这是一支力学工作者与工程技术人员密切合作，理论与工程实践结合，直接为国民经济建设服务的队伍，人数庞大，常年奔波在祖国的崇山峻岭、山川江河，开山修路、筑坝修堤，以及拆除爆破，加快城市改建的步伐。工程爆破专业委员会每 3~4 年召开一次全国学术会议，第一届 1978 年在昆明，第二届 1982 年在福州，第三届 1986 年在南京，第四届 1989 年在西安。把学术交流与解决工程实际问题紧密结合是该专业委员会的特点，如交流连云港水下软基处理、北京华侨大厦爆破拆除、大秦线和衡广复线爆破施工、葛洲坝大江水下围堰拆除爆破、石景山发电厂爆破拆除等工程，总结经验，上升到理论创新。上述很多工程，爆破公司都邀请专业委员会和郑哲敏审定技术方案，甚至亲临现场考察指导。该委员会为制止重大恶性事故的发生，编写了《爆破安全规程》和《城市拆除爆破安全规程》等教材，在各地组织培训，为工程爆破事业的发展培养了人才。

岩土力学专业委员会从 1982 年组织岩土力学数值分析和解析方法研讨会后，每年例会都抓住规律性问题加以深入研究，如土的本构关系。将有限元数值方法引入岩土力学和岩土工程后，相关的边值问题研究得以迅速发展，连同解析方法在一些重大工程，如葛洲坝水利枢纽、上海地面沉降的研究控制、华北地区地震迁移的模拟等，都得到较好的应用。

一般力学专业委员会自 1979 年至 1984 年一直寻找发展途径，逐渐在国民经济中找到与实际相结合的切入点，涉及机械振动、陀螺、飞机、车辆、航天器、复杂转子动力学、非线性动力学、自动控制等多方面课题。1986 年中国力学学会、中国航空学会和中国机械工程学会联合召开"首届转子动力学学术会议"，主席季文美。1990 年中国力学学会与美国宇航学会在北京共同举办"国际一般力学 (动力学、振动与控制) 学术会议"，主席王照林 (时任专委会主任委员)、副主席 Bainum(美国宇航学会)，12 国 150 人出席，发表论文 140 篇，邀请报告 8 人，涉及动力学与控制、稳定性理论、振动理论及其应用、分析力学、系统识别、机器人学、多体系统动力学、计算和实验技术等。郑哲敏支持这个会议，并为会议文集作序。自此以后，一般力学以动力学、振动与控制为发展方向，成果很多，学术会议四年一次。国际交流也如火如荼，每四年一次。老学科获得新生，源于实际需要，也证实了郑哲敏的论断："学科应为国家的重大工程要求和背景做出贡献，两者之间没有不可逾越的鸿沟。" 2008 年该专业委员会更名为"动力学与控制专业委员会"。

等离子体科学与技术专业委员会在郑哲敏任理事长期间成立。等离子体科学与技术 (包括热等离子体与冷等离子体) 是一门涉及力学、电学、热学、化学、冶金等学科的交叉学科，难以在一个传统学科领域加以概括，因而迟迟未能建立全国性的学术组织。中国力学学会 1987 年成立等离子体科学与技术专业委员会以后，为这些同行组建了一个"家"。通过交流，大家看到，国际上等离子体科技的发展速度是惊人的。十年之内，热等离子体已在很多化工、冶金领域实现了工业化生产，几兆瓦的电弧加热装置已有几十座；冷等离子体的科研与应用也成倍增长，国内外在表面改性、镀膜、刻蚀、臭氧合成等方面已经大量应用。专业委员会以积极的工作带动了这一学科活跃地发展，1989 年在大连理工大学召开第五届全国等离子体科技讨论会，1990 年组织中日第二届等离子体化学会议。

(2) 郑哲敏关注力学的基础科学性质，突出表现为支持发展非线性力学。

林家翘曾说[1]，"非线性力学是中国学者有载入史册贡献的领域之一"，"是中国人最有成就的学科"，因为周培源、钱学森、郭永怀和钱伟长等"中国现代力学的四位奠基人，都是率先向非线性力学进军的楷模"。然而"文革"时期，中国学者对非线性力学的很多热门课题已经陌生。待"文革"结束，钱伟长先生率先成立了"理性力学和力学中的数学方法"专业组，在 1978～1984 年期间组织了一系列专题研讨会，如理性力学讲学讨论会、奇异摄动理论学术会议、全国非线性波学术会议、全国非线性力学会议，以及稳定性、分岔、突变、混沌学术会议，由钱伟长、朱兆祥、王仁、叶开沅、岳增元等人分别精心准备并主讲。

1985 年该专业组升级为专业委员会，郭仲衡为首任主任委员。

1985 年钱伟长主持的"第一届国际非线性力学会议"(ICNM-I) 在上海召开。会议投稿四百余篇，录取 247 篇，其中国外 113 篇。国外顶级学者，如 Л.И.Седов (苏联，相似理论权威)、C. Truesdell(美国，理性力学专家)、Th. Lehmann(联邦德国)、近藤一夫 (日本)、G. Bianchi(意大利)、A. Jeffrey(英国) 等均在大会作了报告。这次大会在国内外产生了很大影响。

1986 年，郭仲衡在北京大学召开 "全国近代数学和力学讨论会" (MMM 会议)，反映了数学、力学两学科结合的强烈愿望和"理性力学与力学中的数学方法专业委员会"成立的宗旨，适应了当时学科发展趋势。此后，该专业委员会决定每两年举行一次 MMM 会议，截止到 2018 年已举办了 16 次，累计参会达数千人次。

我国非线性科学研究分布广泛，涉及很多研究机构的高等学校，先后成立了非线性研究中心或课题组，其中北京大学于 1986 年 5 月由赵凯华、朱照宣、黄永念等首先成立了非线性科学研究中心。

① 中国力学学会. 中国力学学会史. 上海：上海交通大学出版社，2008：67.

正当力学在应用技术领域遍地开花之际，郑哲敏提出要把眼光放远些，对更基础性的、具有全面带动性的，也是很困难的学科前沿探索性研究要早做安排。他认为，如果持之以恒地坚持下去，终有一天会获得更大进步。为此，在 20 世纪 80 年代后期，郑哲敏亲自牵头，由黄克智 (时任学会副理事长)、朱兆祥、周恒 (时任学会常务理事) 等多位学者参加，组织了非线性力学的研究协作组，从确定研究课题开始，启动调研和研讨。而后，在力学所组建非线性连续介质力学开放研究实验室。

20 世纪 80 年代以来，固体力学各分支学科已从传统的偏重宏观唯象的研究转向宏观与微观 (细观) 相结合的研究，致力于对断裂过程和破坏形式做深入分析，加强对微米尺度和亚微米尺度的测量技术研究，发展基于实验观察和细观结构分析的材料本构的理论，发展用于具有细观结构材料模型的计算方法，等等。由此，细观力学这门新的学科分支正在逐步形成。郑哲敏要中国力学学会注意组织与扶植有关方面的交流活动，如全国断裂与损伤研讨会、细观力学实验技术与计算方法研讨会等，希望引导学科在更广泛发展的基础上，亦向更深刻的领域做更多的探索。

(四) 推动和促进国际交流与合作

改革开放初期，为了尽快缩小与国际水平的差距，向国外学习是当务之急。但是，限于当时的国力，科研条件落后、经费不足，难以支持太多人出国。郑哲敏与老一辈学会领导人一起，力促在国内召开各种国际性学术会议，把专家 "请进来"，并借机邀请许多专家学者到各大高校、科研院所交流访问、当老师，来来往往，促进了相互间的交流与合作。

● 在国内召开国际会议[①]

据统计，自 1980 年至 1990 年，由中国力学学会在国内召开的国际会议共 18 次，其中有些是国外组织要求到中国开，有些是争取到的国际例会，如 1983 年的国际断裂力学会议 (ICF，83，北京)，主席郑哲敏、沈元；1983 年第二届亚洲流体力学大会 (北京)，主席周培源、林同骥；1986年国际等离子体科学与技术交流会 (北京)，主席谈镐生、吴承康；1986年国际复合材料力学大会 (与美国宇航学会、欧洲复合材料协会联合主办)，主席罗祖道；1987 年国际流体力学大会 (ICFM，87)，主席沈元。由

---

① 郑哲敏. 中国力学学会第三届理事会工作总结. 人、环境与力学. 北京：科学出版社，1991.

中国力学学会发起的国际会议有 1985 年国际实验力学大会 (北京)，主席贾有权，参会国外代表 180 人，国内 120 人，论文 280 篇；1985 年国际非线性力学会议 (北京)，主席钱伟长，参会国外代表 78 人，国内 160 人，论文 401 篇。

郑哲敏亲自参与或领导的会议有七八项，除上述的国际断裂力学会议外，还有 1986 年首届国际强动载荷及其效应学术会议 (北京)、1991 年国际工程爆破技术会议 (北京)、1992 年第二届国际强动载荷及其效应学术会议 (成都)、1993 年国际冲击工程学术会议 (北京)、1995 年第二届国际工程爆破技术会议 (昆明) 等。会议准备期间，他不仅动员大家积极投稿参加讨论，并花费很大精力帮助年轻人修改英文稿、练习口语，提升大家的交流能力，而且带头提供论文。

这些会议，促进了各分支学科与国际接轨，打开了窗口，扩大了视野，也利于青年人才成长。

• 派出去参加国际会议

1987~1990 年，由中国力学学会组团出国参加学术交流共 8 项。其中，包括 1988 年郑哲敏率团参加了在法国举行的 IUTAM 第 17 届大会。在该会上，郑哲敏作了申办第 18 届大会在中国召开的报告，并当选大会委员会委员。

• 认真履行 IUTAM 委员职责，提升我国的国际影响力[1] [2]

IUTAM 是 International Union of Theoretical and Applied Mechanics 的缩写，译为国际理论与应用力学联合会，由代表国家级的相关组织或学会组成，是国际力学界最权威的非政府学术组织，是国际科学理事会 (International Council for Science，ICSU，国科联) 的国际科学联合会成员 (Scientific Union)。早在 1946 年，我国的周培源、顾毓琇以个人身份参加第 6 届大会，当选理事会的理事。1956 年周培源率领郑哲敏等组成的中国代表团出席 IUTAM 的第 9 届大会并作报告。1980 年，经国务院和中国科协批准，中国力学学会正式申请成为 IUTAM 的国家会员。

① 陈杰，刘洋，汤亚南，洪友士. IUTAM 和 ICTAM 的起源和历程. 力学进展，2012,42(1)：100-108.
② 刘洋，陈杰，王正道，汤亚南. 中国学者与 IUTAM 和中国申办 ICTAM 的历程. 力学进展，2012,42(1)：109-117。

从 1980 年第 15 届大会 (加拿大多伦多) 开始，中国力学学会以团体会员身份参与 IUTAM 活动。

IUTAM 的最高权力机构是全体代表大会 (General Assembly，GA)，其常设机构是 IUTAM 执行局 (IUTAM Bureau)，由 GA 选举产生，一般由主席、副主席、司库、秘书长和四名执行局委员组成，任期 4 年。IUTAM 下设大会委员会 (Congress Committee，CC)，负责世界力学家大会的组织工作。根据国家会员的级别，1980 年中国只有 1 个理事名额。1986 年中国的理事名额增加到 4 个，与加拿大、法国、意大利、日本、苏联和英国一样，仅比美国少 1 名。郑哲敏于 1986~2010 年任 IUTAM 理事，1988 年当选大会委员会委员，2004~2008 年当选 IUTAM 执行局委员。郑哲敏认为，只有自己诚实地付出，才能得到别人尊重和认可。因此，在任职期间，他积极参加该组织的各项活动，作为中国力学界的代表，与各国科学家交往，宣传中国的力学成就，提升中国力学学会在国际的影响，为我国在国际科学舞台上争取了更多的知名度和应有的权利。

郑哲敏在 IUTAM 的工作，主要有如下方面。

1. 参加和组织领导关于热带气旋的国际学术交流活动

1990 年 8 月 28~29 日在维也纳，郑哲敏参加了 IUTAM 与国际大地测量和地球物理学联合会 (IUGG) 发起组织的关于强气旋和热带风暴及其所引起的风暴潮和暴雨这两类人类面临的重大自然灾害中的科学问题的小型工作会议，会后撰写了关于在我国配合国际减灾十年开展 "多学科研究" 的建议。

1992 年 10 月 12~16 日，受 IUTAM 委托，郑哲敏与 J. Lighthill(时任 IUTAM 主席) 共同主持了中国力学学会承办的 ICSU/WMO 国际热带气旋灾害学术研讨会 (图 6.5)。该会是国际减灾十年的重要活动之一，由 7 个国际科学组织联合举办，它们是国科联 (IUSU)、世界气象组织 (WMO)、国际理论与应用力学联合会 (IUTAM)、国际大地测量与地球物理学联合会 (IUGG)、世界工程学会联合会 (WFEO)、国际工程学会联合会 (UATI)、海洋研究科学委员会 (SCOR)。

会后，郑哲敏撰写了专门报告，建议国家有关部门重视开展力学减灾和推进相关学科合作的建议。

图 6.5　1992 年郑哲敏和 IUTAM 主席 J. Lighthill 共同主持
ICSU/WMO 国际热带气旋灾害学术研讨会

2. 组织领导 IUTAM 在我国的学术交流活动

郑哲敏与王仁等多次领导了 IUTAM 委托的学术交流活动，如国际断裂力学与结构动力学、强冲击载荷、国际地球动力学中的力学问题、带缺陷物体流变学、非线性力学中的对偶互补对称方法、纳米结构材料的力学行为和微观力学、不确定非线性系统动力和控制、纳米材料和非均质材料力学中的表面效应等多个高级研讨会。

郑哲敏与王仁、庄逢甘等数届学会理事长配合，还多次承办 IUTAM 暑期学校，计有湍流层次结构与模拟、非均质材料的非线性力学、细胞和分子生物力学、微流体力学等。暑期学校由 IUTAM 执行局下设的科学委员会邀请世界顶级的专家参加，利用暑期在中国组织青年学者共同研讨，起到极好的指导作用。

3. 协助组建北京国际力学中心①

早在 1978 年制订全国力学规划之际，郑哲敏即与丁儆、朱照宣提出过成立"北京国际力学交流和研究中心"的设想。

经过多年的努力，我国力学科学事业得到了国际的认可。中国力学学会与中国科学院力学所、北京大学力学系、清华大学工程力学系等科研院所紧密配合已经成为国际力学界学术交流的重要场所。因此在亚洲

---

① 中国力学学会. 中国力学学会史. 上海：上海交通大学出版社，2008: 233-237。

成立这样一个机构条件已经成熟。中国力学学会于 2002 年提出了在北京成立国际力学中心的设想。

2006 年 8 月，中国力学学会向 IUTAM 执行局提出了在中国建立国际力学中心的建议。执行局回复支持，并要求进一步征求亚洲其他国家的意见。

2006 年 11 月，郑哲敏作为 IUTAM 执行局委员在庆祝国科联 (ICSU) 成立 75 周年座谈会上，作了题为 "The Beijing International Center For Theoretical and Applied Mechanics—A Proposal to IUTAM by The Chinese Society of Theoretical and Applied Mechanics" 的报告 (图 6.6)。这一建议得到了国科联和中国科协参会代表的赞同和支持。

图 6.6　2006 年郑哲敏作成立北京国际力学中心陈述报告

此后，经过与 ICSU、IUTAM 执行局还有十个国家和地区代表的多次酝酿准备，北京国际力学中心 (Beijing International Center for Theoretical and Applied Mechanics) 于 2007 年正式成立 (图 6.7)，并被批准为 IUTAM 的组织成员 (Affiliated Organization)。这个中心接待了英国、美国、德国、奥地利、印度、法国等多国的学者，为中国广大力学工作者搭起了一个新的国际交往、展现力量的舞台。

4. 三次申办 ICTAM 终获成功

国际理论与应用力学大会 (International Congress of Theoretical and Applied Mechanics，ICTAM) 是国际力学界最具规模和影响力的综合性学术会议，是世界力学界的 "奥林匹克"，每 4 年召开一次，举办国由大会理事会投票决定。从 1924 年至今，会议大多数在欧美国家举行。从老一辈科学家开始，我国广大力学工作者都期盼着有一天能在中国举办这一盛会。

图 6.7　2007 年北京国际力学中心成立

1988 年，郑哲敏带队去法国 Grenoble 出席第 17 届 ICTAM 期间，第一次申办 ICTAM。申办虽未成功，但我国取得与美国、英国、法国、日本等国同等的论文预审权，并争取到一些高水平的专题研讨会在中国召开，郑哲敏还当选第 18 届 ICTAM 两个研讨会的共同主席。

在白以龙任理事长 (1998~2002 年) 和崔尔杰任理事长 (2002~2006 年) 期间，力学学会第二次申办 ICTAM 大会，仍未获成功。

2001 年和 2002 年郑哲敏先后参与接待 IUTAM 执委 Bodner 和时任秘书长 van Campen 来访，使更多的国际同行了解中国的实力与诚意 (图 6.8、图 6.9)。

图 6.8　2001 年接待时任 IUTAM 执委 Bodner

图 6.9　2002 年接待时任 IUTAM 秘书长 van Campen

2008 年 8 月 24~30 日由郑哲敏、李家春 (时任理事长)、杨卫为首的中国代表团赴澳大利亚阿德莱德 (Adelaide) 参加第 22 届 ICTAM 时,中国力学学会第三次提请申办 ICTAM,郑哲敏亲自为申办报告人杨卫修改申办陈述报告 (图 6.10)。至此,水到渠成,终获通过。

图 6.10　2008 年郑哲敏与报告人杨卫讨论并亲自修改陈述报告
(澳大利亚阿德莱德)

5. 成功举办世界力学大会 ICTAM

2012 年 8 月在北京成功举办了 ICTAM 第 23 届大会,58 个国家和地区 1560 余人出席,宣读论文 1261 篇 (中国提交论文 429 篇)。白以龙担任大会主席,88 岁高龄的郑哲敏主持了大会开幕式的学术报告 (图

6.11)，受到了国际力学界的尊重。

图 6.11　2012 年 ICTAM 大会郑哲敏主持大会报告 (北京)

这次大会，为中国力学界进一步走向世界，开启了新的征程。

大会召开前夕，郑哲敏在接受《中国科学报》记者专访时说，2008年成功争取到 ICTAM 2012 在北京举办，其间包含了几代中国力学人的努力，每一次申办，都是一次向世界展示中国力学进步的过程。郑哲敏表示：我们拥有力学"大"国的地位毋庸置疑，但与美国、俄罗斯等力学"强"国相比还有一定差距。为此，我国力学界应该有少而精的力量从事基础研究，更多人应该从事与应用有关的工作。实际应用中有许多力学问题，特别是有许多非线性问题，要通过解决实际问题，再对理论加以提高。最关键的还是人才。

(五) 重视学术期刊出版工作 ①

早在郑哲敏担任《力学学报》主编期间 (1979~1985 年)，突出了严谨、严肃的办刊风格。公平、公正对待所有来稿，严格执行外审两审通过、编委会终审决定的制度；同时坚持首发率，严禁一稿两投等规定。从他一接手刊物，就制定了严格的制度，努力把《力学学报》保持在一个高水平上，鼓励有创新，鼓励与实践相结合的文章，不求全，因此设有研究简报栏。同时在征稿简则上明确设有学术讨论栏，欢迎对本刊所刊载的文章进行讨论，发表不同见解。积极倡导学术讨论，他希望能形成一个

<hr />

① 郑哲敏. 中国力学学会第三届理事会工作总结. 人、环境与力学. 北京：科学出版社，1991.

自由、平等、民主讨论学术问题的好风气。在他任职期间，正处于改革开放之际，各分支学科蓬勃发展，学术成果像雨后春笋般地涌出，投送《力学学报》的论文陡增，郑哲敏要审阅大量稿件。对退稿的稿件尤为慎重，要求编辑部一定要写清退稿理由，一定要将审者对稿件学术上的不足和问题如实转告作者，以便改进和提高，做到退稿不退人。这种严肃认真的办刊思想和作风，是在郑哲敏任期建立起来的，每期编委会审定会，他都准时出席。

在他任期前，中国力学学会主办的学术期刊仅有《力学学报》(学报类) 和《力学与实践》(1979 年，通报和高级科普类) 两种。后扩展有《岩土工程学报》(1979 年，南京水利科学院承办)、《固体力学学报》(1980 年，华中科技大学承办)、《爆炸与冲击》(1981 年，中国工程物理研究院流体物理研究所承办)、《地震工程与工程振动》(1981 年，中国地震局主管，中国力学学会是主办单位之一，中国地震局工程力学研究所承办)、《计算力学学报》(1984 年，大连理工大学主办，前身是《计算结构力学及其应用》)、《工程力学》(1984 年，清华大学土木工程系承办)、《实验力学》(1986 年，原在天津大学，后改中国科学技术大学承办)、《力学进展》(1982 年，前身是《力学情报》，属中国科学院力学研究所刊物，后改由中国力学学会接办并更名)。为走出国门，还办了两个对外交流的刊物：《力学学报英文版》(1985 年，1989 年改为独立刊物，编辑部设在中国力学学会办公室)、《固体力学学报英文版》(1988 年，文章与相应的固体力学中文版对应，华中科技大学承办)。

《力学与实践》是唯一属于通报和高级科普类的刊物，坚持了应用性、多样性和普及性的方针，突出了一个"新"字，不断增加新栏目，如教育栏、实验力学 100 例连载、力学竞赛、青年科技奖评选等，集知识性、趣味性于一体，深受广大力学教师和大、中学生喜爱。郑哲敏支持这份刊物，与他聘任了有才华、孚众望且热心刊物的主编有很大关系，如第一、二届主编卞荫贵、副主编朱照宣 (1979~1988 年)，第三届主编武际可 (1988~1990 年) 等。

1985 年《力学学报》获中国科学院优秀期刊奖。

(六) 科普、教育工作，推举优秀人才及其他

● 丰富多彩的科普

郑哲敏十分重视科普工作。他利用休息日和中国科学院的对外开放日在百忙中接待中学生，为他们作科普报告；多次参加力学学会组织的各种力学科普工作。

1986 年科普工作委员会组织中学生力学科普夏令营，地点承德。开营式当天，郑哲敏亲临现场致贺词，并作了科普报告。

1988 年，由《力学与实践》编委会负责举办全国第一届大学生力学竞赛 (北大教授武际可 1986 年倡议，郑哲敏首肯而开展)，郑哲敏亲自探望来京复赛的选手并为参赛选手颁奖。

1989 年学会的科学普及工作委员会组织了 "全国首届少数民族中学生力学竞赛活动"，参赛的有满族、蒙古族、回族、藏族、朝鲜族、维吾尔族、哈萨克族、侗族、苗族、壮族、彝族、土家族、达斡尔族、白族、布依族、畲族共 17623 名高中学生，涵盖 17 个省、自治区、直辖市。全国 40 多个重点院校和力学科研单位支持了这一竞赛。有的家长千里迢迢，从大漠草原，从深山峡谷送孩子参赛，情景十分感人。郑哲敏出席颁奖会并致辞 (图 6.12)，他说："中国力学学会是个穷学会，但我们愿意为了弘扬党的民族政策，提高少数民族科学教育水平做一些力所能及的实实在在的工作。"他号召全国的力学学会的会员们为此而努力。

图 6.12   1989 年全国首届少数民族中学生力学竞赛在乌鲁木齐举行，
郑哲敏在颁奖会上致辞

以上三项赛事，1996 年分别改名为全国周培源中学生力学竞赛、全国周培源大学生力学竞赛、全国周培源少数民族中学生力学竞赛。

- **重视力学教育**

为了给国家培养优秀的力学人才，力学学会早在 1982 年成立了教育工作委员会。自成立以来，每年都定期召开年会，交流力学教学和教改经验。1986 年郑哲敏任理事长后，出席了教育工作委员会并讲话，指出应重视提高教育质量，重视从事基础教育的队伍成长问题等。1986～1990年四年间，教育工作委员会组织了各项力学教育改革研讨活动，通过他们的推动，不少学校实现了让最有教学和科研经验的、具有高级职称的教师为大学低年级学生讲基础课的好风气。

1990 年国家教育委员会颁布了全国优秀教学成果获奖名单，力学学科获特等奖一项、优秀奖 13 项。与全国其他专业相比，力学学科占比是很大的。

- **评选青年科技奖，推举优秀人才**

为了鼓励青年力学工作者奋发进取，促进力学人才脱颖而出，1988年力学学会设立 "中国力学学会青年科技奖"。每次评奖时，郑哲敏都亲自参加评选。在他任理事长期间评选了两届：第一届 (1988 年) 是清华大学杨卫、兰州大学郑晓静，第二届 (1990 年) 是方竞、郑泉水、唐之景、欧进萍。

力学学会还积极参加中国科协、中共中央组织部、人事部联合举办的 "中国青年科技奖" 的推举评选活动。经学会推举，杨卫、郑晓静 (1988年第一届)，郑泉水、方竞 (1990 年第二届) 获此殊荣。如今，他们都已成为力学学科的骨干和带头人。

- **力学名词审定工作委员会**

1986 年在呼和浩特的力学大会上，正式成立以季文美为主任委员、朱照宣为副主任委员的力学名词审定工作委员会。从 1986～1990 四年间，明确审定原则、选词范围、制订计划，搜集到 6000 条名词初审，经严格确定后，1993 年正式出版了《力学名词》一书，内收 2637 条名词。

综上所述，可以看到，中国力学学会在郑哲敏任常务副理事长和理事长期间，朝气蓬勃，各项工作得到了全面恢复和发展。20 世纪 80 年代初至 90 年代初，是继往开来，把中国的力学科学引向全面发展的十年，是贯彻实现全国力学学科规划的十年，也是引导中国力学学会进入空前活跃繁荣的十年。

郑哲敏对于力学学科及对力学学会的贡献，源于他的理念。他认为力学学会应该成为学术方面的旗帜。正如 1990 年 10 月，在中国力学学会第三、四届理事扩大会议总结工作报告①中引用钱学森先生一贯强调的"主要方面应为工程技术服务"思想，他指出"怎样使力学研究成果更多更快地转化为生产力，使我们的工作更实际些、有用些，这是本届理事会领导学会活动的主旨之一。事实证明，力学在国家治理整顿经济的历史任务面前，可以做许多的工作……""发展力学科学的另一条道路是向交叉学科或领域进军。生物、地学、材料科学都是这样的领域。许多力学家与生物、医学、海洋、大气、材料工艺等相结合，从而取得突出的成就是很有说服力的例子。要真正深入而不是表面地进入。既要克服力学工作者自身知识更新的种种困难，又要克服来自那些领域中的各种程度的不理解。但是只要我们下定决心，这种困难是可以克服的，因为力学与那些领域之间，确实存在着不以人们意志为转移的、内在的、客观的联系。中国力学学会和所属的各专业委员会应该为此多出主意想办法，开展活动的面应该更开阔些。""从总的发展趋势看，力学要向更多更深的领域发展，与多学科结合，与工程相结合可使力学科学焕发更强的生命力。全国的力学工作者要顺应这一趋势，负起引导科学和社会进步潮流的重任，当仁不让，加强科学技术交流，促进对外开放，为发展国际合作环境而主动进取，努力做好为社会主义物质文明和精神文明建设服务的各项工作，以'献身、创新、求实、协作'的精神，发扬学会的特点，为科技兴国而努力奋斗。"

郑哲敏把老一辈力学家所创立的中国力学学会的发展和成长，作为自己的责任和义务。他做到了承上启下，继往开来。为中国力学事业，不管他在不在领导岗位上，都一如既往、不遗余力地付出。当然，力学学科现今的发展及中国力学学会有这样的成绩，是几届学会领导和广大力学工作者共同努力，共同奋斗的结果。然而，不容置疑，郑哲敏的贡献

---

① 中国力学学会. 中国力学学会史. 上海：上海交通大学出版社，2008：52。

是巨大的，功不可没。

郑哲敏 2012 年接受《中国科学报》记者专访时指出："我们拥有力学'大国'的地位已毋庸置疑，但与美国、俄罗斯等力学强国相比，还有一定差距"。在繁杂的社会中"要沉下心来多做工作"，"克服浮躁、急躁情绪，不要急功近利。"

他的这些话，将成为若干代力学人为之奋斗的铭言。

三、为中国科学院技术科学的发展做出重要贡献

(一) 当选中国科学院技术科学部学部委员和中国工程院院士

中国科学院学部成立于 1955 年，是国家在科学技术方面的最高咨询机构。学部委员是国家在科学技术方面的最高荣誉称号。

1955 年 6 月 1~10 日，中国科学院学部成立大会在北京饭店隆重举行，是我国科学事业发展中的一件大事。第一批学部委员 233 人，钱伟长名列其中。周恩来总理讲，宪法通过后，中国科学院已不是国务院下属机构，而是独立的学术研究和领导机构。会议讨论了中国科学院第一个五年计划纲要草案，宣读了 39 篇学术论文。郑哲敏去听了钱伟长先生有关薄板大挠度的报告，以及蔡方荫、李国豪等先生在土木结构和桥梁结构方面的报告。

1979 年，中断 23 年的学部委员增选工作恢复了。1980 年，中国科学院增选学部委员 283 名，郑哲敏成为技术科学部学部委员。

郑哲敏 88 岁时还清楚地记得当时的情况。"1981 年上半年的某一天，中国科学院技术科学部主任严济慈宴请我们力学所接待外宾的专家林同骥、李敏华和我，严济慈对我们说：'你们几位在去年 11 月被选上了中国科学院学部委员。'"

"我们当时对增选学部委员的工作一概不知。既不用填写任何申请表，也根本不知道是谁推荐了我。我觉着当了学部委员就意味着要承担更多的责任和义务，要为国家科技进步和社会经济发展真正履行自己的职责，起到表率作用。"郑哲敏是这样说的，也是这样做的。

那年郑哲敏 57 岁，家有年迈体弱的双亲需要照顾，仍然像上了弦的

箭一样工作，并且更加关注国家目标对科学技术的需求。

1982 年郑哲敏撰写《力学在国家建设中的作用》，收录于中国科学院技术科学部论文集。

1983 年，郑哲敏在深入开展水利和能源资源学科调研，以及考察西北地区缺雨少水的基础上，果断地在力学所开辟了环境流体力学的新学科方向。

与此同时，郑哲敏还组织专家到渤海和南海了解海洋石油领域的需求，1982 年 10~11 月组团到挪威、英国考察海洋工程科学，并向中国科学院提出了系统研究海洋工程力学方向的建议。1983 年 2 月下旬邀请中国科学院三个学部十个研究所研讨海洋石油问题。在院领导和有关部门的支持下，他与林同骥、钱寿易、李敏华、吴仲华等专家，同中国科学院相关研究力量强强联合。由于提前筹划国家需求的科研任务，且科技目标明确，科技队伍优势互补、成龙配套，从而使中国科学院最终赢得了承担国家第六个五年计划海洋重大项目的重任。

1986 年中国科学院正式批准成立由院内七个研究所参加的"中国科学院海洋工程研究中心"，任命郑哲敏担任研究中心主任。三十多年来，他致力于推动院内相关研究所的合作，持续加强中国科学院与中国海洋石油总公司等有关部门的联合，为我国"六五"至"十二五"期间的海洋工程研究、海洋平台结构安全、海洋工程地质考察和评估等方面做出了重大的贡献。

1986 年 2 月中旬，郑哲敏收到中国科学院科技政策与管理科学研究所业务处来信，告知即将举行中法科学规划与管理科学讨论会，卢嘉锡院长亲自点名，希望郑哲敏就会议的第一个议题 (规划、学科战略等) 结合基础研究方面准备发言。

卢嘉锡院长的约请，促使郑哲敏深入思考。回顾 1956 年、1963 年、1972 年、1974 年、1977~1978 年历次制订科学规划的经历，得出制订科学规划必须遵循的原则，一是自然科学的发展规律，二是中国的实际。关于基础研究，他考察了定义、历次规划中的地位、存在的问题 (开放政策、学术活动、评价、交叉领域与更新、文化与哲学传统)。关于选题，他指出科学意义与社会、经济价值，先进性与可行性。关于科学成果的评价，他指出创造性、学科意义和应用价值，其中包含"新现象、新理论、新概念、新方法、新工具"。关于学科发展战略，他指出，地学不断地从描述、分类走向模型化、定量化，与数理科学的结合日益密切、愈来愈快。中国的广袤陆地和海域，在地质、地貌、气象、水文等方面有许多特殊问题，影响全球，更影响中国。中国科学院有很强的地学和数理研究力量。如果两者有机地联合起来，形成有纵深的部署，不仅对中国发展大有好处，而且可以对世界科学宝库做出十分有价值的贡献。郑哲敏建议把数理科学与地学的结合作为中国科学院的学科发展战略进行研究，并且身体力行。

1986 年 3 月，郑哲敏参加中法科研规划与管理科学讨论会 (图 6.13)，按卢嘉锡院长要求发言。他还在发言中分析了中国科学院在国家五个方面军 (中国科学院、高等院校、国防科研院所、生产部门科研院所、企业) 中的定位。

图 6.13　1986 年 3 月方毅副总理会见参加中法科研规划与管理科学讨论会的法国科学家

(前排左 6 方毅，左 4 卢嘉锡，左 1 郑哲敏)

1993 年 10 月，中国科学院学部委员改称为中国科学院院士。1994 年 6 月 3~8 日召开的学部委员大会，改称为中国科学院第七次院士大会。会议修订并通过了《中国科学院院士章程》，建立中国科学院院士制度，进一步明确学部是我国在科学技术方面的最高咨询机构。

1994 年 6 月 3 日，中国工程院正式成立，成为我国工程技术方面的最高学术与咨询机构。在国务院批准公布的首批 96 名中国工程院院士中，郑哲敏等 30 位中国科学院院士经学部主席团推荐后被选聘为首批中国工程院院士。

郑哲敏荣登中国 "两院院士榜"。

(二) 当选中国科学院技术科学部副主任、主任

郑哲敏在 1992 年 6 月至 1996 年 6 月担任中国科学院技术科学部第六届、第七届常务委员会副主任，1996 年 6 月至 1998 年 6 月担任中国科学院技术科学部第八届常务委员会主任、第三届中国科学院学部主席团成员、第三届中国科学院学部主席团执行委员会成员，1995 年至 2000 年 6 月担任中国科学院学部第一届咨询评议工作委员会委员。

根据中国科学院学部的性质、职能和定位，学部的主要工作是对科学技术发展战略和重大科技决策提供咨询与评议，学部的院士增选工作，开展学术交流与促进科学普及等，这些工作需要作综合考虑统筹安排。学部主任虽然不是专职工作，但也要花费很多时间和精力，考虑和处理一些问题，更有些复杂问题要做研究。

在担任技术科学部领导期间，郑哲敏深知责任重大，积极组织院士专家调研，充分发挥院士专家的智慧，发挥学部的功能和作用，加强在科技发展规划、远景战略目标、重大科技决策、重要研究领域学术指导评议，以及科技政策、科技立法、科技管理体制等方面，向国家提出研究报告和咨询建议，努力使技术科学部的咨询评议工作更加活跃地开展起来，发挥国家最高咨询机构的作用和特色，使其逐步形成国家科学思想库。

(三) 坚持力学的学科定位

我国在 1956 年制订《十二年科学规划》时，将力学与数学、物理学、化学、天文学、地学、生物学并列为基础科学 (或称自然科学)。虽然如此，力学的学科定位在科学界一直存在争议。

例如《中国大百科全书》1987 年版《物理学卷》，正文前的专文 "物理学"(朱洪文撰) 写道，"早在 19 世纪，经典力学就已经成为物理学中的一个成熟的分支学科。" 该卷 "经典力学" 词条 (钱伟长撰)，虽然也说经

典力学是 "物理学的一个分支学科"，但是又说经典力学 "是物理学、天文学和许多工程科学的基础 …… 也推动了许多数学分支的发展"。

引人瞩目的是，1977~1978 年，中国力学界曾就 "力学是基础科学还是技术科学" 激烈争论，后来统一于学科两重性的认识。《中国大百科全书》1985 年版《力学卷》正文前的专文 "力学"(钱令希、钱伟长、郑哲敏、林同骥、朱照宣撰) 写道，"力学同物理学、数学等学科一样，是一门基础科学 …… 力学又是一门技术科学，它是许多工程技术的理论基础。"

钱令希等在该专文中还指出，"力学原是物理学的一个分支。物理科学的建立则是从力学开始的。" 这是学过中学物理或大学 "普通物理" 的人都知道的事实。钱令希等接着指出，"当物理学摆脱了机械的自然观(指相对论、量子论，引者注) 而获得健康发展时，力学则在工程技术的推动下按自身逻辑进一步演化，逐渐从物理中独立出来。" 这却是许多非力学专业的人没注意的事实。钱令希等还指出，"力学与数学在发展中始终相互推动，相互促进。一种力学理论往往和相应的一个数学分支相伴产生。" 这些话的意思就是，从基础科学角度审视，力学是与 "数、理、化、天、地、生" 等并列的一级学科。

在新中国成立之初，中国力学太弱小，曾是中国科学院数学研究所的一个研究室，曾是北京大学数学力学系的一个 "专业"，曾是许多大学工科的基础课。郑哲敏亲历了力学在中国迅速成长为独立学科的过程。

1978 年，在邓小平亲自批示后，补订了全国力学发展规划。

1992 年 10 月，国家科委为了制订 "九五" 科技计划和 2010 年远景目标，设立了 "21 世纪初科学发展趋势" 的研究，却没有将力学作为独立学科部署发展趋势研究。郑哲敏知悉后万分焦急，会同力学学科的院士和专家，在中国科学院基础科学局、国家自然科学基金委员会数理科学部、国家教委基础司等部门和中国力学学会的大力支持下，联合各部门专家多次召开 21 世纪初力学学科发展战略的研讨会，科学地阐明了力学既是基础科学又是技术科学的两重性，以及力学在推动国民经济发展和国防建设中不可替代的重要作用。鉴于郑哲敏为核心的力学界院士和专家们的不懈努力，国家科委正式下文，确立力学学科的地位，成立了以郑哲敏为组长，周恒、张涵信、黄克智和白以龙等五位院士组成的"力学科学小组"，筹划力学学科的发展战略。结果是力学作为门类科学与学科之一，系统地编入了《21世纪初科学发展趋势》（第2.03节"力学"，第101～107页）的总体规划中。这项规划的基础研究内容，后来纳入国家科委、国家自然科学基金委员会、中国科学院等多项计划支持。力学学科也在承担国家项目，为国民经济和国防科技的服务中，不断发挥作用并得到持续发展。

1998年，郑哲敏与谈镐生、张维、王仁、黄克智、吴承康、周恒、胡海昌、俞鸿儒、张涵信、李敏华、崔尔杰、白以龙、郭尚平、童秉纲、庄逢甘等16位院士，致信科学技术部朱丽兰部长并转呈中央科技领导小组，力陈973项目"将力学纳入物理"之弊端，建议"同其他一级学科一样对待力学"。

1998年，国务院批准力学所按力学一级学科执行研究生学位授予权。

2000年1月，郑哲敏向力学所提出"关于在创新工程中加强对重大工程研究支持的建议"，指出："当前的形势是力学在基础学科中的地位未能牢固地确立，如果掉以轻心，很可能降为二级学科。"在他的积极推动和中国科学院基础科学局的支持下，安排了两项院级创新工程重要工程研究方向性项目和三项创新工程前沿领域学科布局项目，使力学所的工程科学研究得到了稳定支持和持续发展。2001年，力学所的非线性连续介质力学开放研究实验室，正式成为国家重点实验室，标志力学所的基础科学研究也得到稳定和持续发展。

(四) 规划力学学科的发展

1992年1月～2000年12月，中国科学院聘任郑哲敏作为中国科学院力学学科专家组主要成员和顾问，指导并完成了《中国科学院"九五"基础研究发展规划——力学》和《中国科学院科技发展"十五"计划和2015年远景规划——力学》的编写工作。

1990～1997年期间，国家自然科学基金委员会确定了以郑哲敏为组长的力学学科发展战略研究组。在郑哲敏的指导下，研究组历经7年，完成了自然科学学科发展战略调研报告之一《力学》。郑哲敏撰写了"详细摘要"，确立力学学科的地位，筹划力学学科的发展，其中贯穿了技术科学研究为发展国民经济和国防建设服务的战略思想，提出了战略目标与措施：① 提炼出基本理论方面的三个课题 (湍流与流动稳定性、材料破坏机理研究、改造传统连续介质力学)；② 大力发展应用力学，重视交叉学科；③ 21 世纪提出 "可持续发展" 的总问题，应当像 20 世纪初提出航空问题那样去解决。

1999 年 7 月，郑哲敏作为国家自然科学基金委员会力学学科规划顾问组组长，对 "全国基础研究 '十五' 计划和 2015 年远景规划" 中的力学学科发展规划进行了总体指导。

2001 年郑哲敏担任科技部和国家自然科学基金委员会组织的 "中国基础学科发展报告——力学" 的顾问组组长，积极呼吁国家有关部门加紧组织开展具有战略性、基础性和前瞻性的科学技术研究等重要建议和改革措施。

(五) 推动技术科学发展战略的咨询研究 [①]

郑哲敏十分关心技术科学的发展，以其广博的学识、敏锐的战略眼光，为国家技术科学发展规划和远景目标及其交叉融合的新学科方向，呕心沥血，做出了重要贡献。

郑哲敏多次讲到："中国科学院技术科学部是院士人数最多的学部，技术学科门类多，涵盖面广，院士跨行业、跨部门并与生产技术密切相关。这是开展学科发展战略和咨询工作的有利条件，技术科学部要充分发挥这个优势。"

郑哲敏在任期间，学部常委会抓住学科发展战略和咨询工作这条主线，高度重视，组织开展了一系列研究。郑哲敏认为："技术科学部自主开展学科发展战略和咨询工作，定位和选题很重要。" 他征求一些院士意见，认为 "在改革开放环境下，高技术产业所面临的问题及对策，以促进其健康发展"，是个重要问题。于是，组织常委会研究，首先确定 "发展我国高科技产业的若干问题研究" 的咨询项目并做了具体部署。由于这个咨询题目涉及面很广，全面展开进行研究难度很大，应当主要就若干关键性、普遍性的重点问题进行深入研究。在研究内容上，选择 "发

---

① 李和娣采集郑哲敏在中国科学院技术科学部工作资料和研究报告。盛海涛提供与郑哲敏有关的技术科学部文稿和资料，傅敏提供郑哲敏在技术科学部主要活动记录资料。

展迅速、涉及相关产业多、对现实社会与经济影响巨大的信息技术产业"为切入点，重点解剖分析。为此，设置"计算机软件、微电子、通信、光电、科技与经济发展的关系"等 5 个专题分别进行研究。根据多学科性和科学技术与经济密切相关的特点，在研究力量的组织方面，除了部分院士直接参加外，还注意吸收从事社会、经济、管理等方面研究工作的专家参加，将相关方面的不同知识结合，有利于深入、全面地研究问题。在进行咨询课题的研究过程中，还与原邮电部、原电子工业部、原广电部等部门，以及有关企业的领导人共同研讨了有关问题。

1996 年 1 月 24 日，郑哲敏写信给时任院长周光召、副院长路甬祥及其他院领导，随信寄去了两篇钱学森先生的文章，一篇是 1947 年的《工程与工程科学》，另一篇是 1957 年的《论技术科学》。希望院长注意中国科学院发展技术科学的重要性；注意技术科学是科学，须加强研究，不能单纯作为技术开发。

对于研究技术科学学科的发展战略，郑哲敏等很多院士提出，要就技术科学内涵、性质、学术研究与工程技术的关系，技术科学对科学技术发展和社会进步、经济发展的作用等，找出技术科学面临的主要问题，选择一些具有关键性、全局性、前瞻性的重大问题进行专门研究。郑先生身体力行，1996 年 5 月提出了《建议开展技术科学发展战略的研究》的建议书，拉开了技术科学发展战略研究的序幕。他指出，"近二三十年来科学技术和社会经济高速发展的经验表明，在新世纪里，技术科学必将发挥更大的作用，对此我们应当做好充分的准备。"然而，"在我国，甚至在科技界，人们对技术科学往往缺乏正确的认识，因此有重新认识和加强宣传的必要。"

1996 年 10 月 30 日，郑哲敏在讨论微机电系统会上作报告，论述"小"带来的机会和"小"带来的变化，指出微机电是技术科学的新领域和新生长点。在郑哲敏的影响下，"十五"期间，中国科学院基础科学研究部署了微机电系统力学相关方向的科研项目。

1998 年 6 月，郑哲敏在第九次院士大会上再议技术科学发展战略调研，希望找出主要问题，抓住具有方向性、关键性、全局性、前瞻性的重要问题进行研究。

　　为使信息化建设以最少投资获取最大实效，使网络服务的统一性和市场经济的竞争性得以协调，为 21 世纪我国社会经济顺利发展打下坚实基础，为利于国家更有力地领导这一重大建设事业，经过技术科学部院士多次研讨，1998 年 1 月由王大珩、林兰英、师昌绪、陈芳允、杨嘉墀、罗沛霖、张光斗、张效祥、陈能宽、郑哲敏、王越、母国光、杨芙清、陈俊亮、王阳元等 15 位院士签名提出《关于建立国家信息委员会、制定国家信息网络建设规划的建议》：

　　"一、建立'国家信息委员会'，将分散的责权集中，以利于宏观调控，全面领导。

　　二、及早制定颁布国家信息化发展战略、指导原则与国家高速信息主干网建设规划，并赋予法律效力，以利于各方遵循。

　　三、建立全国统一的网络与信息安全机制，以确保国家安全。

　　四、制定与国家信息化建设相衔接的民族信息产业发展与应用策略，以避免我国信息化建设对外国产业过多的、长期的依赖性。

　　五、采取有效措施，强化人才队伍建设。

　　我们郑重地向国家领导反映如上情况，恳切希望国家采取果断措施，抓住机遇，快速发展。"

　　建议书送交国务院提请国家领导人对此问题予以关注，并建议采取"重组机构，加强统一管理"的有效措施。后来，新一届政府在其机构设置中采取了相应的措施。

　　郑哲敏还积极参加陈芳允院士主持的"关于加快建设我国农村通信网的建议"研究报告，并于 1998 年 10 月，经技术科学部常委会研究，决定向国务院呈送。国务院批转国家计委和信息产业部，国家计委和信息产业部就此联合向国务院呈送了《关于加快我国农村地区通信建设发展的策略和建议的报告》，提出加快农村通信发展的具体措施。

　　在技术科学部开展主动咨询工作的同时，郑哲敏还认为，应该与其他学部联合进行一些学科交叉、领域相关的综合性咨询评议工作。郑哲敏在工作报告中指出，"咨询项目研究中越来越具有学科交叉、领域交叉的综合性，这就需要我们更加注意学部之间的沟通与协调，以及与工程院合作，使咨询工作朝着高层次、高质量方向不断完善和提高。"

在郑哲敏的倡导下，技术科学部组织相关的院士参加了"我国澜沧江—湄公河流域（包括四川攀西地区）经济社会可持续发展战略研究"、"重庆市经济社会发展战略咨询"、"长江三角洲地区经济与社会可持续发展若干问题"、"1998 年长江洪水的认识和今后工作的建议"等涉及面广的咨询工作，在其中发挥了重要作用。

1999 年 4 月 26~27 日，郑哲敏出席学部在京召开的"技术科学发展研讨会"，作题为"有关技术科学的一些思考"的报告。他对到会专家说："你们都亲身参与了我国五十年经济建设、国防建设和科学技术的发展，有许多宝贵的、第一手的经验。你们不仅经历了，而且是从创业开始的，因此对技术科学的作用、它的意义和当前存在的问题能提出十分中肯的意见。这对我们学部启动'技术科学战略研究'这个咨询项目可以打下一个坚实的基础。有了这样一个好的起点，以后再请更多的院士一起参与。

"我就 4 个问题发表意见：1、技术科学的特点，2、回顾二十世纪技术科学的发展，3、二十一世纪我们面临的形势，4、我国技术科学当前需要解决的问题。"

会上还有王大珩、师昌绪等作了报告，张光斗、罗沛霖提交了书面材料，路甬祥院长发言。会议建议由郑哲敏继续负责技术科学发展战略咨询项目。

1999 年 10 月 17 日，郑哲敏参加中国科学院学部咨询评议工作委员会会议，作了重要讲话。他阐述了发展高技术和新兴产业、改造基础工业都需要技术科学的重要性，指出了目前我国技术科学方面还存在的问题和发展战略思考。

1999 年 11 月下旬，郑哲敏参加了中国科学院学部组织的对沈阳飞机设计研究所和沈阳飞机工业集团有限公司的科学考察，研究技术科学怎样为重大国防工程服务的问题。考察活动结束后，郑哲敏等六位中国科学院院士，一起重申技术科学研究的重要性，联名提出了加强技术科学研究的建议。

1999 年 11 月 24 日，郑哲敏出席了中国科学院技术科学部在南开大学召开的"发展我国高技术产业的若干问题"咨询课题评估会，对"发展我国高技术产业的若干问题"报告第三稿进行了评估。

2000年2月17日，中国科学院学部组建学科发展战略研究总体组，学部主席团成员孙鸿烈任总体组组长，技术科学部郑哲敏为总体组成员。郑哲敏积极组织技术科学部院士开展咨询研究，多次召开交流和研讨会，部署了技术科学发展战略研究。

2000年3月29日，针对当时对技术科学缺少深刻认识的现状，郑哲敏撰写了《技术科学的再认识》一文，提出要认真研究技术科学的发展战略。

2000年4月3日，郑哲敏在中国科学院技术科学发展战略研讨会上作了"关于技术科学发展战略研究"的思路、框架及编写内容的讲话。考虑到时间紧、门类多，他提出首先要有高的起点，确定战略目标，要突出重点，选出具有前瞻性、战略性，重大的，能体现国家目标的，有吸引力的重大项目，并以此带动技术科学的整体发展。他指出技术科学对国民经济、国防建设和科学发展本身有着重要的作用，要从整体上论述技术科学的特点和存在的主要问题，提出措施和建议，而不可面面俱到。

学部会议确定总体报告由郑哲敏起草，字数为15万～29万字。在编写报告过程中，他不顾年事已高，亲自执笔，以多种方式听取意见。特别是在报告成文阶段，他亲自一家一家地登门拜访院士和专家，听取多位院士和学部常委的意见，并参阅了钱学森、王大珩、罗沛霖、师昌绪、蒋新松等院士论著，对报告作了认真修改和补充，使学科发展战略有广泛的代表性，对实际工作发挥指导作用。

2000年5月郑哲敏完成了"论技术科学和技术科学发展战略"项目研究报告。其中写道：

"科教兴国和可持续发展战略是既定国策。世界已进入知识经济和信息时代。这些是制定发展战略的大形势。因此，在制定技术科学发展战略时，应遵循一些大的原则。譬如说：

1. 在21世纪中，在技术科学领域的一些方面达到当时的国际先进水平，应当是我们的战略目标。全面达到国际先进水平既无可能也无必要。但是，应当在几个重要领域里迎头赶上乃至超过当时的国际先进水平。这就要求在发展技术科学时，也必须贯彻'有所为有所不为'的原则。

2. 技术科学的基础研究、高技术研究和基础产业现代化研究三部分里，可能导致高科技的基础研究和基础技术研究是龙头，因为它既是发展新兴产业的带头兵，又为基础产业现代化所必需；技术科学基础研究的成果也应该着重体现在这方面。我们应当在这里找到突破口，首先抓住那些关系国家安全和长远战略意义，不可能由个别部门或市场支持，又必须依靠本国力量解决的关键项目或问题，以它们为支撑把技术科学的主要方面带动起来，同时又分层次地保持一定的储备以适应快速变化的形势。

3. 制定技术科学发展战略应当充分吸取我国研制"两弹一星"的宝贵经验，特别是全国一盘棋和大协作的精神。同时，要充分利用改革开放的大好形势，把基点建立在适应当前国内外最高的科学和技术水平上。低水平重复实际上是产业界外延性发展在科学研究方面的表现，应当切实避免。

4. 不同门类和层次科学和技术的交叉渗透是当前科学和技术发展的总趋势。例如，信息科学和技术已经深入到包括生命科学在内的所有领域，数理科学已经进入传统上描述性科学的领域，传统的自然科学已经更多地介入到开发和工程应用的领域，技术科学内部的相互交叉渗透，等等。制定技术科学发展战略应当充分注意到这一点，注意克服大小学科间的壁垒。

5. 既然在科学技术上我们仍然是个发展中国家，那么，以高技术促成基础产业的现代化，应当在发展战略中占有重要的位置。例如结合西部大开发战略部署，数理科学、信息科学和地学相结合，围绕环境和生态保护，应当是可以有所作为的。

6. 信息科学和技术发展的重点之一应是将其应用于改造传统工业。

7. 发展战略应当抓新思路，跟着别人的思路转，很难设想会能赶上别人。这样做当然有风险，这是必须付出的代价，因此政策与制度方面稳定和持续的保证也十分需要。

8. 重要的新领域早进入比晚进入好，因为早进入机会多。技术科学应当不失时机地进入像生命科学和技术、纳米科学和技术、MEMS 等这样的领域，特别要着力为它们开辟新的、更为广阔的应用前景。

9. 科学技术成果向产业和市场转换的速度和规模日益增加，这种情况在技术科学领域里尤为突出。对这种类型的研究，在技术科学发展战略中也应占重要的位置。

以下是一些更为不成熟的具体想法。

• 20 年后计算机芯片将建立在什么原理和技术的基础上？对量子芯片、生物芯片现在应投入多少力量？信息方面产业更新的下一个浪潮将发生在哪里？什么是新概念武器的科学基础？航空航天技术新的突破口在哪里？

• 地球将难以继续承担人类以现行方式对资源开发和利用所带来的灾难了。破坏生态环境和浪费资源、能源的现象比比皆是。在这方面，今后几十年内预期有什么革命性变化？需要哪些技术科学的预先研究？有什么高技术研究成果可利用？能源利用如何做到零排放？需要对这类问题马上开展哪些前期的战略性研究？

• 把实验室成果迅速转化为规模性工业生产也是技术科学不可旁贷的责任。化工、生物制品、药物和农药等方面都有这样的问题。一个重要的问题是怎样做到节能、高效、无污染。

• 怎样用高技术为居民特别是广大农民和城镇居民建筑买得起的、用高技术武装的、现代化的、标准化的、方便实用并节能的房屋？技术科学为农业工厂化能做什么贡献？怎样为设计现代化的、高效的、节能的、节省劳力的'绿色大棚'提供科学基础？

• 西部开发技术科学方面，哪些方面要做前期研究？凿岩技术会有什么重大革新？保持山体稳定、防止或减少水土流失会有什么新的工程措施？技术科学与地学如何进一步结合解决此类问题？西北缺水问题长远如何解决？

• 技术科学中除综合科学，如前面直接涉及的信息科学、航空航天科学等外，还有如应用数学、应用力学、工程热物理、电磁学、应用光学、应用声学、电子学、控制论等。综合类中无疑将涉及它们，但是，似应再设专册。在基础理论方面它们也有共性，其中最为突出的可能是如何处理多尺度、非线性复杂系统的问题。

• 基础科学对技术科学的需求是很多的，而且往往很难。技术科学可为它们提供更好乃至全新的手段。另外，在哪些方面我们需要基础科学的合作？"

20 多年前郑哲敏思考的问题，表达的科学思想，对科学技术发展规律的认识和战略思维直到现在仍有现实指导意义。

2000 年 6 月在"科学走向新世纪——中国科学院第十次院士大会学术报告"会上，郑哲敏向院士们作了"技术科学和技术科学发展战略"45 分钟报告。总体组综合各学部学科发展战略报告中的共性问题、重大问题，9 月底完成了向中央报送的中国科学院学部学科发展战略研究报告。

郑哲敏撰写的《论技术科学和技术科学发展战略》被收录于《技术科学发展与展望——院士论技术科学》（2002 年卷）第 73-87 页。郑哲敏撰写的《关于技术科学与技术科学思想的几点思考》，在《中国科学院院刊》2001 年第二期发表，2004 年收入《郑哲敏文集》(科学出版社)。

2001 年 2 月 25~27 日中国科学院技术科学部与中国工程院机械与运载工程学部联合召开以"21 世纪中国航空科学技术发展战略"为主题的香山科学会议。会议就我国航空工业，特别是大型飞机的发展战略等问题，进行了深入的研讨。院士们认为，制造大飞机不仅要提出"为什么要做"的问题，还应提出"怎么做"的办法。为此，他们到成都飞机工业公司、沈阳飞机设计所实地调研（图 6.14、图 6.15）。然后，王大珩、师昌绪、顾诵芬、郑哲敏、张维等两院院士和中国工程院刘大响院士签名，向中共中央、国务院、中央军委呈送了《抓住机遇，加快发展我国的航空工业》的建议书，从战略高度就我国航空工业的发展，以及成立国家航空委员会和国家航空工业专家咨询委员会等提出了一些建议。建议书得到国务院领导的重视，并做了具体批示。

2001 年 9 月受中国海洋石油总公司委托，由中国科学院技术科学部、地学部与中国工程院有关学部共同组织两院的院士对我国海洋石油的开发和生产进行咨询。咨询考察活动由郑哲敏院士牵头，15 位院士赴渤海油田、惠州油田、流花油田，以及两个石油处理厂进行了现场考察调研。在南方，院士们还乘直升机飞抵海洋钻井平台和存储处理大型海上平台进行现场考察。通过了解实际情况，与生产技术人员交流，在南方油田考察期间召开的研讨会上，郑哲敏等 9 位院士分别就海洋工程、石油勘探、采油等方面作了专题报告，对我国海洋石油的勘探开采、海洋工程建设以及政策方面提出了很多建议，得到中国海洋石油总公司高度评价，促进了中国海洋石油总公司与中国科学院、中国工程院的合作。

图 6.14　2001 年郑哲敏 (右 5) 与庄逢甘、张涵信、白以龙等院士在成都飞机工业
　　　　　公司考察调研

图 6.15　2001 年郑哲敏 (左 1) 与庄逢甘、张涵信、童秉刚等院士
　　　　　在沈阳飞机设计所考察调研

2003 年 5 月，中国科学院学部接受了有关制订《国家中长期科学和技术发展规划纲要 (2006—2020 年)》的咨询任务。在技术科学部承担的任务中，学部常委会决定由郑哲敏负责组织我国国防科学和技术规划部分的调研和规划稿起草，提供咨询报告。郑哲敏接受任务后，成立了由郑哲敏为组长，甘子钊 (数学物理学部)、徐建中为副组长的总体组，确定了总体方案和主要研究专题，要求各专题组以调查研究有关的科学技术问题为主，提出国防领域 5~10 年内需解决的重大、关键问题；提出

具有战略性、前瞻性,对国防现代化具有带动作用的科学问题,供制订中长期规划作参考。经过近 3 个月紧张高效的工作,于 2003 年 8 月形成了一个 "国家中长期科学和技术规划" 国防科学技术方面咨询意见的综合报告 (讨论稿)。郑哲敏立即致信中国科学院技术科学部办公室主任盛海涛和咨询办主任傅敏,体现出科学大家的责任担当和严谨的工作态度,以及远见卓识的能力和求真务实的科学精神。

在中国科学院学部接受国家部委委托的咨询项目中,郑哲敏都有力组织研究,高质量完成任务。这些项目有:国家科委委托的国家 "攀登计划"A 类 9 项、B 类 7 项项目的评估;国家计委、国家科委委托的 "国家重大科学工程立项" 咨询;国家科委委托的 "国家 863 计划 CIMS 主题" 评估;国家计委委托的 "国家'十五'高技术产业发展规划" 咨询等。郑哲敏听取多方意见,对报告修改完善,经技术科学部第十一届常委会和学部咨询评议委员会的审议通过,纳入了 "国家中长期科学和技术规划" 咨询报告中,即使在卸任技术科学部主任以后,郑哲敏仍身体力行,把参加咨询作为优先安排的工作,先后多次参加咨询调研活动。

这些工作充分体现了郑哲敏开拓创新、积极进取的爱国热忱,以及高瞻远瞩的战略思想。

(六) 学部的院士增选工作

院士增选是学部的重要工作,并形成了制度化、程序化规范运行。由于院士增选工作是一项涉及众多方面、众多问题的复杂工作,随着情况的变化,虽然不断在改进,但每次增选又都提出一些需要进一步考虑的新问题,因此,院士增选工作仍然是一个需要不断研究的重要问题。

郑哲敏认为,有些候选人的工作水平比较接近,会使评审的难度增加。除应严格按照院士标准评审外,还应在评价方法上针对技术科学的具体情况,对水平和贡献评价指标作适当的量化,使定性与定量相结合。院士们在平时的各类学术活动中,应注意对优秀人才做深入了解,会对我们改进评审工作起很大的作用。中国工程院的成立,使工程技术界的优秀人才获得了与技术科学界同等的荣誉称号,还有一批人才从自然科学转向技术科学。因此,如何在院士评价指标中体现技术科学的特点,成为今后需要认真研究的重要问题。

从 1995 年增选以来，院士们以不同的方式表达过对增选院士工作需要改进的意见。在技术科学部 1997 年度院士增选会议召开之前，郑哲敏多次召开主任会和常委会，对增选问题进行了认真、仔细的研究。根据技术科学部的具体情况，对技术科学部院士候选人评审、选举细则进行了相应的修改和补充，制订了《中国科学院技术科学部院士候选人评审、选举办法》，决定 1997 年院士增选工作分两轮会议进行。由于改进了评审和选举办法，院士们注重候选人的质量，即使达不到规定应选的名额，也绝不能降低院士标准。技术科学部对院士增选改进的措施，经过在院士增选中的实际运行，取得较好效果。这也是郑哲敏作为技术科学部主任，在任期内对院士增选完成的一个重要举措。

针对院士增选问题，郑哲敏不但从具体问题上着眼提出办法，同时还从宏观面上考虑问题。他强调，院士增选是一项复杂的系统性工作，具有很强的学术性和政策性，为社会所广泛关注。因此，对于这项工作既要保持稳定，又要对一些问题进行慎重研究。制定任何一项规定，或改变一项规定，都要深思熟虑和广泛征求各方面的意见，使院士增选工作不断完善，体现出科学性、公正性，符合国家科学技术和教育事业发展的需要。

(七) 组织学部的学术活动

学术活动是学部的另一项重要的工作。郑哲敏很重视学术活动的开展，认为学部聚集了国家科技精英，更具有交流科学思想、探讨科学技术的发展前沿的条件和优势，要形成浓厚的学术氛围，并要结合国家经济建设和科技发展需求，与学部开展的咨询工作相辅相成，相得益彰，产生实效。学部开展学术活动，在营造学术气氛、丰富活动内容和形式多样化上要多加考虑。要大力促进学术交流和重大问题的研讨，还要注意与学部咨询、科学普及、发现人才等工作相结合。要加强与国家有关部门的沟通和联系，经常邀请有关部门的领导来学部介绍有关行业状况和发展规划、计划。学术活动的内涵要加以扩展，从目前的学术报告、学术研讨等形式，逐步力争在科技成果评价，学术机构研究方向、目标、水平的评议等方面有更大的实质性的影响，使学部成为学术气氛十分活跃的一个集体。

在郑哲敏主持技术科学部常委会工作期间，选择微电子机械工程(MEMS)、微电子技术、通信产业、科技强军、材料科学与技术、航空工业发展等主题，以报告会、研讨会、香山科学会议等形式开展了一系列的学术活动。

2014年6月12日下午和13日上午，中国科学院数学物理学部第四届学术报告会在京西宾馆召开。在综述性学术报告会上，郑哲敏、赵忠贤、潘建伟、霍裕平院士分别应邀作了最新学术进展报告。九十岁的郑哲敏以"水下发射高速水动力学问题研究"为题，介绍了在前人工作基础上发展而来的水下发射全过程的计算模型和模拟方法，这是近年来郑哲敏带领青年科技团队为国防工程领域急需解决的难题而开展水下高速航行体流固耦合力学问题方面的一项研究，整体工作获得有关方面的高度重视和重要应用。

院士是学术界的最高荣誉称号，郑哲敏不辱使命，将院士崇高的荣誉作为崇高的责任和义务，为推动科学技术事业的发展而鞠躬尽瘁。

第七章 成就斐然

从 1978 年到 2004 年郑哲敏担任中国科学院力学研究所、中国力学学会、中国科学院技术科学部领导职务期间，在推进海洋工程力学、非线性连续介质力学，指导爆炸力学的研究等方面取得很好的成果。本章简介他这二十余年的若干学术成就。

一、组织和主持海洋工程力学的研究

力学所有关海洋工程力学的研究，始于海洋土力学的研究。

"文革"期间，土力学研究室被撤销，初具条件的实验室毁于一旦。1978 年力学所恢复土力学研究时，我国刚刚开始海洋油气开发，南海石油勘探指挥部曾来力学所要求协作。甫任副所长的郑哲敏，支持钱寿易先生在 1979 年组建海洋土力学课题组，1980 年将海洋土力学纳入所科研计划，并确认为所重点项目。1980 年，钱寿易等在《力学进展》发表《海洋土力学现状及发展》的综述，预计海洋土力学将随海洋石油开发而迅猛发展。

当时，中日两国开始合作开发中国第一个海上油田——渤海埕北油田。海上钻探取土都由日方进行。按照协定，土样不许带出国门，而且渤海石油公司反承包的室内土工试验必须在日方指导下进行，甚至连一个小小的比重计都要从日本进口。1982 年,力学所的研究人员以渤海石油公司实验室人员老师的身份参加土工试验。经过一段时间接触,日方技术人员发现力学所的人能回答一些他们不清楚的问题,还指出他们计算插桩的错误,于是将试验把关责任交给了力学所。力学所综合整理埕北油田钻孔资料,获得了该区域海底土层土工特性的全貌,完成第一篇反映我国海区海底土性的论文。

1982 年 10~11 月,在中国科学院数理学部的支持下,组团赴挪威和英国考察与海洋工程有关的力学问题研究,出访的人员有林同骅、李敏华、钱寿易和郑哲敏等。1983 年初郑哲敏邀请中国科学院三个学部的十个研究所和石油部一起讨论海洋工程问题。同年,林同骅与钱学森、钱伟长、庄逢甘等在中国科学院数理学部,向国家提出开发海洋的重大建议。

中国科学院于 1983 年将 “海洋平台桩基与海洋土工程性质研究” 定为院 “六五” 攻关项目,组长钱寿易,副组长陆岳屏和楼志刚,期限三年。当年,力学所与中海油南海西部公司联合参加国际投标,承担美国宾斯石油公司分析自升式钻井平台桩腿插入深度的反承包任务。经过现场调查、取样试验和理论计算,力学所估计南海 4# 钻井平台插桩最大深度 23 米,但国外公司估计不超过 10 米。针对南海西部公司的担心,力学所做了复核,再次估计的插桩深度为 20~23 米。1984 年 10 月 11 日现场施工,实测的插入深度为 22.2 米、21.4 米、20.6 米,证实力学所的估计值确实符合实际。这一结果,使力学所获得石油公司的高度信任,为后续参加海洋石油开发的国际竞争奠定了技术基础。随即,力学所与南海西部公司又联合承担美国太阳石油公司三个场地的反承包任务,三个场地的实际桩腿插深符合预估值,其完成的质量和速度甲方深感满意。上述两项为中海油创汇约 50 万美元。从发现日本公司计算插桩深度有错,到与美国公司现场 “比武” 获胜,力学所的海洋土力学研究初战告捷,桩基工作声名鹊起!

1983~1984 年考察南海石油开发区海洋土工程需求,钱寿易提出区域海洋工程地质调查的设想和多学科综合研究的总体方案,为承担我国第一个海洋工程地质调查和评估任务奠定了基础。

郑哲敏支持钱寿易在 1984 年成立海洋土力学研究室 (七室),同时,把所内土力学研究室、固体力学研究室和流体力学研究室的负责人组织起来，召开关于海洋工程力学联合研究的预备论证会议。首先是郑哲敏作总体报告，他从国家开采海上油气的紧迫而重大的需求出发，论证了力学所开展海洋工程力学的必要性和可能性，指出力学所具有解决海洋工程力学问题的有利条件，可以充分发挥我所土力学、固体结构力学以及流体力学三个研究部门的研究优势；然后是钱寿易和林同骥分别就海洋工程中亟待解决的土力学问题和流体力学问题作了报告。在此基础上，力学所向院提出了组织我院海洋工程研究中心的建议。中国科学院于1986年12月2日成立了中国科学院海洋工程科学技术研究中心，挂靠在力学所。该中心由中国科学院力学研究所、中国科学院海洋研究所、南海海洋研究所、福建物质结构研究所厦门二部、金属腐蚀与防护研究所、金属研究所、武汉岩土力学研究所等七单位联合组成，中心主任为郑哲敏。其主要任务是组织和协调中国科学院海洋工程的科研和技术开发工作，开展国际有关海洋工程的合作和学术交流，组织专家开展海洋工程规划与专题研究，并为中国科学院的科研布局和决策提供咨询意见。

"六五"到"十五"二十多年来，郑哲敏领导中国科学院海洋工程科学技术研究中心开展了多项海洋工程领域的研究工作，先后承担了国家科委攻关项目和国家自然科学基金重大项目，主持了中国科学院"七五"、"八五"、"九五"重大项目，促成了中国科学院与中国海洋石油总公司"十五"科技合作并负责该重大合作项目。中国科学院海洋工程科学技术研究中心还与中国海洋石油总公司建立了长期友好的合作关系，完成了数十项中国海洋石油总公司委托的科研和工程开发项目，获得了二十多项国家科委、国家经委和中国科学院的奖励，其中包括国家科学技术进步奖二等奖两项和中国科学院科技进步奖一等奖等多项成果。

作为一个跨学科、依靠中国科学院大项目支持、多研究所参加的中心主任，郑哲敏有一些成功的经验，那就是项目的运行一定要透明、公平，不能突出本单位的利益需求，相反，作为项目主持方，在经费分配方面应该谦让。为了使项目运行更加透明，每次经费下来，郑哲敏都要召开全体项目组会议，对上阶段的工作分别作报告，提出各方面计划开展的工作，然后展开充分讨论，提出并讨论决定整个分配方案。这样做，虽然多花了一些时间，但是有了大家的参与，事情往往能顺利解决。记得有一次力学所提出需要增加一些经费开展多相流的研究，开始时意见不统一难以取得一致的看法，但是经过力学所进一步的说明，还是取得了一致。由于这个项目的开展，若干年后该题目组应用流态化的原理，创造了一种新型、小体积的高效油气分离装置，并在多处工程实践中得到证实和确认。

二、指导并亲自动手研究爆炸复合机理

力学所二室在郑哲敏指导下，1976 年开始对金属板爆炸复合进行较系统的理论与实验研究，特别是在 1982～1986 年期间开展爆炸复合界面波纹形成机理的研究。

爆炸复合是利用炸药产生的高压使两块金属件形成牢固的结合面的加工工艺，通常用于在碳素钢表面覆盖一层贵重金属。经验表明，金属板爆炸复合的界面呈波纹状 (图 7.1)，适度的波纹可以增强界面的结合强度。

图 7.1　爆炸复合时界面失稳的金相照片 (放大)

国外提出的复合界面波纹理论是不可压缩理想流体力学理论，忽视材料强度的作用。但是爆炸复合的基本过程，与破甲弹射流形成过程类似，都是薄层金属高速碰撞形成射流，区别在于爆炸复合是二维平面碰撞问题，聚能射流是二维轴对称碰撞问题。根据研究破甲弹聚能射流的经验，郑哲敏认为，爆炸复合时材料的固体性质是不能完全忽略的，属

于流体弹塑性问题。

郑哲敏设计了实验专门对此进行研究，发现爆炸复合界面波纹的相对波长是随着折合应力变化的。折合应力逐渐减小时，相对波长随之增加，然后又随之减小。对界面波纹的显微观察知，在波纹附近存在局部熔融、重结晶、热塑失稳带等，这也是流体弹塑性体的特征现象。另外，实验还显示，波纹形成所需时间比流体稳定性理论估计的时间短得多。很明显这里有固体强度的影响。郑哲敏就此提出了一个以表面层失稳为基础的流体弹塑性模型[①]（图 7.2）。两飞板碰撞瞬间局部材料变成流体，表面层初始微扰 $\eta(t)$ 导致流体界面抖动生成波纹，稍后该局部材料急速卸载，波纹被 "冻结" 保留下来。谈庆明的数值计算结果与实验现象一致，证实爆炸复合界面波纹形成符合流体弹塑性体模型。利用同一模型，郑哲敏还从板材的可压缩性解释了为什么相对波长随折合应力下降而增大。

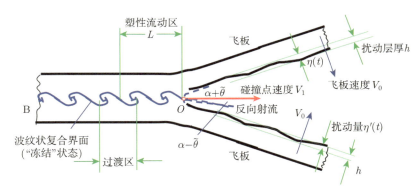

图 7.2　飞板碰撞面存在法向微扰动 $\eta(t)$ 的爆炸复合流体弹塑性体模型

邵丙璜、陈维波和李国豪从系统实验中得到指导生产的 "焊接窗口"，即保证复合质量的工艺参数的范围。

1989 年，力学所关于爆炸复合的研究获中国科学院自然科学奖一等奖。

郑哲敏带领力学所做的开创性工作得到同行公认，为中国爆炸复合的产业化提供了理论指导。据悉，我国爆炸复合业产值 21 世纪 10 年代

① 郑哲敏，谈庆明. 爆炸复合界面波的形成机理. 力学学报，1989,21(2)：129。

已达几十亿元。

三、热塑失稳的研究

1977 年 12 月郑哲敏和朱兆祥在题为"爆炸力学的概况和任务"的报告中列举爆炸力学的丰富研究内容时，指出爆炸造成的材料的热塑失稳是一个复杂现象。

1979~1981 年，郑哲敏 20 世纪 60 年代指导的研究生白以龙到英国做访问学者，先后在牛津大学、剑桥大学研究材料力学性质。当时国际学术界和工程界关注一种叫做"绝热剪切"的现象，一直沿用经验性的最大剪应力准则，使研究无法深入。70 年代力学所研究破甲机理时，白以龙知道，在射流侵彻孔壁附近有一种很窄的"白带"当时确认是"绝热剪切带"。他清晰知道，所谓"绝热剪切"是一种热塑失稳现象，或说热塑变形局部化现象。在材料急剧剪切变形时，塑性功的绝大部分（约 90%）变成热，使得处于剪切带位置的材料急剧升温。材料因升温而软化导致中心部位剪切变形急剧增大，相邻材料得以卸载，遂使剪切带收缩变窄，剪切带内材料温度随剪应变增大而继续上升，使局部材料进一步热软化，中心部位剪应变进一步增长，剪切带进一步变窄。如此反馈，使局部温度上千摄氏度，剪应变明显大于 1，剪切带窄到百微米甚至十微米。白以龙突破国际惯用的"最大剪应力准则"这种经验描述，提出材料粘塑性不可压缩的简化假设，建立了考虑生热和散热的热塑剪切模型方程。他用微扰法分析模型方程的稳定性，得到了无量纲判据热塑软化生热大于材料加工硬化耗热与传导散热时材料失稳，国际上称之为"白准则"。在此基础上，白以龙给出了剪切带宽度的公式，随即被美国海军武器中心等几个实验室证实。白以龙的研究结果表明，最大剪应力准则是热塑失稳准则的近似表示，"绝热剪切"概念不严格，热传导是不可忽略的因素。白以龙的这些工作奠定了热塑失稳机理研究的力学数学基础。

1981 年 12 月在扬州召开的第二届全国爆炸力学学术会议上，郑哲敏作了关于流体弹塑性体模型的报告。他指出，流体弹塑性体模型，会产生在流体力学和弹塑性体力学中都看不到的新现象，热塑失稳就是其中一例，破甲弹射流失稳、爆炸复合界面失稳都是例子。

1982 年以后，郑哲敏经常与出国归来的白以龙、俞善炳讨论热塑失稳现象。他们澄清了不稳定性和局部化之间的关系，表明绝热剪切带是由非线性变形功和热扩散共同控制的变形晚期准静态耗散结构，从而阐明了剪切失稳带为什么在多类材料中广泛发生的机制。他们共同完成题为 "Late stage structure of thermo-plastic shear band"(1983，未发表)，以及题为 "On evolution of thermo-plastic shear band"(16th ICTAM and Acta Mechanica Sinaca,1986,2,1-7) 的论文。

1984 年，郑哲敏进一步研究热塑剪切带早期演化过程。他把基本方程组无量纲化，分析数量级并简化，推导出剪切带宽度随时间演化的方程。然后对初始温度服从正态分布和余弦分布两个特例，求解剪切带宽度演化方程，发现有三个无量纲参数决定着剪切带宽度的热塑失稳。其一是应变率硬化效应与热软化效应之比；其二是热软化效应与传热快慢的特征量之比；其三是材料熔点和剪切带初温峰值之比。从数值模拟，看到剪切带宽度、中心温度和应变率的演化过程，以及三个无量纲参数影响热塑失稳带演化的具体趋势。郑哲敏的这部分工作，揭示粘塑性是热塑失稳材料的基本特征，加深了对剪切带热塑失稳过程的认识。

热塑失稳现象的力学研究，是郑哲敏等提出的流体弹塑性体理论的一部分，成为该领域后续文献常引用的基本文献，于 1994 年获国家自然科学奖二等奖，白以龙为第一获奖者，郑哲敏为第二获奖者。

四、指导并亲自动手研究煤与瓦斯突出机理

煤是我国第一能源，20 世纪 80 年代开采百万吨煤的死伤人数世界第一，煤与瓦斯突出是造成人死物毁的一个严峻矿难。然而，煤与瓦斯突出这类矿难的发生机理长期不明，影响采取有效的防治措施，严重危及煤矿工人的生命。郑哲敏判断这是一个物理爆炸问题，应煤炭工业部安监局邀约，组织队伍展开了多年的机理研究。

郑哲敏在 1982 年力学学会成立 25 周年召开的第二届理事会扩大会议上，作了题为 "我国爆炸力学在国民经济中的应用" 的学术报告，其中

包括对煤与瓦斯突出机理的剖析。他在对我国瓦斯突出事件进行定量分析的基础上，得出结论，瓦斯突出的动力来源于孔隙瓦斯中含有的机械能，地应力是触发瓦斯突出的因素，并初步建议了预报瓦斯突出的无量纲参数。朱兆祥先生当场跑上前向他致意说，"瓦斯的问题太难了，把机理说得这样透彻，太不容易了。"该报告的这部分内容以《从数量级和量纲分析看煤与瓦斯突出的机理》为题发表 (北京大学出版社《力学与生产建设》，1982 年，128-137 页)，在煤矿瓦斯安全界产生了广泛、深刻的影响。

1982 年，郑哲敏仔细分析中梁山煤矿瓦斯突出的现场观测数据，发现两个相距 7 米的瓦斯探头的压力下降时间相差 5 秒，粗估两探头间瓦斯压降扰动的传播速度为 1.4 米/秒。这个速度比煤岩声速低三个量级，比渗流扰动扩展速度高两三个量级，反映了什么？针对这些问题，1985 年后郑哲敏等申请到四期国家自然科学基金，逐步建立了瓦斯突出的模拟实验装置，并进行了系统的模拟实验，发现突出时瓦斯压降的传播反映了煤层破碎阵面的传播，一维瓦斯突出模拟实验存在一个向煤层深部恒稳推进的"突出波"，二维瓦斯突出模拟实验时"突出波"则衰减推进。另外还发现，随煤中孔隙瓦斯压力高低不同，存在开裂和突出两类临界现象。

郑哲敏在 1985 年召开的国际采矿技术和科学的会议上，作了题为"瓦斯突出的初步研究"的报告。1988 年，俞善炳发表《恒稳推进的煤与瓦斯突出》(力学学报，第 20 卷第 2 期，97-106)，提出描写煤与瓦斯突出的一维偏微分方程组，定性分析破坏阵面的恒稳推进。1989 年 6 月，署名丁晓良、俞善炳、丁雁生、寇绍全、谈庆明、郑哲敏的论文《煤在瓦斯渗流作用下持续破坏的机制》在《中国科学》(A 辑) 第 18 卷第 6 期刊出。1993 年署名郑哲敏、陈力、丁雁生的论文《一维瓦斯突出破碎阵面的恒稳推进》在《中国科学》（A 辑）第 23 卷第 4 期刊出。

郑哲敏团队提出，瓦斯突出是处于一定地质环境的含瓦斯煤体因开挖卸载发生的动力学现象，其基本机理包含如下三个要点：第一，瓦斯突出是含高压瓦斯的煤的物理爆炸，瞬间把煤破碎成粉末。这种爆炸可以形象地比喻为"爆米花"，导致其发生的基本条件是孔隙瓦斯的瞬时压降显著大于煤的强度。第二，瓦斯突出与常见的炸药爆炸有类似的波动现象。炸药爆炸时存在爆轰波，瓦斯突出时存在破坏阵面扩展突出波。爆轰波的扩展极快，每秒几公里；突出波则慢得多，推进速度只有每秒几米到几十米。如郑哲敏在 1982 年指出的，瓦斯突出阵面的扩展比弹性波慢得多，比煤中瓦斯渗流压降的扩展快得多。第三，破坏阵面掠过的煤体破碎成粉，瓦斯迅即解吸，在破坏区形成有稠密固相的气–固两相流。两相流涌向巷道，在巷道中激发空气压缩波，少部分煤粉随瓦斯沿巷道喷射，大部分煤粉和煤块堆积壅塞成拱，终止喷煤；壅塞拱易垮塌，可以导致多次抛煤喷瓦斯；破坏区中的瓦斯透过壅塞拱继续涌进巷道，成为抛煤停止后持续涌出的大量瓦斯。物理爆炸、破坏阵面、两相流动，这三点基本认识，揭示了突出时产生大量细粉、涌出大量超过抛掷煤含量的瓦斯的秘密，可以解释人们多年来的疑惑。

在郑哲敏的指导下，瓦斯突出机理研究组经过十年的研究，在模拟实验的基础上，通过量纲分析得到了低压下的临界开裂和高压下的持续突出的无量纲条件，指出了煤与瓦斯突出预报的研究方向。

要把郑哲敏团队建立的力学模型和数学方程用于井下开采，需要把一维模型拓展到三维，并建立与地质构造结合的三维软件。进入 21 世纪，郑哲敏的学生做了瓦斯突出三维数值模拟的尝试。怎样用井下易得的参数反映煤岩力学性能，怎样探明开挖面前方的煤岩地质数据，也是将理论用于生产必须解决的问题。

五、支持并参与研究水下爆炸处理软基

我国多入海江河淤积，淤泥质海岸广泛分布，建造港口时经常遇到"水下软基"问题。软基的抗压和抗剪强度很低，承载能力差，直接建造跨海大堤、防波堤等水工构筑物，会发生失稳及滑动破坏。以连云港为例，1933 年开港到 1974 年，发生较大规模滑坡 11 次，滑移量达几十米，损失很大，曾有一位外籍设计师因此自杀。滑坡原因多为在未处理的地基上直接抛填石料，石料下面的淤泥失稳滑移。为处理海底软基，人们常用挖泥船将基槽中的淤泥挖出后再抛填砂石，称作"置换法"；或者将

石料铺在淤泥上，强夯至硬底。还有一种"排水固结法"，在淤泥中打设砂井或插入排水塑料纸板构成排水管网，加载促使淤泥排水固结，逐渐提高承载能力。用上述方法处理海底软基，造价高、工期长，成为困扰我国海港建设的一个难题。1978 年后，为实现"对外开放"，国家大兴海港建设，迫切需要"快、省、好"的新方法处理海淤。

1984 年，连云港建设指挥部派人员访问力学所，提出是否有可能利用爆炸技术实现水下清除淤泥并筑堤，用于连云港一条长达 6.7 公里的跨海筑堤工程，水深约 9 米，水下淤泥厚约 6 米。如果用挖泥船全清淤，耗时费钱，还要处理回淤，使该工程遇到工期紧迫和经费短缺的严重问题。

得知这个消息，鉴于工程的重要性和紧迫性，以及爆炸威力比较大而成本相对较低，又是过去没有做过的新问题，值得一试。郑哲敏决定接受这个任务。力学所二室采用内部竞争上岗的办法选拔项目带头人，张建华提出的"定向爆破-抛淤填石"方案得到郑哲敏支持。根据 1984 年底签订的意向性协议，按照郑哲敏"试验必须到现场去做"的意见，张建华于 1985 年率队直接到连云港工地去做试验，摸索建堤方案。当时，力学所、连云港工程指挥部、交通部第三航务工程勘探设计院和锦屏磷矿四个单位共同出资 20 万元联合攻关。在建港指挥部指挥金镠同志积极支持和亲自指挥下，合作工作顺利开展。

力学所参试人员热情很高，不怕炎热和海浪，在浅海中作业，工作非常艰苦。出乎意料，定向爆炸抛淤的效果不好。在困难之际，郑哲敏带着 1984 年入学的博士生李世海到连云港工地，了解到在爆炸冲击下淤泥的性质接近水，不可能定向抛掷，从原理上否定了原定技术方案。另一个方案是把石料堆在海底，在石料上面的水中引爆炸药，借助于爆炸压力把石料往下压，同时把淤泥排开，或者在石料下面的淤泥中引爆炸药，挤开淤泥使石料下沉。这种方法叫做爆夯。试验表明石料上炸药爆炸效果差，石料下炸药起爆不好办。在困难重重之际，张建华找到一种不同于在石料上下布药的方法，在堆石体前下方的淤泥里布置炸药包，炸药引爆后，堆石体前面的淤泥侧向排出，堆石体瞬时振动随即落入爆坑，沉到海底承力层。新方案初试成功，是关键的一步，称作"爆炸填石排 (挤) 淤法"。

1986 年起他们在连云港实施了 6 项小型工程，机理性试验研究与中间试验交叉、合并进行，逐步优化炸药量、埋深和位置，完善施工技术，达到处理海淤软基"可行、既快又省"的目的。小型工程中海军防波堤的软基是深厚淤泥层，原设计要用挖泥船全清淤，采用爆炸填石法不仅无需清淤，而且减少了抛石量，经三个月沉降堤身即达稳定，投资约为 540 万元，比原设计节约近一半。小型工程的收益支持了进一步的试验研究，形成良性循环。

国家经委、国家教委和中国科学院，于 1986 年将爆炸处理海淤列为国家第一批 100 项与企业横向联合的重点科技项目。

1987 年，张建华带领攻关组投入连云港西大堤工程。力学所土力学室参加了承载力的检验并得到确认。经过不同海况和台风的打击，这项技术的可靠性得到了真实工程的考验 (图 7.3、图 7.4)。工程经验表明，循环推进的多次爆破振动，是沉底堆石体逐渐密实稳定的重要机制。当年 9 月，爆炸处理海淤软基技术通过了交通部与中国科学院主持的鉴定并形成规范，获国家发明专利。水下淤泥中放置炸药的装药器，使"可行"转向"易行"，也取得专利权。

图 7.3　郑哲敏查看连云港西大堤

1987 年，郑哲敏撰写报告，分析爆炸法处理海淤软基的模型律，指出爆夯和堤下爆炸挤淤都属于以初期运动为主，在忽略重力和粘性的条件下，几何相似律成立。而爆炸填石排淤包括两个阶段，除了形成爆破漏斗这个初期阶段，还要考虑堤头塌落到爆坑的后续过程。同样，其初期阶段仍然几何相似。经过深入分析，郑哲敏证明，堤头塌落形成的石舌尺度也与重力无关，即后期过程也服从几何相似规律。这样，爆炸填石排淤的全过程也服从几何相似律。由于三种爆炸作业都几何相似，因此都可以应用能量准则较容易地估算炸药量，为制订施工方案提供了理论指导。

图 7.4　采用爆炸处理软基技术建成的连云港西大堤

这项新技术，在海港建设、沿海城市建设、沿江工程建设中发挥了很大的作用，经济效益十分明显。交通部刘济舟院士告诉郑哲敏，根据他们的统计，爆炸填石排淤可以缩短工期，降低造价约 1/4 至 1/3。这项技术获 1988 年度中国科学院科技进步奖一等奖、1990 年度国家科技进步奖二等奖、1993 年度中国专利金奖。

与现场试验相结合，郑哲敏还指导博士生乔继延做室内小型实验和理论分析，结合现场试验资料，掌握了爆炸条件下淤泥的力学特性和冲击波在淤泥中的传播特性，阐明了爆炸处理海淤的机理。

工程爆破是爆炸力学与国民经济建设结合最直接的领域。考虑到爆破工程建设的规模和实施效果，郑哲敏认为，爆炸处理海淤，是二室爆破组建组以来最大的贡献，也是力学所在科技体制改革中与企业紧密合作获得的一项重大成果。

六、指导并参与控制爆破拆除、爆破振动、爆破筑高坝研究

1978～2001 年间，在郑哲敏指导下，二室在控制爆破拆除、爆破振动、爆破筑高坝等方面也取得丰硕成果，简述如下。

（一）控制爆破拆除

受 1975 年国外爆破拆除高层楼房电视新闻启发，力学所二室开始尝试药孔法爆破拆除，由小到大逐步积累经验。

爆破拆除一快二省，但难以控制到"安全"和"精准"。二室庞维泰在 1981 年创造了控制烟囱爆炸倾倒方向的技术。1982 年就遇到难题：一座 38 米高烟囱周围都是民房，还有一个液化气站，只允许倒在 15 度的狭缝里。为此，郑哲敏到现场查看，与庞维泰不期而遇。经过认真推敲，庞维泰安全地炸掉了这个烟囱，倾倒方向只比设计角偏了 2 度，获 1982 年中国科学院成果奖二等奖。

1983 年一个抵近楼房的钢筋混凝土煤气罐要爆破拆除，罐体高十多米，直径 30 多米。当时从顶到底逐层钻孔放炮，炸了五次才拆掉。郑哲敏批评这是满面打孔的手工作坊式拆除。我们中国科学院力学研究所做爆破拆除工作，要有技术含量！按照郑哲敏的要求，庞维泰、杨人光、周家汉总结九类不同结构物控制爆破拆除的实测资料，看到结构物解体有三种形式：一是用炸药炸碎关键承力点，造成倾覆力矩，破坏结构刚度；二是利用重力作用使构件弯折破坏；三是解体构件在重力作用下坠地摔碎。由此认识到，爆破拆除的关键是按照结构力学规律用巧劲，少用炸药，充分利用结构物的重力势能，并给出估算各项能量的具体方法，解决了控制爆破拆除方案的设计问题。后来，力学所提出的控制爆破理论得到爆破界采用。

经过几年历练，力学所的控制爆破拆除水平，一步一个脚印地跨上更高台阶，取得引人注目的成就。

1984 年力学所承接天津油漆总厂拆除爆破工程。一座待拆除楼房的后面有一根直径 60 厘米的蒸汽管道，离墙仅两米，高度与二楼楼板相当，放炮时不能停汽。庞维泰起初提的方案基于经验的定性判断，郑哲敏始终不拍板。直到庞维泰弄清爆破拆除受力过程，做出经过定量分析的方案，自信 100% 不会挤到蒸汽管道，正生病住院的郑哲敏才批准爆破方案。1984 年 4 月 25 日放炮，只打 78 个孔用 4 公斤炸药就放倒了厂房，爆破圆满成功！天津对力学所爆破施工的评价很高。后来才知道，时任天津市委书记李瑞环，派了一个联络员到厂盯着这项工程。

1984 年冬到 1985 年春，力学所二室顺利完成北京市石景山老发电厂的控制爆破拆除，拆除工程量当时全国最大，达到"工程安全、工期提前 51 天、节省投资 350 万元"三项指标，国务院副总理致贺。设计施工期间，郑哲敏到现场考察，并参加讨论，审核每一个重大问题。该控制爆破拆除工程获 1986 年中国科学院科技进步奖二等奖。

1988 年北京市华侨大厦控制爆破拆除，它坐落在人车川流不息的十字路口，与重要建筑为邻，距离住宅最近只有 8 米，人行道边还有机要光缆。北京市市长助理坐镇指挥，力学所承担爆破设计，郑哲敏亲任设计审定。1988 年 5 月 29 日凌晨 5 点圆满施爆，轰动一时。当天，中国科学院周光召院长发来贺信。

(二) 爆破振动

爆破振动对周围建筑和人员安全的威胁是一个极重要的因素，往往因此否决爆破法施工。郑哲敏曾经研究结构抗振问题，涉足工程爆破时，他要求二室做爆破工程时都要注意振动的测量和评估。2021 年出版的周家汉著《爆破及其振动力学分析》，就是郑哲敏指导获得的成果。

控制爆破拆除时，周家汉等注意到，炸药爆炸造成的地面振动较小，威胁主要来自结构物塌落造成的地面振动。用郑哲敏教的量纲分析方法总结施工资料，在 1982 年导出了控制爆破的地面振动随比距离衰减的 $K \sim \alpha$ 经验公式，该式用结构物坠地的冲量计算比距离。到 1986 年确认，用结构物坠地的势能计算比距离更符合实际。修改后的公式经受了拆除爆破工程的检验，已经在国内广泛应用。现在韩国、日本也都用这个公式来计算拆除爆破对周围环境的影响。

1984 年，力学所与总参工程兵科研三所一起承接了"爆破振动对龙门石窟影响"的课题。龙门石窟始凿于 1500 多年前北魏孝文帝，历经 400 余年雕琢才建成。在龙门石窟东边大概三四公里的地方，有一个品位很高的石灰石矿。洛阳市想建一个 120 万吨的水泥厂，需要扩大采石规模，但不清楚爆破振动对龙门石窟有多大影响，于是洛阳市政府提出了这个课题。

力学所与总参工程兵科研三所组成联合试验研究组，做了炸药量由 0.6 吨到 3 吨的 4 次爆破振动实验，测量点安装在基岩露头上，构成爆点到石窟间约 3 公里的测线，拾震器量测系统经中国计量科学研究院校准。1984 年 7 月完成试验，测振误差小于 7.5%，得到地面振动速度衰减的经验公式和频谱分析结果。

这时，龙门石窟究竟能承受多强的爆破振动，成为课题的关键。联合试验组请傅承义和郑哲敏两位学部委员做判断。两位先生采用当地天然地震资料分析问题。历史上，该地区烈度 V 度以上地震有五十多次，最高达 VII 度，石窟未遭受巨大破坏；1984 年 1~6 月，该地区每月 0.002 毫米/秒的微震有十多次，半年中小于 0.02 毫米/秒的微震有 3~5 次，最大的一次是 0.4 毫米/秒，石窟无损坏。

傅先生说，地震烈度 III 度对应的振动速度上界是 8 毫米/秒，佛像额头上风化了的粉末可能掉下来。如果这是天然地震，人们没办法，但爆破造成掉灰，就绝不能允许。换句话说，佛像对于爆破地震应当"无感"，龙门石窟的抗震标准应当是烈度 I 度以下，即除了仪器，无人感知有地震。

由中国地震烈度表知，n 度地震的地面振动速度上界 $v_n \approx 2^{n-10}$ 米/秒，式中 $1 \leqslant n \leqslant 12$。

两位院士指出：地面振动速度降一个量级，地震烈度就有本质的差别。设法判断文物安全的时候，按 I 度振速上界 $v_1 \approx 2$ 毫米/秒降一个量级处理就能满足要求。根据当地微震记录，郑哲敏建议用 0.4 毫米/秒做龙门石窟抗爆破振动的标准。

根据这个判据，联合课题组提出在石窟两三公里外爆破的炸药量上限，圆满完成了任务。

1984 年，我国还没有古建筑与古迹的爆破振动控制标准。时至 21 世纪，我国采用了两位院士提出的振动安全判断原则，建立了一般古建筑与古迹的爆破振动标准。例如，某重点保护古建筑的抗震标准定为 0.15 毫米/秒。国标《古建筑防工业振动技术规范》（GBT50452—2008）规定，全国重点文物保护单位控制振动速度为 0.2 毫米/秒。

(三) 爆破筑高坝

1986 年 4 月，在第三届全国工程爆破学术会议上，中国水利水电科学研究院（中国水科院）霍永基先生报告了定向爆破筑高坝的问题。他指出我国大西南水力资源丰富，但崇山峻岭，交通不便，气候恶劣，暴雨洪水，开发水力资源的困难很多。当遇到不宜修建混凝土高坝的地质地形条件，而在一个枯水期内土石坝又难以填筑到施工安全水位的情况，如果采用定向爆破筑坝短时填筑到预定高度，则兴建水电站的任务便可迎刃而解。因此，国家将"定向爆破筑高坝"列为"七五"攻关项目。他提出四个需要研究的问题：① 万吨级炸药、百米级抵抗线的抛掷爆破规律；② 百米高度堆积体的抛掷、堆积规律；③ 堆积体密实度和防渗措施；④ 水工构筑物的爆破振动安全。

1987 年开始实施"七五"攻关项目"定向爆破筑百米以上高坝可行性研究"，中国水科院牵头，力学所二室承担论证"多排装药、大抵抗线"爆破方案，负责人为杨振声。郑哲敏早就指出，大抵抗线爆破需要考虑重力影响，几何相似规律不再成立，所以论证"多排装药、大抵抗线"爆破方案难度不小。

万吨量级炸药爆炸，释放的能量接近 4 级地震。这种人造地震纯属浅源，烈度必然很高。再加上高峻岩体释放的势能，以及堆积体防渗难题，爆炸筑高坝困难很大。1989 年 5 月，参考苏联力学家格里高良 1988 年来访报告的关于滑坡的工作，郑哲敏另辟蹊径，推导有关爆炸滑移筑坝计算公式及参数。8 月中旬，撰写《关于定向爆破筑坝方案及堆积计算问题》，提出爆炸滑移筑高坝的新思路。

显然，与定向抛掷爆破筑坝相比，滑移爆破筑坝的耗药量低，破坏范围小，爆后边坡稳定，场地振动较小。特别是用滑移山体取代抛掷堆积体，整体密实，较易使用高压灌浆技术堵漏。这样，霍永基先生提的四个问题，都可以得到很好的解答。云南有不少天然滑动坝，很稳定地堵在山谷里。天然地震往往在险峻河谷造成堰塞体，突然形成堰塞湖。这是大自然提供的滑移筑坝实例，可以间接证实爆破滑移筑坝的基本原理。

力学所申请将论证抛掷爆破方案改为论证滑移爆破方案，提出爆破滑移筑高坝的设计思想和设计原则，完成了"七五"攻关项目，成为国家的技术储备。

七、指导非线性连续介质力学研究

20 世纪后半叶，非线性动力学研究在力学前沿，乃至整个自然科学悄然兴起。一些新的概念强烈冲击现有力学理论，乃至人们的世界观。例如，在确定性的非线性动力系统中可以发生内在的随机行为，非线性相互作用可以形成高度有组织的结构，湍流是有序性和无序性的统一，固体的破坏是跨尺度非线性动力演化的结果，等等。因此，需要发展新概念、新方法来揭示这些新现象。

1980 年 11 月，郑哲敏到杭州参加第一届全国材料力学性能学术交流会，在大会报告中指出，断裂分析中存在一个被忽视的与细、微观缺陷相关的长度量。这一学术观点对固体材料断裂行为的研究产生了重要影响。

1986 年，郑哲敏领导了一项中国科学院基础性综合研究项目，题目为"材料的变形、损伤和断裂行为的机制及其力学理论"。该项目是 1986 年夏由当时的中国科学院基金局确定的一项基础性综合研究项目，作为中国科学院"七五"重大研究项目的培育和候选项目。郑哲敏除了安排力学所的一支强有力的队伍，还联络了金属所、腐蚀所、固体物理所、冶金所等单位的研究力量，组成了由力学学科、材料学科、物理学科等协同融合的攻关团队。经过一年多的预研，项目的组织和初期进展得到了院里的认可，于是，该项目于 1987 年转为中国科学院"七五"重大研究项目，题目仍为"材料的变形、损伤和断裂行为的机制及其力学理论"，编号 87-52。1987 年 7 月，当时的中国科学院计划局向力学所、金属所、固体物理所等单位下达了该重大项目研究任务。随后，当时的中国科学院数理化学局副局长詹文山与项目负责人、时任力学所所长的郑哲敏正式签订了重大科研项目合同书。

体现了郑哲敏学术思想的合同书指出：变形与断裂是反映材料最基本力学性质的宏观现象。早期的研究以不引入缺陷尺度的宏观强度和屈服理论为主要内容，带动了变形体力学 200 年的发展；尔后，对材料的变形与断裂建立了以断裂韧度理论为中心、以宏观内变量理论为基础的宏观缺陷力学的发展阶段，带动了近 30 年来变形体力学的发展；最近 10

年来成为学科主要发展导向的宏-微观变形体跨尺度的力学理论,不但追溯变形-损伤-断裂的全过程,而且引入多层次的几何或物理缺陷,把材料变形、断裂的宏观力学行为与组分、结构、多层次缺陷紧密联系起来,发展材料科学工程、指导材料的研制。事实证明,力学家和材料学家的协同与合作,加强学科交叉,互相取长补短,越来越成为当代材料科学与固体力学发展的重要导向和国际主流。

在郑哲敏的领导和直接构划下,该重大项目确立了 4 个方面的主攻方向:① 裂纹尖端的状态和力学行为;② 内部微结构对材料变形和断裂的影响及有关理论模型的建立;③ 周期性载荷下的短裂纹问题;④ 温度、环境和变形速率对材料变形和断裂的效应。在队伍组织方面,该项目成立了以郑哲敏为首的领导小组,成员有:郑哲敏 (组长),白以龙,王中光,吴希俊,段祝平 (项目秘书)。来自各研究单位参与此项目的研究人员共 70 人,并确定了 17 位子课题负责人承担 18 个子课题,其中力学所有 8 位子课题负责人:白以龙,王自强,李国琛,叶裕恭,陈致英,段祝平,张双寅,洪友士。这些子课题负责人直接向项目总负责人郑哲敏报告工作。

在执行期的 1987~1990 年,在郑哲敏的领导和组织下,项目共召开了 4 次学术研讨会,地点分别在沈阳金属所、合肥固体物理所、福州物质结构所 (厦门与福州)。每次研讨会 3~5 天,参加人员为课题负责人和主要成员。各课题负责人在会上汇报研究工作进展,每个报告后都有充分的交流和讨论。郑哲敏总是全程参加每个会议、专注听取每个报告,并总是对每个报告提出问题:有肯定的评论,更有尖锐的质疑和批评。此外,参会的人员也都踊跃提问和讨论。总体上,交流和讨论的气氛既激烈又友好,各位发表看法和见解是针对学术问题的。对于每次研讨会,每位参与者,特别是作汇报的课题负责人都觉得是经历了一次印象深刻的学术洗礼,都觉得收获了很多显现的和潜在的启发和感悟。

在此项目执行期间,在郑哲敏的领导和筹划下,经院批准,力学所于 1988 年组建了中国科学院非线性连续介质力学开放研究实验室 (LNM)。LNM 在初创时,即确定学科方向为:① 固体变形、损伤、破坏的非线性力学性质;② 流体运动的非线性规律;③ 材料和环境系统中非线性问题的基本理论和方法。此后这成了 LNM 的中、长期学科方向。力学所参与此重大项目的人员是 LNM 第 1 个学科方向的骨干研究队伍，同时也是第 3 个学科方向的主要力量。可以看出，郑哲敏对此重大项目的研究布局和队伍锤炼与 LNM 的组建密切相关，这为 LNM 的创立培育了一支有实力的科研队伍并形成了初期研究积累。

项目结题时，《中国科学报》专门给予了特别关注。在 1991 年 5 月 10 日《中国科学报》头版显著位置登载题为《我国材料科学基础研究获突破性进展》的报道："中国科学院利用多学科的综合优势，在国内首次开展了跨学科的联合攻关，取得了在宏观、细观、微观不同层次及相互连接上揭示材料在不同温度、不同加载速率和不同环境下由变形、损伤及最终导致断裂的一些规律的突破性进展"：① 在国际上第一次阐述了剪切带成核及演化的规律，② 首次成功研制了大尺寸定向铜的三晶并在实验室中观察到铜的铋脆与晶界结构的关系，③ 对传统的 "等强温度理论" 概念提出了新观点，④ 提出了具有二级空洞损伤的本构模型及晶体滑移的新的极值原理，⑤ 提出了各向异性材料比应变能密度准则，⑥ 提出了焊接材料疲劳短裂纹成核扩展的规律，为我国材料科学的基础研究做出了巨大贡献。其中，前两项成果具有世界领先水平。"以学部委员王仁为首的专家组，在充分肯定课题组已取得的科研成果的同时，尤为欣慰的是由此而形成的一支高水平的跨学科的科研队伍，在这支队伍中聚集着一大批青年科技人才。"《中国科学报》的报道，是以项目结题的验收书为依据拟写的，反映了在郑哲敏领导下项目在科研成果、人才培养、项目组织等方面所取得的创新成绩和所具有的独到特色。

郑哲敏专门为项目结题时的论文摘要集写了前言："这本摘要集由 133 篇论文组成。这些论文作为中国科学院七五计划重大研究项目 '材料的变形、损伤和断裂行为的机制及其力学理论'（编号 87-52）的部分成果，分别发表于国内外的有影响的核心学术刊物上，达到了国际先进水平。这个项目属基础理论研究，所以衡量其成果水平的标尺只能是国际标准 …… 跨学科的合作研究是本项目的一个突出特色。本项目的各子课题是在不同专业相互交流、互相切磋的基础上产生的，不少课题属于跨学科、跨研究所的合作课题。这种合作研究在出成果、出人才方面起到了非常积极的作用，这为中国科学院用较短的时间和较少的人力、物力在新兴交叉学科前沿建立有自己特色和广泛国际影响的国家队摸索了可贵的经验。我们的目标是将材料的宏微观力学性质的研究与材料的细观和微观机制密切结合起来，从而在更深的层次上揭示材料变形与破坏的规律建立更合理的物理和力学模型。这也是当前基础与应用基础研究的一个主流。"

这篇前言总体上反映了郑哲敏关于这一领域的学术思想，以及该重大项目的目标与重要性。

综上，郑哲敏组织实施这个重大项目的过程，展现了他作为战略科学家具有的高尚学术风范、高屋建瓴的科学洞察水平和高超的组织管理能力。这体现在如下 5 个方面：① 重视基础、布局前沿；② 联络广泛、协同合作；③ 深入交流、相互切磋；④ 严格要求、追求卓越；⑤ 严密组织、规范管理。

1988~1994 年，通过承担和完成一批国家和中国科学院的重大重点项目，LNM 在"固体变形、损伤、破坏的非线性力学性质"和"流体运动的非线性规律"两个方面取得重要进展，获得国家自然科学奖二等奖一项，中国科学院自然科学奖一等奖两项、二等奖一项、三等奖两项，中国科学院科技进步奖二等奖两项。

经过 10 余年的发展，1995 年接受国家科委和国家计委的评估时被评为"优秀"。1999 年科技部批准非线性连续介质力学开放研究实验室升级为国家重点实验室，进行"非线性力学国家重点实验室"(LNM) 建设。2001 年 4 月，通过科技部专家组的验收，正式升级为国家重点实验室并一直保持很好的态势。进入 21 世纪，在坚持中、长期学科方向的基础上，LNM 突出多尺度力学、纳/微米尺度力学、纳/微电子机械系统力学等创新方向。

郑哲敏 1988~1993 年为 LNM 首任主任，1993~1999 年为学术委员会主任，2000~2015 年为学术委员会荣誉主任。他着重抓两个方面，一是开放，二是鼓励交流。为此，郑哲敏邀请有关院士担任主任，委以实质评议任务；为非本单位专家设置开放课题；以年会和其他多种方式，鼓励学术交流和不同意见的争论。在参加的学术讨论会上，郑哲敏精力集中地听取报告，带头发问，促成讨论。这样做，郑哲敏感到收获很大，不仅能更深入地了解报告的内容，而且常常由于精力集中，促使郑哲敏的脑子迅速运转，产生不少想法：这不就是创新思想的萌芽吗？不就是所谓"头脑风暴"吗？这种情况如果常常发生，而且在不同的研究组内产生，岂不研究工作就有了活力并爆发性地产生创新吗？

郑哲敏说，今天如果要我去考察一个单位，我会把自由、无阻碍的学术交流放在首位。没有这个，就必然是死气沉沉的，没有创新性，也难以培养出一流的人才。

非线性力学国家重点实验室一直坚持非线性力学的基础研究，以国家重大需求中的关键力学问题为载体，将固体和流体中非线性效应的研究作为重点，推动并引领学科发展，已经成为力学研究中心、优秀青年人才中心、国际学术合作与交流中心。

八、材料纳米硬度研究

1997 年，郑哲敏第二次，也是最后一次去参加美国国家工程院的年会。会议前后在底特律的儿子仰泽家住了近四个月，看见儿子正在用有限元研究材料的纳米硬度微小尺度压痕问题。郑哲敏在为《中国机械工程手册》(第二版) 写《量纲分析篇》时曾指出，当压头呈锥形且尖端不秃时，自相似的条件往往是满足的。郑哲敏立即把这个想法告诉儿子。

测硬度评价金属材料的力学性能，是一种用了一百多年的传统方法。然而，人们并不清楚它与常用的力学参数之间的确切关系，只能笼统地说它反映了"材料弹性、塑性、强度、韧性及磨损抗力等的综合性能"。20世纪 90 年代研发微机电问题时，人们发现微小尺度压痕是较易获得的微尺度材料的物性参数，因此迫切需要对微小尺度压痕纳米硬度做出深一层的力学分析。

压痕试验如图 7.5 所示。设压头为钝圆锥刚体，θ 为半锥角，R 为锥顶的曲率半径。压头对试样的压力为 F，压痕深度为 h，压痕边缘半径为 a，压痕边缘深度为 h_c。设试样为均匀的弹塑性体，杨氏模量为 E，泊松比为 ν，屈服强度为 Y，塑性应力-应变遵循幂律

$$\sigma_i = \begin{cases} E\varepsilon_i & \varepsilon_i \leqslant \dfrac{Y}{E} \\[3mm] Y\left(\dfrac{E}{Y}\right)^n \varepsilon_i^n & \varepsilon_i > \dfrac{Y}{E} \end{cases}$$

试样的硬度定义为 $H = \dfrac{F}{\pi a^2}$。它究竟反映了材料的什么力学性质？理想尖锥压痕的自相似特征对解决问题有什么意义？

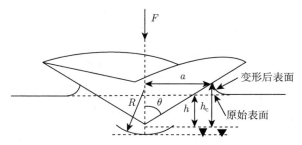

图 7.5　圆锥压头压痕试验示意图

若试验时控制压痕深度 h，测量压力 F，则应有

$$F = f_F\left(h; E, \nu, Y, n; \theta, R, \mu\right)$$

式中 μ 为压头表面与压痕表面之间的摩擦系数。做量纲分析，ν、n、θ 和 μ 为无量纲量，五个有量纲量中只有两个独立量纲，选择其中 E 和 h 为基本量，则有

$$\frac{F}{Eh^2} = f_F\left(\frac{Y}{E}, \frac{R}{h}, \nu, n, \theta, \mu\right)$$

同理，压痕半径 a 的无量纲量表为

$$\frac{a}{h} = f_a\left(\frac{Y}{E}, \frac{R}{h}, \nu, n, \theta, \mu\right)$$

硬度 $H = \dfrac{F}{\pi a^2}$ 的无量纲量为

$$\frac{H}{E} = \frac{f_F\left(\dfrac{Y}{E}, \dfrac{R}{h}, \nu, n, \theta, \mu\right)}{\pi f_a^2\left(\dfrac{Y}{E}, \dfrac{R}{h}, \nu, n, \theta, \mu\right)} = f_H\left(\frac{Y}{E}, \frac{R}{h}, \nu, n, \theta, \mu\right)$$

压痕试验的加卸载曲线如图 7.6 所示。

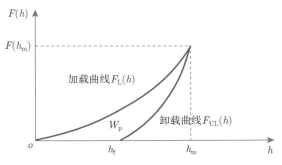

图 7.6　理想尖锥压痕试验的加卸载曲线

图 7.6 中 $F_{\mathrm{L}}(h)$ 为加载曲线，$F_{\mathrm{UL}}(h)$ 为卸载曲线，加载曲线下的面积是加载总功 $W_{\mathrm{tot}} = \displaystyle\int_0^{h_{\mathrm{m}}} F_{\mathrm{L}}(h)\,\mathrm{d}h$，卸载曲线下的面积是弹性恢复功 $W_{\mathrm{u}} = \displaystyle\int_{h_{\mathrm{f}}}^{h_{\mathrm{m}}} F_{\mathrm{UL}}(h)\,\mathrm{d}h$，两者之差 $W_{\mathrm{tot}} - W_{\mathrm{u}} = W_{\mathrm{p}}$ 为塑性功，h_{m} 为加载终点的压痕深度，h_{f} 为卸载到零的压痕深度。当压头尖端不秃，即 $R \ll h$ 时 (理想尖锥)，上述无量纲函数中的无量纲曲率 $\dfrac{R}{h}$ 可以忽略，无量纲量 $\dfrac{F}{Eh^2}$、$\dfrac{a}{h}$、$\dfrac{H}{E}$ 等均与压痕深度 h 无关。

郑仰泽用有限元软件，在给定半锥角 (取 $\theta = 68$ 度)、忽略摩擦 (令 $\mu = 0$) 的条件下做不同参数的数值模拟，分别研究无量纲屈服强度 $\dfrac{Y}{E}$、泊松比 ν、塑性幂次 n 对加载曲线 F_{L} 和 H 的影响。凭直觉，似乎 $\dfrac{Y}{E}$ 应是决定 $\dfrac{H}{E}$ 的控制参数，但数值模拟的数据发散，如图 7.7 所示。这种数据发散反映到工程应用，就是用硬度 H 换算屈服强度 Y 的比例系数随材料而变，各不相同，无法通用。

经父子俩反复探索，发现塑性比功 $\dfrac{W_{\mathrm{p}}}{W_{\mathrm{tot}}} = 1 - \dfrac{W_{\mathrm{u}}}{W_{\mathrm{tot}}}$ 才是决定无量纲硬度 $\dfrac{H}{E}$ 的控制参数。这一发现是对硬度本质的令人瞩目的突破。由此，郑哲敏父子得到关于理想尖锥压痕的如下四点结果：

(1) 压痕加卸载实验曲线不能唯一地反演获得材料的应力与应变关系。

(2) 泊松比的影响可以用折算杨氏模量 $E^* = \dfrac{E}{1 - \nu^2}$ 表述。

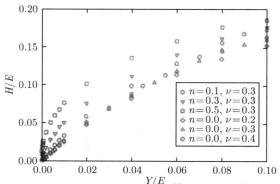

图 7.7　理想尖锥不同参数的无量纲硬度 $\dfrac{H}{E}$-屈服强度 $\dfrac{Y}{E}$ 数值模拟曲线

(Y. T. Cheng and C. M. Cheng, Appl. Phys. Lett. 73, 614(1998))

(3) 发现钨、铜、铝，甚至蓝宝石和熔凝氧化硅的纳米硬度实测数据与不同参数数值模拟获得的数据，几乎都分布在图 7.8(a) 的同一条曲线附近。图 7.8(b) 中的黑色圆点为 S. V. Hainsworth 等 (1996 年) 的实验数据，空心点为有限元计算数据。

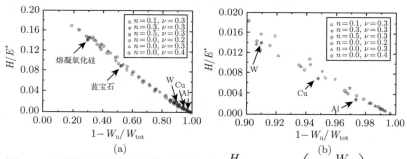

图 7.8　理想尖锥不同参数的无量纲硬度 $\dfrac{H}{E^*}$-塑性比功 $\left(1 - \dfrac{W_{\mathrm{u}}}{W_{\mathrm{tot}}}\right)$ 曲线，

图 (b) 为图 (a) 的局部

(Y. T. Cheng and C. M. Cheng, Appl. Phys. Lett. 73, 614(1998))

据此判断，理想尖锥的无量纲硬度 $\dfrac{H}{E^*}$ 是塑性比功 $\dfrac{W_{\mathrm{p}}}{W_{\mathrm{tot}}}$ 的函数 Π_θ，表为

$$\frac{H}{E^*} = \Pi_\theta \left(1 - \frac{W_{\mathrm{u}}}{W_{\mathrm{tot}}}\right)$$

称此式为压痕硬度的标度关系。图 7.8 证明标度关系具有普适性，并表明无需测量接触面积 πa^2，记录加卸载压力-压痕深度曲线 $F(h)$，就能

确定压痕硬度 H。这在微米、纳米硬度测量中特别有用。

(4) 应用相似律对粘弹性的硬度及其与所加外力和时间的关系进行了研究。

严格的尖锥并不存在，真实的锥顶都是钝的，只是 $\dfrac{R}{h_{\mathrm{m}}}$ 可能足够小。当压痕深度 h_{m} 和锥顶的曲率半径 R 相当时，硬度的测量值必然偏离理想尖锥的硬度值。郑哲敏父子对这个问题进行了数值研究，得到了典型的硬度与相对压痕深度 $\dfrac{h_{\mathrm{m}}}{R}$ 的关系。他们的结果表明，不是在任何情况下都能把硬度随压痕深度变化归结为材料内部尺度的影响。同时指出，商品纳米硬度仪所配置的计算软件都使用一个形状函数。这个函数在压头尖端具有数学上的奇异性。对微小压痕试验，如果应用不当，硬度值就会严重失真。

郑哲敏父子提出的标度关系及其确定硬度的新方法在国际上被广泛引用，称为 C-C 方法。这一方法也被中国国家标准（《仪器化纳米压入试验方法通则》，GB/T 22458—2008) 作为重要的参考方法。他们关于标度关系的重要结果被单独作为一章收录到国外专著中。他们在国际重要学术期刊上发表了 20 余篇论文，这些论文被 SCI 他引超过 3000 次。

父子合作高效，兴奋而愉快。1998 年，郑哲敏再次到底特律合作。再往后，通过电子邮件和 FaceTime 视频通话继续讨论多方面力学和材料科学问题。这是老年郑哲敏在非爆炸领域的一点收获和享受 (图 7.9)。父子相差 36 岁，共同做成一项很有意思的工作，是人生幸事！

图 7.9　2011 年郑仰泽谈父亲郑哲敏对自己的教育

第八章　大师风范

一、当选美国国家工程院外籍院士

1993 年 2 月郑哲敏收到了来自美国国家工程院的来信，得知因在爆炸力学理论和应用的成就当选美国国家工程院外籍院士。当时，郑哲敏是国内第三位当选美国国家工程院外籍院士的学者。

3 月 3 日中国科学院院长周光召发来贺信[①]：

"郑哲敏先生：

从美国国家工程院 (NAE)1993 年 2 月 12 日公布的当选院士名单中获悉，您因爆炸力学理论与实践方面的贡献当选为美国国家工程院的外籍院士，我谨代表中国科学院并以我个人的名义，向您表示衷心的祝贺。

您作为我国爆炸力学、应用力学和振动专家，在热弹性力学、水弹性力学、振动及地震工程力学、爆炸力学等方面的研究中，取得了多方面的成果。您与您领导的研究集体完成的高能成形工作，开辟了力学与工艺相结合的'工艺力学'的方向，为爆炸成形工艺在我国的建立和推广做出了贡献；您独立地与国际上同时提出了新的力学模型——流体弹塑性模型，用以统一处理从高压气体 (几百万大气压) 到低压固体的爆炸

---

① 1993 年中国科学院数理化局李和娣经办并收集。

与高速碰撞问题；您在核爆炸效应方面，比国外更早地提出了描写岩体的'饱和模型'、'迟滞模型'，计算了各种因素对核爆效应的影响。您的成就证明您获得这一称号是当之无愧的。

祝愿您在今后的科学研究、国际学术交流和培养青年科学家的工作中，取得更加丰硕的成果。

周光召 1993 年 3 月 3 日"

1993 年 3 月 26 日下午，力学所在小礼堂召开了"热烈祝贺郑哲敏教授当选美国国家工程院外籍院士座谈会"，科技部、国家自然科学基金委员会、中国科学院等部门领导和专家到会祝贺 (图 8.1)。

图 8.1　1993 年力学所举行"热烈祝贺郑哲敏教授当选美国国家工程院外籍院士座谈会"

(右起: 国家自然科学基金委员会副主任师昌绪、郑哲敏夫人卢凤才、郑哲敏、中国科学院院长周光召、中国科学院学部联合办公室主任张玉台、力学所所长薛明伦)

二、荣获陈嘉庚技术科学奖和何梁何利科学与技术进步奖

1994 年 6 月 8 日，在北京京西宾馆举行中国科学院第七次院士大会期间，隆重举行了 1993 年度陈嘉庚奖的颁奖仪式。中国科学院院长和中国工程院院长一起为获奖科学家颁奖。中国科学院、中国工程院、国家自然科学基金委员会、中国科学技术协会、国家科学技术奖励工作办公室和陈嘉庚先生的亲属等相关部门领导和嘉宾出席了颁奖仪式。

陈嘉庚奖始于 1988 年，通过陈嘉庚基金会，奖励近年来获得原创性重大科学技术成就的在世中国科学家。奖项包括数理科学奖、化学科学奖、生命科学奖、地球科学奖、信息技术科学奖和技术科学奖，每两年评选一次，每个奖项的获奖者一般为 1 人。该奖项由陈嘉庚的亲属设立 (2003 年后改由国家建立陈嘉庚科学奖基金会)，并委托中国科学院负责该奖的评审。前四届奖励科研项目，第五届 (1993 年) 起奖励个人。

郑哲敏荣获 1993 年度陈嘉庚技术科学奖，并代表 7 位获奖者在颁奖大会上发表获奖感言：

"尊敬的陈嘉庚基金会会长和各位理事、女士们、先生们：

请允许我代表 1993 年度陈嘉庚奖获得者吴文俊教授、唐敖庆教授、朱兆良教授、石元春教授、吴孟超教授、黄汲清教授和我本人讲几句话。

首先，我们为能被授予陈嘉庚奖——这个中国科学最高奖，感到十分高兴，是一个极高的荣誉。我们将以此为动力，更好地为发展中国的科学事业和培养新人做出自己的努力。

其次，我们感谢陈嘉庚理事会，并借此机会感谢中国科学院所有参与评审的院士和专家，感谢中国科学院的各个学部和学部常委们，他们为这次评审工作付出了辛勤的劳动。

最后，我们祝陈嘉庚基金会在发扬陈嘉庚先生为民族、为社会兴办教育的精神，促进中国科学技术和教育事业的发展方面不断取得新的成就。谢谢大家！"

那天，郑哲敏的夫人卢凤才也愉快地参加了颁奖仪式 (图 8.2)。

图 8.2　郑哲敏获 1993 年度陈嘉庚技术科学奖

(右起：中国工程院副院长师昌绪、陈嘉庚先生的亲属、郑哲敏、郑哲敏夫人卢凤才、中国科学院院长周光召、中国科学院副院长严东生)

何梁何利基金始于 1994 年，是每年评审一次的科技奖励基金。1996 年 10 月 17 日何梁何利基金 1996 年度评奖工作揭晓，郑哲敏荣获何梁何利基金 "科学与技术进步奖"。

物理学奖获得者郑哲敏的成就是："郑哲敏教授早期从事热应力、振动与水弹性力学等的研究，其 1952 年对输水管振动的分析为一重要工程问题的解决做出贡献。1960 年后致力于爆炸力学的研究，涉及爆炸成形、爆破、地下核爆炸、穿甲破甲、爆炸复合、瓦斯突出等问题。曾获国家自然科学奖二等奖，国家科技进步奖二等奖，陈嘉庚技术科学奖等。"

三、钱学森手稿回归和钱学森著作的出版

钱学森 1955 年离美，他的好友 Frank E. Marble 到码头送行。后来 Marble 发现在加州理工学院航空系的一些钱先生工作过的地方，散落着一些他的手稿，多数是有关他所发表的论文。钱先生似乎有一种习惯，即在一项研究结束后就把有关手稿放进一个黄色的大信封，接着就去干别的了。Marble 教授认真地把能发现的这类材料都收集起来，经过简单整理把它们存放在自己办公室里一个专用的铁制书柜里。当时并没有意识到将来怎么办。

中国改革开放后，Marble 教授多次来华访问，见到了钱先生一家，以及李佩和郭芹，也见到了加州理工学院的一些老校友，如庄逢甘、郑哲敏等，访问了力学所、中国科大等单位，其间作了包括超燃在内的学术报告 (图 8.3)。

20 世纪 80 年代，庄逢甘访美时曾与 Marble 教授讨论整理钱学森手稿的事。Marble 临近退休时，想到应该把这些材料送回中国。

郑哲敏因当选美国国家工程院外籍院士，1993 年 7 月 9 日，赴美出席美国国家工程院会议，并探望住在底特律的儿子郑仰泽一家，还会见易家训。8 月上旬他接到力学所电话，得知加州理工学院 Marble 教授电话告诉力学所，他收集、保管的钱学森先生大量非常珍贵的手稿，有意在退休前转交中国。

郑哲敏闻讯后即从美国东部的底特律飞往西部的洛杉矶。Marble 让

图 8.3   Marble 夫妇与钱学森夫妇、郑哲敏夫妇、庄逢甘夫妇和李佩
(20 世纪 80 年代)

郑哲敏把钱先生 80 余磅的手稿中的一部分先带回国内。他俩一起到商店里买了两个手提帆布包，把一袋袋的黄信封装进去，剩下的手稿待以后移交。

郑哲敏离开加州理工学院回底特律时，冯元桢要亲自送，因而老远从圣迭戈开车到加州理工学院航空系大楼，将两个包装上车，把郑哲敏送到洛杉矶国际机场。

时任力学所所长薛明伦 8 月 9 日信嘱郑哲敏，注意身体，切勿自办手稿托运事项。这部分已经拿到的手稿，郑哲敏决定仍由自己带回国。

10 月初，郑哲敏从底特律到华盛顿出席美国国家工程院年会，由儿子仰泽开车送。当时恰逢儿媳临产，儿子有困难，可还是送郑哲敏去了。到华盛顿后行李怎么办？好在事先联系了哥伦比亚大学的朱家鲲教授，请朱家鲲从纽约开车到华盛顿，约好时间和地点把钱先生的手稿交由他放在纽约家中。于是他们顺利地在华盛顿的一条街上完成了两个包的交接。

10 月 5~7 日郑哲敏参加美国国家工程院的年会后，到纽约，在朱家鲲家停留了两天，又由他送上回国的飞机。10 月 9 日，在机场，中国民航的职工听郑哲敏说有两袋重要资料，免行李费让郑哲敏登机了。

回到国内，郑哲敏与曾任钱学森秘书的国防科工委办公厅秘书长王寿云和时任力学所所长薛明伦商量，决定把钱先生的手稿交由力学所永久保存。

1996 年 12 月，Marble 教授把剩余手稿亲自带到北京。12 月 6 日在钱学森手稿交接仪式上，王寿云少将代表国防科工委、薛明伦所长代表力学所，从 Marble 教授手中接收了钱学森手稿，由中国科学院力学研究所永久保存 (图 8.4)。

图 8.4　观看钱学森手稿
(左起: 钱学敏、郑哲敏、Marble)

1997 年 12 月王寿云不幸遭遇车祸因公去世，他的工作由涂元季接任。涂元季倡议出版《钱学森手稿 (1938-1955)》，郑哲敏和谈庆明分别撰写 "序" 和每篇手稿的说明。为此郑哲敏全文阅读了《钱学森文集 1938—1956》(北京，科学出版社，1991 年)，参考了钱学森有关工程科学的论著，钱学森参加编辑的 *Toward New Horizon* 和张纯如著英文传记 *Thread of the Silkworm* (1996 年第 1 版，其中译本《蚕丝——钱学森传》于 2011 年 4 月出版) 等。

2000 年《钱学森手稿》由山西教育出版社出版。

12 月 7 日，郑哲敏写信祝贺老师钱学森 89 岁寿辰，以《钱学森手稿》首批装订本为贺礼，并报告编辑过程，请老师批评指教。

中国科学院老领导张劲夫看了郑哲敏赠书，于 2001 年 9 月 23 日在《人民日报》发表题为《让科学精神永放光芒——读〈钱学森手稿〉有感》的长文。他写道，"最近我读到一本好书，即山西教育出版社出版的《钱学森手稿》。""这是一份难得的世界科学精神的宝贵财富。我虽不懂得英文，也不懂得力学专业知识，但看到学森同志当年做学问时写得清秀流畅的一串串英文，工整严密的数学公式推导，大量复杂的数值计算，严格规范的作图制表，再加上编者通俗易懂的中文说明，使我看到了在《手稿》中所体现的闪闪发光的科学精神和科学作风。它使我这个曾经在科学战线工作过的老人，边读边想，勾起我许多美好和幸福的回忆。"

中国人民解放军总装备部李继耐上将读了《钱学森手稿》，致信涂元季并郑哲敏，认为这部手稿极为珍贵，对我国科学技术的发展将具有重要的指导意义。

2001 年 1 月，因主编《钱学森手稿》，郑哲敏获第五届国家图书奖荣誉奖。

2008~2011 年，钱永刚提议，在李佩、郑哲敏的精心策划和主持下，以中国科学院为主的一批既具备力学专业知识又长于英语翻译的资深研究员，历时三年反复推敲，将钱学森在海外的著作翻译成中文，由上海交通大学出版社出版了《钱学森文集 (1938~1956 海外学术文献)》的中、英文版。其中英文版是在王寿云 (1938~1997) 编的《钱学森文集 1938—1956》(科学出版社，1991) 基础上修订后的新版。郑哲敏在《钱学森文集 (1938~1956 海外学术文献)》中、英文版的序言中说，"不仅力学工作者可以从阅读《文集》中得益，其他领域的科学家、相关领域的工程师、教育家、科学史和工程技术史专家、科学和技术管理专家等也都可以从中得到有益的知识。"

2011 年 11 月 30 日在力学研究所举行了《钱学森文集 (1938~1956 海外学术文献)》出版座谈会。李佩、郑哲敏、谈庆明、李家春、戴世强、王克仁、盛宏至等专家和钱永刚以及有关人士参加了座谈会 (图 8.5)。

图 8.5　2011 年《钱学森文集 (1938~1956 海外学术文献)》出版座谈会
(右起：李和娣、张天蔚、李跃建、李伟格、谈庆明、郑哲敏、钱永刚、李佩、李家春、戴世强、
王克仁、盛宏至、韩建民、乔均录、吴永礼、刘佩英)

四、资深院士

1998 年 7 月 1 日起，中国科学院和中国工程院开始实行"资深院士"制度，授予年满 80 周岁的院士"中国科学院资深院士"或"中国工程院资深院士"称号。

2004 年 6 月 2~6 日，郑哲敏首次以资深院士身份出席中国科学院第十二次院士大会和中国工程院第七次院士大会。

2004 年 9 月 29 日，力学所隆重举行"祝贺郑哲敏先生八十华诞应用力学学术报告会"，中国科学院、中国工程院、来自各方的力学界代表、郑哲敏的老朋友以及力学所的科技人员和研究生等共 200 余人参会。时任力学所所长洪友士介绍了郑哲敏的主要经历与成就，彰显了郑先生作为应用力学和技术科学的实践者和领路人，是践行和发展钱学森技术科学思想的典范。重点发言的有：中国科学院副院长李静海、中国工程院副院长王淀佐、力学所党委书记何林、中海油王伟元、清华大学黄克智、美国哥伦比亚大学朱家鲲。作学术报告的有：来自多个单位的专家崔尔杰、曾恒一、杨卫、周丰峻、虞吉林、佘振苏，以及力学所的专家白以龙、李家春、谈庆明、段祝平、赵亚溥。

中国科学院院长、中国科学院学部主席团执行主席路甬祥发来贺信[①]：

"尊敬的郑哲敏院士：在您八十华诞之际，我谨代表中国科学院和中国科学院学部主席团，并以我个人的名义向您致以衷心的祝贺和诚挚的问候！

您在五十年代就参加了中国科学院力学研究所的创建，您和钱学森、郭永怀等我国著名的科学家一道，为力学所近五十年的可持续发展做出了不可磨灭的功绩，使力学所在力学理论研究和工程实践方面一直享有盛誉。

作为应用力学专家，您敏锐地抓住我国重大工程实际问题开展工作，积极倡导跨部门、跨领域工程项目的合作，在热弹性力学、水弹性力学、振动及地震工程力学、爆炸成形和破甲弹射流侵彻等方面都进行了深入的研究并卓有建树。您提出的流体弹塑性体理论，在我国许多高技术领

---

① 2004 年中国科学院院士工作局技术学部办公室傅敏经办并收集。

域和工程实践中发挥了重要的作用。

作为中国科学院院士，您在担任技术科学部主任期间，注意发挥学部在国家科技方面的最高咨询机构的作用，积极组织院士开展学部咨询工作和学术交流活动，形成了若干重要的咨询研究报告。您还多次参加全国科技发展规划的制订并主持力学学科领域发展规划的研究。特别是近年来，您还不遗余力地主动参与学部组织的国家中长期科学与技术发展战略规划的咨询研究，为我国科技进步、社会发展和国家安全积极建言献策，做出了突出贡献。

您渊博的学识、严谨的学风、高尚的科学道德和治学风范，教育和影响了一大批优秀力学仁才。您虽年事已高，仍在一线从事力学研究工作。您对科学事业的执着追求与敬业精神，将激励更多的力学工作者奋发有为。衷心地祝愿您和夫人健康长寿！"

发来贺信的还有全国政协副主席、中国工程院院长徐匡迪，中国力学学会理事长崔尔杰，中国科学院基础科学局局长张杰等。

郑哲敏在答词中感谢大家对他的美好祝愿，他说，五十年前的今天，他从美国登上赴法国的轮船取道回国，是他人生的重大转折，从此，把自己的命运交给了祖国。归国五十年，弹指一挥间，只是为祖国和人民做了力所能及的工作，却得到了许多荣誉，这是幸运的。在谈到他和老伴几十年相濡以沫、家中三代六人的天伦之乐及兄弟姐妹之间的骨肉亲情时，他说自己是幸福的。正是大家的帮助才有今天，只有和大家在一起，才能涌现人间激情。报告会结束时，郑哲敏夫妇非常高兴地与时任力学所领导合影留念 (图 8.6)。

在庆贺晚宴上，朱兆祥、李佩、章梓雄、王礼立、苏先樾、孟庆国、樊菁等即兴发言。他们回忆，或与先生从相识相知到成为挚友，或经先生指导学做科学研究、学做人的美好往事，赞扬先生学识渊博、品德高尚。郑仰泽在讲话中深情回忆了幼年时代，父亲在点滴小事上由浅入深、循循善诱的教导；往事历历，父爱无边。

为了弘扬郑哲敏倡导的学术思想和治学精神，力学所主办并由科学出版社出版了《郑哲敏文集》(郑哲敏著) 和《应用力学进展》论文集 (洪友士主编)。

图 8.6　2004 年 9 月 29 日郑哲敏夫妇与时任力学研究所领导合影
（右 1 副所长樊菁，右 2 所长洪友士，左 1 副所长李和娣，左 2 党委书记兼副所长何林）

（一）战略科学家

郑哲敏成为资深院士以后，中国科学院技术科学部委托他承担一系列国家中长期发展规划咨询工作，中国科学院聘请郑哲敏参加院创新工程基础研究领域专家咨询委员会，力学所延聘他作为所学术委员会名誉主任和学术委员会领导小组名誉组长。他还是那样精力充沛，思维敏锐，更加关注力学的发展趋势，潜心思考科技发展战略及国家科技事业的未来，继续为科技政策和重大科技决策运筹帷幄。

1. 国家中长期发展规划咨询

2003~2004 年，郑哲敏受中国科学院技术科学部的委托，担任国家中长期科技发展规划第 12 专题 "国防科技问题研究" 专题咨询组副组长，担任第 13 专题 "国家战略高技术与高新技术产业化研究" 专题咨询组组长，并作为主要成员参与第 14 专题 "基础科学问题研究" 咨询组工作，还参加了国家中长期科技发展规划若干专题的咨询。在此期间，他起草了 "关于国家战略高技术与高新技术产业化研究" 和 "关于国防科学技术规划" 的一些初步建议，供院士专家们作进一步的讨论。

2004 年 4 月 2 日，郑哲敏主持第 13 专题咨询研讨会，50 多位院士和专家参加研讨。5 月 16 日主持第 13 专题第一次咨询评议会议，近 20 位院士参加会议。5 月 26~27 日郑哲敏主持第 13 专题第二次咨询评议会议，王大珩、张效祥、庄逢甘、王守觉、顾诵芬等 40 多位院士和专家参加会议 (图 8.7)。为使该项评议能与其他专题评议有效衔接，还邀请了其他 6 个专题评议组负责人参加会议。

图 8.7　　2004 年 5 月中国科学院技术科学部审议国家中长期科技发展规划研究
第 13 专题咨询报告

(左起：庄逢甘、王大珩、郑哲敏、陈能宽等院士)

2. "世界高技术产业的发展趋势和我国的战略对策" 咨询

2004 年，受国家发展改革委和中国科学院院士工作局的委托，郑哲敏承担了 "世界高技术产业的发展趋势和我国的战略对策" 咨询项目。他组织技术科学部和数理学部的有关院士，设立了航天、航空、材料、能源、信息等几个工作小组。7 月 3 日，郑哲敏主持了该项目咨询研讨会，顾诵芬、徐建中、张铩、王占国、闵桂荣、关桥等院士，以及咨询评议秘书组共 30 多位院士和专家参加会议。他们对我国高技术产业发展的现状进行了分析和梳理，重点阐明了高技术产业应有的内涵和核心技术，提出了我国高技术产业发展的对策和建议。

2004 年 8 月 3~5 日，中国科学院学部咨询评议工作委员会召开三届二次扩大会议。会议听取了郑哲敏汇报的 "世界高技术产业的发展趋势和我国的战略对策" 咨询项目报告，以及赵忠贤、赵其国、陆大道、王夔、陈运泰等院士汇报的 5 个咨询项目报告，经院士专家逐项讨论后提出了修改意见，原则上通过这 6 个咨询项目报告。

2004 年 10 月 11 日，在第六届中国国际高新技术成果交易会召开的前夕，在 "经济与社会发展" 科技专题报告会上，郑哲敏、赵忠贤、赵其国三位院士分别作了 "世界高技术产业的发展趋势和我国的战略对策"、"促进人与自然和谐发展的总体思路" 和 "关于东南沿海经济快速发展地区环境污染现状及其对策" 的报告。

在中国科学院学部讨论会议中，郑哲敏十分敬重资深的科学大家，也善于向不同领域的新科院士学习。他主持会议擅长将大家的激情和智慧发挥出来，主题明确、气氛活跃、发扬民主、节奏高效，发挥院士群体专业优势，通过对我国高技术产业发展的现状进行全面分析和梳理，向国家提出了十分重要的未来 20 年世界科学技术发展的战略以及我国高技术产业发展趋势、战略对策和建议报告，成为国家科技政策和重大科技决策的重要依据。

3. 参加"中国科学技术自主创新：问题与对策"研讨会

2006 年 3 月 27 日，郑哲敏出席在香山饭店召开的"中国科学技术自主创新：问题与对策"研讨会，近 20 位院士就中国科学技术自主创新中的问题与对策各抒己见。

4. 出席"科学技术与抗震救灾"技术科学论坛

2008 年 7 月 25 日，郑哲敏出席在成都举行的"科学技术与抗震救灾"技术科学论坛。来自全国各地的院士和相关领域的专家，围绕抗震救灾科学理论、工程应用技术和政策措施等方面进行了深入交流和研讨，提出了抗震救灾和灾后恢复重建的咨询建议。

资深院士郑哲敏不顾年老体弱，全身心地投入到学部承担的国家中长期科技发展规划的各项咨询工作中。中国科学院路甬祥院长非常支持他的工作，并关心他的健康，常电话交流并上门拜访。图 8.8 为 2009 年路甬祥院长看望 85 岁的郑哲敏。

图 8.8　2009 年中国科学院院长路甬祥亲切看望 85 岁的郑哲敏

5. 参加关于 "三农" 和 "教育" 的咨询调研活动

2010 年 7 月 18~21 日，郑哲敏参加在内蒙古满洲里市召开的中国科学院、中国工程院资深院士联谊会 "三农" 问题咨询项目结题会 (图 8.9)。研讨会讨论了 "三农" 问题咨询报告，以及扩大农产品加工，加强西部教育和人文建设，鼓励优秀人才到西部创业，治理沙地和沙化草地等重要问题，向党中央和国务院呈报《关于解决我国 "三农" 问题的三点建议》咨询报告以及十五份院士及专家的文稿。

图 8.9　2010 年中国科学院、中国工程院资深院士联谊会 "三农" 问题咨询项目结题会

(按照参会院士排序: 前排左 4 郑哲敏 (穿深色衣服)，左 6 师昌绪)

2011 年 3 月 22~26 日，郑哲敏参加两院资深院士联谊会暨教育改革咨询项目调研组在深圳市进行的调研活动，围绕 "推进素质教育，培养创新型人才" 主题进行研讨，还参加了 "科学与中国" 院士与中学生、教师的面对面互动式对话活动，为推进教育改革和创新人才培养提出咨询和建议。

(二) 坚持宣传钱学森技术科学思想

郑哲敏得钱学森亲传，深知钱学森技术科学 (或工程科学) 思想的重要。回忆力学所建所初期和制订《十二年科学规划》时，钱学森的许多见解和主张是与他的技术科学 (或工程科学) 思想分不开的。郑哲敏认为，这不仅是力学所的建所思想，也是深刻影响中国科学技术大学建校的学术思想，更是深刻影响我国的航天事业以及中国科学院与航天部门的合作关系的学术思想，还是来自航空、雷达、原子弹与核能等的发展经验，适合各门技术科学发展的学术思想。

我国科学界采用的"应用基础科学"、"技术科学"，实质是相同的。认识基础科学、技术科学（或应用基础科学）、工程技术三者间的关系，在实践中正确处理科学与工程技术的关系，十分重要。

作为资深院士，郑哲敏坚持宣传钱学森技术科学思想的事例，不胜枚举。这是郑哲敏持续关注的大事，是他最期望解决的战略问题。中国实行改革开放，国力日盛，进入了新时代，正面临一个关键的转折期或转型期。"科教兴国"是实现关键转折的国策，而大力发展技术科学是实现"科教兴国"的一项战略措施。郑哲敏殷切希望，科学家与科技政策制定者深刻认识技术科学的发展规律，正确制定并实施技术科学发展战略，为实现振兴中华的梦想奠定技术科学基础。

(三) 国家需求是科技工作者一生的追求

作为钱学森的学生，郑哲敏 1954 年 9 月离美回国前夕，承诺老师做到"国家需要什么就做什么"的嘱咐。从风华正茂到壮年勃发，郑哲敏坚持以国家需求为己任。从古稀到耄耋之年，郑哲敏继续指导解决重大科技难题，不折不扣地把一生奉献给国家需求。

1996 年，72 岁的郑哲敏挂帅主持中国科学院"九五"重大项目"海底油气混输管线的若干关键技术及灾害环境问题研究"(1996~2000 年)；担任国家科委"九五"基础研究攀登项目"非线性科学"、"大规模工程科学计算"和"流体与空气动力学前沿基础课题研究"等的策划、立项和项目专家委员会主要成员工作，并承担相关课题研究等。

郑哲敏促成中国科学院与中国海洋石油总公司签署《中国科学院与中国海洋石油总公司"十五"科技合作意向书》。1999 年 5 月，在中国科学院院长路甬祥和中国海洋石油总公司领导的大力支持下，由郑哲敏和曾恒一两位院士挂帅，成立了科技合作指导委员会和科技合作办公室。双方为我国渤海油田开发和东海、南海油气勘探研发中的关键技术确定了研究课题，并在双方经费资助下取得可喜的成果，造就了一支研究和技术优势互补的海洋石油研究队伍。

长期的科技合作和交流，使中国海洋石油总公司从领导到科技专家对郑哲敏都非常敬佩。在 2013~2021 年期间，中国海洋石油总公司 (简称中海油) 聘任郑哲敏为国家能源深水油气工程技术研发中心学术委员会名誉主任，在此期间，虽然他已过鲐背之年，然而依然精神矍铄，思维敏捷过人，每次到会听取进展汇报后，给予学术指导，提出中肯的建议。中海油十分感激郑先生为国家海洋油气资源开发与他们风雨同舟，为科技创新倾注心血 (图 8.10 为郑哲敏与曾恒一合影)。

图 8.10　国家能源深水油气工程技术研发中心学术委员会名誉主任郑哲敏 2017 年与中海油学术委员会主任曾恒一院士合影

爆炸对电磁场的作用，属于极具挑战性的全新领域。20 世纪 90 年代末，郑哲敏开始关心这个问题。年届资深院士后，郑哲敏仍然指点关键，引导学生探索爆炸对电磁场作用的基本原理，争取闯出新技术途径。

爆炸开采油气，从火药、炸药直到核爆，国内外探索了一百多年，是一个诱人入围而没有显著突破的难题。郑哲敏从基本现象判断 "核爆不可取，化爆应当有可能"，从 20 世纪 90 年代到 21 世纪 10 年代，指导林英松、李德聪两位博士生，并由林英松、陈力两位博士和丁雁生研究员合作指导中国石油大学 13 位博士生和硕士生，一步一个脚印地求索，期望为低渗油气藏找到一条爆炸增产的新途径。

2013 年开始，郑哲敏组织年富力强的中青年科技骨干和优势互补的科技团队，开展页岩气研发若干关键力学问题研究的新方向，力争解决制约页岩气规模化发展的技术瓶颈，夯实工程技术发展的理论基础。为此，他定期主持学术研讨会，指导和推动这个方向的科技进展。他再次鼓励年轻人要"做雪中送炭，不做锦上添花的工作"，"做爬坡的工作"，"做出汗的工作"。由 27 位作者共同完成的综述文章《页岩气开采中的若干力学前沿问题》发表在《力学进展》2019 年第 49 卷第 1 期，并荣获"第七届中国科协优秀科技论文遴选计划'优秀论文证书'"。

为了使力学所工程科学领域的工作更加适应国家经济发展的重大需求，郑哲敏和李家春两位院士根据中国科学院重点实验室"十二五"计划安排，筹划水动力学与海洋工程重点实验室和环境力学重点实验室合并事宜，郑哲敏为合并后的实验室起名为"流固耦合系统力学重点实验室"。

2013 年 4 月 26 日，中国科学院批准成立中国科学院流固耦合系统力学重点实验室，郑哲敏为实验室学术委员会名誉主任，李家春为实验室学术委员会主任，黄晨光为实验室主任 (图 8.11)。郑哲敏和李家春两位院士对实验室的目标、方向和布局进行了精心筹划。实验室坚持钱学森的"工程科学"思想，紧密结合我国海洋工程、环境工程和交通工程等应用领域的国家重大需求，以力学多分支学科的交叉融合为基础，发展流固耦合系统力学理论，发展建设特色鲜明、系统配套的耦合实验平台和数值模拟技术，在引领相关工程技术发展的同时，促进力学学科研究思想和方法的进步。

图 8.11　2013 年中国科学院流固耦合系统力学重点实验室成立
(前排：左 6 李家春、左 7 郑哲敏、左 8 黄晨光)

流固耦合系统力学重点实验室，集中优势力量展示了实验室良好的发展态势，在中国科学院基础口十二个参评实验室中获得了第一名的好成绩。

郑哲敏善于挑战和解决国家经济建设、国防建设和生产建设中重大而艰难的课题，锲而不舍，直到彻底解决为止。他特别强调注重现场的观测、测量，以及实验室里原始现象和过程细节的分析。他总是抓住物理本质并给出初步判断，然后亲自设计和布置实验室模拟。必要时研制专用设备进行实验，充分掌握第一手资料。此后，才是严密的分析。他善于从复杂的现象中，把握实质和关键，建立简化模型，揭示基本规律。然后结合工程或工艺的典型情况，应用规律真正解决实际问题。长期以来，与郑哲敏合作的工程界同行十分钦佩他的科研方法和科研思想，凡遇到重大突发事故分析或重要攻关难题，都上门来找郑哲敏帮忙，公认他的研究成果能真正起到指导作用，能真正解决制约发展的突出瓶颈和深层次理论难题。

下面简介郑哲敏在耄耋之年指导年轻人做的几项工作。

1. 指导山体滑坡灾害防治中的关键力学问题研究

2000 年 4 月 20 日，郑哲敏与王思敬、崔俊芝院士联名致信中国科学院院长路甬祥，建议针对"西部大开发"中存在的严重的滑坡灾害防治科技问题，呼吁中国科学院加强院内的优势互补，强强合作开展地质工程力学研究。

2001 年力学所召开"三峡库区山体滑坡防治关键技术研究研讨会"。

2002 年 3 月，中国科学院启动创新方向项目"山体滑坡灾害防治中的关键力学问题研究"，2006 年 11 月启动创新方向项目"滑坡灾害防治关键科学问题及集成技术研究"，2009 年 12 月启动 973 项目"重大工程地质灾害的预测理论及数值分析方法研究"，三个项目均由力学所李世海主持，郑哲敏担任项目专家组成员。

郑哲敏指出，将地学与力学进行结合，是研究滑坡问题的有效途径。同时强调，滑坡问题很难，需要有坐"冷板凳"的勇气及长期坚持不懈的精神。

在"重大工程地质灾害的预测理论及数值分析方法研究"启动大会上，郑先生指出，地质灾害是一个复杂问题、复杂系统，地质体的内部结构复杂，很难观测。因此，需要从具体问题着手，通过不断积累地质灾害的工程案例、地质资料及监测数据，得到一些对工业界、地质灾害界有用的信息。此外，郑哲敏还指出科学的进步需要有不同的见解，希望各课题组成员在首席专家的协调下，发扬学术民主的作风，通过交流、辩论等方式来解决学术分歧，使项目组真正成为一个有机的整体。

在郑哲敏的指引下，李世海带领团队攻坚克难，将力学与地学充分结合，建立了滑坡破坏状态与滑坡所处阶段的内在联系，自主研发了滑坡监测预警系统，形成了监测数据与数值模拟高度融合的滑坡灾害动态预警理念，提出了"监测为首、排水为主、结构为辅、预测预警、科学决策"的滑坡防治技术路线，形成了管、群、研相结合的 CAS 防灾体系。

2003 年前后，李世海团队率先将物联网思维引入了滑坡监测，研发了拉线式地表位移计、地表裂缝计、深部错动计等多套自动化设备，并借助 GSM(2G) 网络将现场监测的数据实时传输至监测中心，从监测中心的计算机可及时全方位查看、分析现场情况。中国科学院力学所在重庆市万州区搭建了滑坡灾害防治示范区，累计监控滑坡灾害隐患点 745 个，获得有效监测数据 100 多万条。

2008 年 5 月 12 日汶川发生 8.0 级特大地震。项目组紧急提交"关于预防地震灾区次生滑坡灾害的建议"，研发了抗震救灾三维动态信息管理及演示系统，对唐家山堰塞体及其下游进行了长达数月的实时监测，为抗震救灾提供了有力的科技支撑。中国科学院授予该项目组为"中国科学院抗震救灾先进科技团队"，授予李世海"中国科学院抗震救灾先进个人"。

目前，滑坡监测已经在全国如火如荼地展开，形成了空天地结合、点线面结合、深部与地表结合的多物理量监测格局。

滑坡灾害的发展演化过程，是地质体从连续体逐渐转化为非连续体，进而转化为离散体的过程。借助数值模拟开展滑坡灾害的预警评估，是重要技术途径。但是，流行的有限元法适用于连续介质，难以刻画地质体由连续体变成离散体的过程。李世海 1997 年访美工作期间，接触到"离散元"新计算方法，虽然刚起步尚粗糙，但是可以计算离散体的运动。回国后，经过十几年努力，他指导学生逐渐将离散元与有限元融合，发展成为连续-非连续单元法 (CDEM)，可实现地质体及人工材料渐进破坏过程的模拟，还可以模拟破碎后离散体的运动、碰撞、流动及堆积过程，成为岩土领域的通用数值模拟方法。他们对三峡库区、汶川地震灾区、西南山区等众多滑坡的失稳成灾过程进行了数值评价，得到了产业部门的高度认可。CDEM 软件被国内百余家单位用于地质灾害、岩土、矿山、隧道、爆破、油气等领域的学术研究及工程分析。

郑哲敏称赞和支持李世海团队锲而不舍地研发 CDEM，感叹 20 世纪 60 年代提出流体弹塑性模型计算地下核爆时，没想到打破连续介质的局限，拓展到连续-非连续体研究定向抛掷爆破。

2. 指导水下高速运动物体问题研究

水下高速运动物体的关键力学问题是国防工程急需解决的难题，相关理论和实验研究缺乏。针对这一国家的紧急需求，受庄逢甘、陆元九院士重托，郑哲敏自 2006 年起多次应邀参加高层专家的分析研讨会。

郑哲敏觉得"空化"对水下高速运动物体的影响不容忽视。在加州理工学院上学时，他曾跟随 Plesset 教授研究过一段时间的水动力学及"空化"问题。20 世纪 60 年代研究爆炸成形时，发现"空化"竟是"二次加载"现象的重要机制。面对重托，他查阅文献，发现已经有一些"空化"计算的办法可以用于水下高速运动物体问题，并且有一定实验验证。

为了尽快解决关键科技难题，他在力学所抓紧做了三件事：第一，恢复高速水动力学研究，亲自调研、备课、讲课和部署具体科研任务。第二，组建一支能承担任务的年轻科技队伍。亲自去北大选中王一伟、杜特专硕士等入职力学所，组织定期的学术交流讨论会，给年轻人压重担。第三，为解决关键力学问题做具体工作。他亲自推演公式，为科技人员举办"空化流简介"系列讲座，全面阐述水下高速运动物体关键力学问题。还亲自指导实验，支持方新博士的创新方案，在经费没到位时用自己的院士经费研制实验设备，积极推动项目深入开展。定量观测水下高速运动的空化流场，与同期进行的数值计算结果相符，所以增强了信心。经过一番努力，力学所的科研小组与委托方通力合作，攻克了关键难题进而揭示了水下高速运动物体载荷规律，不负重托。

在实施任务的同时，王一伟由黄晨光指导完成了博士学位论文（图 8.12）。

图 8.12 王一伟答辩后与郑哲敏合影 (2013 年)

2014 年 6 月, 在中国科学院数学物理学部第四届学术报告会上, 90 岁的郑哲敏院士和 30 岁的王一伟博士, 报告了关于高速水动力学问题的研究, 介绍了全过程计算模型和模拟方法。

郑哲敏认为, 问题虽然解决了, 但也留下了一些疑问, 还需要继续做工作。那种依样画葫芦, 对了却不能真正理解的状态, 使人很难受。2015 年, 郑哲敏写信给加州理工学院的老朋友、空化领域的资深专家 Brennen 教授, 推荐王一伟访问计算物理研究组, 推动探索研究新的空化相变模型和数据驱动的湍流模型。2016 年起, 他支持改造爆炸洞实验室、建设空泡与空化瞬态动力学系列实验装置, 逐渐在高速水动力学方向重新打造了一支有实力的研究队伍。

3. 指导天然气水合物 (又称可燃冰) 的研究

1810 年, 首次在实验室发现天然气水合物。180 年后, 天然气水合物的研究与勘探才进入高峰。天然气水合物绝大部分在海底, 全球储量估计是现有天然气、石油储量的两倍, 但是海底天然气水合物的开采尚未解决。

据测算, 中国南海天然气水合物的资源量, 约相当于中国陆上石油、天然气资源总量的二分之一。

2004 年的一天, 郑哲敏要力学所海洋土力学课题组组长鲁晓兵调研天然气水合物的研究现状, 希望该组转向天然气水合物开发方面的研究, 严峻的是鲁晓兵不清楚什么是天然气水合物。在郑哲敏查阅文献的基础上, 鲁晓兵又阅读大量的文献并制订计划, 开展了基础性研究。因为做了超前的基础工作，海洋土力学组参加了天然气水合物相关的国家 863 项目 (2007~2010 年)、国家重大研究专项 (2008~2010 年)、天然气水合物试采工程 (2011~2020 年，长远目标至 2035 年)。

郑哲敏不仅指导制订研究计划，还提出了海底天然气水合物控制方程。这套方程含有传热、渗流、相变、应力传播四个过程，且这四个过程的特征时间相差几个数量级，于是提出了解耦的分析方法。同时发现，控制该问题的关键因素——传热，四个过程中最慢的一个，正是导致水合物热采效率低下的原因。为了克服这个瓶颈，郑先生于 2011 年提出了一种新方法——机械-热开采方法。

2006 年，所里按创新工程要求调整科研团队，对课题组构成提出较高要求时，郑哲敏毫不犹疑地加入了海洋土力学组。他笑眯眯地说，"我现在户口在非线性力学实验室，行政关系在你们这里。"当时鲁晓兵只是个三十多岁的副研究员，郑哲敏的加盟使课题组分量大增。正是他坐镇和护航，这个组才能取得今天的成绩。

鲁晓兵和郑哲敏合带了两名博士生，张旭辉 (2005~2010 年) 与刘乐乐 (2008~2013 年)。

张旭辉实验观察到水合物分解后土体会产生"分层"和"喷发"两种破坏模式。郑先生敏锐地看到这是两种新的破坏模式，指出应该集中精力把这两种破坏模式弄清楚。储层的破坏关联水合物开采安全，郑先生一直非常重视，不仅在所里是这样，在每次中海油天然气水合物国家重点实验室年度会议上也一再强调。张旭辉毕业后留所工作，郑先生继续指点他进一步研究，获得储层破坏过程及临界条件。

基于郑先生的判断，刘乐乐的博士论文方向是水合物分解过程中相变界面问题。前人的水合物分解区域与未分解区域界面间断的假设不合理，应该有一个过渡区。要从实验和理论上澄清这个问题，从而为水合物开采的分析提供正确的途径。郑先生对刘乐乐论文工作的指导非常细致，比如在做水合物分解试验时怎样提高测量精度。另外，问题存在多个时间尺度，量纲分析用哪个时间作为基本尺度，对于不同的分析目的显然要做不同的选择。对此，郑先生与刘乐乐做了多次的探讨和分析，才最后确定下来。

当时，郑哲敏刚提出水合物机械-热开采方法，认为应该先从总体上论证这个方法是否可行入手，然后再研究其中的关键问题。郑哲敏让刘乐乐从总体角度，即总能量是否为正、经济上是否合算、技术手段和设备能否达到等方面进行论证。在刘乐乐论证了机械-热开采方法总体可行的基础上，鲁晓兵带的博士生李鹏 (2014~2019 年，已毕业留所) 的论文是针对水合物机械-热开采方法中的关键力学问题之一——含水合物相变的管道多相流规律研究。郑哲敏对李鹏也给予了非常多的指导，对于含水合物相变的数学模型进行了多次讨论，对方程的每一作用力项都仔细问清楚，考虑是否合理。

经过郑哲敏指导的接近二十年研究，鲁晓兵团队获知天然气水合物的力学性质和开采过程的基本力学现象，发现井口安全及海床滑塌的机制和临界条件，提出机械-热开采法并判断原理可行，为 2017 年 5 月南海天然气水合物试采工程提供了基本力学参数，以及井口安全评估、开采降压过程控制方案等多方面的建议和数据。鲁晓兵博士已成长为研究员、博导，现任力学所学位委员会副主任。

4. 指导气枪激震人工水池研究

人工地震是探测地下岩层结构的主要手段。中国地震局陈颙院士团队研发的气枪激震，能耗低且环保，多次信号叠加能看清一二百公里处的震相，适合定点探测，但需要有水库之类的庞大水体，限制了它的应用。为解决这个问题，陈颙团队曾参照国外方案做过人工水池试验，效果欠佳。

2011 年，由白以龙院士推荐，力学所陈力课题组应邀考虑气枪激震人工水池问题，去云南参观了陈颙团队在一个水库做的气枪激震试验，估计气枪激发的水流似是砸到水底的水锤，后来又去水库录像观测了气泡涌出水面现象。

2012 年 8 月陈颙院士率队访问力学所，面请郑哲敏指导，期望一个月给出测震距离与水库相当的人工水池工程设计思路和参数。郑先生当即与陈颙进行讨论，并安排陈力课题组抓紧工作。陈力等人建立等效气泡模型，分析气泡驱动的水体运动，证明水流对池底的冲量随距离一次方衰减，不是常见的按距离平方衰减，初步揭示了"气枪水中激震高效"

的机制。据此，利用地震波衰减的经验公式和陈颙团队的试验资料，给出了气枪激震人工水池的设计原则和水池的设计参数。经郑哲敏同意，一个月如期提交了研究报告。

2013 年 5 月，按力学所方案在新疆建的水池完工，距该水池 240 公里远的地震台测到了气枪信号，300 公里甚至更远处也感受到气枪信号。力学所提出的原理和设计得到证实，解决了人工激震水池设计问题，为按需要对指定地域进行深部地层探测做了一份贡献。

五、尊师爱生，推动实验室文化建设

(一) 尊敬师长

尊敬师长是中华民族美德，已经融入郑哲敏身心。这里仅介绍他的五位老师。钱学森、周培源、郭永怀和钱伟长四位既是老师、中国力学学科的奠基人，又都先后留学美国加州理工学院，成为郑哲敏的老师辈校友。郑哲敏回国后，一直身处这几位大师手下和左右，亲身感受到四位大师的优秀品质和作风。第五位是加州理工学院教授 G. W. Housner，曾教过他，对他特别关心，长期保持联系。

1. 追随老师钱学森

1947 年暑期在清华大学物理系听钱学森作稀薄空气动力学报告，是郑哲敏第一次见到钱学森。钱学森 1949 年中秋节晚上参加加州理工学院中国留学生庆祝新中国成立。这是郑哲敏第一次近距离接触老师钱学森和师母蒋英。以此为始整整 60 年，郑哲敏一直在钱学森手下和左右学习、工作、生活。钱学森非常赏识郑哲敏的才华和人品，在美国时同甘共苦、亲密无间，回国后压重担、交办重要事情，祝福婚姻幸福，来往不断。郑哲敏对钱学森有着特殊的感情和崇敬。

1991 年 10 月 16 日，在国务院、中央军委授予钱学森"国家杰出贡献科学家"荣誉称号和一级英雄模范奖章仪式上，由郑哲敏代表学生致贺词。

尊师莫过于对老师所指出的道路方向锲而不舍。郑哲敏就是这样的人。

　　钱学森以工程科学作为力学所的建所指导思想，郑哲敏就用工程科学思想指引力学所定位和发展。钱学森倡导技术科学思想，郑哲敏就坚持亲身践行，始终不渝地宣传，据以研讨制订中国科学院的技术科学发展战略，成为坚定不移的后继旗手。

　　钱学森和郭永怀把爆炸力学方向交给郑哲敏，郑哲敏就一头扎进去努力攻坚，以他坚实的力学基础，带领一批人短短几年的时间，硬是从理论到实验并在国防尖端和国民经济方面做出了成绩，形成了爆炸力学学科的基本体系，使它真正成为我国的一个力学分支新兴学科立足于世界科学之林。

　　郑哲敏追随钱学森的事迹见本书许多章节，这里仅补记他把钱学森点滴指示都铭记在心。

　　如 1982 年在力学学会第一、二届理事扩大会上 (换届)，当时请了陶亨咸先生 (中国科学院学部委员 (院士)，时任一机部副部长、总工程师，中国机械工程学会理事长) 发言时，钱学森写了一个纸条给郑哲敏，上边写着：“一个大问题 (指陶的报告)，如何把机械工业中出现的具体工程技术问题提炼成力学研究课题，搞机械工程学会和力学联合工作会议？”郑哲敏在闭幕式讲话即说：“我愿意把它 (指钱学森写的纸条) 作为老理事长的赠言保存起来……这是钱学森多年科学研究经验的结果，是我们力学的核心问题。”事实上，在他领导力学学会时，很多专业委员会的学术活动都是与工业部门或其他领域、其他学会联合召开的。

　　又如 1993 年 4 月 9 日，郑哲敏收到钱学森关于湍流研究的一封信。信中提到“湍流是流体的宏观混沌，而平流在微观水平上，也是分子的混沌运动”。郑哲敏说：“这是他 (指钱学森) 希望我们要从现代混沌运动理论中吸取营养，悟出新方向，走上新道路。”

　　2001 年 11 月 19~20 日，为祝贺钱学森先生 90 寿辰，中国力学学会在清华大学召开了“新世纪力学研讨会——钱学森技术科学思想的回顾与展望”大会。郑哲敏致开幕词并作题为“学习钱学森先生技术科学思想的体会”的报告 (刊登于会议文集《钱学森技术科学思想与力学》，国防工业出版社，2001 年，以及《力学进展》2001 年第 31 卷第 4 期，并收入 2004 年科学出版社《郑哲敏文集》)。

2001 年 12 月 10 日，郑哲敏出席"钱学森科学贡献暨学术思想研讨会"，作题为"钱学森技术科学思想"的报告。

2005 年 12 月 7 日，钱学森 94 华诞暨回国 50 周年之际，经钱学森办公室安排，郑哲敏与时任所长洪友士、党委书记何林、当年到深圳罗湖桥头迎接钱学森全家回国并参加创建力学所的科学家朱兆祥，一起登门拜望了力学所首任所长钱学森 (图 8.13)。当时，钱先生风趣地对郑哲敏说：我们可是老朋友了！钱先生愉快地回忆起当年在美国加州理工学院的岁月，并关切地询问力学所的发展，殷切期望力学所要结合国家重大需求开展工作，在国家重大任务中发挥作用。

图 8.13 看望钱学森 (2005 年)
(左起: 钱学森、蒋英、朱兆祥、郑哲敏、洪友士、何林)

2009 年 10 月 31 日上午，人民科学家钱学森在北京逝世，享年 98 岁。郑哲敏听到噩耗，心情极其沉痛。11 月 1 日接受记者采访。11 月 2 日，上午参加力学所召开的"钱学森先生永远活在我们心中"追思会，下午参加力学所召开的"缅怀钱学森先生"座谈会，在会上都作了重点发言。11 月 3 日，与李佩、力学所所长和党委书记一起到老师家吊唁。11 月 6 日，到八宝山向老师作最后的告别。

他化悲痛为力量，竭尽全力地为传承钱学森先生科学思想而推动各方面的工作。

2010 年 1 月 9 日，首都科学讲堂新年第一讲，针对著名的"钱学森之问"，郑哲敏为公众作了"如何成为领军人物——我的点滴体会"的报告。

2010 年 10 月 22 日，郑哲敏参加力学所举行的人民科学家钱学森逝世一周年纪念会暨中央电视台人物传记片《钱学森》首映式。

2010 年 10 月 30 日，年老体弱的郑哲敏，加班加点亲自动笔写稿，亲自制作视频，在中国科学院召开纪念钱学森先生逝世一周年座谈会上作报告。

2011 年 4 月 8 日，郑哲敏不顾自己正在治疗肺结核，坚持出差去合肥，为中国科学技术大学"纪念钱学森先生百年诞辰"系列活动作首场报告，着重介绍了钱学森先生在加州理工学院做研究生的经历。

2011 年 8 月 22~24 日，"中国力学大会–2011 暨钱学森诞辰 100 周年纪念大会"在哈尔滨举行。郑哲敏作大会特邀纪念报告，并接受人民网黑龙江台缅怀钱学森的视频采访。

2011 年 11 月 9 日，郑哲敏为"第四届全国中学生趣味力学制作邀请赛 (中国科学院力学所杯)"作报告，希望年轻人能够学习老一辈科学家的爱国奉献精神和终生不断求知的思想，发扬创新精神，不断学习进步。

2011 年 11 月 18 日，郑哲敏在中国科学院科普论坛上报告"钱学森的科学技术贡献和他的技术科学思想"。

2011 年 11 月 30 日，力学所隆重举行"纪念首任所长钱学森百年诞辰"活动。钱学森先生的儿子钱永刚、女儿钱永真、中国科学院领导与力学所领导、院士、科技人员、研究生及有关单位领导 300 余人共同出席纪念活动。纪念活动中，郑哲敏介绍了钱先生"工程科学"思想的内涵及其重要的现实意义。他指出，我们应该致力于实践和理论的不断循环和相互促进，推动技术和社会的进步。他强调，凡事要有总体观点，抓总体规划。只有把自己的工作放在更大的背景中看待，才能看清进一步努力的方向。他希望力学所能够克服当前社会普遍存在的浮躁之气，稳守科研道德，扎扎实实地推进研究所的各项工作。

纪念活动还向嘉宾颁赠了力学所李家春 (时任学术委员会主任)、樊菁 (时任所长) 主编，组织专家编写的纪念文集《钱学森——在创建力学所的日子里》。随后举行了庄严的钱学森塑像揭幕仪式 (图 8.14)。郑哲敏、方新 (时任院党组副书记)、樊菁、钱永真共同为钱学森塑像揭幕。郑哲敏建议选取钱学森回国创建力学所时的形象，最好是全身塑像，并在方案设计过程中提出了重要的指导意见。中国美术学院的著名雕塑家龙翔教授完美实现了郑哲敏的建议。这尊铜像耸立在力学所主楼前,逼真、生动地再现了回国创建力学所时意气风发的钱学森,并选为"中国百年雕塑"收藏在中国国家博物馆。

图 8.14   2011 年钱学森塑像揭幕仪式

(左起: 乔均录、嘉宾、李和娣、龙翔、郭雷、钱永真、沈德奋、钱永刚、郑哲敏、谈庆明、李佩、方新、樊菁、嘉宾、俞鸿儒、吴承康、赵震声、白以龙、刘鸣华、胡文瑞、胥伟华、李家春、王自强)

2011 年 12 月 11 日钱学森诞辰一百周年日,郑哲敏作为特邀嘉宾参加中国科学院举行的"钱学森与中国科学"的图片展览揭幕式,并应邀作了重要讲话。

2011 年 12 月 18 日,郑哲敏作为特邀嘉宾参加了在中国科学院国家科学图书馆报告厅举行的"纪念钱学森诞辰 100 周年"对话活动,现场回答八一中学学生、网民以及新浪微博网友等提问。

年迈的郑哲敏每周三上午都积极参加由李佩先生发起,他和李佩先生共同组织的"钱学森科学和教育思想的研究会"。他与李佩先生组织专家们围绕钱学森在工程科学、工程科学的教育以及系统科学三方面的贡献和思想基础进行了充分讨论、认真研究和整理,主编了《钱学森科学和教育思想研究文集》,于 2014 年 4 月出版。该书的出版能起到激发和引导读者进一步了解和研究钱学森科学和教育思想,以及寻找"钱学森之问"答案的兴趣。

2. 老师的老师周培源

周培源是力学界受人尊敬的前辈。还是在西南联大当学生的时候，郑哲敏就知道物理系有位周培源教授，他教的理论力学课很难。钱伟长1931年上清华大学物理系，钱学森1934年交通大学毕业考取清华大学"庚款留学"公费生，郭永怀1938~1939年在西南联大跟随周培源研究湍流，而周培源1931年已是清华大学物理系教授。虽然周培源仅年长郭永怀7岁、年长钱学森9岁、年长钱伟长10岁，郑哲敏尊称周培源为老师的老师一点都不错。

郑哲敏没有听过周培源的课，但是自1948年起到1993年周培源去世的45年间，郑哲敏的学习和工作与周培源的关系却是越来越紧密。

1948年7月的一天，郑哲敏鼓足勇气闯进周先生的办公室，周先生不仅倾听郑哲敏叙说将去加州理工学院留学，还送一本在《应用数学杂志》上刚发表不久的文章的抽印本，最后特意在一张纸上写下李整武和孙湘两个名字，告知到了加州理工学院遇上困难可以求教于他们。周老那样著名的学者第一次见到一个20岁出头的外系助教，竟然如此亲切热心地给以指点和帮助，大大出乎郑哲敏意料！后来他知道，平易近人、乐于助人、热心培养和帮助青年人，是周老一贯的作风。几十年后周老当北京大学校长住在燕南园，师生们随时推门进他家，就能得到很好的接待，使人感到特别亲切和温暖。

郑哲敏钦佩周老对相对论和湍流两大难题始终不渝地钻研，达到很深的造诣，获得突出的成就。周老送的那份抽印本成为郑哲敏学习湍流理论的第一篇启蒙文章，至今仍感到这篇文章是湍流理论几十年以来虽经多次推动，却仍能保持其科学价值的少数文献之一。

郑哲敏有许多重要时刻都得到周老垂范、鼓舞和提携。一是1956年中国代表团去布鲁塞尔出席IUTAM第9届大会。贴身体验团长周老(1946年起任IUTAM理事)与各国学者交往的风格，成为初次参加国际会议的郑哲敏学习的榜样。二是1957年第一次全国力学学术报告会，周老是会议主席，郑哲敏参与会务并作报告。会议最后一天宣布成立中国力学学会，周老谦任副理事长，郑哲敏当选理事。三是1972年周总理指示加强基础研究，点将周培源。周老据实进言，总理重言批示，郑哲敏因此首次介入全国力学规划。1973 年一日，周老在家接电话得知有人批到自己头上而泰然处之，恰在周老家的郑哲敏亲历此景，甚为感动，坚定抵制妖风的信心。四是 1980 年中国科学院要在力学所推举所长，时任副院长的周老 11 月到力学所座谈调研，抵制极左思潮，使郑哲敏在当年 12 月从 7 名副所长之一转任常务副所长，行所长职责。五是周老任 IUTAM 终身理事和大会委员会委员，带领中国力学家登上世界舞台。1988 年他请辞大会委员会委员并成功推荐郑哲敏任大会委员会委员。

周老是 1955 年的中国科学院学部委员。多年任中国物理学会理事长、名誉理事长，中国力学学会副理事长、名誉理事长。他对物理学和力学关系的认知，对力学学科定位意义重大。1979 年 10 月，周老让他的一个学生向郑哲敏请教一个非线性微分积分方程的计算问题。由这件小事足见周老谦虚真诚，怎能不叫人更加敬重。

1986 年 6 月周培源先生参加力学研究所建所 30 周年大会，其间，与郑哲敏亲切交流 (图 8.15)。

图 8.15　1986 年周培源先生 (右) 与郑哲敏亲切交流

1992 年是周培源先生 90 寿辰。由周老海内外学生共同发起召开"国际流体力学和理论物理科学的讨论会"。组织委员会筹划出版《科学巨匠师表流芳》一书，郑哲敏为此撰写了《记周老二三事》一文。他列举亲身经历，深情颂扬周老的执着严谨、奠基贡献、高风亮节，充分表达了郑哲敏对周老最诚挚的敬意，高山仰止。

组委会委托会议由北京大学、中国力学学会、中国物理学会联合主办。郑哲敏指示力学学会办公室全力办好，并出席了会议。这个会议办得很成功。代表来自 12 个国家，共 200 余人出席，发表论文 213 篇，其中特邀报告 17 篇。到会著名学者多，其中有陈省身、李政道、林家翘、卢嘉锡、任之恭、吴大猷、吴健雄、杨振宁、袁家骝、朱光亚、周光召等，应邀作报告的有日本学者佐藤浩，美国学者 W. V. R. Malkus、K. Lumley、Y. Nambu、P. F. Michelson、E. H. Lieb 等。会议内容主要是流体力学和理论物理方面最新发展，特别是湍流、粒子理论和引力论方面的评述，反映了当时最高水平。

台湾"中研院"院长吴大猷的出席为促进两岸科技交流开辟了新的里程碑。会后中国科协组织了以物理学家为主的多人赴台湾访问交流。

1993 年 11 月 24 日，周培源散步回家，感觉有点累，随即躺下休息，竟再也没有醒来。他不仅是杰出的科学家、教育家、社会活动家，还是道德楷模。

1997 年 8 月，郑哲敏与朱家鲲共同任主席，召开"国际流体力学新发展专题研讨会暨纪念周培源教授诞辰 95 周年大会"。2002 年 8 月，郑哲敏出席"纪念周培源诞辰 100 周年科学论坛"。庄逢甘为执行主席。陈佳洱、许智宏、冯元桢、林家翘、钱令希、彭桓武、王大珩、朱经武、丁石孙、朱家鲲、吴耀祖、徐迟生等及周老的学生、同事、朋友、亲属和青年学子 400 余人出席大会。

3. 崇敬郭永怀

1953 年冬，郑哲敏在钱学森家第一次见到郭永怀和李佩夫妇，看到钱郭两家亲密无间。1954 年听钱学森讲述郭先生对奇异摄动法的贡献、PLK 方法中 Kou(郭) 的来源，知道郭先生不仅是恩师的挚友，还是与恩师同量级的大科学家，对高超声速空气动力学有杰出贡献。

1956 年 10 月，钱学森带着郑哲敏去北京站迎接归国的郭永怀、李佩和女儿郭芹。郭先生即任力学所研究员、学术秘书。1957 年 2 月当选中国力学学会常务理事，3 月当选全国政协委员，5 月当选中国科学院学部委员；1958 年任《力学学报》主编、力学所常务副所长；1959 年担任三峡工程防空大组负责人；1960 年兼任二机部九所副所长 (1964 年 2 月九所改称九院，任副院长)。

从此开始 (图 8.16)，郑哲敏在郭永怀先生直接领导下工作了 11 年。一是郭所长指导安排 1959 年科研工作，面对"大跃进"的浮夸氛围坚持说实话，正确处理科研工作与工程技术工作的关系。二是 1960~1963 年，郑哲敏得到钱、郭两位所长大力支持，研究爆炸成形取得突破性成果，获钱学森命名爆炸力学。1963 年奉郭所长指示，郑哲敏撰写报告，首次阐述爆炸力学并规划其发展。三是郭所长引领郑哲敏进入核爆炸及核爆防护工程领域，承担有关项目，创立了流体弹塑性体模型，成为爆炸力学里程碑性质的进展。四是力学所工程爆破研究遇到困难时，郭所长指明研究方向，并出手帮助郑哲敏处理大爆破课题组的难题，使该课题组克服困难拼搏奋斗，逐步成长为工程爆破领域的重量级队伍。五是面对极左思潮，郭所长刚正不阿，保护同志。编辑《力学学报》时面对所谓"右派教授审稿"问题，保护提出正确审稿意见的钱伟长先生。在"文革"中"群众投票开除党员"时，旗帜鲜明指出造反派无权超越党章。在林鸿荪先生遭遇冲击时，挺身将林先生接到自己家保护起来。同样遭受冲击的郑哲敏对郭先生的正气感同身受。六是平易近人，关心同志。其中包括郑哲敏与卢凤才结婚时，郭先生家宴新人，钱所长和师母出席作陪。郭所长还主动将卢凤才从长春调进北京到中国科学院化学所工作。于公于私，郑哲敏都对郭先生无比崇敬。

图 8.16　1957 年郭永怀 (左) 到实验室与郑哲敏讨论工作

郭先生才华横溢，贡献巨大，行为楷模，有口皆碑，深受力学所广大同志敬仰。1968 年郭先生牺牲，力学所干部职工悲痛不已，郑哲敏更是倍感悲痛。任所长后，每年 12 月 5 日他都亲自带领力学所的科技人员和研究生，陪同李佩先生祭奠郭先生，表示最崇高的敬意和最深沉的哀思。

1988 年是郭永怀先生逝世 20 周年。由中国力学学会、中国气动研究会、中国气动研究与发展中心、新疆 89801 部队、中国科学院力学研究所、清华大学工程力学系、中国科学技术大学和核工业九院九所等单位组织了"缅怀郭永怀逝世 20 周年"纪念活动。同时，郭永怀的汉白玉胸像揭幕。郑哲敏大会发言，撰写了《郭永怀生平事迹介绍》一文 (收录在《郭永怀纪念文集》，科学出版社，1990 年 12 月)

1999 年 4 月 4 日是郭永怀院士 90 周年诞辰。中国科学院力学研究所、中国工程物理研究院、中国空气动力学研究与发展中心、中国科学技术大学、中国力学学会等单位 4 月 2 日在京联合举行纪念会。郑哲敏主编《郭永怀先生诞辰九十周年纪念文集》，校改了《郭永怀生平事迹介绍》（气象出版社，1999 年 3 月）。

2003 年郑哲敏、李敏华、吴承康和李佩等先生与力学研究所部分早期研究生在郭永怀塑像前合影（图 8.17）。

图 8.17　2003 年郑哲敏、李佩 (郭永怀老师的夫人代表老师) 等先生与力学研究所部分早期研究生在郭永怀塑像前合影

(前排左起：吴承康、吴承康夫人、纪家驹、卞荫贵、卞荫贵夫人、李佩、李敏华、郑哲敏)

中共中央、国务院、中央军委追授郭永怀"两弹一星"功勋奖章后，

郑哲敏衷心支持山东省荣成市兴建郭永怀事迹陈列馆,为"永怀讲堂"题名 (图 8.18)。2016 年 10 月 16 日,92 岁高龄的郑哲敏为郭永怀事迹陈列馆开馆致贺信说:"永怀同志是一位伟大的人民科学家,一位勤奋严谨、目光高远、勇于开拓的实践家。他是我国爆炸力学领域实至名归的开拓者和奠基人,为我国的国防建设事业作出了卓越贡献。在中国科学院力学所工作时,他求真务实、兢兢业业、一丝不苟、富于实践与开拓精神,不仅深深影响了我,也影响了好几代人。可以说,后来我在学术与科研工作中取得的成绩,与永怀同志的影响有很大关系。""在这个民族复兴伟大事业奋勇前进的时代,永怀同志的宝贵精神,值得我们每个人学习和铭记,传承和践行。我坚信,一定会有更多的人在永怀同志这种精神的感召下,在各个方面创造出新的业绩,新的辉煌!"

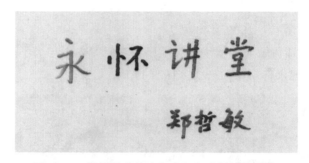

图 8.18 郑哲敏应约为郭永怀纪念馆讲堂题名

2018 年,经国际天文学联合会小天体命名委员会通过,中国科学院紫金山天文台在 2007 年发现的一对小行星,编号 212796 的那颗被命名为"郭永怀星",编号 212797 的那颗被命名为"李佩星"。郭永怀先生和李佩先生闪耀星空,将引领一代又一代力学所人爱国敬业,为振兴中华添砖加瓦,做出新的贡献。

4. 入门恩师钱伟长

钱伟长先生是中国力学学会创始人之一。郑哲敏早在 1946 年清华大学机械系受教于钱伟长先生,完成平生第一篇科学论文;1947 年当了钱伟长先生的助教;1948 年出国深造时获钱伟长先生力荐;1955 年回国后到钱伟长先生建立的中国科学院数学所力学研究室工作 (任弹性力学组组长);1955 年得知钱学森登上回国轮船时钱伟长先生要郑哲敏草拟建立力学所的报告。

郑哲敏对入门老师钱伟长先生非常敬重。在 1957 年极为严峻的政治风暴中，怀抱一片深情，曾去探望和劝解，为此于 1958 年挨批、被迫做检讨 (见本书第三章第三节之"经历反右派运动")。

2002 年 8 月 13~16 日，郑哲敏赴上海参加上海大学和上海科协主办的"第四届国际非线性力学会议"暨庆祝钱伟长先生的 90 华诞，并在大会亲自主持一个专题报告会场以谢师恩。

1994 年恩师钱伟长与郑哲敏亲切交谈，见图 8.19。

图 8.19　1994 年钱伟长先生 (右) 与郑哲敏亲切交谈

对钱伟长先生委托之事，郑哲敏极为重视并认真做好。如 1985 年在上海召开"第一届国际非线性力学大会"时，钱伟长先生请了很多国外知名学者参加会议，其中有苏联的力学大师谢道夫。鉴于当时苏联的情况，钱伟长安排谢道夫顺访力学所，并要求郑哲敏一定要做好接待工作，除要安排好讲座之外，并一再叮嘱郑哲敏要给谢道夫多一点讲课费，目的是解决谢道夫的经济困难。郑哲敏都一一照办。

5. 加州理工学院 G. W. Housner 教授

郑哲敏在加州理工学院第一年时听了 Housner 教授的"振动理论"课。这位教授对郑哲敏非常友善。在郑哲敏被移民局以"非法居留"关押后起诉要求"自动离境"时，他为郑哲敏出庭作证。在郑哲敏被强制羁留美国时，他请郑哲敏做实验，用电子计算机算自己首倡的地震响应谱，并且给了 1000 美元弥补郑哲敏的收入。

1978 年，Housner 率领地震工程界的代表团访问中国。1979 年，郑哲敏访美时曾在加州理工学院与 Housner 等老师和同学相聚。此后，两人时有书信来往，郑哲敏去帕萨迪纳 (Pasadena) 时也得相见。

1982 年 9 月，郑哲敏接到 Housner 的信，他到哈尔滨参加中美两国地震工程工作会议，信中附哈尔滨工程力学研究所所长刘恢先院士书赠 Housner 的诗《震后唐山》。1985 年，Housner 曾来华参加中日美三国地震工程工作会议。

鉴于对地震工程的贡献，Housner 获选美国国家科学院院士、美国国家工程院院士、美国艺术与科学院院士。Housner 曾担任国际减灾十周年地震工程研究委员会主席，被授予美国国家科学奖章、美国国家工程院创始人奖。鉴于 Housner 教授对中美合作研究地震工程的贡献，1993 年国家地震局工程力学研究所授予 Housner 该所名誉教授称号。

1996 年 5 月 28 日 Housner 给郑哲敏信，计划 7 月 28 日到北京，30 日去唐山，期望 29 日与郑哲敏夫妇见面，并告知曾在办公室见到仰泽夫妻和女儿。郑哲敏如约与 Housner 见面 (图 8.20)。

图 8.20　1996 年夏，郑哲敏与 Housner 在北京

2007 年郑哲敏到帕萨迪纳时曾去疗养院探望 Housner 教授。他已 98 岁，但思维依然清晰。他回忆郑哲敏刚到加州理工学院时，他曾受扶轮社的委托担任郑的 “教父”，不时向扶轮社总社报告郑的学习情况。这

是郑哲敏起初不知道的事。

2008 年 Housner 教授去世，享年 99 岁。老先生终身未婚，身后将全部财产捐赠给加州理工学院。

郑哲敏不仅尊敬师长，还亲近同学和朋友。他与铭贤中学、清华大学的一些同学长期密切联系，与冯元桢、吴耀祖、庄逢甘、罗沛霖等加州理工学院的中国留学生友情深厚，和易家训、朱家鲲、谢定裕等华裔教授保持学术交往，特别是与朱兆祥教授成为患难与共、互敬互助的挚友。在长期的科学生涯中，曾经得到许多学者和学生的支持和帮助，他都一一铭记在心。

(二) 培养研究生

郑哲敏一直重视培养研究生。中国科学院在"文革"之前断续实施研究生制度，郑哲敏曾先后指导 3 位研究生。1978 年恢复研究生制度以后，郑哲敏培养了 23 名博士、20 名硕士，指导了 5 名博士后。

在本传记的其他章节，对郑哲敏在培养和指导研究生方面的情况已有所叙述，这里再通过 10 来位郑哲敏研究生的经历与感悟，从不同角度体现郑哲敏在培养与指导研究生方面的科学精神、鲜明个性和人格魅力。

虞吉林在 1982 年至 1985 年期间师从郑哲敏。他是"文革"后暨我国建立学位制度后郑先生指导的第一位博士研究生 (学籍在中国科学技术大学)。他回忆道：郑老师特别强调论文选题是关键，选题一定要有物理或工程背景，切不可做经院式的研究，一定要抓住学科发展的前沿，切不可跟在很多人后面做一些几近重复的工作。当时郑老师非常关注经典弹塑性理论应用于断裂时的局限性，要求我调研非局部理论方面的研究进展，以及 Hutchinson、Budiansky 和 Eringen 等著名学者的工作，从中寻找合适的突破点。在郑老师指导下，我们提出了一种非局部弹塑性连续体模型，并用已有实验数据证明裂尖最大拉应力的量级与晶格内聚强度接近。

丁晓良在 1984 年至 1988 年期间作为博士研究生师从郑哲敏。他回忆道：在郑先生的严格和严谨的要求下做煤和瓦斯突出研究。在郑先生指导下，分析问题的本质，提炼影响煤和瓦斯突出的主要因素，设计一维实验模型，设计实验仪器，下煤矿采样，观察煤在瓦斯一维渗流作用下的初次破坏、持续破坏过程，建立数学模型，编制计算程序，通过实验数据和计算数据对比来解释煤在瓦斯渗流作用下持续破坏机制。在攻读学位期间我对管理产生了兴趣。在繁忙的研究工作之余，我参与了力学所食堂伙食管理委员会，并作为唯一的研究生成员参加周光召院长主抓的中国科学院青年改革咨询九人小组。郑先生知道我对科研管理的想法和做法之后并没有责备我。他非常豁达，鼓励年轻人按照自己的志向发展。

洪友士在 1986 年至 1991 年期间作为在职博士研究生师从郑哲敏。他回忆道：有两件事情印象深刻。一是关于论文选题，郑先生洞察疲劳研究发展趋势，指明让我以疲劳短裂纹作为博士论文选题。另一件事情是，在开始做博士论文研究时，郑先生跟我说，要读几本英文原著，一方面加强基础，另一方面可以在研究中得以借鉴。当时确定了两本，一本是冯元桢 (Y. C. Fung) 著的 *Foundations of Solid Mechanics*，另一本是 R. W. K. Honeycombe 著的 *The Plastic Deformation of Metals*。后来，我又选了两本：R. W. Hertzberg 著的 *Deformation and Fracture Mechanics of Engineering Materials* 和 N. I. Muskhelishvili 著的 *Some Basic Problems of the Mathematical Theory of Elasticity*。我每次向郑先生汇报我读书体会以及用于研究的情况，他总是很高兴，总是提出质问并指导我如何面对在学习和研究中所遇到的问题。

高剑波在 1988 年至 1991 年期间作为硕士研究生师从郑哲敏。他回忆道：当我开始作为老师指导研究生时，脑袋里突然冒出一句郑先生跟我讲过的话：100％的信，同时 120％的怀疑。这是先生的高明之处：100％的信，表示对所选的领域和问题的重要性和前瞻性没有任何怀疑，因此会全身心、充满激情地投入到学习和研究中；同时 120％的怀疑，表示在所选的领域中，一些最基本的东西都可能有错。因此，不要被权威所束缚，而应该努力找到所选问题的最佳解。

方新在 1994 年至 2000 年期间作为博士研究生师从郑哲敏。他回忆道：大约在 2009 年，在水下发射事故分析项目完成后的总结会上，项目组成员多次提到实测数据缺乏一致性，导致分析结果出现许多不合理之处。郑先生以其敏锐的洞察力指出由于海试现场条件的限制，这类数据可能是多次不同过程和不同手段测试结果的汇集。因此，很有必要自行设计和研制一套实验室规模的水下发射实验装置及相关测试系统，实现从发射出筒到带泡出水全过程的实时观测。设计和研制小型实验装置是艰巨的挑战。郑先生以严谨务实的科学态度提出了实验装置的基本功能和技术指标，指导项目组成员完成了这一挑战。郑先生始终坚持严谨务实的科学态度，在科研攻关中引导我们找出关键问题；在实验装置的功能设计上做减法，切勿大而全，以能够揭示主要因素的本质关系为设计目标。

石在虹在 2000 年至 2004 年期间作为博士研究生师从郑哲敏。她回忆道：初次见面时，我惊讶地发现郑先生骑着一辆破旧自行车上班，虽然他是三院院士且已年近八旬，我以为他应该有专车接送。这一幕让我对先生的朴实和勤勉留下了深刻印象。我第一次向导师汇报科研工作时，他态度和蔼，细心倾听，就像与自己的孩子聊天一样亲切。这使我从紧张中放松下来。更让我敬佩的是，他思维敏捷，不仅仅是认真聆听，还特别在我的汇报过程中帮我梳理出哪些是工程问题、哪些是工艺问题、哪些是科学问题，以及哪些问题有待解决，使我对科学问题和工程问题有了更清晰的理解。

林英松在 2000 年至 2007 年期间作为博士研究生师从郑哲敏。她回忆道：博士论文题目是"爆生气体作业下孔壁岩石开裂规律研究"。感受最深的一件事是，当自己把经过五年半的努力写成的论文初稿交给郑先生审阅后，被先生问及两个问题，一是实验装置是否漏气，二是数学模型中的主要影响因素为什么只有峰值压力和加载速率，先生要求用科学的方法回答问题。我自认为是想当然的两个问题被问，一时间有点发蒙，情绪十分低落。经过思考，并在丁雁生老师协助指导下，用钢试样测试装置是否漏气，用量纲分析对所有影响因素进行分析，最终得到主要影响因素。虽然又花了近一年的时间，但等做完这一切之后，自己才真正感受到了先生严谨的科学精神，令我终身受益。

李辉在 2002 年至 2006 年期间作为博士研究生师从郑哲敏。他回忆道：当时论文课题是"渤海油气钻井平台的冰载荷反问题研究"，属于结构动力学中的第二类反问题。在学位论文初稿中，我提出了"先对钻井平台进行空间悬臂梁模型简化和修正，然后再进行动力载荷反演识别"的方法，这可以缓解反问题求解中有效数据不足和计算量过大的困难。郑先生当时没有时间仔细阅读审核我的博士论文，难以决断，但他也没有轻易否定我的想法，建议我将论文主要内容投稿到美国土木工程师协会《工程力学杂志》，让专家进行评议。在经历了严格的同行审阅评议和反复的论文修改后，论文成功发表 (H. Li and H. Ding. Reduction based model updating of a scaled offshore platform structure. Journal of Engineering Mechanics — ASCE, 2010, 136(2): 131-142)。这一经历让我深刻领会了郑先生的科学精神。

姚再兴在 2003 年至 2009 年期间作为博士研究生师从郑哲敏。他回忆道：报考前，我忐忑地拨通了郑先生的电话，那边传来长者的声音："您好！我是郑哲敏，您是哪位？"我赶紧说："郑老师，您好！我是辽宁工程技术大学的年轻老师姚再兴。我想考您的博士生。报考您的考生一定很多，竞争一定很激烈吧？"我一口气说完排练了好几遍的开场白。"好啊，姚再兴，欢迎你报考力学所。年轻人要求上进，这非常好！只要考试成绩突出，我们尽量录取。具体情况可与研究生办公室联系。"郑先生还了解了我们学校和我个人的情况，鼓励我勇于进步，做好奉献社会的准备。这就是这位三院院士，大我五十岁的长者的谈话风格。说话简单明了，充满对年轻人的关爱，坚定了我报考力学所的决心。在我博士阶段之初，三峡大坝库区边坡稳定性受到密切关注，滑坡灾害防治迫切需要更可靠的理论指导和分析方法。郑先生认为，因为岩土体的复杂性，一开始就提出统一的广泛适用的解决方案是很困难的，不如就工程中的具体问题开展针对性研究。在积累足够数量的个案后，再抽象出共性的理论。十多年过去了，看到岩土力学取得的进步和发展，再回想先生的建议，依然是熠熠生辉的金点子。

王艺在 2004 年至 2010 年期间作为博士研究生师从郑哲敏。他回忆道：在临近毕业时，郑先生审阅我关于圆柱涡激振动的学位论文，若有所思地问我："为什么要采用这样的无量纲参数？"我回答："这个领域专家的论文都是采用这套无量纲参数，因此我也就跟着采用。"先生接着问：

"别人都这么用，就一定没问题吗？就一定要跟着用吗？"过了两天，郑先生给我打来电话："你用雷诺数除以约化速度。"我照做之后，得到一个新的无量纲参数，它与流固耦合系统本身固有的自然频率相关，与流体的来流速度无关，可以称之为耦合固有频率。原来的无量纲参数，因为没有频率这一项而难以直接看出是在研究振动现象。对比之下，郑先生提出的这一套新的无量纲参数，不仅因为包含耦合固有频率，一看便知是在研究振动现象；而且其中只有约化速度随来流速度发生变化，从而使表达形式更加简单明了。可以看出，郑哲敏先生极为擅长量纲分析，因为这能抓住研究对象的主要物理特征，而且数学表达形式尽可能简单明了。

李德聪在 2004 年至 2010 年期间作为博士研究生师从郑哲敏。他回忆道：读博期间，郑先生敏锐的洞察力给我留下了深刻的印象。我论文研究方向是乳状混合炸药在窄缝中的爆燃问题，基于实验观测现象做了基本假设，建立了理论模型，但计算结果与实验值总是存在偏差。找郑先生讨论，他随即指出模型中两个定解条件不合理并给出了改进建议。果然，修改后模型的预测值与实验结果符合很好，这一下子就抓住问题的关键。此外，还跟着郑先生学会了量纲分析和数量级估算方法，这让我在工作中能快速抓住复杂工程问题中的关键因素，受益匪浅！

郑哲敏经常语重心长地提醒研究生，搞科研更多的时候很苦、很枯燥，要经得起寂寞。"选择了搞科研，就不要后悔。""你们年轻就是优势，要珍惜时光，记得'一寸光阴一寸金，寸金难买寸光阴'的道理。""现在资讯发达，你们学得快，要把基础打好，运用这些新知识，开拓新领域。""创新是从概念上，不是技巧上，概念是提炼出来的，具有科学本质。"强调科研工作要实验-分析-计算和理论相结合，经他指导过的学生现在多数成为学术带头人和科技骨干，包括 1 名院士和 10 多名研究员(教授)。

2009 年 4 月 30 日，郑哲敏荣获了"北京市学位与研究生教育改革与发展做出突出贡献的导师"的称号。

图 8.21 和图 8.22 是郑哲敏与白以龙、段祝平、洪友士等学生的合影。

图 8.21　郑哲敏与 LNM 部分科研骨干合影

(左起: 何国威、赵亚溥、白以龙、郑哲敏、洪友士、魏悦广)

图 8.22　2004 年郑哲敏夫妇与学生白以龙、段祝平、王文标、虞吉林合影

(三) 实验室文化建设

　　在非线性连续介质力学开放研究实验室 (LNM) 创建阶段, 郑哲敏就指出"科学繁荣孕育于智慧信息自由交流的雨露之中"。他常说:"科学研究要进行短兵相接的讨论, 很多思想是在激烈的争辩中形成。"他要求青年学生多参加学术交流, 踊跃发言, 触动和启发创造性思维。他领导 LNM 营造浓厚的学术气氛, 亲自组织年轻科技人员、学生定期召开学术交流讨论会, 在力学所 344 会议室桌上摆放着点心和水果, 他就像一位慈祥的爷爷, 倾听着年轻人谈自己的开题研究报告、进展中遇到的困难、实验中发现的有趣现象等。交流讨论时气氛活跃, 各抒己见, 使年轻人

获取新的启示，由此激发起对枯燥深奥的研究的新的灵感和动力。为了培养青年人拓展视野，具备高起点，郑哲敏有计划地邀请院内外优秀科学家来实验室作专题报告，介绍最新学术方向和科研成果。在郑哲敏带领下，实验室不仅注重室内青年人才的培养和教育，还十分关注客座人才的交流和资助，使得实验室与国内外最杰出的优秀力学家保持密切的学术联系和合作。每年实验室举行一次大型学术年会，从最初的几十人参加，发展到近年来二百余人参加的较大规模的学术盛会，在中国科学院以至全国数理学科领域的国家重点实验室中已形成优秀品牌。在郑哲敏的领导下，实验室已形成了具有特色的"优秀科技人才聚集中心"、"国内外学术交流中心"和"科学研究中心"。

　　经过多年努力，1995 年非线性连续介质力学开放研究实验室被评为中国科学院优秀重点实验室，1999 年被科技部批准建设为非线性力学国家重点实验室，2001 年 4 月通过验收。图 8.23 为 1999 年实验室学术委员会成员合影，图 8.24 为 2005 年实验室学术年会全体合影。在实验室获得"优秀"成绩后，2010 年接受国家评估并被评为全国数理学科领域优秀的国家重点实验室。郑哲敏语重心长地告诫实验室的成员们："前面的路途任重道远，我们仍然要力戒浮躁，'不断爬坡'。"

图 8.23　1999 年中国科学院力学研究所非线性力学国家重点实验室学术年会，郑哲敏与学术委员会合影

图 8.24　2005 年中国科学院力学研究所非线性力学国家重点实验室学术年会暨
庆祝力学研究所建所 50 周年学术报告会，郑哲敏与全室成员合影

　　郑哲敏还身体力行积极参与 LNM 党支部组织的各种活动，推动实验室树立"追求卓越"的理念。他经常以自己深厚的社会阅历，启发年轻科研人员关注科学和社会的基本问题。针对学术界的不正之风，郑哲敏支持党支部开展提高科研素质，规范科研道德的座谈会和"亮点"墙报，并在科研道德规范座谈会上痛斥学术不端行为，鼓励年轻人勇攀高峰。郑哲敏教导年轻人在科研方面实事求是、不弄虚作假。他严于律己，宽以待人，用自身的影响力弘扬学术正气。实验室成立以来，已形成了严谨而又活跃的优良传统和实事求是的学术风气。实验室设施先进，人才优秀，运转高效，已成为在非线性力学研究领域具有国际影响的、国内优秀的科学研究创新基地。

　　郑哲敏虽然年事已高，但他对实验工作仍然感兴趣，经常与科技人员交流讨论实验发现的新现象。图 8.25 为郑哲敏在轻气炮实验室与沈乐天等科技人员讨论工作。

(四) 弘扬科学家精神

　　耄耋之年的郑哲敏，对生老病死非常豁达。当早年与他一起回国的老友或学术界挚友一个一个地走了，他内心深处思念、无限悲伤的同时，强烈地意识到自己责任紧迫，必须不遗余力地弘扬老一辈科学家"爱国、创新、求实、奉献、协同、育人"的精神。郑哲敏不顾年事已高，继续宣传科学思想、倡导科学方法、普及科学知识，为推动科技事业的发展而鞠躬尽瘁。

图 8.25　2012 年郑哲敏在实验室与沈乐天等讨论工作

2003 年郑哲敏到宁波大学，应邀在"做人做事做学问"名家讲座作报告，回顾自己读书成长经历和科研体会，勉励同学们"做一个诚实的、高尚的、努力工作的、尊重他人的、有理性思维的人"。他回答了家乡学子的提问并题字"机遇给有准备的人"。

北京青少年科技俱乐部活动委员会自 1999 年成立以来，郑哲敏一直被聘任为该青少年科技俱乐部活动委员会学术指导导师。他工作再忙，身体虚弱有病，仍亲自打字撰写文稿，自己制作演讲视频，提前安排时间，积极参加北京青少年科技俱乐部每年组织的对青少年科普讲座报告等活动。

2009 年 5 月 10 日郑哲敏为北京青少年科技俱乐部题词："希望北京青少年科技俱乐部在启蒙青少年对科学兴趣方面发挥越来越大的作用。"他为北京青少年的"名家讲堂"作现场视频报告"兴趣与责任"。面对中学生们提出的院士头衔和光环问题，郑哲敏这么回答："我觉得内心有愧，名不副实。我一生快要过去了，我喜欢自己能算的东西在计算机上算算，使脑子衰老得慢些，能为国家再多做些科研工作。""我从旧时代走过来，富国强民是我追寻的目标，总想为国家做点实实在在的事。"

郑哲敏与中学生们分享着自己的人生感悟，语重心长地鼓励学生们："要处理好个人兴趣和社会责任的关系；要练好学习基本功，能力来自勤奋；要目光远大，全面发展，既重视数理化，也要重视文科；要加强学习、交流和合作，在不断交流争辩中提高认识；要注意道德修养和学术规范底线，把好自己的舵；身体健康非常重要；中国是一个发展中的国家，有很多机遇，但是机会只能留给有准备的人，因此，平时的努力、储备非常重要，打好基本功，机会自然就是你的。"

2013 年 9 月 24 日，首都高校科学道德和学风建设宣讲教育报告会在人民大会堂隆重召开。报告会由中国科协、教育部、中国科学院、中国社会科学院、中国工程院、北京市人民政府共同主办。郑哲敏院士作"学知识、练本领、做诚实人"的报告 (图 8.26)。郑哲敏建议同学们：一是要努力学知识，学本领，学做人；二是要努力发现和培养自己的兴趣；三是无论在什么情况下，都要像保护命根子那样去保证诚实；四是要重视面对面的交流，这是其他交流方式所不能替代的，也往往是获得最新进展的最便捷途径。首都高校和科研院所的近 6000 名研究生现场聆听了报告。

图 8.26　2013 年郑哲敏为首都高校作科学道德和学风建设报告

六、名副其实的优秀共产党员

郑哲敏亲历旧中国被帝国主义侵略，见识过美国政府对导师钱学森的迫害，遭遇美国政府强制羁留。1955 年从美国学成归来，看到蒸蒸日上的新中国，希望能成为一名中国共产党党员投身祖国建设。路遥知马力，日久见人心。1983 年，郑哲敏终于实现了加入中国共产党的夙愿。

入党以后，郑哲敏在力学所所长、中国力学学会理事长、中国科学院技术科学部领导的任上尽职负责，同时指导各项科学研究，尊师爱生，弘扬科学精神，等等，已如前文。本节补充介绍如下。

　　郑哲敏从不矜功自伐，而是时时刻刻以一名共产党员的标准严格要求自己，在家是个好父亲、模范丈夫；在单位，严格遵守各项规章制度。无论科研工作有多么累，无论社会活动有多么忙，无论家庭有年老体弱的妻子需要照顾，他都以一名普通共产党员身份，坚持共产党员的组织原则，认真地参加基层党组织活动。针对学术界急于求成、浮躁、学风不正，支持实验室党支部开展道德规范学风建设活动。他的自觉行动带动了身边的人，他所在的党支部多年被评为优秀基层党支部。

　　一个真正的共产党人，在日常生活中也应当端正无瑕。

　　2008 年汶川地震，当时远在国外的他，通过家人一次性捐助特殊党费一万元，表现出高度的社会责任感。2010 年 8 月 13 日，郑哲敏向甘肃舟曲特大山洪地质灾害灾区捐款，帮助受灾同胞渡过难关、重建家园。

　　2010 年初，间歇发热三个多月，郑哲敏头昏脑涨、四肢无力，浑身上下皮疹奇痒难忍。他不得不住进了医院。经北京大学人民医院检查，他多处淋巴结肿大，大夫会诊一致认为他有淋巴癌可能，强烈要求他赶紧停下手头工作，安排他做胸腔镜活检。而郑哲敏却认为，趁自己还清醒，赶紧打电话喊来课题组的成员，以及自己培养快要毕业的博士生，在病房里挂着点滴，打开笔记本电脑，抓紧讨论课题组下一步的研究思路，指导、审改博士生的论文。4 月 12 日，协和医院罗慰慈大夫诊断郑哲敏为：左胸腔积液；纵隔淋巴结稍增大，建议结核病专家会诊。令人意外的是，还诊断郑哲敏营养不良，系较长时间素食少食所致。接着北京胸科医院马屿大夫确诊郑哲敏为：纵隔淋巴增大，结核病，要求郑哲敏用抗结核药，加强营养，暂停工作。郑哲敏一方面乐观地配合医治，另一方面仍坚持科研工作，辅导博士生圆满完成学业。

　　2011 年体检时发现郑哲敏有陈旧性腰椎骨折，骨质疏松还比较厉害。除了补钙，医生教他做转腰、燕飞等床上活动。从此他每天起床坚持活动，并坚持散步，走一两个小时。

　　知而行是郑哲敏的品格，在日常生活中他同样践行共产党员的誓言。

　　1998 年 3 月，郑哲敏获力学所 1996～1997 年度优秀共产党员称号；

2000 年 3 月，郑哲敏获力学所 1998～1999 年度优秀共产党员称号；

2007 年 7 月 1 日，郑哲敏获力学所 2006～2007 年度优秀共产党员称号；

2010 年 7 月 1 日，郑哲敏获中国科学院京区优秀共产党员称号；

2011 年 6 月，迎接中国共产党建党 90 周年之际，郑哲敏荣获力学研究所、中国科学院、中央国家机关三个层级的优秀共产党员称号。

七、荣获国家最高科学技术奖

2013 年 1 月 18 日，在人民大会堂隆重举行了国家科学技术奖励大会。时任国务院副总理李克强宣读《国务院关于 2012 年度国家科学技术奖励的决定》（国发〔2013〕3 号）：

"各省、自治区、直辖市人民政府，国务院各部委、各直属机构：

为深入贯彻党的十八大和全国科技创新大会精神，大力实施科教兴国战略和人才强国战略，国务院决定，对为我国科学技术进步、经济社会发展、国防现代化建设作出突出贡献的科学技术人员和组织给予奖励。

根据《国家科学技术奖励条例》的规定，经国家科学技术奖励评审委员会评审、国家科学技术奖励委员会审定和科技部审核，国务院批准并报请国家主席胡锦涛签署，授予郑哲敏院士、王小谟院士 2012 年度国家最高科学技术奖……

全国科学技术工作者要向郑哲敏院士、王小谟院士及全体获奖者学习，自觉弘扬求真务实、勇于创新的科学精神，坚定不移走中国特色自主创新道路，为实现创新驱动发展、全面建成小康社会和中华民族伟大复兴作出新的更大贡献。

国务院

2013 年 1 月 8 日"

89 岁的郑哲敏，从时任国家主席胡锦涛手中，接过 2012 年度国家最高科学技术奖证书。这个至高无上的荣誉，是对他科学人生的最好评价。

习近平总书记在主持大会时指出，党中央、国务院隆重奖励在我国科学技术事业发展中做出杰出贡献的科技工作者，充分体现了党和国家对我国科学技术事业发展的高度重视和对广大科技工作者的亲切关怀。希望广大科技工作者以获奖者为榜样，继续发扬求真务实、勇于创新的精神，始终把祖国和人民放在心中，努力做出无愧于时代、无愧于人民的创新成果。

图 8.27 为荣获 2012 年度国家最高科学技术奖的郑哲敏和王小谟在人民大会堂交谈。

图 8.27　荣获 2012 年度国家最高科学技术奖的郑哲敏和王小谟在人民大会堂交谈

颁奖大会后，央视播放了《影响——对话 2012 年度国家最高科学技术奖获得者郑哲敏》专题视频。主持人朗读了"国家最高科学技术奖评审委员会给郑哲敏的评审词"：

"2012 年度国家最高科学技术奖评审委员会的评审词：

郑哲敏院士是国际著名力学家，是我国爆炸力学的奠基人和开拓者之一。他阐明了爆炸成形的机理和模型律，解决了火箭重要部件的加工难题，发展了一门新的力学分支学科——爆炸力学。他所建立的流体弹塑性模型，揭示的穿破甲机理等，为建立爆炸力学的理论体系和应用做出了突出的贡献。

在广泛推荐的基础上，经评审委员会评审和现场考察，国家科学技术奖励委员会审定和科技部审核，国务院批准并报请国家主席签署，授予郑哲敏院士 2012 年度国家最高科学技术奖。"

郑哲敏感到非常荣幸。他写道："今天召开的奖励大会，体现了党和国家对科技事业的重视和关怀，也表达了党和国家对科技工作者的殷切希望。

"科学技术是人类智慧和力量的源泉，是国家富强和民族复兴的根本。我们一定要以此为契机，戒骄戒躁，为全面建成小康社会而努力工作。

"1955年，我回到祖国。在我的老师钱学森先生的带领下，参与创建了中国科学院力学研究所。六十年代初，为突破国家大型部件压力加工难题，我和同事们一起，探索了爆炸成形技术，阐明了成形机理和模型律，帮助解决了火箭关键部件的制造问题。之后，为了评估地下核爆炸的当量，我们建立了流体弹塑性理论，为中国首次地下核试验当量的准确预报做出了贡献。这些工作也从理论和方法上促进了爆炸力学学科的形成和发展。七十至八十年代，我们先后解决了穿甲和破甲中的一系列科学问题，协助提高了我国装甲和反装甲武器，以及防护工程技术的水平。同时，我们所从事的爆破理论和技术研究也在我国大规模建设中做出了一些贡献。现在，爆炸力学在我国国防工业和国民经济建设中正在发挥着越来越重要的作用。

"力学是现代科学的重要源头之一，是自然科学的组成部分。力学也是最早与工程技术成功结合的学科之一。20世纪航空工业的兴起和迅猛发展突显了力学引领新型产业的巨大作用。新中国成立后，包括力学工作者在内的我国科学和技术工作者为我国的经济和国防建设以及科学和技术的创新做出了突出的贡献。这说明，我国已经具备向更高层次、更高水平发展的科学技术实力。

"党的十八大报告把科学和技术创新提高到了国家发展全局的核心位置。这使我感受到了强烈的使命感和责任感。这需要我们科技工作者必须从国家的重大需求（这里自然也包含基础科学）出发，勤奋工作，不断创新，使得科学技术真正成为提高社会生产力和综合国力的战略支撑，使得人民真正享受到科学技术发展带来的繁荣、富裕、尊严和幸福！"

2013年2月23日，中共中央在人民大会堂举行元宵节联欢晚会。党和国家领导人习近平、李克强、张德江、俞正声、刘云山、王岐山、张高丽等同知识界知名人士、首都劳动模范和先进工作者、农民工等基层干部群众代表欢聚一堂、喜迎佳节。习近平总书记在晚会上同2012年度国家最高科学技术奖获得者郑哲敏、王小谟等知识界知名人士亲切交谈，同大家一道品元宵、叙友情、话未来，共同祝福伟大祖国繁荣昌盛。

郑哲敏获得国家最高科学技术奖之后，中央电视台"专题新闻"、"焦点访谈"、"面对面"、"大家"、"影响"等国家主流媒体专题栏目纷纷前来采访。郑哲敏说："我就是一个普通的科研人员，做了这么几件事，没有与他人合作是不可能完成的。""获得这个奖，虽然感到很高兴，也感到很惶恐，有荣誉就有责任，我这么大年纪了，还能为国家尽多少力，总觉得好像欠了点什么。"谦虚、低调是大家对他的共性评价，平和、淡定是大家对他的公认特质。

2013 年 5 月 10~11 日，由郑哲敏、白以龙、孙承纬、周丰峻、杨秀敏五位院士担任大会执行主席的香山科学会议"爆炸力学的进展与前沿"在北京召开 (图 8.28)。会议围绕爆炸力学研究方法及学科交叉，爆炸力学的理论、实验与数值模拟技术进展，爆炸力学的应用与发展，材料/结构的动态力学行为研究进展等四个中心议题进行了深入研讨。

图 8.28 2013 年香山科学会议
(前排左起：杨秀敏、周丰峻、郑哲敏、白以龙、孙承纬)

郑哲敏认为：爆炸力学具有强劲的生命力，重大需求和学科问题不断涌现，材料的动态力学行为、强冲击效应及相关的防护技术、先进加工技术、交通安全、航天器空间碎片防护、行星撞击等问题仍是爆炸力学应用拓展的主要方向。还需凝练重大科学问题、加强学科交叉、着力发展数值模拟方法和软件、加强原始创新实验装置的研制、实现数据和科学软件的共建共享。希望集中优势力量，促进学科发展，为我国相关工程领域的进步提供支撑。

八、郑哲敏星

中国科学院国家天文台施密特 CCD 小行星项目组，1999 年 10 月 2 日在河北兴隆观测站发现一颗小行星，编号 1999TV17，国际永久编号第 12935 号。

为了褒奖郑哲敏在科学技术领域的杰出成就，2010 年 1 月，中国科学院国家天文台决定，并经国际天文学联合会小天体命名委员会批准，发布第 68446 号《小行星通报》向国际社会公告，将国际永久编号第 12935 号小行星，永远命名为"郑哲敏星"。

2016 年 1 月 4 日，科技部和中国科学院，在北京钓鱼台国宾馆一个华丽的大厅，举行"科学家小行星命名仪式"(图 8.29)。诺贝尔生理学或医学奖得主屠呦呦，以及国家最高科学技术奖得主郑哲敏、谢家麟、吴良镛、张存浩，共五位老科学家获得小行星命名。那天，91 岁过三个月的郑哲敏，是唯一健步走进会场的获奖者。

图 8.29　科学家小行星命名仪式
(右起：郑哲敏、谢家麟、刘延东、吴良镛、张存浩，屠呦呦因健康状况未能出席)

中共中央政治局委员、国务院副总理刘延东到会并讲话。她首先祝福获奖老科学家长寿，接着指出，诺贝尔奖中国科学家获得者和国家最高科学技术奖获奖者，是中国科技界的杰出代表，矢志创新、求真务实，在各自领域做出了重要贡献，赢得了科技界乃至全社会的认可与赞誉。以他们名字命名小行星，是对这些贡献卓越科学家的尊重和爱戴，必将使科学家的先进事迹得到褒扬，在促进尊重知识、尊重人才等方面起到积极的作用。希望全国广大科技工作者，以老一辈科学家为楷模，深入学习他们忠于祖国和人民的爱国情怀、严谨求实的科学态度、敢为人先的创新精神、无私奉献的高尚品格，积极投身现代化建设，在迈向创新型国家和科技强国的伟大征程中做出贡献。

科技部部长万钢和中国科学院院长白春礼等领导，分别向五位科学家颁发小行星命名证书和小行星运行轨道图。郑哲敏星的证书和轨道图分别见图 8.30、图 8.31。

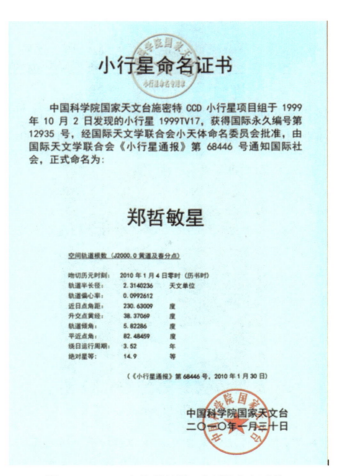

图 8.30　2010 年郑哲敏星"小行星命名证书"

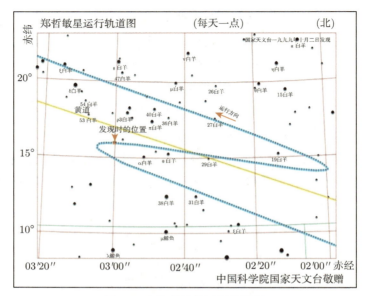

图 8.31　郑哲敏星运行轨道图

郑哲敏代表五位科学家发言 (图 8.32)。他说：这项活动既体现了国家对科技事业的高度重视和亲切关怀，也是对科技工作者的殷切希望。

图 8.32　郑哲敏代表五位科学家发言

"我是学力学的，对这份荣誉有特殊的亲切感。因为正是人们对行星运动的观测和探索，建立了力学运动的普适规律和万有引力理论，并创造了微积分学，从而开辟了精确科学的时代。至今，宇宙运动的研究仍充满着惊奇和巨大的机遇，预示着重大的科学发现。我对这份荣誉倍感珍惜，将怀着敬意呵护这份荣誉。"

他表示："尽管年岁已高，但我们仍将关注和促进中国科学事业的发展，同时对国家天文台的科研人员表示感谢。"

小行星是目前各类天体中唯一可以根据发现者意愿进行提名，并经国际天文学联合会小天体命名委员会组织审核批准，从而得到国际公认的天体。由于小行星命名的严肃性、唯一性和永久不可更改性，能够获得小行星命名成为世界公认的荣誉。

力学所领导、科技人员和郑哲敏的亲属等参加了小行星命名仪式(图 8.33)。

图 8.33　在科学家小行星命名仪式上，郑哲敏与在京亲属、力学所领导、科技人员合影
(郑哲敏左侧站立者二妹企静、蹲者外甥女陆宏谦，右侧站立者小妹企仁、蹲者侄女郑仰南；后排左2 外甥徐剑青，左 8 侄女婿王旭)

九、晚年生活

时光荏苒，岁月匆匆，郑哲敏到了九十多岁高龄。他社会活动减少了，有更多的时间沉静下来，自己动手计算，仍然孜孜不倦地在他钟爱的科研领域里耕耘。他每天的时间安排很紧凑，尤其是要照顾家中与他同甘共苦、勤奋工作一辈子的体弱多病的夫人。他说："我一早起床后，先

洗衣服、晾衣服，然后赶紧准备早餐。早餐后，简单整理家里卫生，把一天的家务安排好，做家务也是一种锻炼。我每天上午到力学所上班半天，做课题研究，自己动手计算，与科技人员讨论问题，不动脑筋不行。下午在家上上网，天气好的话就出去散散步。"

鉴于儿子一家远在美国，力学所安排医务室的张淑利大夫、司机班长吴锡明、郑哲敏指导的博士方新副研究员和工会组长邓雅丽等人关心和安排郑哲敏治病和生活，解决了先生的后顾之忧。有一次两位老人在家摔倒，卢先生脊柱骨折，郑哲敏肋骨断了一根。照料小组确保他们加强营养，两位老人体质逐渐改善，身体慢慢好转。

2016 年 7 月 13 日，相濡以沫、恩爱一生的夫人卢凤才病故，享年89 岁。92 岁的郑哲敏时常头痛欲裂，呼吸急促。闲暇时，他会提起往事，心心念念地想一定要再回宁波一趟，去老家看看；孤独时，他牵挂孙子孙女心切，殷切期盼一定要再出一趟远门，去看看儿子一家。然而体弱已不能远行，思乡和思亲之情令他在家老提不起精神。

只要不住院，郑哲敏就坚持天天上午到力学所。他说只要一进力学所，坐在办公室的电脑桌前，顿时神清气爽，精神饱满。大家看到他的是忙碌的身影和睿智的笑脸。他对待高级科研人员，依旧那么严格要求；他对待青年学生，总是那么和蔼可亲；他对待老朋友，还是那么真诚耿直，豁达开朗。在办公桌上还摆放着他撰写的文稿和推导的公式，思考的依然是国家重大需求中的现象和本质、技术科学发展战略等问题。

即使住院，郑哲敏也要读书和思考问题。2018 年郑哲敏在北大医院长期住院，可能闷得难受，曾叫他培养的博士陈力去病房聊天，连续两个下午，天南海北地讨论各种问题，聊得非常愉快。郑哲敏在医院里研读量子力学，与方新博士讨论量子纠缠、量子力学的不确定性，以及量子通信等问题，思维依然清晰敏锐。为此，北大力学系毕业的方新也去研读量子力学。

2020 年新型冠状病毒袭来，为了避免肺部薄弱的郑哲敏感染，他长期住在北大医院隔离病房。闲暇时，郑哲敏娴熟地用手机和笔记本电脑与亲友、同事和学生通信联系。9 月，郑哲敏应中国科学技术馆之请按手模 (图 8.34)。2021 年，郑哲敏与医护人员合影 (图 8.35)。

图 8.34　2020 年 9 月中国科学技术馆采集郑哲敏手模

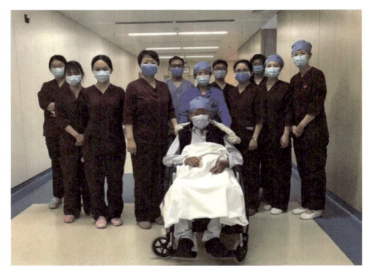

图 8.35　2021 年郑哲敏与北大医院医护人员合影

2021 年 6 月，郑哲敏早年的研究生白以龙院士，在北大医院住院期间，有机会就近探望老师。白以龙出院后记录了师生二人关于一个无量纲数来源的谈话，摘录如下 (其中 6 月 19 日的日记，简记郑哲敏为 Z、白以龙为 B)：

"无量纲数 $\rho V^2/\sigma_Y$ 是冲击动力学里的一个非常重要的参数，其中 ρ 是密度，V 是质点速度，σ_Y 是屈服强度。从而，这个无量纲数表征了介质在冲击载荷下，其力学行为，从固体态向流体态的转变。

但是，这个无量纲数是什么人，在什么时候，以什么方式提出来的，却往往语焉不详。

一般通行的说法是，它被称为损伤数，是英国学者 W. Johnson 于 1973 年正式提出来的。然而，也有人，例如力学所的谈庆明老师，曾在交谈中对此提出异议，指出郑哲敏先生在更早一些时间，发现和使用了这个无量纲数。

"6 月 19 日，第三次访问 Z 先生，继续上次被护士长打断的关于这个无量纲数的话题。

B 上次，谈到无量纲数。从公开资料看，最早出现，是在 1973 年，我在剑桥的老板 Johnson 的书[1]中。在这本书里，他把这个无量纲数称为损伤数，并且，按照其数值的大小，对材料在冲击载荷下的行为作了分类。这是一种很有用的认识，但是，是定性、半定量的。我最近又查了老谈的书，《量纲分析》，书中也称这个数为损伤数。但是，老谈也说过，您也提出过这个数，而且还更早一些。

Z [注视着我]

B 前几天，我给丁雁生打了电话，他说，1973 年《力学情报》登的您的穿、破甲文章，提出了这个无量纲数[2]。

Z 是的。

B 我问丁，是否提出得更早。丁说，那可能是做核爆的时候。但是保密资料，他没看到。

Z 这些资料好像是找不到了。

B 我后来没有密级，也就没敢去查过。我这几天一直在想，我猜是

---

[1] Johnson W. Impact Strength of Materials. London: Edward Arnold,1973。

[2] 郑哲敏，破甲过程初步分析及一些基础知识 (续)，力学情报，总第 24 期，1973 年第 6 期，92-96 页。

这样，我讲，您听，对不对。做核爆波衰减，一定要用能量方程，这样，单位体积动能就出来了，把应力做功分解为体积变形和剪切，剪切相关的屈服应力也就出来了，自然就出来了这个无量纲数，只剩下体积变形效应了。

Z [点头] 是的。是自然出来的。

B 这样。从时间上，做核爆，应该是在您去'五七'干校之前的事情。

Z 嗯，是的。那应该是 65 到 68 年间的事。当时，没有给它起个名，什么什么的。

B Bill 称它为损伤数，也并不确切，

"这时，医生、护士进来查房，打断了谈话。

"非常有幸的是，我曾师从郑哲敏先生 (1964~)，并一直共事；又曾师从 W. Johnson (1980~1981)。两位先生的治学都卓有成就，但风格却十分不同，在有关这个无量纲数的工作上，表现得更为鲜明。Johnson 是从工程经验和实验观察出发，凭借简单物理，靠直觉，直接定义了这个无量纲数，然后，借助实际数据，论证其意义。郑先生则不同。他瞄准具体的实际工程问题，先是核爆，再是穿破甲，凭借力学理论推导，建立起相应的数学方程系，然后，根据问题的物理特点，将能量方程的体积变形和剪切屈服分开，并用屈服强度为特征参数表征剪切，而在能量方程的左侧就出现了动能。这样一来，这个无量纲数就自然出现了，并与整个的方程系有机结合在一起。两种风格，两种技术路线，都为我们提供了极具启发性的进行研究工作的范例。

我希望，这篇小文能留下一段具体的、借鉴历史真实的，科学史记录，供后世学者参考。

Johnson 已于几年前仙逝。现在想起来，我很后悔。当年朝夕相处时，没有意识到这个问题的重要性，忘记了请教他，为什么将这个无量纲数定名为与现在通用的损伤概念并无直接关系的'损伤数'。这留下了永久的遗憾。

我写完这段文字的时候，郑先生还依然卧病在医院。再过两个月，就是他的生日了。谨以此文祝贺郑先生 97 岁华诞，祝郑先生早日康复，继续指导我们大家的科学探索。"

如果用一个数学公式表达郑哲敏的贡献，应当是 $\rho V^2/\sigma_Y$。从白以龙和郑哲敏的对话看，郑哲敏提出这个无量纲数在 1965~1968 年间，但是没有发表，而 Johnson 思考这个无量纲数也应在其书付印之前。两位著作有案可查的发表时间都在 1973 年。似应把无量纲数 $\rho V^2/\sigma_Y$ 称为"郑哲敏-约翰逊数"或"约翰逊-郑哲敏数"，简记为"Z-J 数"或"J-Z 数"。

2021 年 7 月 13 日，获悉郑哲敏出隔离病房做检查，鲁晓兵、王一伟和张旭辉三位博士赶到北大医院，在郑哲敏回病房的走廊见了面。郑哲敏虽显憔悴，精神尚可，还说了几句话。没想到，这竟是力学所又一代传人与郑哲敏的最后一次见面！

2021 年 7 月 20 日，时任力学所所长兼党委书记刘桂菊和学术所长何国威，代表力学所前往北大医院看望郑哲敏。郑哲敏获知了深爱的力学所最新进展，并语重心长嘱咐在任所领导继续传承钱学森工程科学思想建设和发展力学所。

2021 年 8 月 25 日，我国爆炸力学的奠基人和开拓者之一、中国现代力学事业的领导者和组织者之一、中国科学院院士、中国工程院院士、美国国家工程院外籍院士、国家最高科学技术奖获得者郑哲敏先生，在北大医院安详逝世，享年 97 岁。

他的爱子郑仰泽回国探望因疫情隔离在沪，未能及时赶到父亲身旁，终成憾事。

噩耗传来，力学所全体离退休老同事、在职科技人员和学生，力学界、工程界的同仁深感震惊、悲痛、惋惜和哀叹！党和国家领导人以不同方式表示沉痛哀悼，并对其亲属表示诚挚慰问。中共中央组织部、中共中央统战部、科技部、中国科学院、中国工程院等部门和单位，故乡宁波，母校清华大学，以及生前好友也通过各种形式，对先生的逝世表示悼念和慰问。力学所在先生常开会的会议室设立悼念追思堂，从 8 月 27 日至 9 月 1 日，尽管有疫情管控，仍有来自多个院校、研究院所、工程部门、管理部门的近 500 位老、中、青同志前来悼念、追思、告别。其中，清华大学黄克智院士带队的清华力学的 4 代教师前来悼念追思；清华大学原副校长、20 世纪 50 年代清华与力学所合办的力学班学生余寿文在签到留言簿上写道:"郑哲敏老师:战略科学家 - 拔山举鼎,力学界大师 - 虚怀若谷,我们永远怀念您!"

9月2日上午,郑哲敏遗体告别仪式在北京八宝山殡仪馆东礼堂举行。告别仪式大厅里庄严肃穆,摆放着党和国家领导人、亲友和学界敬送的花圈。这时郑仰泽已隔离期满回到北京。

全国人大常委会、中国科学院、中国工程院、中共中央统战部、中国科协、国家科学技术奖励工作办公室等领导,来自多个单位的10余位院士,力学所离退休老同志和在职科技人员,郑哲敏的家属及生前好友等100余人参加了告别仪式。大家胸戴白花,手持白菊,表情肃穆步入灵堂,送别德高望重的郑哲敏先生。

力学泰斗星耀碧宇,科苑楷模志存山河。

郑哲敏科学家精神永不谢幕。

一代又一代的中国科技工作者,将追寻"郑哲敏星"的璀璨星光,为"使科学技术真正成为提高社会生产力和综合国力的战略支撑,使人民真正享受到科学技术发展带来的繁荣、富裕、尊严和幸福而奋斗"!

结束这一章时,让我们再看一看郑哲敏先生和夫人卢凤才先生、儿子郑仰泽教授一家的照片(图 8.36~图 8.38),回顾一代科学大师的家国情怀,追循先生的足迹继续向前。

图 8.36　1985 年郑哲敏与夫人卢凤才

图 8.37　1999 年郑哲敏儿子郑仰泽一家回国看望父母

图 8.38　2000 年郑哲敏与孙女孙子在一起

跋　留给后人的话

郑哲敏

(2019 年 3 月)

真是没想到我会活到今天。既然有了这个天赐的机会,不免要问,有什么话要留给后人的呢?有哪些经验想告诉后人的呢?有哪些建议想留给后来者的呢?

一、做人要有底线

我一生从事科学研究,回国后没有动过窝,除了短短的几个月,一直工作在中国科学院力学研究所。当然这也不全对,因为我还参与过与其他部门的一些工作,不过它们都与我在力学所的专业密切相关。

若问我,什么事情最重要,我会回答是学会做人最重要。这就必须联系到我出身的家庭和我的父母。他们出生于浙江四明山附近山沟沟里的章水畔,普通农民家里。父亲 9 岁进村里的小学,高小毕业于宁波。15 岁被迫放弃学业,继续学习的梦被打破后,发誓要把学习的机会留给自己的后代。随后跟随村里的小学校长到上海当商店学徒。母亲则没有机会接受正规教育,不识字。

父亲天资聪慧，记忆力尤其惊人。当学徒工资每月四角，但他工作勤奋，坚持上夜校，学习英语和会计，还学会了与外商通信、订货和结算。第一年即令商店扭亏转盈，成绩斐然，使他成为老板离不开的依靠。由此他得到亨得利钟表店老板的赏识和信任，1918 年让他携资近一万元到山东济南开设钟表店。当时胶济和津浦两条铁路相继建成，辛亥革命后山东经济发展迅速。因此他在济南和青岛的商店发展很快，他所经营的商店成为山东的一大品牌。

大姐出生后，父亲把母亲和她接到济南，有了一个和睦的家。到 1934 年，已经有了七个孩子，家里聘了家庭教师，到了年龄的孩子，不论男女，放学后都要进这个"辅导班"。父亲没有旧时商人的一些毛病，不赌、不嫖、不纳妾。他是一个与时俱进的人，爱好旅游、爬山、逛名胜。他重时事，特意买了短波收音机放在床头，爱看报，是《大公报》的忠实读者，他的文化水平随之提高。他热爱大自然，节假日经常带领全家去大明湖、千佛山等地旅游，爬山、乘船、骑毛驴。孩子们大一点的时候，还一同到青岛游泳，逛崂山。他相信西医，带领全家做体检。他不墨守成规，带头在店里实行新式记账法。他选择商店地址特别强调该地区的营商环境，如果需要新建，那必然是当地最时髦的，而且十分注意装修。例如，1934 年在济南新建的亨得利，位于那里最繁华的十字路口，三层楼，安装了暖气，楼前有亨得利三个金色大字，十分引人注目。父母二人总是把家安在所在店铺的一个比较僻静的角落里，母亲担任这个店的总厨师，使店员们不时享受遥远宁波家乡的风味。父亲和母亲亲密相处，从未在孩子面前有过争吵，他俩精心呵护着这个家庭。每天早上上学前，我们都要到父母的房间里领取零用钱，它们是一摞摞铜板，按年龄和需要各异。每天放学回家，妈妈都为我们准备了一份简单、可口的点心。在我眼中，父亲是严肃和认真的，而且十分讲求品质，母亲永远是最美、最可爱的人。

九岁那年，父亲和我单独聊天，大意是，要好好学习，长大后不要经商，因为社会上最看不起商人。士农工商，商人排在最后。还是走读书的道路好。几句话影响了我一生的选择。作为一个事业蒸蒸日上的商人，对我说出这样的话，我想是有深刻的原因的。自从他从本村初小转学到宁波一所高小后，老师和同学的影响，以及自身从学习中得到的乐趣，使他对知识的追求到达了一个全新的高度，小学水平的他甚至想到将来要上杭州的之江大学，并为之兴奋不已。然而家庭的经济现实使他的愿望不可能实现。按他自己的话说，"我哭了一个星期，但是有什么办法呢？最后想通了，干吧！行行出状元，读书就留给后代吧！"原来他想讲给我听的是他未能实现的愿望。

父亲特别尊重有知识的人，譬如给我们看病的西医和学校的教师，把多年前教过自己的老师请到家里小住甚至请他继续教书。

家庭的影响是潜移默化的，小学教育的影响我想也是类似的。它们对形成一个人的道德底线和基本的人生观、价值观都十分关键。

我和哥哥进的是同一所小学，我比他低一级。一般课程之外，还有《大学》、《中庸》和《公民》，山东是孔子的家乡，更重视儒家思想的教育。公民课包括三民主义、民主、自由、公民的权利与义务等，即什么是政治。

在济南经历了五四运动的影响、五色旗到青天白日旗的易帜、军阀内战、北伐战争，"济南惨案""九一八""一·二八""七七事变"，数次逃难……为求和平、反侵略、求统一撒下了种子。

五四运动的影响涉及破除迷信，新文化运动，科学与民主，打倒孔家店。

我们虽不愁吃穿，但生活从不奢侈。

我是在这样的大环境和家庭环境中长大的，带有家庭和那个时代的烙印。认为做人要诚信，讲信义，己所不欲勿施于人，宽以待人严于律己，不在背后议论人；对待工作要公私分明，实事求是，尽职尽责，精益求精，重承诺，有困难首先靠自己。

我的童年是愉快的，在和谐的环境中度过。我在学业上没有突出的表现，也没有什么特长，更谈不上今天热议的什么奥数，各种补习课、特长课，也没听说过关于吃亏在"起跑线"上。我是个调皮爱动的孩子，在家里爱和弟妹们玩耍，讲自己编造的故事，给人起绰号，在学校，和同学不论谁都能玩在一起。下课后参加家庭教师的辅导班，因年龄差别，老师是因人施教。多数时间，我学英语，按字帖习大字，水平一般。上初中后，开始对代数有兴趣，理由是它比四则题简单，当然老师教得好也是主要原因。

课余的时间很多，我的兴趣也比较广泛。在家同哥哥打乒乓球，练车技 (自行车)。在校受体育老师影响，跟他练习打拳。跟父亲店里的修表师傅学拆卸和安装手表。有一年，梅兰芳到济南演出霸王别姬，一曲"夜深沉"令我惊讶，因为它与平常的京剧曲子大不相同。这引起了我学京剧的兴趣。利用钟表店同时售唱片的条件，我学了几曲京剧，给家人表演，弟妹们都叫好。有人送给我一支口琴，于是我学着吹，后来也掌握了打拍子，冬天到了，嘴边常出现红肿和裂口。后来很想能买一只能吹出合奏曲子的口琴。想到这可能很贵，也不知何处买得到，没敢向父母提出。我还十分喜爱汽车，想知道它的原理，欣赏它的流线型。后来我用铅笔刀，在粉笔头上刻小汽车，自我欣赏一番。我对轮船也有类似的爱好。我很爱去动物园，想象动物们在大自然中生活的情景。我的爱好，限于自学，条件变了，爱好就随着转移了，所以都未成事。

1936 年参加初中考试，因平时成绩一般，对能否考取没有把握。开榜时我拉大姐陪我去看榜，她率先发现我榜上有名，我才放了心。

"七七事变"前几天，祖父去世，父母亲带领全家回宁波老家奔丧，久病的祖母也随之去世。丧事后父亲试图带大姐、大哥和我，回济南继续上学，但经上海时，已是战云密布，全面抗战的局面已经展开。于是父亲当即决定让三个孩子返回宁波，自己则只身继续北上，处理店务。事后知道，父亲回济南把店务分别交代给我的大舅 (济南) 和二伯父 (青岛)，将一些贵重财物存进银行金库。在日本军队占领济南前夕，只身转辗到四川成都，那里有他一年前派去的店员，准备建立后方的商店。济南方面，韩复榘不战自退，日军迅速进入济南，存入银行的财物被洗劫一空。

在家乡农村避难的母亲和孩子们，住在外祖母和舅舅家。他们同一家近亲，合用一个天井，每家各有三间两层木房。母亲和我们挤在一起，七个人同住楼上一间。

舅舅家有一个长工，大家一起吃饭。据我所知，他家有几亩田，分散在山沟沟里，有的种浙贝和桑树，有的种山芋。另外有两头牛，农忙时租给四明山里的农户，农闲时要回来喂养。所以我有机会学着放牛。舅舅还会打猎，山里有野猪、麂，更多的则是野兔、野鸭等小动物。他多次带我去打猎。村前章水缓缓流过，同我几乎同岁的表弟和我时常在那里戏水嬉戏。村里和镇上没有中学，哥哥和我没学上，半年多时间就这样过去了。不久父亲把商店的事安排好后，来信要我们到成都去上学。于是 1938 年春节后我俩就告别母亲、大姐和弟妹们，跟着四叔上路了。

二、克服危机

到了成都，父亲把哥哥和我马上送进已经联系好的建国中学，入读初中二年级下学期，对我来说相当于跳了近一个学年。那时，荒废学业近半年的我，感到跟不上，再加上是插班生，几十人的大班坐在最后排，黑板看不清，四川话也听不懂，于是我变得很紧张。父亲说我晚上经常惊醒而且哭泣，接着又出现持续的头痛。这种情况下，父亲命令我休学了。哥哥则十分顺利，上完那学期的课后，便在家庭教师的建议下，到重庆考进了南开中学初中三年级。

休学对我来说是人生的一次危机、严重的挫折。幸亏我有父亲的陪伴，在他的悉心护理下，我逐步从病中恢复过来，学会了自学，重建了信心，从此认真学习，顺利地重返学校生活。

他首先帮助我恢复健康。为使我放松心情，他每天一早陪我到华西大学校园散步，那里的校园很美，而且有绿油油的草坪、新鲜的空气，周围的大片农田里长满了黄色的油菜花，令人赏心悦目。他带我去参观都江堰李冰父子建造的水利工程，它使成都平原不仅免除水害，而且享受廉价的水利资源。我们又登上青城山，在山上住了整整一个星期，同老道下棋，跟随一位大学生捕捉各式各样的生物样本，欣赏大自然的美。

他带我找医院，找大夫看病。记得去看过耳鼻喉科，医生见我鼻腔充满了脓鼻涕，给我多次做鼻穿刺清洗鼻腔，但似乎不是主要问题。后来甚至做手术，把扁桃体切除。说起来，那次做全麻出了些问题，感觉好像我要被活活憋死，十分痛苦。后来在昆明为了切除阑尾，又做了一次全麻。我被放上手术台时十分紧张，甚至挣扎着要摆脱固定身体的皮带，不过马上便平稳地睡去，没有任何痛苦。两次相比，我觉得第一次肯定是因为麻醉剂用得不当所致。很久之后，大概在"文革"期间，有一天我骑车到五道口外文书店去看书，对面开来一部卡车，拐弯时离我很近，我突然感到眼前出现了车厢上的几个大阿拉伯数字，然后便失去了知觉。醒过来时，人仍在车上，在路边行驶。但听到有人连续叫喊，"把司机抓住！"我反应过来后，车上的司机已经远去，难以追究。后来我和同事们开玩笑，介绍"死去"的经验，说至少有三种死法，依次是被勒死、安乐死和暴死。后者自己全然不知，看似惨烈，实则很痛快。人类似有一种本能，在万分紧急条件下，会关闭所有感知。

话说回来，病仍然没有治好。父亲又带我去了华西医院神经科，现在看来这是对路的。可是我认定这个科与神经病有关，我不承认我的病会与神经病有关，所以采取了不合作的态度，导致医治效果不明显。实在没有办法的情况下，父亲带我去看中医，给头上扎针，有的就扎在太阳穴上，这使我大为紧张，因此效果也不明显。本来我们都不相信中医，所以就此作罢。

近半年时间就这样过去了，我的头痛病缓解了下来，不间断的痛变为有时会痛，成为可以接受的了，紧张的情绪也随之缓解下来。

有一天，父亲建议我自学初中英语，还说要每天一大早，找个僻静的地方，大声朗读，背生词，练发音。我想这是他儿时或在上海时学习英语的经验。在济南我跟家庭教师学会了查英文字典和音标，所以自学没有什么问题。我把每个生字都记在一个小本上，词义之外，还标注了音标和每个词的属性。所有记下的新旧词每天都要过一遍。就这样我的英语学习取得了稳步的进展。

一天我逛旧书摊，发现了薄薄的一本英文原版的《平面几何》，心想为什么不买下来自学呢？我在济南上初一时学过初等代数，对它有了兴趣，但没有接触过平面几何。买回家后，初看起来生字很多，新名词很多，语法不好懂。但是我坚持了下去，查每一个生词，设法理解每一个语句，一步步理解了什么是公理，什么叫定义，什么叫定理，什么是证明。平面几何证明的逻辑是如此清晰，结论是如此不可逃避，令人折服，引发了我的兴趣。

接着我又自学了一本《初等物理》。在学习相对运动时，我想象在船上打篮球会是怎样一番情景。在学习自由体上的作用力时，我想到飞机从天平一侧飞过会是怎样一番情景。后来，我认识到当时得出的结论都是正确的。

总之，这些经历使我逐渐学到了自学的本领，养成了这样一个习惯，在我再次回到学校后，总是有另外的书陪伴着我，在使我能更好地理解各门课程的同时，增加了学习的兴趣。

从我已不记得的时候开始，父亲给我买了《曾国藩家教》这类的书，从中我学习到做人的一些道理和儒家的一些思想。例如我接受了关于慎独的思想，要求一个人无论在人前或人后，其行为和思想都要遵守同样的准则，不可人前一套背后另一套。父亲会引导我，每天早上起床，要为我和他以及四叔合用的房间打扫卫生。他还教我学习补袜子。后来我才理解，他是为自己走后，使我能独立生活做好准备。

1939 年初我刚过十四岁，父亲经重庆、昆明、越南，辗转回到上海和家人们相聚，继续从事他的商业事业。成都是他大光明钟表店事业的开始，回到上海，他先为各地分店提供货源，后来逐渐做大，成立了上海大光明钟表店，是为总店。我们的家始终同店铺在一起。设在上海有地理优势，与外商可以建立直接的进货关系，因此事业兴旺。1956 年公私合营后不久，他退休了，才把家从商店移出，在延安西路买房子安了自己的家。

1939 年初我考入华阳县中二年级下，危机过去了，我也从中得到了教训，后来再未出现类似的问题，顺利地进入了高中、大学直至获得留学奖学金。我十分感激父亲对我的帮助，由此我们之间形成一种特殊的亲密关系。我们一别便七年多，中间只有偶尔的通信，逢年过节的时候特别思念家，但叹息之外又有什么办法呢？

这番周折把我锻炼成一个自信，在学校里能独立生活，不再为困难难倒，有道德意识，对科学有追求，思想单纯，尊重他人，为人低调的青年。学会了自学，使我终身受益，学习方面再没遇到不能克服的困难。

三、学做科研

我生活的时代、家庭背景、学校教育、机遇使我走上强调理工的工科道路。初中填写一个调查表时，我曾写下长大要当飞行员或工程师，前者是因为抗战初期的年轻飞行员是青少年的偶像，后者是因为这个职业能直接从事国家建设。可见那时我既很幼稚又很实用主义，理工科的倾向十分明显。进入高中后 (铭贤中学)，分甲乙班，甲班偏文，乙班偏理工，我自然选择了乙班。我愿意花时间在数学、物理、生物和英语上，对历史、地理和国文很不重视。对生物的兴趣主要源于好老师。对化学兴趣一般，也和老师有关。伴我学习的有英文影印本范氏代数，密立根的物理，Deming 的化学，都是龙门书局的。英语主要有美国教师，比较注重口语、语句结构和分解，和我国传统侧重语法有相当不同。课外我参加了英文社，有些写作和文化类活动。初中时代，为了方便学英语，我选择空旷处，那里往往有体育设施，所以开始每天练习跑步，后来转而学各种器械，如单杠和双杠。进了高中后我继续保留这个习惯，并加强了锻炼，身体变得很结实，小时得的心脏毛病，如过饱、疲劳引发的心动过速、全身浮肿，居然也不大发作了。犯病的时候，只要躺几天休息一下就好了。三十岁后就自然消失了。

大哥是我心中的榜样。追随着他，我报考了国立西南联合大学，而且选择了相同的专业——电机工程学。一年后，大哥建议我改选其他专业，我也同意。第一个考虑是机械系，因为仍属工科。也曾考虑过转物理系，因为我对它一直有兴趣，但是实用的观点决定了我进了机械系。在具体选课时，我选择了两门航空系的课程，航空概论和高等数学，为的是令知识面广一些，把数学基础打深一点。机械系二年级，要学微分方程、静动力学和机构学等重点课程。另外，还有金工和铸造课这两门动手的实习课，很简单的操作，要做好实在不容易，使我对动手干活增加了一份尊重。三年级，增加了电机、热工和航空系内燃机方面的课程，我觉得都有新意。其他如机械设计则因理论性差，解决问题靠查手册，令人感到乏味。倒是内燃机课，因为老师教书很有热情，能激发学习的兴趣，我查看了一些课外的材料，自学了化学、热力学的一些知识，觉得有些收获，初步尝到做科研的乐趣。1946 年西南联大解散，我被分配到清华。那是第二次世界大战胜利后的一年，许多留学滞留国外的学子返回国内。单清华机械系就回来了两位，一位是钱伟长先生，另一位是孟庆基 (后改名孟少农) 先生。钱先生开了一门课叫近代力学，主要是弹性力学，而且带来了航空和火箭方面以及工程科学方面很多新的知识，使我大开眼界，原来机械设计也是可以用数学的办法解决的。孟先生开了一门汽车工程，介绍了当时汽车业最先进的机械制造装备和加工方法。另外，有一门金相课，是王遵明先生教的，内容也很新鲜，主要是讲低碳钢的各个相、它们的组织和结构，这也引起了同学们很大的兴趣。这三门课我都选了，而且觉得很有收获。所以四年级的课可谓十分精彩，只可惜那年学生运动高潮迭起，真正上课的时间大打折扣。我对近代力学更感兴趣，所以选择了力学作为自己深造的方向。我的毕业专题研究是跟钱先生做的，题目是《薄壳的约束扭转》。在一些合理的假设下，可以把这个问题简化为一个特征值问题求解，这个方法是钱先生和卡门在一篇合作文章里提出来的。我做的是应用这个方法去计算一个特例，所以主要是模仿和学习。

毕业后我留校在机械系跟钱先生当助教，钱先生为二年级学生开力学课，我当辅导老师，改卷子，答疑。同时钱先生带我熟悉平板非线性、大挠度、摄动法方面的问题。

1947 年晚些时候，出现了出国留学的机会。申请奖学金过程中，需要填写留学志愿，我随即写了应用力学，学校则是美国加州理工学院或英国帝国理工学院。应当说，这是受钱伟长先生的启蒙。

我的申请，经过一段时间后，意外地得到批准。但该奖学金限于一年，这显然不能满足学习应用力学的需要，所以我是带着一年以后另想办法的打算，1948 年 8 月登上去美国的路程的。

去前我对加州理工学院的了解仅限于钱先生对我讲的一些情况。知道那里主持校务的是 Millikan 教授，中学时期我的物理参考书的作者，诺贝尔物理学奖的获得者，卡门是全世界著名的航空工程学家和力学家。我国许多著名前辈，如周培源、赵忠尧、钱学森都是那个学校的毕业生。那里还有著名的喷气推进实验室。

到了那里才知道，这是一所规模很小的学校，大学生和研究生分别不过各 500 人，教职工却也有大体 500 人，19 世纪末建校以来，学生人数基本维持在这个水平。这个学校的校园也很小，所以系的规模很小，一个主任加秘书就构成了系的全体，主要的管理工作集中在几个学部 (division)。那时共有五个学部，大体上是数学、物理、天体和行星学部，化学和化工学部，生物和医学学部，地球科学学部，工程和应用科学学部。学校的办学思想是小而精，强调理科，特别是数理科学。

我在机械系报到后，系秘书给了我两把钥匙，一把用于开研究生办公室的门，另一把是开机械系大楼的。我当时感到有些吃惊，因为初到学校的一个生人，居然能轻易得到系大楼的钥匙，并被告知，不论何时都可以自由出入。这是何等的信任啊！后来我逐渐理解了，原来这里有一种不同的文化，人们已经做到了相互信任，已经形成习惯，尤其是在高等学校里，无须作规定。

接着又知道学校实行一种叫做荣誉制的规定，例如，考试时老师可以选择开卷考试，或者可以带回家或别的什么地方自行作答的考试。这也是对人信任和尊重的表现。我在学校曾多年担任教学工作，从未遇到有人作弊，倒是目睹有人在开卷考试条件下不及格的情况。

学校里有许多非常著名的学者。我到那里时，Millikan 教授已经退休，常在校园里可以见到他，偶尔他也同其他人一样，端着盘子在学生食堂吃饭，但走步确实不稳了。卡门也在早些时候离开了。物理系新来了 Richard Feynman，比我大不了几岁却已是个赫赫有名的人物，常见他坐在学生食堂意气风发，高谈阔论。

第二年我成为半工半读的教学助教，教工学院二年级学生的力学课，分班上课，统一教材。其他课的内容都是老师自定的。没有教学大纲，教师可以自由发挥。著名的教授因自由发挥，所以他们的课非常受欢迎。

对于多数课，我都能应付。头一两年我特别喜欢振动和高等数学，特别是后者，老师是著名的 Erdelyi，一位特殊函数方面的专家，一年的课几乎把复变函数和各种特殊函数的各种表述、渐近方法都讲了。我感到既学得深又学得透。改卷子的竟然是一位数学系在校的大学生，至少是个小天才吧！我的弱项在实验课。美国学生生活中得到很多实用的知识，是中国人普遍缺少的。

我跟钱学森教授做论文，方向是他提出来的，热冲击部分则是我自己提的。总的来说，还算顺当，没受到老师的严厉批评。关于壳体中心面的假设是我提的，回头看觉得是个很粗糙的一种近似，需要有所改进。

加州理工学院有优越的科研环境，我利用论文工作结束后的时间学了些新东西，研究新问题，其中输水管的振动问题是美国大古力水利枢纽战后扩建中出现的一个实际问题。为了把大古力工程的发电作用扩大到大面积灌溉，增建了一个大型水泵站。1951 年水泵启动的时候发生了严重的振动，振型比较复杂。水泵公司一时为了难，找到学校。在一次学术研讨会上，Rannie 教授提出这个问题，然后扭过头来对我说，你为什么不试试？于是问题转到了我手上。

我很早就对流固耦合的振动问题感兴趣，这是受冯元桢的影响，他是气动弹性方面的著名专家，是我最好的朋友。我把问题拿来一看，觉得是个薄壳与水之间耦合振动的问题，壳体的直径很大，壁厚很小，因此水体的质量不可忽略，另外根据现场描述，振型明显含有径向振动的成分。按照这个思路，我对这个问题作了具体计算，发现有多个振型，特别是有近 6 个环状波的，可同时与水泵发生共振。在另一次学术讨论会上，我把这个结果告诉了 Rannie。他听了很高兴，于是告诉了厂方。不久工厂要我就此写个报告给他们。在这个报告中，我提出了一个克服振动的方案，沿输水管隔一定间距加装环型加固套。厂方接受了我的报告和加固建议，还给了我一些报酬。

这是我毕业后第一项独立的工作，理论计算能与实践相符，理论预见能为工程接受，是一件令人高兴的事。这件事增加了我做力学研究的信心。

1952 年 6 月获得博士学位后，美国移民局借故把我扣下两年多，护照被没收，没法找工作。幸亏学校照顾，让我在学校继续教书，剩下的时间可以做科研。当时，我接着把输水管振动这项工作推广到流速大到不可忽略的情况和流体可以是外流或气体的一般情况。这花了我不少时间。我还做了另外几项工作，如不忽略惯性的热传导和应力波、水波对河床的影响、容器中的水波等。这些工作虽然都没有正式发表，但对我是很好的学习，扩展了我的专业知识，为我回国后的工作做了铺垫。更重要的是有充分的机会利用加州理工学院的优越条件。可以说我当了两年不是博士后的博士后。

我很感谢加州理工学院为我特意提供了一位退休教授的办公室。回国时，系里专门在一所公园里办了一个欢送晚会，许多教授和访问学者，以及相处多年的同学出席为我送行。今天想起来仍旧是很感人的。

四、科研体会

(一) 认识你的国情

1956 年，那是国家比较平静的一年。7 月我被派往甘肃白银，去参观那里即将进行的一次大爆破。白银发现了一个大型铜矿，该爆破工程是由苏联专家设计的，规模达到万吨级。钱学森所长对在力学所开展爆破研究感兴趣，因为这项技术对我国建设有用，对力学工作者是一个新的领域。

我从未到过大西北，所以对这次出差怀有期待。我搭乘的火车走南线，所以要经过西安和天水，到达兰州然后搭长途汽车去白银。到天水时，天下起了雨，前方发生了泥石流，列车必须停驶。列车停了整整一个昼夜。到达兰州后，在分院招待所住下。请他们帮忙买好去白银的长途汽车票，停留了一天。这中间，我在住处周围转了转。原来兰州市不大，当时还有城墙。人们喝的水要直接从黄河取。城门口守候着一位同志，往从黄河取水挑进城的水桶里加一勺消毒液。所以那里百姓的饮用水问题尚待解决。城市沿黄河建在土坡上，大雨来了会不会引发泥石流？不知道。

火车进入黄土高原后景观有很大变化。黄土高原被深深的沟壑切割，沟底流淌着细细水流，日夜不断的继续切割着土体，使其不断崩塌，造成水土流失。路旁站立着高高的土塔正是水土流失所造成的。

第二天搭汽车上路，沿途的情况更加恶劣。车行在土路上，极端干旱的土被高高扬起，使人喘不过气来。周围农田里，看不到种的植物，很少见人们在劳作，却看到岩石似的青青一片。向同车的知情人询问，得知那是为了保墒，在地里铺了一层鹅卵石。对于农民来说，这是项不小的工程，上代人做了，下代人才能享受。

工地上的条件好多了，但饮水仍是个问题，需要天天从黄河拉水。偶尔遇到一些农民，看到他们的生活是非常、非常艰苦的。

另一方面，沿河西走廊，只要是有水的地方，植被还是很不错的。我的直觉是，只要有水，其他问题好解决，有点像加利福尼亚。

因开挖洞室施工出了事故，工程被迫暂停，我提前返回北京。

这次短暂的旅行给我的印象很深，对我国贫困的程度，对农民生活之艰苦、生存环境之恶劣，特别是对水资源等问题有了全新的认识，这是我们这些长期生活在大城市的人们很难真正知道的。我们国家建设的费用，包括我们的科研费用，说到底，都来源于农民的劳作，农民的付出。由此我感到身上多了一些责任，多了一份对农民的尊敬。

(二) 学会领导一个研究室

1958 年"大跃进"中，成立了当时的第四研究室，我被任命为研究室副主任。我原为弹性力学组组长，从事结构物抗地震的研究，有个小的研究组。"大跃进"中全所的方向改为"上天、入地、下海"，人员要重新调动和安排，而且新进了很多人。这个过程中，我所在的研究室实际上被赋予了尚待安排人员过渡站的作用，"老力学所"的人和研究项目，有的被暂时调进来，有了去向之后再调出去。所以这个室一时变得很大，像个"老力学所"。对于这种安排，当时我是不知情的。

力学所不久又从部队调进来多位团级干部，担任新建研究室的党支部书记兼副室主任。分配到我们研究室的是靳汝泽同志，自然成为这个室的领导。他是一位抗日战争时期的老干部，调来前在空军工作，山西人。

靳汝泽同志有北方人的直爽，为人正派，讲原则，对问题能提出有分析的意见，能以理服人、团结人。他很快就熟悉了研究室的业务工作，把研究室一些日常业务，如年度计划和方案的制定，工作人员的安排和调动，项目的进展和有关问题等，都交由我先提出意见，提出方案，向支部汇报同意后，提交全研究室讨论通过并执行。有什么问题，大家商量解决。对这种安排，我完全接受，因为我本来就是这样想的。

但是对于一个刚从学校毕业不久，习惯于独自工作，没领导过别人的我是有一定困难的，特别是钱先生对力学所的学科布局是相当广的，有的我知之甚少。为了能与这些同志对话，并能提出中肯的建议，唯一的办法是向新到四室来的同志们学习。所以我的任务不轻，从中学到了很多新的知识。

我同靳汝泽同志的合作很默契，也很愉快，我们很快成为相互信任的朋友。我认为这是我科研生涯中一件很幸运的事，它使我在科研的道路上继续顺利地走下去。

1959 年底，钱先生找到我说，根据中国科学院院内的分工，抗震的研究专门由哈尔滨工程力学所负责，力学所不再做了，要我为第四研究室提出新的方向。这使我一时感到很困难。于是同靳汝泽商量，动员全研究室一起讨论。会上提出了各种想法，其中关于爆炸成形和高压挤压成形的建议，引起了我的注意，因为几年前在一次所学术委员会上曾经讨论过类似问题。后来我把这个建议整理成高速高压下材料的变形理论及其应用，并报告到所里。钱所长当即表示赞成，并上报给院领导。不久，院里正式回复表示同意。于是我们成立了两个研究组，一个叫高压成形组，另一个叫爆炸成形组。

1960 年 12 月，靳汝泽被调往怀柔分部。一周之后，一位副所长来到我的办公室，通知我第四研究室要撤销，设备重新分配到其他研究室，我本人的去向自行选择，给了我一星期的时间。

看来我们研究室已经完成了任务。我把大多数人和仪器装备移交给了当时的第 12 研究室，那是被留下的唯一一个固体力学研究室，包括由我负责建设且已建成的振动实验室。其他人按专业分配到有关研究室。考虑到对新建的两个研究组，我有直接的责任，而且其中一个和爆炸有关，所以这两个组分到第二研究室，我跟着他们走。这个方案被接受，于是我就到了二室。

二室的任务是"入地"，主任是钱寿易先生，副主任兼支部书记是马金祥。二室有个组叫爆破组，从事定向爆破筑坝的研究。以前马金祥曾约我到爆破组，讨论一些动力学问题，所以对这个室我有所了解。

钱寿易先生 1958 年回国，回国前在美国一个大的工程公司工作，曾负责设计美国的机场和大型工程，是钱学森特意请回来的。回国后赶上"大跃进"，被任命为二室主任。马金祥是与靳汝泽同批调到力学所的。

钱寿易先生 1937 年毕业于上海交通大学，适逢抗日战争全面展开。他前往缅甸参加滇缅公路的建设。后来日军进攻缅甸，切断了他们后撤的路线，于是被迫弃车，徒步绕道野人山，在九死一生中返回中国。1958 年回国后，先后创建了力学所第二、第七研究室，开创了力学所的爆破和土力学研究；为解决上海市大面积沉降问题提出了回灌方案，并成功地付诸实施；他会同我国海洋石油西部公司和中国科学院海洋研究所，研究近海洋土力学，解决了海洋石油平台插桩深度的预测问题，实现了精准预报；帮助海洋石油公司和中国科学院有关所获得联合国开发署项目资助。1991 年 1 月执行该任务赴美期间，因心脏病突发不治身亡。我们失去了一位优秀的科学家。

钱寿易教授为人谦虚谨慎，平易近人，受人尊重，工作认真负责。他也是一位善于合作，认真听取意见的领导，我把他当作自己所尊重的前辈。

马金祥和靳汝泽有类似的品格和作风，他对我也比较了解，所以我们也能密切合作，相互尊重。

我被任命为副主任，协助他们二位工作。参加二室工作，我被委托从业务上过问高压组、爆炸成形组和爆破组的研究工作。

"大跃进" 运动和后来的三年困难时期，我得以遇到靳汝泽、马金祥这样的支书，得到他们的全力支持和信任，对我在科研工作上初期的发展起了十分关键的作用。我有充分活动空间去考虑研究工作的方向和主要课题，选择课题和组织骨干队伍等，没有他们的支持都是不可能的。说到底，他们给我的是科研工作中必须有的自由。好在我的研究工作从不是我们所的重点方向或者课题，因此能享受到这种难得、哪怕是短暂的自由。

(三) 必须亲自动手

力学所有个传统，那就是研究室主任或副主任要为发展研究室的学科负责。这个传统是钱学森所长在办所初期定下来的。这意味着他既要做自己的研究工作，又要具体指导全研究室的工作，以推动学科的发展。很好地把两者结合起来，是我面临的一个问题。高压挤压成形方面的工作面临的困难比较大，特别是要得到高强度的材料很困难，因此不得不放弃，人员作了新的调整。

在老四室，将爆炸成形确定为方向后，1960 年年中就组织了队伍到工厂，以为马上可以用于零件的生产。那是 "大跃进" 中必须的做法，否则会被斥为不联系实际，甚至是走资产阶级科研路线。但是我还是做了两项安排，一是在下厂的同志里，要求抽时间做系统的参数实验，并用经验公式方式表达，二是安排了少数人做平板变形与时间关系的实验。后一工作首先要自制计时仪。

到二室之前，这两项工作都有了进展。计时仪工作是范良藻开始的，后来孟珊参加了。方案也是范良藻定的，采用的是电子管，然而能得到的都是从精选军用电子管过程中被淘汰的电子管中挑选的，也就是说必须从次品中挑选，很费时间和精力。做成后往往可靠性差，所以必须随时准备修理，即带"保姆"干活。他们首次发现二次加载现象，这是他们经反复试验多次验证的。模型试验数据由韩良弼等同志保存，有翔实的记录。这在"大跃进"的混乱中都是难能可贵的，毕竟我们的同志们都是经过严格训练的大学毕业生。

1961 年到二室之后，在钱、马二位主任的支持下，我把迁入的爆炸成形组分成了三个专题小组，并从二室原有人员中调入了谈庆明等同志。另外，在二室单独成立了一个测量组，目的是把原先分散在各组的测试力量集中起来。

1961 年 "518" 会议后，我们与国防科研部门签订了合同，要为他们解决爆炸成形的相似律问题，这也是以前钱学森给我提出过的问题。所以我脑子里集中想的是两个问题，相似律和二次加载。

在一次有 (周) 总理和陈毅等出面，动员我国科学家参加国家建设的会议 (1962 年 1 月 5 日，苏联专家已撤)，会后我有些激动，心想今后要对科研工作有更多的投入。回来后想为什么不分析一下板料在水下冲击波作用下的运动呢？于是动手做计算，几天之后结果出来了，发现近板处的水中很快出现负压，意味着那里发生了空化，水变成了蒸汽！进一步的计算，不再是普通的水了。

在讨论固体中的波时，我们常说起崩落现象。水中出现空化，岂不是同样的现象？我只好怪自己。进一步想到，空化区的压力几乎等于零，可以视为常数。如果把水可能空化作为计算模型，结果必然符合几何相似律。同样道理，炸药爆轰及其与水体的相互作用，也可视为是几何相似的。再加上我们都知道，金属材料的强度对应变率是不敏感的，因此也可视为常数。这样说，爆炸成形的过程不就是几何相似的吗？

我向韩良弼要来模型试验的数据，按照几何相似的假设重新整理，发现我们的试验数据完全可以证明几何相似律是成立的。我一方面很高兴，另一方面又感到很惭愧，如果我早一点直接参与进来，不是可以省去很多时间和劳动吗？

说来也巧，不久钱所长要我给他一个报告，说一下爆炸成形工作的进展情况。于是我便动手写了，可是总有点不甘心，老惦记着二次加载的问题。

所以我边写边琢磨二次加载。开夜车，写报告，思想老是集中不起来。有一天在室里做报告，突然开了窍。我想到，Cole 在《水下爆炸》中说了，激波只带走大约炸药二分之一的能量，还有大约二分之一的能量在炸药产物周围的水里。如果周围发生了空化，这部分水在爆炸产物压力的驱动和没有外压的情况下，加速运动。另一方面，板料和一层水会在板料中应力的作用下，不断减速。一个加速，一个减速，后者必然赶上发生碰撞，表现为板面的二次加速。

这下子好了，我放心地把报告一字字写好，把图表画好，交了上去。报告概括地讲了爆炸成形的两个独立的模型律，描述了成形的力学过程。钱所长是个反应很快的人，所以不久就收到他的批复，肯定了报告，并建议投给航天部门的一个杂志，还说这对青年科技工作者有益 (大意)。

这个结果和我的预期相符，因为它包含了爆炸成形组全体同志几年辛勤努力的成果，是货真价实、经得起考验、有所创新的。

对我说这个结果也是一个教训，要牢记必须亲自参与。

大约在 1961 年或 1962 年，钱学森所长提出要求，在 1963 年力学学会要联合中国机械工程学会和中国航空工程学会，召开一个全国性爆炸成形学术会议，力学所应当有报告。1963 年夏，这个会议开了，参加者主要有航空航天部门所属高校和工厂，力学所也把自己的工作组成几个报告。会议是很成功的，力学所的报告很受重视。这一点可以从会场的气氛中感觉到：突然人们变得非常聚精会神，会场静得鸦雀无声。这是成功最好的标识。

钱所长出席了总结会，首次提出工艺力学和爆炸力学的概念。这便是力学所和中国科技大学近代力学系后来分别成立爆炸力学研究室和爆炸力学专业的来由。

(四) 政治运动狭缝中的科研工作

三年困难时期在八字方针下度过，经济有所恢复，中央再次强调要抓阶级斗争，"四清"运动随之开始。虽说当权派是重点，但研究人员也躲不过去。

当时在位的支部书记彭玉松被调走，"大跃进"中，新来的书记代替张可文成为钱学森的秘书，张则被派往新成立的力学所中技校担任教务长。张可文北大数学系毕业，地下党员，1956年经欧阳绛介绍、朱兆祥挑选担任钱学森的秘书。

新书记到二室之后，在全室大会上宣布第二研究室的业务工作今后全部由支部接管，但不说郑哲敏的工作如何安排，会后也不曾与我交谈过。对此我未曾在任何场合发表过意见。但是我知道，以前由我经管的事我可以不再管了，以后只要服从就是了。我心想，这不明明是党委安排下的一次政治性行动吗？我也想过，是不是我在工作中有问题？但是我也没像一些靠拢组织的同志那样，向组织汇报思想，因为我认为这是私人的事。

不久"四清"运动开始，一个工作组进驻力学所。我被要求在全所范围做个检查，没有特定问题，只是说检查。那时时兴所谓"思想一闪念"，因此我就知识私有问题准备了一个发言，试讲时一位工作组成员和新书记在座。讲完后新书记点了点头说"差不多"，于是我的发言就此通过了。很久我都不明白为什么要我做检查。

我还是像往常一样工作，特别是因为当时我承担着国防任务，有自己的事情要做。另外，有些事情过去我过问过，有些人回来找我谈，我像通常那样提出自己的意见。例如，有一天杨振声和刘良吉找我谈在重庆一个厂做坦克炮塔爆炸成形的实验问题，他们提出了因炮塔尺寸大，模具过重，超出了工厂的加工能力，应该怎样办的问题。说来也巧，我突然想到，为什么不可以把模具分块铸造，成形前把他们拼装在一起，成形时利用自身的惯性使炮塔成形。这就好像打台球时，一个球过来把另外一个球撞走，自己却停了下来一样。他们听了也很满意。回到重庆一试，果然十分成功。这种利用本身惯性的想法，我称之为惯性模。后来为一些工厂所接受，并发展出多种新的工艺。

还有一件事我搞不明白。本来在得到钱学森的肯定后，加上1963年成功的全国爆炸成形会议，我们在爆炸成形方面的工作已经受到有关部门的重视；我们的一些报告被国家科委的"科学技术报告"所收入，在1964 年举行的全国新材料、新工艺、新技术的展览会上得了一等奖，我在央视黄金时段做了 20 分钟的介绍等。可是力学所党委书记却又提出再开一次全国爆炸成形学术会议，并指定二室一位同志主持编写出版一本爆炸成形的专著。后来这本书在"文革"时期出版 (《高能成形》，国防工业出版社，1969)，我也受邀写了第一章。这是不是想表示力学所党委对出了成果的爆炸成形始终是关注的，我就不得而知了。当然，这和这本书经修改后于"文革"后再版 (《爆炸加工》，国防工业出版社，1981)并受到欢迎是两码事。

1965 年我们受国防科委委托承担一项围绕地下核爆炸计算方案的工作。"文革"开始后，原来由我和其他四位同志组成的组已经无法工作，只剩下了我一个人。这种情况下，计算所派李荫藩同志和我一起工作。这种工作状态使我能从运动中的大字报解脱出来，把精力集中在工作上。我们合作得很好，分工很明确，他的业务能力也很强。程序方面全由他负责。我们的工作模式成为，每经过一段时间，他会把计算结果带到我办公室，由我先看并且把图点出来，如果没有什么问题，两人便商量下一步该做什么。如果觉得有问题，便研究问题出在哪里并找出原因。我们的工作没有受到干扰。一组参数做完后，便另选一组。在参考国外实验结果的前提下，我们逐步看出在哪些参数下，计算结果与试验结果相近以及调整哪些参数可以使某些结果发生明显的变化。我们得出结论，经过改进原来的理论是可用的，计算程序也是可行的。

在此之后，有一段时间我们把工作地点转移到通县，从委托单位得到一系列数据，使我们的计算方案和所采用的数据更符合我国的实际，并以此为依据，进行新一轮计算。

到了 1968 年 12 月，因我被力学所隔离审查，工作便戛然停止。好在这时主要的结果已经得到，从开始到被迫结束为时近三年。

五、我怎样做科研

科学被认为是一种神圣的事业，它追求真理，所以高尚。科学家也是人，即社会人，他也有七情六欲。一个风气好的社会，会有更多的好科学家；一个风气不好的社会，会有更多的差科学家，他们不再追求真理。

科学追求真理。后来人们认识到科学也有应用的价值，它能发展技术，创造财富，所以科学有了应用的一面，于是有了基础科学和应用科学。应用科学也必须追求真理，遵循真理，否则就失去了价值，这也是事实。在现代社会里，两者互相支持和渗透，但基础科学起着基础的作用。

家庭出身、社会环境和学习经历引导我喜欢上了应用力学，属于应用科学，也叫技术科学，它的应用范围很广，从基础科学各部门直到多类工程技术。做科研需要不断学习，参加工作后，专业之外，我学习了一些电路分析方面、工程方面和金属材料方面的知识。我很注意充实数学和物理方面的基础。

在研究工作中我注意听取有实践知识方面的工程师和工人的意见，细心观察实验中出现的现象。我感到这些都很有利于我的工作。

在一个科研问题面前，最要紧的是先要把问题搞清楚，这往往是最重要的也很花力气，也是容易被忽略的。所以说查文献以及同课题委托方充分讨论是必要的。然后是探讨解决问题的步骤、途径、关键和难点。这后一阶段是十分要紧的。要争取在较短的时间里，对问题有个整体的图像，并厘清各个因素之间的关系。这会使你吃不香睡不好。用相似律做数量级的分析；用一些简单的计算对部分问题做分析；做一点实验；同同伴讨论等都是常用的办法，使你摸索前进。核心是找到解决这个问题的主要矛盾。这往往需要做不同的尝试，经历多次失败，所以需要耐心和坚持。有一天，你会觉得突然贯通了，原来互不联系的因素变得合乎逻辑地联系起来了，你确信找到了问题的答案。这是做科研最幸福的时刻。

这时你最好把东西写出来，因为写作也是创新过程的一部分。能使你做的工作说得更清楚，更符合逻辑，更精练，使你的计算更完善。结论部分要慎重，必须做到实事求是，不人为拔高。

不要把自己当天才，我只是一个普通人。往往比许多人要更花力气，叫做以勤补拙。

六、力学所的爆炸力学研究

前面联系到我本人直接参与的工作，介绍了爆炸力学的几个方面。力学所爆炸力学研究的规模和成果，则远远不限于这些。1986 年所庆 30 周年，我曾著文对力学所所从事过的研究领域做了概述。它们包括：定向抛掷爆破；岩塞爆破；城市控制爆破；防护工程；爆炸成形；爆炸合成金刚石；爆炸复合 (焊接)；爆炸烧结和压实；爆炸消除内应力；爆炸表面硬化；穿破甲机理；流体弹塑性模型；空中爆炸地面冲击波压力分布；可燃气体和粉尘爆炸；煤与瓦斯突出等。1986 年之后，力学所还在爆炸处理海淤软基；激光作用下靶板反冲塞；爆破问题的离散元–有限元耦合数值模拟；炸药装药低速长时冲击起爆；岩石冲击压裂等方面做过研究。

定向爆破筑坝曾经是钱学森所长想实现的一个目标，他在 1956 年就讨论过这个问题，并得到水利部门的支持。力学所在 "大跃进" 中成立爆破组的目的就在于此。水利部门 1958 年在东川做了一次大型试验，1975 年一次大水把坝冲垮了，所以是一次失败的尝试。接着又在广东南水组织了一次试验 (1960 年)，参加者除水利部门外，有铁道部门、力学所等参加。这次坝体经受了洪水的考验，站住了，是一次成功的试验。后来经过防渗等后续工程，并开始蓄水，于 1961 年在南水做总结。结论认为，单纯从爆破技术看，定向爆破筑坝是可行的，但要建成一个大中型水库，有大量的后续工作要做，其工程量很大，所以作为一种建坝手段，定向爆破技术尚不成熟。此后，三峡工程就不再采用它了。以 "任务带学科"，力学所的爆破组遇到了很大的困难。

在工程爆破的另一些方面，力学所有些突破，做出了成绩。在岩土爆破方面，特别是 1965 年提出要开展流体弹塑性模型之后，为什么没有想到把它推广到压力不太高的岩土爆炸的问题上来，用理论计算的工具来研究和解决岩土爆破问题呢？如果真能做到的话，岂不可以把二室的许多工作联系到一起，有一个统一的理论框架吗？

历史就是历史，历史是不能假设的。从自己总结经验的角度，我认为做流体弹塑性模型的时候，我受一种思维惯性的约束未能跨出连续介质的概念，不敢跨出这一步，因而坐失良机。

改革开放为爆破研究带来了新机。

首先是城市拆除爆破，一有社会需求，二有结构力学基本知识的支持，所以压抑了多少年的爆破组能放手工作，做出了不菲的成绩。

另一次良机出现在连云港。用炸药爆破使块石体沉入海床，保持其成为一个整体，用来筑防波堤和码头，是引起人们兴趣的工作。何况，炸药有足够的能量，能产生很大的压力，用炸药使块石体沉入海床没有原则困难，无非是寻找一种实用的方法而已，可以放手干！于是爆破组的许多同志，高兴地投入这项工作。他们在烈日下或风雨中，在齐腰深水的海滩上探索。经过一番艰苦的努力，终于以张建华为首的小组，找到一种可行的方法。又经过反复的试验和海上风暴的考验，证明质量符合工程要求。于是在交通部的统一领导下，形成了施工规范，加以推广。

全国港口建设大规模展开。据交通部刘总工程师告诉我，使用这种方法，施工经费和施工工期分别各降低 1/4~1/3。爆破组对国家做出了重要贡献，被授予国家科学技术进步奖二等奖和专利金奖。

七、回国六十四年的回顾①

1955 年 2 月，我从美国经欧洲、香港和罗湖桥，回到阔别 6 年半的祖国。那时我初满三十，两年多前取得博士学位，想做些有益于祖国富强的事，但除专业之外没有什么具体的想法。老师钱学森交代过，只要是国家所需，就应该努力做好，不要挑挑拣拣。

我是一个从学校到学校直至取得学位的典型，没有什么社会经历，没有什么复杂的思想。大学时经历了学生运动，但从未沾边。四年级时，思考过人生的意义，认为除了要为人民做些有益的事之外，其他都没有什么实在的意义。

在国外学习了六年多，自认是努力的，但没有什么值得骄傲的学术

---
① 这一部分按审核意见稍有删节。

成就，为此觉得面对家人有愧。

当时的心情是复杂的，因为回国面对的是一个陌生的革命政权。对它国外有不少议论，正面、反面都有。我也曾收集过"左翼"美国作家的著作，但毕竟不是亲身经历。说白了，心情复杂的核心是自由问题。其实我的要求不高，无非是工作上的一点自由。至于其他方面，我觉得可以接受。物质方面我有充分信心，因为抗战生涯锻炼了自己。总体上说，我是接受共产党领导的，而且愿意自觉学习。

我申请到中国科学院数学研究所的力学研究室工作。

1955 年 4 月，中国科学院同意接受我。在到数学所报到之前，在院部受到竺可桢副院长的接见，谈话的内容已经不记得了。我想那至少是一种礼遇，毕竟当时的中国科学院还很小，回国担任副研究员的人还不多。当时院部设在北海旁边文津街的一个院子里，规模不大，尚未形成今天那样庞大的机构。譬如进出院部只要凭研究所的工作证就可以了，没有什么别的手续。

接着，我到数学所报到，钱伟长先生指定我担任弹性组组长。其实这个组很小，组员除原有的胡海昌之外只有与我差不多同时报到的程世祜和后来报到的当年大学毕业生马宗魁。整个力学研究室也不过十个人多一点。这个组长也很好当，就是各自做自己喜欢的工作，有什么需要大家知道的事，就请担任秘书的马宗魁联络一下。

钱伟长先生同时担任清华大学的教务长 (不久又担任副校长)，而且兼职很多。当时我统计过一下，钱先生的兼职有几十个之多。我注意到，1948 年由他开始的以平板中心位移为小参数展开的渐近展开的方法已经取得不少进展。

胡海昌好意地把他发表在物理学报的著作给我看，其中有关于横观各向同性体的弹性理论、广义变分法、薄壁壳的理论等给我很深的印象，认为这些是很有水平和创造性的工作。他的强处特别表现在一般性理论方面。所以后来在力学所工作的调整中，他被调去参加 651 工程，我认为未能发挥他的特长，是很可惜的。

已经在力学研究室工作的林鸿荪其实也同钱伟长、胡海昌等合著过《弹性力学》，不过他的兴趣更广。钱学森先生掌管力学所之后，他与钱先生的接触最多，后被任命为化学流体力学的负责人，继而担任力学所怀柔分部副主任。

在本书第三章第二节中已经就钱学森先生担任力学所所长后，他的建所思想和举措做了介绍。这里需要补充的是，1955 年 11 月在东北考察后，他向中国科学院党组汇报的部分内容，简单地说，他认为当时在东北的中国科学院的有些研究所的工作，其实应该由产业部门来做。鉴于他 1945 年在担任美国航空委员会委员时，曾受美国空军委托考察美国航空工业的特殊经历，他的意见就更值得重视。

认真思考一下就不难想到，他提出的问题涉及一些根本性的问题，特别是科学院的定位问题，就是说在我国整个科学与技术系统里，中国科学院究竟是干什么的，哪些事情是中国科学院当仁不让，应该做的；哪些事情中国科学院根本不应该干；哪些事情中国科学院可以不同程度地参与。

对这个问题，钱学森是有许多思考的，集中表达在他有关技术科学的著作里，也表达在 1956 年初关于发展我国航空工业的报告里。概括起来，他的意见是在工业界，特别是在新兴工业和新技术发展中，有一批共性的、关键性的、需要从科学层次上才能解决的问题，它们的解决可以预期会使一个工业或几个工业整体受益，起到创新的推动作用。识别并超前解决这些问题，是一个国家科学院首要的任务。

1958 年"大跃进"的高潮中，中国科学院力学所领导钱学森、郭永怀和党总支书记杨刚毅提出以"上天、入地、下海"为研究目标的宏伟计划，并在中国科学院领导的支持下在力学所开了现场会议。接着力学所投入了大量人力物力开始怀柔基地的建设。但是钱、郭学术领导的目标和以杨刚毅为代表的负责人的目标其实是不一样的，前者希望力学所解决液氢液氧火箭发动机中的相关力学问题，后者想的是要制造一个真正的发动机。于是在钱杨之间发生激烈的争论，此后钱学森不再每星期到怀柔指导工作了。

1965 年夏，在一次会议上，中国科学院新技术局的一位处长对我抱怨说，你们怀柔分部，在国家最困难的时候，几乎花掉了中国科学院全院的经费 (可能指的是新技术局掌握的经费吧)。可见建设怀柔基地代价之大。

在艰苦的条件下，力学所分部的几百位同志为此付出了多年辛苦的劳动，他们是错误决策的受害者，他们的付出应当受到认可。

其实这个后果，在钱学森与杨刚毅的争论中，钱已经说得很清楚了。他说发动机整机你是搞不成的，一个研究所干不成这个工作，它需要有一批懂设计的工程师，还需要有制造能力和经验，要整套的机械装备，这些东西航天部门都有了。你要再搞，那就是搞重复建设，浪费国家资源。

在中国科学院院领导的一次学习会上，我应邀参加，并就中国科学院的定位问题做了发言。后来在不同场合下，向院领导多次重复这个意见，因为我认为很重要。

近年来随着国家大力提倡科技创新和大量的资金投入，中国科学院的定位尤为重要。这是一个要认真思考和对待的十分重要的问题。

参考文献

[1] 郑哲敏. 回忆录 (写给仰泽), 2011.

[2] 郑哲敏. 郑哲敏文集. 北京: 科学出版社, 2004.

[3] 中国科学院力学研究所年报, 1981~2021 年.

[4] 王柏懿. 中国科学院力学研究所志 (1956~2010). 北京: 中国科学院力学研究所, 2015.

[5] 中国力学学会. 中国力学学会史. 上海: 上海交通大学出版社, 2008.

[6] 章溪郑氏宗谱. 1913 年聚新堂木活字本. 宁波市天一阁藏.

[7] 楼子芳. 浙江抗战史. 杭州: 杭州大学出版社, 1995.

[8] 中共章水镇委员会, 章水镇人民政府.《四明印象章水》画册. 宁波摄影家协会图片中心.

[9] 成都市人民防空办公室, 国防教育学会. 成都大轰炸. 北京: 中国和平出版社, 2009.

[10] (美) 易社强. 战争与革命中的西南联大. 饶佳荣, 译. 北京: 九州出版社, 2012.

[11] 中共云南省委党史资料征集委员会, 中共云南大学委员会. 一二·一运动. 北京: 中共党史资料出版社, 1988.

[12] 张现民. 钱学森年谱. 北京: 中央文献出版社, 2015.

[13] 郑哲敏. 自传, 回国留学生工作分配登记表. 中国科学院力学研究所档案室, 1955.

[14] 朱兆祥. 钱学森先生在力学所初建的日子里, 力学所建所 50 周年庆祝会上的讲话. 力学进展, 2006, (1): 6-8.

[15] 孔捧端. 中国科学院力学研究所的创建过程. 应用数学与力学, 2017, 38(10): 1081-1092.

[16] 郑哲敏. 记爆炸成形, 力学所创新文化科研案例讲稿, 2014. 力学与实践, 2021, 43 (6): 1-3.

[17] 林鸿荪. 记第一次全国力学学术报告会. 力学学报, 1957, 1(2): 233-236.

[18] 中国力学学会第二届理事会在京召开. 力学与实践, 1982, 4(3): 68-69.

[19] 中国力学学会第二届理事扩大会议文集汇编. 力学与生产建设. 北京: 北京大学出版社, 1983.

[20] 郑哲敏. 中国力学学会第三届理事会工作总结, 人　环境与力学. 北京: 科学出版社, 1991.

[21] 陈杰, 刘洋, 汤亚南, 洪友士.IUTAM 和 ICTAM 的起源和历程. 力学进展, 2012, 42(1): 100-108.

[22] 刘洋, 陈杰, 王正道, 汤亚南. 中国学者与 IUTAM 和中国申办 ICTAM 的历程. 力学进展, 2012, 42(1): 109-117.

[23] 洪友士, 郑哲敏. 20 世纪中国知名科学家学术成就概览·力学卷, 第二分册. 北京: 科学出版社, 2015: 188-199.

[24] 郑哲敏. 论技术科学和技术科学发展战略// 王大中, 杨叔子, 中国科学院技术科学部组织编写. 技术科学发展与展望——院士论技术科学 (2002 年卷). 济南: 山东教育出版社, 2002：73-87.

附录 1 郑哲敏生平年表

1924 年 诞生

10 月 2 日，生于山东省济南市，原籍浙江省鄞县 (现宁波市海曙区)。

1928 年 4 岁

经历 "五三惨案"。

1930 年 6 岁

9 月，进济南第五小学 (商埠) 读一年级。

1932 年 8 岁

心动过速，常在运动后犯病。

1933 年 9 岁

有一天，听父亲严肃地讲，做生意没出息。父亲鼓励他立志读书，以学问谋生。

1934 年　10 岁

9 月，亨得利新店在济南正式营业。看着新店楼前挂着 "亨得利" 三个大金字。曾想长大后一定要成为最好的。

1936 年　12 岁

9 月，考进济南育英中学读初一。

1937 年　13 岁

7 月初，祖父和祖母去世，随父亲南下奔丧。

日机轰炸宁波。随母亲到章水镇老家避难，辍学，在四明山区度过了一段农村生活。

1938 年　14 岁

2 月初，与哥哥一起随四叔郑章汉取道金华、南昌、九江、武汉、宜昌入川，经渝抵蓉。

春，进建国中学读初二下，患头痛病休学。

1939 年　15 岁

年初，父亲离开成都去上海。从此与亲人天各一方，直到抗日战争胜利。

春，考进华阳县中初二下。为躲避日寇轰炸，学校在五月从城里搬到城南六七里路高攀桥的一座古寺。自此开始住校。

6 月 11 日，目睹成都第 4 次被日寇空袭。次日进城看到惨状，大光明钟表店幸免于难。

1940 年　16 岁

在华阳中学调查学生志愿时，一填写飞行员，二填写工程师。

夏，初中毕业。考进从山西内迁到金堂县农村的铭贤中学。

1941 年　17 岁

参加了英文社。曾任一届英文社的社长，每周出版两页英文壁报，报道学校新闻。

1942 年　18 岁

一个傍晚，一位同班同学突然得了急病。自告奋勇，雇了两个脚夫和一副"滑竿"，六七十里路把病人送到成都的一所医院。

1943 年　19 岁

夏，高中毕业。学习成绩一直名列前茅。

获在渝录取 93 名新生的第一名，考取西南联大。9 月，进入国立西南联合大学电机工程学系。

1944 年　20 岁

9 月上大二，转机械系。当选班长。参加了工学院的社团——铁马体育会。

1945 年　21 岁

8 月 15 日，日本投降的消息发布时，正与兄长维敏在南屏电影院看电影。冲出电影院时，满街已是一片欢腾。

9 月上大三。连任班长，当选为工学院学生会副主席。

年底，参加了要求民主、抗议军警暴行的"一二·一"学生运动。

1946 年　22 岁

西南联大迁回平、津复校。

7 月下旬，与哥哥维敏一起到达上海，与阔别八年的家人团聚。

二妹企静由国立上海医学院转学到北平协和医学院，三妹企肃和堂妹晓叶分别考进燕京大学外语系和社会系。夏末，兄弟姐妹五人先后抵达北平。

10 月 10 日，清华大学在北平开学。读大四，连任班长。

12 月底，参加抗议美军强奸北京大学女学生暴行的游行。

1947 年　23 岁

在钱伟长先生指导下做毕业专题研究，题目是"开口薄壁直筒受限扭转"。

7 月，获清华大学学士学位，留校做钱伟长的助教。

暑假，第一次见到钱学森,听了他在物理系做的稀薄空气动力学报告。

通过了清华大学推荐扶轮社奖学金候选人的英语考试，参加了北平扶轮社的面试。

1948 年　24 岁

5 月成为 1948 年度中国唯一的一名 "国际扶轮社国际奖学金" 获得者，资助期为一年。接到加州理工学院 9 月入学的正式通知。

7 月，到物理系请教曾经在加州理工学院留学的周培源教授。这是与周先生的第一次见面。

8 月 16 日，在上海十六铺码头登上 "梅格斯将军号" 轮船赴美，惜别父母亲人。

9 月 9 日，"梅格斯将军号" 到达旧金山。

9 月 11 日晚，到达加州理工学院所在城市帕萨迪纳，冯元桢接站。冯元桢刚拿到博士学位，留校做博士后，从此成为终生好友。

13 日到加州理工学院的研究生宿舍，与化学系唐有琪住一间。10 月，与新到加州理工学院留学的罗沛霖合住一个房间。

1949 年　25 岁

6 月，获加州理工学院机械系硕士学位。跟 Plesset 教授做暑期工作，准备研究河流泥沙问题。

9 月，向学校申请读博的全额奖学金。为获得生活费，申请当助教，教工学院本科生的力学和材料力学、研究生的工程数学。

参加中国留美科学工作者协会的加州理工学院分会，同宿舍的罗沛霖担任会长。

10 月 6 日，中秋之夜，在加州理工学院中国同学聚会时，见到刚从麻省理工学院返回加州理工学院任教的钱学森。

1950 年　26 岁

年初做了钱学森的博士生。确定了研究方向——高速飞行和喷气推进所引起的结构物受热的抗力问题。

7 月，接待路过洛杉矶的留美中国科协理事丁憼，并送他登船回国。

8 月，开车送罗沛霖去洛杉矶火车站回国。提前通过博士学位答辩的罗沛霖刚离开美国，联邦调查局就到加州理工学院查问罗沛霖去了哪里。

与冯元桢夫妇相约一起开车游历美国。刚到旧金山闻知钱学森被捕，旋返帕萨迪纳。因帮不上忙，几日后登程追赶冯元桢夫妇，继续游历约一个月。

10 月，收到罗沛霖在轮船上完成的博士论文手稿，找人打印，并代交给罗的导师索伦森教授。加州理工学院在 1952 年正式授予罗沛霖特别荣誉衔哲学博士学位。

12 月 4 日，顺利通过博士生资格考试 (qualify)。

1951 年　27 岁

任加州理工学院的研究助教和研究工程师。继续在钱学森先生指导下做博士论文。

6 月 15 日，博士论文的第一部分工作，以 "Resistance to thermal shock" 为题被钱先生推荐寄到 *Journal of American Rocket Society*，在该刊当年 11 月号发表。7~8 月结束博士论文工作。

三年签证将到期，提前于 4 月向移民局申请延长签证，未答复。9 月向移民局催办延长签证，被要求等待。

9 月，搬到学校附近 South Wilson Avenue 238 号住，与冯元桢夫妇、李整武夫妇、李定一夫妇、吴耀祖夫妇、徐璋本为邻。

秋，博士论文获得通过。等待授学位，着手研究大古力水利枢纽大直径输水管振动问题。

1952 年　28 岁

1 月 20 日，提交 Byron-Jackson 水泵公司一份题为 "Analysis of pipe vibrations with internal fluid flow" 的报告，解决了大古力水利枢纽大直径输水管振动问题。这是郑哲敏完全独立研究的第一个工程科学问题。

4 月 14 日，署第二作者的论文 "A similarity law for stressing rapidly heated thin-walled cylinders" 寄到 *Journal of American Rocket Society*，在该刊 5~6 月号发表。钱学森是该文主笔、第一作者。

6 月，获美国加州理工学院应用力学与数学博士学位。

6 月 30 日，被移民局以 "非法居留" 为名逮捕，关押到 Terminal Island 的移民局监狱。请冯元桢交 1000 美元保释，候审不得离境。

出狱后请了律师，申请自动离境。7 月初，移民局同意自动离境。可是 4 天后，又被通知不得离境或企图离境，护照继续被扣押。

加州理工学院暂留教书，不算正式职工。

1953 年　29 岁

继续研究有水流输水管振动问题。

完成了一篇热应力波的初稿。在航空系的一次 Seminar 做了报告，题为 "An analysis of thermal stress wave"。

旁听学校里的一门俄语。

冬，结识到加州理工学院学术休假并看望钱学森夫妇的郭永怀夫妇。

1954 年　30 岁

两篇论文被列为 1954 年 GALCIT 的报告。完成一篇关于水中表面波引起沙性海床起沙临界条件的报告。

帮助 Housner 教授做过含水容器自由振动的研究，并且利用加州理工学院的模拟计算机得到了一次地震的加速度响应谱。得到 Housner 教授 1000 美元资助。

聆听钱学森先生关于 PLK 方法的系列报告。旁听了钱学森先生的物理力学和工程控制论。

7 月 23 日，移民局函告，自收到信后可以自动离境。7 月 27 日，移民局又函告，必须于 9 月底之前离境，否则将被驱逐出境。想方设法办理离境手续，买到 9 月 27 日从纽约启程的船票。9 月 17 日，移民局洛杉矶分局签发监视离境文书。

9 月 23 日晚，钱学森先生在家饯行，交代了两件事。一是回国后国家需要做什么就做什么。二是转告钱伟长先生：运筹学可以在国家建设中发挥积极的作用。

9 月 24 日晚，飞离洛杉矶，冯元桢夫妇、吴耀祖夫妇以及其他一些同学送行。

9 月 27 日晨，在纽约的码头登船。在移民局官员监视下出境。

10 月 1~10 日到法国，游览巴黎。

1954 年 10 月 10 日到瑞士，将父亲的 2 万美元存到瑞士银行；到中国驻瑞士使馆申请回国证书。拖了很久英国驻瑞士使馆才给了香港的过境签证。因轮船公司修船，启航日期被延至 1955 年 1 月。滞留瑞士期间，住进一间出租房，房东太太是位意大利人。学习俄语；参观 Movado 的装配车间，并学习组装手表；去过伯尔尼、苏黎世和日内瓦。

1955 年　31 岁

大约 1 月 14 日，乘火车去马赛港。途经意大利，曾参观米兰大教堂、Michalangelo 的雕塑作品、古罗马遗址。途经热那亚时，遵嘱下火车拜访瑞士房东太太父母居住的村落。

大约 1 月 21 日，在法国马赛乘坐柬埔寨号轮船，经停埃及赛得港、吉布提、锡兰 (今斯里兰卡) 哥伦布港、新加坡、南越西贡 (今越南的胡志明市)、菲律宾马尼拉港，走了 24 天到中国香港。

在香港住了近一个星期，委托香港的中国旅行社办理从深圳入境的手续以及从九龙到罗湖、从广州到上海的火车票，并与教育部在广州的留学生接待办公室取得了联系。

2 月 21 日，周一，从罗湖桥入境。当晚住在深圳农民的出租房。

2 月 22 日到达广州。在留学生办事处报到。

2 月 25 日到达上海。参观上海大光明钟厂。三妹企肃家信告，钱伟长索要回国日期和赴京消息。大哥维敏家信，希望早日到北京。

3 月初乘火车赴京，到高教部留学生办事处报到，住西四王府仓的留学生招待所。

4 月初，如愿分配到中国科学院数学研究所力学研究室，在文津街受到竺可桢副院长的接见。任力学研究室副研究员。

6 月，中国科学院物理学数学化学部、生物学地学部、技术科学部和哲学社会科学部成立大会在北京举行。听了钱伟长、蔡方荫、李国豪等先生的报告。

暑期，力学研究室开始分组。担任弹性组组长，成员有程世祜、胡海昌、何善堉、应届毕业大学生马宗魁。9 月，力学研究室从数学所搬到中关村化学所新建大楼四层的东侧。

钱学森一家 9 月 17 日登上"克利夫兰总统号"邮轮回国。下旬，为来访的朱兆祥提供钱学森先生有关情况。为钱伟长先生起草一份筹建力学研究所的报告。

10 月 28 日，到北京火车站迎接钱学森先生全家并送他们住进北京饭店。

11 月 17 日，钱学森由钱伟长、朱兆祥陪同来到力学研究室。钱学森说，力学所的研究工作要围绕国家建设的需要，弹性力学组要以建筑物抗地震为主要方向，因为中国地震多发。19 日，向两位钱老师汇报关于抗震研究的设想。

1956 年　32 岁

1 月 9 日，《人民日报》发表 68 位留美归国学子 (包括郑哲敏) 署名文章"控诉美国政府迫害留美中国学生"。

1 月 16 日，陈毅副总理批复中国科学院 1 月 5 日关于组建力学所的报告。成为中国科学院力学研究所最早的成员之一。

国务院科学规划委员会在 3 月 14 日成立，钱学森担任《十二年科技规划》综合组组长。据钱学森的安排，与朱兆祥、林鸿荪一起担任秘书，参加"基础科学的发展方向"中力学规划工作。

一天晚饭后休息，和钱学森先生坐在院子里聊天。提高粮食单产是我国发展农业生产的关键，粮食亩产极限引起科学家关注。

6 月 14 日，作为规划会议代表，应邀到中南海同毛泽东主席等国家领导人合影。

7月，受钱所长委派，和胡海昌去参观甘肃白银一个露天铜矿的万吨级大爆破。因爆破施工延迟而返京（1956年底成功施爆，未能再去观看）。

8月取道莫斯科去比利时，出席9月5～13日在布鲁塞尔举行的第9届国际应用力学大会，作了题为"Problems in hydro-elasticity"的报告。会后，前往瑞士苏黎世采购仪器和传感器，并为力学所图书馆购置了一些专业书籍。回国时在莫斯科顺访苏联科学院力学研究所。

当选首届所学术委员会委员。当选力学所工会主席。

10月初，到北京站迎接郭永怀先生一家回国。

12月，经杨南生和林鸿荪介绍，参加民盟。

经清华助教卢文达介绍，认识了他的姐姐卢凤才。

1957年　33岁

2月5～10日，参加第一次全国力学学术会议，在会上作了关于工程地震问题的专题报告。作为秘书处成员做学术报告的组织工作，担任弹性力学分组会议主席之一。

2月10日，中国力学学会在第一次全国力学学术会议上正式成立。当选理事，参加固体力学专业委员会。随后《力学学报》创刊，担任编委。

由钱学森指定，给工程力学研究班讲授分析力学和振动，到国防部五院为新来的大学毕业生开"导弹结构力学引论"课。

看到清华批判钱伟长的火力不断上升，向力学所学术秘书、党支部委员朱兆祥建议，一起去劝说钱先生。几天后的一个晚上，与朱兆祥、杨南生和林鸿荪四人到清华大学照澜院钱伟长家。四个人认为钱先生听得进意见，谈话有效，完全没有意识到这次访问后来给朱兆祥带来大祸。

1958年　34岁

春节，与卢凤才结婚。

反右派运动发展到"插红旗，拔白旗"的阶段，被要求在高研座谈会上做检查。

力学所按照"上天、入地、下海、为工农业生产服务"调整机构和人员，担任"为工农业生产服务"的四室业务副主任。

1959 年　35 岁

看到朱兆祥蒙冤调离力学所，内心十分不安。

8 月 3 日～9 月 21 日，随人大代表钱、郭两位所长到 17 省市视察，参观中国科学院有关研究所、高等学校与一些设计部门，历时 50 天。

年底，钱所长告知，抗震工作转到哈尔滨工程力学所，四室必须提出一个符合"高、新、尖"要求的新方向。经全室人员讨论，提炼出"高速和高压下的塑性力学"作为新方向，得到钱所长认可和中国科学院院部支持。

1960 年　36 岁

"高压高速下金属塑性理论和金属压力加工新技术的研究"列入力学所年度科研计划。春节后在所大楼前为全所同志演示用一个雷管爆炸成形一个碗型件，得到钱、郭二位所长的赞扬。

3 月 27 日，儿子郑仰泽出生。

根据郭永怀先生要求，撰写"爆炸波的形成、传播和侦察"项目。要求阐明各种介质 (空气、水、土、岩) 中爆炸波的形成和传播规律，并提供典型条件下的计算理论，建议就空中核爆炸和地下核爆炸进行小型或模拟实验研究。

安排邵丙璜带队找到北京汽车制造厂、郭汉彦带队到长春汽车厂，试用爆炸成形技术制造汽车零件，都没有成功。交代研究生韩良弼坚持平板自由成形的系统参数试验，并且要把最大中心位移作为药量和其他几何参数的函数以幂次方的方式表示出来。范良藻利用电容的过渡过程研制成功微秒计时仪，测到圆板中心位移随时间变化的曲线。

根据中央精神，力学所开始调整机构、精简人员。12 月，四室被撤销，选择随爆炸成形组去二室。

1961 年　37 岁

担任二室副主任，配合钱寿易主任和党支部马金祥书记，主管爆炸方面的工作，为中国科大近代力学系岩土力学专业设计和计划专业课程。

5月18日，钱学森主持的"518"会议确定"爆炸成形"为国防部五院研制火箭发动机喷管提供理论和技术支持。受命负责该项目。获准在怀柔分部建设爆炸试验场。

7月17日，听聂帅在人民大会堂逐字逐句讲解"科研十四条"。

总结下厂实践的经验教训，把爆炸成形提炼成三个互相联系的方面，建立成型、载荷和材料三个小组。另外，成立测试组 (含制药)，为整个研究室服务。

10月，参加水利电力部主持在乳源县召开的南水定向爆破筑坝工程技术总结会议。会议结束后，进一步凝练爆破组研究目标：①研究爆破过程和抛掷堆积过程，弄清破坏机理和抛掷速度分布规律。②探索模型试验方法和爆破模拟准则，寻求验证爆破设计的方法。

1962 年　38 岁

2月4日除夕夜，应聂荣臻、陈毅、陆定一副总理之请，出席人民大会堂宴会，深受鼓舞，决心致力于解决国民经济和国防建设中的重大问题。

2月16日到3月，聂荣臻在广州主持全国科学技术工作会议，周恩来、陈毅到会讲话。会议讨论贯彻"科研十四条"，为知识分子脱帽加冕。听了传达，虽然很高兴，可是仍有担心。

《力学学报》复刊，仍任编委。

3月，用声学近似计算水中冲击波作用于薄板时的反射，发现水中近板面处会发生空化。推断爆炸成形几何相似。有一次在课题组报告空化问题，突然想到，在某一时刻，爆生气体推动的水球会导致空化区消失并与板碰撞，导致板料二次加速，从而揭示了整个爆炸成形过程。

3月19日，广东在建的新丰江水库124m 高坝蓄水至110.5m 时诱发 6.1 级地震。接院通知赶赴现场，冒险登顶查看。坝体108m 高程处产生 82m 长的上下游贯穿性裂缝，须及时实施加固工程。

受命兼任二室爆破组组长。

8月，提出爆炸成形的模型律。

参加制订《1963—1972 年科学技术发展规划纲要》。

12 月，参加中国科学院新技术局局长谷雨召开的会议，为即将进行的空中核爆炸试验做准备。承接空中冲击波压力测量系统的标定，代号 21 号任务。

1963 年 39 岁

1 月，中国科学院批复，同意在怀柔基地建设爆炸实验室。

整理实验资料时发现爆炸成形的能量准则。在 211 厂的实验直接印证了能量准则。对球壳的爆炸胀形过程的计算表明能量准则是一个不错的近似。

3 月，遵照郭永怀副所长安排，兼任刚成立的 21 号任务组组长，郭汉彦任副组长。4 月，参加有关 21 号任务的专题工作会议。5 月 15 日，国防科委 21 所发文，正式委托力学所紧急进行"冲击波测压计力学性能的标定"任务，将在首次核爆试验中应用。

6 月，在中国力学学会与中国机械工程学会联合举办的爆炸成形学术报告会上报告研究成果。钱学森所长在总结会上提出工艺力学、爆炸力学新方向。这次会议对爆炸力学的发展是个巨大的推动。

8 月 19 日，根据郭永怀副所长的要求，送交报告，首次系统阐述爆炸力学并规划其发展。此后，取代"爆破力学"和"爆炸动力学"等提法，爆炸力学作为新兴学科列入力学所 1963~1967 年发展规模设计任务书。爆炸力学实验室确定为院重点实验室。

招收南开大学数学系毕业生段祝平为研究生。

12 月，应邀参加由副总参谋长张爱萍上将和工程兵司令员陈士榘上将在上海主持召开的"特种结构"会议，中心议题是抗核爆炸结构问题。

1964 年 40 岁

招收中国科大 58 级爆炸力学专业毕业的白以龙为研究生。春节后安排白以龙学业。

春天，21 号任务组建成标定试验室，并对测压计进行标定。张劲夫到实验室视察，临走时双手抱拳说："拜托，好好带你的这批徒弟"。21 号任务组保质保量地完成了任务，为我国第一颗原子弹于 10 月 16 日成功爆炸提供了保障。

5 月，"爆炸成形模型律与成形机制"获国家计委、国家科委和国家经委联合颁发的国家"新产品、新技术、新材料、新工艺奖"第一名。

5 月 28 日，被工程兵提名担任"国家科委原子防护工程专业组"组员，组长是工程兵司令员陈士榘上将。多次随郭永怀先生参加工程兵讨论防护工程方面的工作。二室开始介入核爆防护工程领域。

6 月 14 日国家科委收录关于爆炸成形的六篇科学技术研究报告。

6 月，根据中央专委 1963 年 12 月安排地下核试验科学研究的要求，力学所承担"地下核爆炸力学效应的预报和检验"任务，代号 21-9。为此，成立 21-9 任务组并兼任组长，解伯民为副组长，刘育魁和张德良为组员。11 月，提交研究报告"地下强爆炸的一个近似计算方法"。

7 月 2 日，据力领字第 012 号文，破格任二室主任 (当时力学所只有正研究员才能担任室主任)，杨振声、郭汉彦任业务副主任。土力学从二室划出成立七室，钱寿易任七室主任。

爆破组参加金川露天矿大爆破设计。那年夏天，郑哲敏曾抱病与秘书金和一起去现场，并亲自下井了解硐室爆破实验。

1965 年　41 岁

2 月，力学所开展社会主义教育运动。2 月 25 日～3 月 20 日，参加力学所高研小组鸣放，被要求做检查。年中，力学所"四清"结束时，爆炸成形的理论分析停了下来，科研人员再一次下工厂研制零件。

5 月，和解伯民联名提交"关于地下爆炸计算模型的一个建议"，提出了一种新的力学模型——流体弹塑性体模型。

承担 21 所的委托任务"空中爆炸波在地面反射压力实验研究"(代号 21-7)，提议用 1 公斤 TNT 在 2 米炸高爆炸，进行空气激波的马赫反射测试，安排郭汉彦为课题组长，在怀柔分部建立爆炸实验场。

6 月 4 日上午，参加国家科委韩光副主任主持的会议，讨论西南铁路隧洞科技工作问题。会后，参观黔滇铁路，考察成昆铁路，历时一个多月。通过考察承担了两项任务：一是参与成昆路的路堑和隧道的爆破施工，协助加速工程进度。二是用爆炸的方法提高铁路辙叉的使用寿命。安排以张建华为首的爆破小组奔赴大西南，以赵士达为首的课题组开展辙叉表面爆炸硬化研究。

6 月，国防科委下达 "平地定向爆破堆山" 任务 (代号 2040)，由力学所与工程兵科研设计院合作承担。7 月，从爆破组抽人组建 2040 任务组，工程兵提供试验场地和施工兵力，联合组队开赴野外做小规模场地模拟试验。

7 月 25~31 日，参加在力学所召开的全国性的高能加工经验交流会，与各协作单位讨论爆炸成形问题。商谈联合编写专著《高能成形》。8 月，撰写《高能成形》绪论。

9 月 22 日 ~ 10 月 8 日，与赵世诚、周光炯、武仁杰等四人出席罗马尼亚应用力学大会，代为宣读南京水科院窦国仁有关湍流的一篇书面报告。

根据兵器工业提出的问题，建议用室内小型枪击侵彻试验代替实弹靶场验收装甲钢，开始与兵器五二所合作进行穿甲相似律的模型试验研究。

1966 年　42 岁

2 月，与研究室副主任杨振声和秘书金和、科技处姜伟一行四人到山西运城，调查所里酝酿的把二室迁往运城的可行性。向当时在永济的中国科学院秘书长郁文汇报，郁文当场决定不迁，一句话决定了二室的命运。

21-9 任务的委托部门有了回应，要求力学所就建议的流体弹塑性模型进行计算，并答应提供岩石的状态方程和其他必要的数据。

根据核防护工程需求，提出抗核爆力学研究方向的意见。按工程兵司令员陈士榘上将安排，到马兰观察 5 月 9 日实施的含有热核材料的原子弹试验，爆炸前后两次进入现场。在核试验现场巧遇中国水科院霍永基。

6 月，"文化大革命" 在力学所开始。稍晚，所里贴出一栏题目叫 "郑家铺子" 的大字报，直指郑哲敏。当时父母住在清华园郑维敏家。面对 "打砸抢" 的局面，兄弟俩于 8 月仓促送父母回上海。

坚持地下核爆数值模拟方案的研究。

1967 年　43 岁

多次去江南造船厂指导爆炸成形潜艇封头。其间，曾经遭遇上海 "一月风暴"。直径近 3 米的封头，模具重几十吨，很难实施。用 "惯性模" 概念制造模具，当年夏天在上海试验成功。

3 月，力学所造反派夺权后 "靠边站"，不能继续履行室主任职责。坚持改进地下核爆炸计算方案，开始与计算所李荫藩合作，用手编二进制程序计算地下核爆炸，并分析计算结果、改进计算模型和程序。

与工程兵三所周丰峻多次讨论空中核爆问题，曾就地表光辐射形成的热层对主激波传播的影响做出分析，还对卸载曲线提出关键建议，解决了地下核爆激波衰减规律问题。

1967 年较晚时，响应所革委会 "高研腾房解决青年人结婚住房" 的动员，腾出三居室中的北屋，欢迎十一室业务秘书王鑑莉和丈夫安遐龄入住。两家人融洽相处。

1968 年　44 岁

与计算所李荫藩协作，完成了基于流体弹塑性模型的地下爆炸程序设计及计算工作。

6 月，力学所开始 "清理阶级队伍"。入冬，被当作 "特嫌" 专案审查，几次审讯站到半夜。

12 月 5 日，幻觉自己是特务，立即被留所隔离审查。

1969 年　45 岁

隔离审查，幻觉严重，每天打扫厕所。隔离审查半年，"特嫌" 案查无实据。

6 月，从 "牛棚" 回家。头痛难忍。王鑑莉、安遐龄夫妇帮助求医买药治疗头痛病。

1970 年　46 岁

7 月，与卢凤才一起下放到中国科学院在湖北潜江的 "五七" 干校劳动 (分属力学和化学所不同的两个连队)。委托老保姆照料刚十岁的儿子郑仰泽。合住一个单元的王鑑莉、安遐龄夫妇真情关心郑仰泽，十一室行政秘书吴玉民有时也陪伴他，郑维敏夫妇时常到弟弟家看看小侄子。郑章斐与小孙子有书信来往。

在干校仍受到不公正的待遇，有时叫去询问，睡觉不好，头痛，但能得到一些同事安慰。

力学所的人负责盖房，砌墙时成为技术要求最高的"把角"师傅。轮到去炊事班做饭时，用流体力学原理改灶，提高燃烧效率。

1971 年　47 岁

深深牵挂独自留在北京的幼子郑仰泽。与同样思念四岁半幼女的陈维波有共同语言，两人时常叙说家长里短。

从湖北潜江干校转移到河南确山干校，继续盖房。

11 月，随同干校全体人员回到北京，鉴定意见中被称为同志。摆脱幻觉状态。

1972 年　48 岁

2 月，力学所恢复了研究室建制，爆炸力学和土力学合成二室。

在二室党支部书记田泽普和所军代表支持下，开具赴保密工厂调研爆炸成形状况的介绍信。调研后不赞成继续研究爆炸成形。提出研究穿破甲的意见，得到力学所党领导小组副组长靳汝泽的支持，并被告知应关心全所的研究方向。选择参加穿破甲项目。与高举贤等到包头 52 所参加穿甲模拟实验。

4 月，全国计划会议精神传达到力学所。多次应所革委会委员之约，参加力学所的方向任务、体制和政策问题的讨论。

在党支部书记田泽普等支持下，得以参与指导二室的业务工作。与赵士达讨论研制轻气炮问题。

7 月 12 日，美籍华裔学者林家翘、易家训等来力学所访问。与老朋友易家训、加州理工学院的学长林家翘相见，深为欣喜。

12 月，高举贤、孙庚辰完成研究报告手稿"穿甲过程模型律"，文末说明"是在郑哲敏先生亲自参加和指导下完成的"。这是"文革"开始后，名字第一次出现在研究报告中。

12 月 13 日，建设爆炸洞获北京市公安局批准，承担爆炸洞设计的总责。

12 月 21~29 日，出席力学所承办的全国性的"力学学科基础理论研究规划座谈会"预备会，担任规划起草小组组长。

1973 年 49 岁

1 月，起草"力学座谈会预备会情况简报"中学术方面的文稿。1 月 20 日，中国科学院二局以 [73] 科二字第 013 号文件印发。

3 月，参加穿、破甲课题组 (代号 681 任务)，组长单位是五机部 52 所。

4 月 30 日，和钱寿易一起被任命为力学所图书资料小组成员。

5 月，致信 204 所室主任刘钺，介绍出差西安的陈维波、李国豪、王盛玉等了解爆炸洞设计施工，并请提供资料。

5 月，在家中接待好友冯元桢夫妇。冯元桢 (团长)、田长霖 (副团长) 等 8 位组成的美籍华裔科学家代表团偕夫人和子女共 24 人，自费回到祖国参观访问并进行学术交流。

在二室四组讲解破甲过程的力学问题，由段祝平、谈庆明、刘小苹等整理成文。《力学情报》10 月 25 日、12 月 25 日以"破甲过程初步分析及一些基础知识"为题分两部分刊出。

指导有关人员调研比较、计算分析、模拟实验，提出爆炸洞设计方案。7 月 14 日，到工程兵四所征求对爆炸洞设计方案的意见。9 月，工程兵陈世榘司令员派一个工兵连千里来京建造爆炸洞，二室全体科研人员参加施工，年底完成基础浇注。11 月 24 日，致信校友袁永厚，委托张德良到清华大学借用皮带运输机。

在流体弹塑性模型基础上，联合北大数力系计算专业、204 所，研究射流侵彻靶板的二维不定常数值计算。

力学所党的领导小组 12 月 28 日写的政治审查的结论，不承认对郑哲敏的隔离审查是冤案。郑哲敏没签字。

1974 年 50 岁

1 月，力学所负责申办的《力学》季刊正式出版发行。与高举贤等合作在《力学》发表"射流侵彻的相似准则"。

二室党支部换届，田泽普继续任书记。得到新一届支委会充分相信和支持，重新指导二室科研。

7~8 月，与段祝平、白以龙等一起出差西安一个月，观察聚能射流侵彻钢靶的实验现象。8 月 24 日，在 204 所报告射流侵彻问题。

9 月，在力学所编制十年科学规划时，提出爆炸力学规划，包括大爆破、核防护、穿破甲，并布局材料动态性质问题的研究。安排赵士达重新投入轻气炮的设计、加工。

进行破甲机理的力学分析并建立简化模型。后来作为 "破甲机理的力学分析及简化模型" 第一部分，于 1977 年在 52 所《科技参考资料》第 6 期发表。

1975 年 51 岁

3 月，对二室与核爆炸有关的工作做出明确部署。

二室建成了当时国内最大的爆炸洞 (内径 9.2 米，净高 7.4 米)，以后又陆续完成了相关的测试系统和终点弹道装置等研制工作。

重新在二室组建材料组。

完成 "破甲机理的力学分析及简化模型" 第二部分，于 1977 年在 52 所《科技参考资料》第 6 期发表。

1976 年 52 岁

时值反击 "右倾翻案风"，在二室党支部支持下，得以继续集中精力做研究工作。2 月，完成 "破甲机理的力学分析及简化模型 (681 破甲机理课题进展报告)"。上半年，在 681 课题组作关于破甲机理和穿甲机理的报告，着重分析靶板强度的影响，指出侵彻复合材料靶是新问题。与谈庆明等合作完成题为 "射流侵彻过程分析及一个简化数值模型" 的力学所研究报告。下半年，进一步研究多层板穿甲机理与射流侵彻复合靶问题。年底，获得 204 所系统整理的自 1972 年 10 月开始的破甲实验数据，据此考虑射流失稳问题。

指导邵丙璜、张登霞、李国豪等开始金属板爆炸复合理论和工业应用的研究。

1977 年　53 岁

用量纲分析和解析方法研究射流失稳断裂，完成题为"破甲弹射流稳定性的研究"的力学所研究报告。去西安 204 所，报告射流失稳的力学分析。撰写"关于射流侵彻的几个问题"，发表在 52 所《科技参考资料》1977 年第 6 期。

完成题为"聚能射流和侵彻的几个问题"的力学所研究报告，着重阐述射流失稳和靶板强度对侵彻规律的影响。

8 月，在制订中国科学院的力学发展规划时，担任中国科学院力学学科规划起草小组组长。撰写中国科学院力学规划草稿。

10 月，当选为北京市第五届政协特邀代表。

12 月中旬，出席黄山第一届全国爆炸力学学术会议。将 1972 年以来历次编制规划时积累的发展爆炸力学的意见，与在中国科大任教的朱兆祥一起和盘提出，经过全体代表认真讨论，形成了"关于发展爆炸力学的几点意见"。

1978 年　54 岁

1 月，《力学学报》复刊，担任《力学学报》第三任主编。

1 月 17 日，到昆明参加全国第一届土岩爆破学术会议，作关于点源爆炸与量纲分析的报告，并应邀到云南省副省长张冲家讨论爆破筑坝。

1 月 21 日，出席全国力学规划筹备工作办公室召开的关于如何制定好全国力学发展规划的座谈会。

3 月 18 日，出席全国科学大会，因射流侵彻、射流稳定性和相似律获大会奖励。

4 月 27 日，出席全国力学学科规划筹备工作办公室召开的固体、流体两个分支学科的规划工作会议。先入选秘书班子，后为《全国力学发展规划》起草小组成员。在会前组织研究近代力学史，分析力学发展的趋势，为规划的制定做了较充分的准备。

5 月 31 日～6 月 12 日，起草小组形成《全国力学发展规划纲要》第一稿。6 月 14～22 日完成第二稿。

7 月，儿子郑仰泽以各科 (政治、语文、数学、物理、化学、英语、体育) 全优成绩从北大附中高中毕业。8 月 26 日，郑仰泽考取北京大学。

7 月，以 "射流的稳定性和平面射流的侵彻" 为题在中国科学院院部作提职报告，晋升研究员。

7 月 27 日，在全国力学学科发展规划会议准备工作会议上，报告规划讨论稿主要内容和准备工作情况。8 月 10～24 日，参加 "全国力学学科发展规划会议"，是规划执笔人、规划修改小组成员，并代表力学研究所承担了有关任务。8 月 20～21 日，在中国力学学会第一届理事会扩大会议上，增补为常务理事。8 月 23 日，被任命为国家科委领导的力学学科小组成员。

7 月 30 日，受聘水电部水利水电科学研究院学术委员会委员。

招收王文标为硕士研究生，是中国科学院恢复研究生教育的第一批研究生。

10 月 18 日，任力学所副所长。

12 月 16 日，出席中国科学院留美或访美科学家座谈会。

是年秋，为支持妹妹郑企克出国进修，把父母从上海接到北京照料。

1979 年　55 岁

1 月，恢复二室主任职务。

4 月 29 日参加清华校庆。由于夫人和儿子要求，校庆前一天郑哲敏决定戒烟。次日，同学聚会破戒，5 月 1 日复戒。1947 年毕业留校后，交际时偶尔吸烟，但不曾买烟。1948 年 8 月，在赴美轮船上，第一次买了烟，仅吸一支。留美期间，渐成烟瘾。1958 年结婚后，妻子反对抽烟，自知无益，但烟瘾难戒，在矛盾心情中度过多年。此后坚忍一年，30 年的烟瘾终于戒除。

5 月 15 日，黑龙江省农业机械化学校政治处致函中国科学院力学所政治部：郑友敏同志错划为右派分子，于 1979 年 4 月 7 日批准予以改正。现通知你处，将郑哲敏同志档案中有关郑友敏同志被划右派的有关材料予以清理销毁，消除影响。

8 月 9 日，力学所新任党委书记、保卫科和落实政策组征求对政审结论的意见。因党委书记不同意是 "冤案平反"，没签字。

9 月 2 日，中央领导人阅李恒德、钱宁等关于"要求为清华、北大、中科院的 28 位 1954~1955 年回国的科学家平反"的来信。9 月 8 日，邀请 1954~1955 年回国的科学家座谈，说不仅要平反，还要把他们的事迹载入史册。

9 月 10 日，深受党中央"为清华、北大、中科院的 28 位 1954~1955 年回国的科学家平反"鼓舞，写入党申请书。

率中国理论与应用力学代表团出访。9 月 12~13 日，代表团途经巴黎，参观了巴黎第六大学等单位。9 月 15 日 ~10 月 13 日访美，到了 7 个城市 27 个单位。访问加州理工学院时曾与老师同学相聚。

10 月，到杭州参加中国科学院组织的全国核爆炸防护会议。

中国力学学会爆炸力学专业委员会成立，当选第一届主任 (至 1985 年)。

10 月 15 日，被国家科委聘为理论与应用力学学科组组员。

12 月，抽调力学所部分研究骨干组建材料力学性能研究室 (十六室)，兼室主任。

冬天，有人诬告 1957 年写的"悬臂梁"的论文有"抄袭"。党委请本所一位专家调查，专家明确告诉党委书记，该文没有抄袭。

与谈庆明合作完成《相似理论与模化》书稿。

1980 年　56 岁

指导二室承担重点项目"金属和非金属靶板侵彻能力的研究"、"核防护和一维应变下岩样加卸载的实验"，负责十六室承担重点项目"粘弹塑性材料本构关系和强度理论的研究"。

《相似理论与模化》作为《机械工程手册》(试用本) 第 3 篇由机械工业出版社出版。"关于射流侵彻的几个问题"在《兵工学报》第 1 期发表。

5 月 2 日，《工人日报》发表时任国务院副总理王震"学习陈火金，为四化立功"的文章，赞扬中专毕业生陈火金虚心向大学教授常永福和力学专家郑哲敏同志请教，还学习外国先进的东西。

夏，郑仰泽被北大推荐出国留学，他选择去了加州理工学院。

7 月，被二室党支部列为入党重点培养对象。

8 月 30 日，在"流体弹塑性体模型及其在核爆与穿甲方面的应用"自然科学奖申请推荐书上签字，次日呈报。

9 月 1 日，《人民日报》刊登新华社记者报道"爆炸加工专家陈火金"，提到陈火金拜中国科学院力学所郑哲敏、北航教授常永福等专家为师，多次登门求教。

10 月，参加国防科委在 21 基地召开的地下核爆炸学术讨论会，并于 16 日参观了我国最后一次大气核爆炸试验。

11 月，与李敏华、林同骥、谈镐生四人同时当选中国科学院学部委员。

11 月 22~26 日，到杭州参加第一届全国材料力学性能学术交流会。在大会报告中指出，在断裂分析中存在一个被忽视的长度量，并提出这个长度量的尺度效应必须包括到断裂理论中。这一学术观点引导了那个时期中国科学院力学所乃至我国的材料力学性能方面的研究工作。

12 月 18 日，任力学所常务副所长，行使所长职权。

1981 年　57 岁

任 *Fatigue & Fracture of Engineering Materials & Structures* 编委。

任 *International Journal of Mechanical Sciences* 编委。

受所党委某书记排斥，难以履行常务副所长职责，进退维谷，头疼病复发。

2~3 月间，相距不足一个月父母相继病逝于北京，享年 82 岁和 81 岁，后葬于杭州。此时段他们虽然和儿子同住，但郑哲敏外出会议频繁，很少着家，两次突发事件竟都没能陪伴老人左右，成为终身遗憾。

5 月下旬，郑哲敏到绵阳出席全国第二届激波管会议。随后去加拿大出席李克山组织的气相爆轰会议。6~7 月，应邀到加州理工学院讲学。6 月 15 日，参加在帕萨迪纳举行的 IUTAM Symposium on the Mechanics and Physics of Bubbles in Fluids。

5 月 22 日，有人在力学所贴小字报，声称郑哲敏和马宗魁关于"悬臂梁"的论文抄袭。回国后，7 月 15 日致函院、所领导要求查明所谓"剽窃"的真相。提供自 1952 年起研究水-结构物耦合弹性振动的论文报告。

7月，中国科学院党组决定调走所党委某书记，孙诚任力学所党委代理书记，表示"党委要充分支持所长工作，创造条件让常务副所长行使职权"。

7月，国防工业出版社出版《爆炸加工》(修订本)。署名郑哲敏、杨振声等编著，参加编写的还有力学所的赵士达、邵丙璜、陈维波、赵双禄、李国豪及有关工厂的陈火金、梅知贤、姚坎元、张振逵、李振华、李有泉等。

当年夏天，根据叶东英等获得的 X 光照片，判断射流侵彻玻璃钢时材料发生了热裂解，进一步组织专门实验和理论分析，建立了流体弹塑性加热裂解的侵彻模型。与谈庆明、高举贤等合作完成力学所研究报告"射流侵彻玻璃钢机理"。

8月14日，吴耀祖来信，期望钱学森老师和师母到加州理工学院访问。将吴耀祖信转给钱学森，并期望汇报力学所工作。钱学森 8 月 26 日退还所寄信函。

12月1日，中国科学院数理学部第 69 号文确认郑哲敏、马宗魁关于"悬臂梁"的论文不存在抄袭，要求向群众传达，消除不良影响。但党委某副书记说，有几个外文字不认识，没向群众传达。

12月2~8日，到扬州与丁憨共同主持召开"第二届全国爆炸力学学术会议"，报告流体弹塑性体问题。

1982 年　58 岁

行政关系从二室转到所办公室。

春节期间，分析煤与瓦斯突出问题。对地应力、瓦斯压力、破碎强度、尺度、孔隙率、渗透率、密度做量纲分析。

2月8日，签字同意力学所党委关于'文化大革命'时期郑哲敏蒙冤的结论：历史清楚，没有政治问题。

3月，与孙诚一起参加院工作会议。

申请入党未果。

5月9~11日，在中国力学学会第一、二届理事扩大会上，当选中国力学学会第二届常务副理事长。在会上报告"我国爆炸力学在国民经济中的应用"，其中关于煤和瓦斯突出的内容发表于《力学与生产建设》(北京大学出版社，1982 年)，题为"从数量和量纲分析看煤与瓦斯突出的机理"。

继续任《力学学报》主编。

5 月 11~20 日，出席中国科学院第四次学部委员大会。邓小平等党和国家领导人接见出席大会的全体学部委员并合影。

7 月，"流体弹塑性体模型及其在核爆与穿甲方面的应用" 获国家自然科学奖二等奖。获奖主要作者：郑哲敏、解伯民、李荫藩、谈庆明、郭汉彦、高举贤。

应邀指导中国科学技术大学虞吉林 (到力学所) 做博士论文，是实施学位制后郑哲敏指导的第一位博士生。

9 月 13 日，Housner 来信，附哈尔滨工程力学所刘恢先所长书赠的诗 "震后唐山"。

10~11 月，根据周培源、严济慈、钱三强等老一辈科学家建议，与林同骥、钱寿易、袁建新、江文华五人组成中国海洋工程力学考察团，先后访问了英国、挪威，为我国海洋工程科学技术的发展寻找方向和经验。回国后，提出海洋油气开发中需要重点解决的 14 个国际前沿的科学技术问题。同时，在力学所组织海洋工程科学技术研究队伍，并争取中国科学院设立 "海洋石油勘探开发中的科研问题" 的攻关项目。

"玻璃钢对聚能射流干扰机理的研究" 获 1982 年中国科学院成果奖二等奖。

撰写 "力学在国家建设中的作用"，收录于中国科学院技术科学部论文集，1982。

年底，到加拿大出席关于燃料空气爆炸的国际会议，报告 "中国工业爆炸危险性研究概况"。

到现场查看将要爆炸拆除的中关村 38 米高烟囱。12 月 15 日，庞维泰等成功爆炸拆除中关村 38 米高烟囱。

1983 年　59 岁

在中国科学院研究生院讲授 "振动与波"。

2 月 24 日，中国科学院党组发文，同意力学所党委 1982 年 2 月 8 日结论，指出：推倒 "文革" 期间强加给郑哲敏的一切不实之词，予以平反，恢复名誉。

2月25日～3月1日，邀请中国科学院三个学部十个所开会，请石油部介绍情况，研究讨论中国科学院参加海洋石油工作的各方面问题，经过反复酝酿，向中国科学院提出了系统研究海洋工程力学的建议。

按照海洋工程预备会议安排，起草"海水与平台的相互作用"项目的建议，分析若干力学问题，例如波浪因素的量纲分析。

获悉被力学所某些人诬称"老反革命"、要进行政治斗争等情况，4月13日写信给院长兼党组书记卢嘉锡，希望调查核实做出处理。

7月2日，主持召开中国力学学会在京常务理事会，讨论国务院技术经济研究中心和中国科协联合组织的"2000年的中国"研究，研究力学学会应做的工作。

7月26日，按约定与院党组委派调查情况的李克谈话。

8月24日，中国科学院党组重申党组对郑哲敏历史结论的批复，重申数理学部对所谓"剽窃"问题的审查结论，并过问郑申请入党的问题。

11月，经所办党支部大会通过，加入中国共产党。

11月21～25日，和沈元共同主持"北京国际断裂力学学术讨论会"。该讨论会是第五届国际断裂协会 (ICF) 主席 D.M.R. Taplin 教授倡议的，中国科协和航空工业部支持，由中国力学学会和中国航空学会主办。

与白以龙、俞善炳完成 "Late stage structure of thermo-plastic shear band"，力学所研究报告，1983。

1984 年　60 岁

1月5～12日，出席在北京召开的中国科学院第五次学部委员大会。

2月16日，任力学所所长，俞鸿儒、吴承康任副所长，韩林任代理党委书记，刘守熹任党委副书记。

受聘为国家自然科学基金委员会数学学科国家自然科学奖评审组成员 (直到1990年)。受聘为国家自然科学基金委员会数理学部评审组成员 (直到1990年)。受聘为 Advances in Science in China (《中国科学进展》) 编委。

3月9日，在全所大会传达院工作会议精神，报告"关于办好力学所的一些设想"，布置1984年工作要点。

3 月 30 日,《人民日报》发表长篇报道 "被延误了五年的任命——记一位力学专家走上领导岗位的艰难历程" 和评论 "不能再拖了"。7 月 15 日《人民日报》又发表评论 "择能而使的学问"。

4 月 28 日,主持力学学会在京常务理事会议,提名韩林接替孙诚为学会副理事长,议决学会刊物主编调整事项。

5 月 7 日,支持钱寿易先生发展海洋土力学,成立海洋土力学研究室(七室)。

5 月 8 日 ~ 7 月 12 日,赴美国加州大学圣地亚哥分校讲学,卢凤才同行,并访问加州理工学院。其间,考察了加利福尼亚州的水资源,收集并带回有关加州水资源的分布和治理的详细资料。

8 月 19~25 日,与王仁一起到丹麦参加第 16 届 ICTAM。与王礼立、赵士达到德国考察 Gronich 实验室。

9 月,招收丁晓良和李世海为博士生,分别参加瓦斯突出、海淤爆破课题工作。

9 月 17 日,在全所大会谈力学所的改革和目前所内工作。当天,带队赴西北考察,同行的有林同骥、白以龙、张秀琴、周家汉、罗明辉等,到达青海高原,登上昆仑山口。

10 月 1 日,与谈镐生、林同骥、钱福星、韩林等应邀参加天安门国庆观礼及晚会活动。

11 月,转为中国共产党正式党员。

1985 年 61 岁

在院工作会议上,征得力学所党委支持,表示愿意试行所长负责制。1 月 14 日,经中国科学院批准,力学所由党委领导下的所长负责制改为试行所长负责制。1 月 15 日,在中层干部、高研和机关干部会上,和韩林书记一起传达院工作会议精神。

为促进国际学术交流,指导创办《力学学报》(英文版) (*Acta Mechanica Sinica*) 双月刊,于 1985 年 1 月正式出版。

参加在舟山举行的强动载荷国际会议审稿会。会后,与朱兆祥、白以龙、杨振声一起去老家章水镇郑家村。

4月，接待加拿大多伦多大学宇航所 (UTIAS) 著名空气动力学家 I.I.Glass。

6月3日，给院党组并转党中央信，就5月8日《人民日报》刊登"迟到的春天"和"春天的思考"陈述看法。

7月4~6日，出席力学所首届一次职工代表大会，在职代会上作所长工作报告。力学所成为中国科学院第一个召开职代会的研究所。

8月，作为力学卷副主编参加编著的《中国大百科全书》力学卷，经力学界同仁七年艰辛劳动，终于出版发行。主笔撰写4个条目，参加撰写卷首综述"力学"。

在中国科学院院长卢嘉锡主持的所长会议上，正式提出力学应面向地学的观点。

率队进行了三峡工程的考察工作。

8月，《力学学报》编委会换届，林同骥接任第四届主编。

9月在北京举行的国际采矿科学和技术讨论会上发表"A preliminary study of gas bursts"。该会由中国煤炭协会主办，文集由中国煤炭工业出版社于1987年出版。

10月28日，出席在上海举行的国际非线性力学会议，任大会指导委员会委员。该会由钱伟长主持，有23个国家和地区的78位专家参会，收到401篇论文(国外107篇)。

10月29日，应邀出席宁波大学奠基典礼。

11月初，在京接待苏联的 L.I. Sedov 院士，黄敦等参加会见。

1986年　62岁

开始实施国家自然科学基金资助项目"煤与瓦斯突出机理研究"。

在所学术委员会和所领导层，规划力学所研究方向，明确"能源、农业和环境、岩体和材料、重大基本理论和新领域、军工"五个方面为力学所优先项目。

3月3~5日在北京参加中-法科研规划与管理科学讨论会，卢嘉锡院长陪同方毅副总理会见法国科研中心 CNRS 访华团时在座。在会议发言时，深刻分析中国科学院在国家五个方面军中的定位，高瞻远瞩地阐述数理科学与地学相结合的战略方向。

4 月 8 日，经职工代表提议讨论，第 11 次所办公会议决定，将"创新、严谨、团结、奋进"八个字作为力学所的所风。

6 月 3～7 日，在北京科学会堂与丁儆共同主持国际强动载荷及其效应会议，作题为 "Several problems in hydro-elasto-plastic dynamics" 的大会报告，还合作或单独发表了四篇论文。会议期间，爆炸力学专业委员会改选，丁儆接任第二届主任。

6 月 8 日，举办以"力学未来 15 年"为主题的所庆 30 周年庆祝活动，分上、下午作题为"力学所三十年"和 "On the study of explosion dynamics at the institute of mechanics" 的报告。周光召、严济慈、周培源、茅以升、钱令希等到会并发表讲话。

6 月底，当选中国科学技术协会第三届全国委员会委员。

8 月 3～6 日，在呼和浩特召开的中国力学学会第二、三届理事扩大会议上，当选中国力学学会第三届理事长 (至 1990 年)。

8 月，出席在英国伦敦召开的 IUTAM 理事会，当选理事。

指导庞维泰负责的石景山电厂控制爆炸拆除工程获 1986 年中国科学院科技进步二等奖。

12 月 2 日，担任卢嘉锡院长批准成立的"中国科学院海洋工程科学技术研究中心"的主任。12 月 31 日，主持中国科学院"八五"重大项目"海洋工程的安全、防护及海洋环境研究"启动仪式。

1987 年　63 岁

3 月 10～11 日，主持召开中国力学学会第三届理事会第二次常务理事会，通过关于修改章程的报告和《中国力学学会章程 (1987 年稿)》，讨论通过了评选优秀论文、青年工作、专业委员会、编委会等事项，确定 1988 年全体理事会主题为"力学学科发展的 10 年展望与预测"，着重讨论力学学科为国民经济建设服务的问题。

4 月 2 日，在力学所一届三次职代会上做工作报告，阐述力学所的长期发展模式和近期改革目标。

5月26日，派灭火小组赴大兴安岭参加西线灭火，指导用爆破技术开辟隔离带。

6月20日，向院申报建"近代连续介质力学开放实验室"。

冯元桢6月28日取道香港抵京，7月1~4日参加国际流体力学会议，帮助相约会见贝时璋先生。

7月15日，作力学所领导班子换届述职报告。

8月，受国家科委委托，任中国科学院力学学科调研专题组组长，成员为白以龙、薛明伦、余同希 (北大)、张兆顺 (清华) 和葛修润 (武汉岩土所) 五人。

8月20日，拟一有关力学学科的提纲：Ⅰ力学学科特点，近三十几年里程碑性的成就；Ⅱ我国三十几年的状况（解放后；1977~1978年以来）成就与不足；Ⅲ展望力学基础与基础性研究，建议的优先项目。在页眉加注"可否作为进一步讨论的引子，请老董抓一下形成个初步材料。郑8/20"。老董指力学所董务民。次年，由该提纲完成论文"高瞻远瞩加强力学基础研究"。

8月21日，在连云港工地施工现场考察。

10月，受聘1987年度国家自然科学奖数理科学部评审组成员。

11月，签字向院提交"近代连续介质力学实验室"任务书。

12月17日，访问中国科学技术大学。

12月31日，受命继续担任力学所所长，副所长薛明伦、白以龙、张挺。

1988 年　64 岁

1月5日，决定成立力学所新技术开发公司筹备组，推进成果转化、技术开发工作。

2月25日，向全所大会报告所长任期目标和所长分工。

5月，组建环境力学研究室，与地学界建立了协作关系，共同朝着发展环境力学的方向迈开坚实的步伐。

5月28~29日，主持召开"燃烧与爆炸灾害"座谈会，丁儆作"我国各类爆炸灾害情况和爆炸灾害力学"的介绍。

5 月 29 日，指导庞维泰负责的华侨大厦爆破工程圆满成功，周光召院长发来贺信。

6 月 25 日，受聘中国科协青年科技奖评审委员会学科评审组成员。

6 月 27 日，"中国科学院力学研究所非线性连续介质力学开放研究实验室"获批成立，任实验室主任至 1993 年。

8 月 24 日，聘郭尚平为力学所兼职研究员。

8 月 25 日，论文"高瞻远瞩加强力学基础研究"在《力学进展》第 18 卷第 3 期发表。

8 月 21~27 日，率 70 人代表团出席在法国格勒诺布尔召开的 IC-TAM 第 17 届大会，中国宣读四十余篇论文。争取 18 届大会到中国开，未获成功；获准在中国召开"多晶金属大变形本构关系学术讨论会"；当选 IUTAM 大会委员会委员。

8 月 28 日，应邀到新加坡讲学，然后去美国。8 月 31 日，在哥伦比亚大学应用数学会议作报告。

9 月中旬至加州理工学院，应吴耀祖之邀参加讨论会。与儿子仰泽同游加州的 Yosemite 国家公园，一起去纽约州康奈尔大学为吴承康之子吴彤主婚，然后到儿子仰泽工作的密歇根州底特律市。

9 月末，看望儿子郑仰泽。

秋，接待苏联力学家格里高利。

10 月 10~16 日，主持中国力学学会第三届理事会第二次全体理事会议。会议增补了来自工程部门的 31 位新理事。

11 月，与钱寿易商谈推荐学部委员事。

12 月 5 日，参加中国力学学会、中国气动研究会、中国气动研究与发展中心、中国科学技术大学、89801 部队、中国科学院力学研究所、清华大学工程力学系、核工业部九院九所等八单位联合举办的"缅怀郭永怀逝世 20 周年"纪念活动，郭永怀塑像揭幕，作大会报告，撰写"郭永怀生平介绍"。主编《郭永怀纪念文集》(科学出版社，1990 年 12 月)。

12 月 10 日，祝贺林同骥、钱寿易七十寿辰。

连云港爆炸处理水下软基项目获 1988 年中国科学院科技进步奖一等奖。

1989 年　65 岁

聘请朱兆祥 (卸任宁波大学校长后) 回到力学所任研究员，继续研究结构动态屈曲和高分子材料力学性能，开拓和推动了这一新领域的研究。

4 月，与杨振声、金缪完成合作论文 "爆炸处理水下海淤软基"，投送全国第四届工程爆破学术会议。

4 月 22 日参加胡耀邦的追悼会。

5 月 18 日，考虑爆炸滑移筑坝问题，推导有关爆炸滑移筑坝计算公式及参数。

5 月 21~26 日，原定到西安出席 "全国第四届工程爆破学术会议"，因局势不稳未去。

7 月 4 日，将短文 "液滴与液面碰撞时发生环形穿入的条件" 投送《力学学报》。这是看到《力学学报》当年 5 月第 3 期蔡一坤 "液滴与液面碰撞" 一文之后，从液滴自由振动出发，得到与实验结果符合得更好的公式，从而为环形穿入提供了理论解释。

抓紧时间分析瓦斯突出一维恒稳推进现象。

7 月 24 日，担任所干部考察领导小组副组长。

8 月 22~23 日，赴新疆参加中国力学学会少数民族中学生力学竞赛决赛的颁奖仪式。

8 月 10 日，撰写 "A note on the steady state propagation of fracture front in one dimensional coal gas burst"。

继续 5 月 18 日开始的关于爆炸滑移筑坝问题的分析推导。8 月 13~17 日，撰写 "关于定向爆破筑坝方案及堆积计算问题"，该思路参考了 1988 年格里高利来所访问时做的报告。随后在项目组会议上提出爆炸滑移筑高坝的新思路，推进了杨振声负责的 "七五" 攻关项目 "定向爆破筑高坝课题"，目的是对 100 米以上的高坝采用定向爆破筑坝的可行性进行论证。结果表明，与定向爆破抛掷筑坝相比，定向爆破滑动筑坝具有耗药量低，破坏范围小和爆后边坡稳定的优点。

9 月 16 日，与所职代会代表对话。

中国科学院建院 40 周年，获中国科学院杰出贡献奖章。

10 月 9~18 日，应邀访问香港大学，就爆炸动力学的发展、瓦斯突出作学术报告。

11 月，"金属板爆炸复合的理论与应用" 获中国科学院自然科学奖一等奖。

12 月 5 日，到八宝山为郭永怀扫墓。

12 月，与王仁一起访问九院一所和四所。

12 月 9 日，受聘 1989 年中国科学院科学出版基金专家委员会委员 (科版基聘字第 010 号)。

12 月 12 日，主持力学学会第三届全体常务理事会议，讨论通过第四届理事会通信选举方案及有关事项。

12 月 20 日，全所大会作工作总结并卸任所长。新任所长薛明伦，副所长白以龙、张挺。

1990 年 66 岁

1 月 12 日，担任力学所第七届学术委员会委员、研究员资格评委会委员。

1 月 23 日，与洪友士等的合作论文 "Orientation preference and fractal character of short fatigue cracks in a weld metal" 投送 *Journal of Materials Science*，后于 1991 年 26 卷发表。

2 月，与林贞彬、李家春、白以龙、段祝平等讨论，写成 "非线性科学与力学" 一文，高屋建瓴地提出研究 "非线性力学" 的问题。

参加党员重新登记。2 月 10 日，党员重新登记动员大会；3 月 3 日，进入个人小结阶段；3 月 15 日，进入评议阶段。5~6 月所、院两级验收。

3 月 24 日，主持召开力学学会在京常务理事工作会议。确定换届的有关事宜和第四届理事会选举方案。

5 月 11 日，V. V. Kozlov 教授率苏联科学院西伯利亚分院代表团来访。

5 月 18 日，受聘国家自然科学基金委员会力学学科评审组成员，任期 3 年 (评聘字第 013019 号)。

8 月 2 日，顾毓秀教授分别致函郑哲敏和 IUTAM 秘书长 Schiehlen

教授，委托郑哲敏代表顾先生出席八月底在维也纳举行的 IUTAM 理事会。

8 月 19~24 日，与白以龙、王仁一起出席在希腊举行的纪念亚里士多德 2300 年的力学、物理和物质结构国际会议，作既是流体又是弹塑性体的连续介质的动力失稳的报告，白以龙 (合作) 作了热粘塑性介质变形模态和局部化的报告。

8 月 21 日，根据院通知，获享政府特殊津贴。

担任力学学科发展战略研究组组长。

8 月 28~29 日，参加国际理论与应用力学联合会以及国际大地测量和地球物理学联合会组织的关于强气旋与热带风暴的小型工作会议。会后撰写 "关于在我国配合国际减灾十年，开展多学科研究的建议"。

9 月 10~14 日，与白以龙一起出席在新西伯利亚举行的纪念拉夫连杰耶夫数学、力学、物理国际学术会议。

10 月 8~12 日，主持中国力学学会 "第三、四理事会扩大会议"，作第三届理事会工作总结报告。并卸任第三届理事长。王仁当选第四届理事长。

11 月，准备推荐钱寿易先生为中国科学院学部委员的表格和资料。

12 月，"爆炸处理水下软基" 获国家科技进步奖二等奖，为第一获奖者，证书号：施-2-002-01。

1991 年 67 岁

担任国家自然科学奖评审委员。

主持院 1991~1995 年重点项目 "材料变形的宏观、细观、微观相结合的理论研究"。主持中国科学院 "八五" 重大项目 "海洋工程安全、防护及海洋环境研究"(1991~1995 年)。负责 1991~1993 年国家自然科学基金项目 "瓦斯突出启动及突出阵面推进规律的研究"。

1 月 21 日钱寿易先生率团赴美考察，不幸于 1 月 29 日在旧金山突发心脏病逝世。2 月 6 日，参加力学所悼念钱寿易先生大会。

4 月 18 日，顾毓琇致函 IUTAM 主席 P. Germain 并转郑哲敏，推荐郑哲敏担任 IUTAM 执委会候选人，认为郑哲敏是 IUTAM 亚洲团体的优秀代表。

6 月 15 日，受聘为第三届国家自然科学奖励委员会成员，聘书第 335 号。

7 月 4~7 日，首届国际工程爆破技术学术会议在北京举行，任大会主席，冯叔瑜任副主席。

8 月，受聘国家基础研究与应用基础研究重大关键项目 "非线性科学" 的专家委员会委员。

10 月 16 日，作为学生，在国务院、中央军委授予钱学森 "国家杰出贡献科学家" 荣誉称号和一级英雄模范奖章仪式上致贺词。

11 月 8 日，顾毓琇告知，IUTAM 主席 Germain 9 月 24 日来函谈提名郑哲敏任执委一事。

12 月 5 日，参加郭永怀骨灰在郭永怀塑像下安放的仪式。

12 月中旬，与中国力学学会负责人王仁、余寿文、白以龙共同会见来京访问的台湾力学学会理事长、台南成功大学李克让教授。

1992 年　68 岁

1 月，应 "国际流体力学与理论物理学术讨论会" 组织委员会之邀，为祝贺周培源教授 90 寿辰出版《科学巨匠　师表流芳》一书撰稿。2 月，"记周老二三事" 一文完稿。

3 月 19~31 日，偕卢凤才赴香港科技大学访问。

4 月 20~25 日，出席在北京召开的中国科学院第六次学部委员大会，当选技术科学部副主任。

6 月 1~3 日，参加 "国际流体力学与理论物理学术讨论会——庆贺周培源教授 90 寿辰" 会议。著名学者李政道、杨振宁、林家翘、吴大猷、袁家骝和吴健雄夫妇等出席会议。

6 月 9~12 日，到成都参加第二届国际强动载荷及其效应会议，担任会议主席 (丁儆和朱兆祥担任联合主席)，作大会报告 "A laboratory study of coal gas outburst"，综述了力学所研究煤与瓦斯突出取得的重要进展，并合作发表 "Experimental study of steady state propagation of fracture front in one-dimensional coal gas outburst" 和 "Study on fluid

motion in shallow water explosion by variational method" 等论文。

7 月 23 日，顾毓琇来信，建议中国争取举办 1996 年 ICTAM。

8 月 22~28 日在以色列举行第 18 届 ICTAM，与王仁、黄克智、何友声出席，未争取到第 19 届 ICTAM 举办权。

出访奥地利。

10 月 2 日，指导博士生高剑波写的论文 "Local exponential divergence plot and optimal embedding of a chaotic time series" 投送 *Physics Letters A*，1993 年刊出。

10 月 12~16 日，与国际科联国际减灾十年特别委员会主席 J. Lighthill 担任联合主席，在北京友谊宾馆主持热带气旋灾害研讨会。该会由国际科联 (ICSU)、世界气象组织 (WMO)、国际理论与应用力学联合会 (IUTAM) 等 7 个国际组织联合召开。

10 月，国家科委组织专家组研究《21 世纪初科学发展趋势》，为国家制定第九个五年科技发展计划和到 2010 年的规划提供依据。在院基础局的支持下，会同力学学科的两院院士和专家多次召开力学学科发展战略研讨会，科学地阐明了力学既是基础科学又是应用科学的两重性，以及其在推动国民经济发展和国防科技中不可替代的重要作用。

10 月 26 日，"热塑剪切带" 获中国科学院自然科学奖一等奖。个人获奖证书号：92z-1-005-02。

1993 年　69 岁

参加国家自然科学基金项目 "煤与瓦斯突出过程理论模型预报及防治原理研究"(1993~1996 年，负责人谈庆明)。

2 月 3 日，当选美国国家工程院外籍院士。

3 月 26 日，出席力学所举行的 "热烈祝贺郑哲敏教授当选美国国家工程院外籍院士座谈会"，周光召院长致贺词。

出任国家科委发文成立的 "力学科学小组" 组长，确立力学学科地位，研究《21 世纪初科学发展趋势》，在国家科委制定的《国家科学技术九五计划以及 2010 年中长期发展规划》中，把力学作为重要的学科发展，力学学科九五计划中的基础研究内容后来纳入多项国家攀登计划。

4 月 9 日钱学森来信。就郑哲敏 4 月 2 日来函及 "对 '湍流通用物理方程及其规范形式' 的若干看法" 一文谈看法。指出：湍流是流体的宏观混沌，平流是分子微观水平上的分子混沌运动。对流体的湍流，在 N-S 方程上玩数学花招，是注定要失败的。我们只能抓住湍流的混沌实质，有针对地建立湍流方程。

4 月，被聘为中国科学技术协会初选学部委员候选人评审委员会委员。

6 月 18 日，与谈镐生、庄逢甘、吴承康、白以龙、郭仲衡、李敏华、俞鸿儒、张涵信等 9 位委员推荐冯元桢为中国科学院外籍学部委员候选人。

6 月 21 日抵多伦多，在第 4 届加拿大海洋地质工程大会上报告，题为 "An overview of offshore activities in China"。

7 月 9 日，赴美探望住在底特律的儿子郑仰泽，会见易家训。

7 月底，林同骥突然去世，发唁电。

8 月 3 日，致卢凤才家书中附了一封给王寿云的信。王转给钱学森，钱于 16 日退还。王 19 日传真告知。

接到力学所电话，得知加州理工学院 Frank E. Marble(马勃) 教授收集、保管了钱学森先生大量非常珍贵的手稿，有意在退休前转交中国。闻讯当即从美国东部的底特律飞往西部的洛杉矶，在马勃那里取得一部分手稿。

薛明伦 8 月 9 日信嘱，注意身体健康，切勿自办手稿托运事项。

8 月 12 日，郭传杰来信，转述路甬祥院长看到 7 月 14 日信介绍的国外科研-生产结合的做法之后，一表感谢，二望进一步了解情况。

10 月初从底特律到华盛顿开美国工程院年会，按约定把钱先生的手稿暂存纽约朱家鲲家。10 月 5~7 日参加美国工程院年会，接受美国工程院外籍院士证书。参加美国工程院当年年会后，到朱家鲲先生家停留两天。10 月 9 日飞返北京。中国民航局免费承运了钱学森手稿。回国后，钱先生的手稿交由力学所永久保存。

10 月 11 日，主持在北京友谊宾馆举行的 IUTAM 冲击动力学讨论会，致开幕词。

11 月，受聘中国科学院力学专家委员会委员，任期 4 年。

12 月，"水下淤泥质软基的爆炸处理法"获中国专利金奖。

12 月 8~15 日，取道香港赴台湾，参加台湾大学应用力学研究所现代力学研讨会。

担任 LNM 学术委员会主任至 2000 年。

被评为中国科学院优秀研究生导师。

"热塑剪切带"获 1993 年度国家自然科学奖二等奖，为第二获奖人，证书号：z9321602。

弟弟郑友敏病逝，享年 64 岁。

1994 年　70 岁

承担 1994~1996 年国家自然科学基金项目"短脉冲载荷作用下宏观裂纹扩展规律的研究"。承担题为"时空混沌中图案形成的对称性原理"的 LNM 项目。

1 月 17 日，在"21 世纪中国力学研讨会"上作报告，以"20~21 世纪的力学"为题收入文集《21 世纪中国力学》(国家科委、基金委、中国科学院基础局、国家教委、力学学会，1994 年)。

4 月，在科学会堂首场院士报告会上就"爆炸力学的理论与应用"为题介绍力学所已有成果，并设想了用核爆炸预防太空小行星碰撞地球。

5 月 16 日，以博士生张庆明为第一作者的论文"超高速冲击铝双层板的熔化效应"投送《力学学报》，于 1995 年 5 月刊出。

5 月，受航空航天部委托，参加对上海飞机设计公司的考察。

6 月 3~8 日，出席在京召开的中国科学院第七次院士大会和中国工程院成立大会，成为从中国科学院院士中选聘的首批中国工程院院士 (共 30 位)。大会授予冯元桢为中国科学院外籍院士。

6 月 8 日，荣获"1993 年度陈嘉庚奖技术科学奖"，代表获奖人吴文俊、唐敖庆、朱兆良、石元春、吴孟超、黄汲清等发表感言。

夏，参加工程爆破专业委员会为郑哲敏、冯淑瑜、丁儆举办的 70 寿辰祝贺会。

9 月 5~8 日，参加 IUTAM 主办中国力学学会承办的 "国际地球动力学中力学问题学术会议"(北京)。

9 月 24 日，参加中国科学院力学所为庆贺 70 寿辰举行的学术报告会。

参加中国科学院重大项目材料宏微观结合研讨会 (武夷山)。

当选 10 月 13 日成立的中国工程爆破协会名誉理事长，连任三届直到 2006 年。

10 月 25~27 日出席中国力学学会第四、五届理事扩大会议，作《谈谈应用力学》的报告，当选名誉理事，此后各届均任名誉理事。

11 月，受聘中国科学技术协会遴选中国科学院院士候选委员会委员。

撰写短文 "也谈科技成果的评价问题"。指出当前科技成果评价过滥，动不动国际领先或国际先进，违背了我国实际情况。原因之一是立项单位、承担单位与评审单位往往由一家或数家联通操办，有失公正。

参加国际工程教育学术讨论会，为会议指导委员会成员。

参加中国科学院军工史编委会议。

1995 年   71 岁

应邀到 702 所参加第一千条船模试验仪式并指导工作。

参加中国科学院技术科学部常委考察大庆油田，有师昌绪、潘家铮、陈能宽、闵桂荣、侯祥麟、路甬祥、顾诵芬、严陆光、郭传杰等。

2 月，访问中海油北部湾海上油田。

6 月 8~12 日，接待参加中-日-美生物力学会议顺访力学所的美国学者。

6 月 15 日，钱学森回复 6 月 7 日信，谈力学所改革问题。

7 月 20 日，出席部分全国青联委员与老科学家座谈会，共话 "科教兴国" 大业。

9 月 27 日，出席力学所向西安交大移交钱学森部分论文手稿的仪式。

9 月 27~29 日，时任 LNM 学术委员会主任，中国科学院力学研究所非线性连续介质力学开放研究实验室通过国家级评估，结果为优秀。

11 月 1~4 日，参加 "第五届全国爆炸力学学术会议"(洛阳)，任会议学术委员会主任，周丰俊主持。

11 月 7~10 日，出席在昆明举行的第二届国际工程爆破技术学术会议，与冯叔瑜先生共同担任大会主席。撰写 "中国工程爆破的特色和进展" 作为《第二届国际工程爆破技术学术会议论文集》的代前言。

12 月 18~21 日，出席 N-S 方程与湍流研讨会，作 "自然界与工程技术中的湍流现象" 的报告。

提出爆炸力学九五规划 (1996~2000)，期望坚持方向和特色，保持精干力量，培养青年人才。预期在以下五个方面取得明显进展：①复杂结构爆炸解体和破坏的规律；②强激光作用下受载结构局部和整体破坏机制；③纳米晶体的冲击破坏机制，先进材料的冲击本构及损伤特性；④突加载荷下含瓦斯煤层的破坏机制；⑤饱和沙土冲击液化及密实规律。

与周恒、张涵信、黄克智、白以龙合著 "21 世纪初的力学发展趋势"，被多家刊物转载。

1996 年　72 岁

主持中国科学院 "九五" 重大项目 "海底油气混输管线的若干关键技术及灾害环境问题研究"(1996~2000 年)。承担院项目 "非线性 Faraday 实验中的时空混沌"，部委项目 "对 '三峡工程二期渗水高土石围堰施工技术研究' 专题中一些问题的校核"，指导军工项目 "炸药装药膛炸模拟规律研究"。

1 月 24 日，致函周光召院长、路甬祥副院长及其他院领导，陈述 "关于力学研究所的定位问题"。随信寄去钱学森先生的两篇文章，即 1947 年的 "工程与工程科学" 和 1957 年的 "论技术科学"，请院长注意中国科学院发展技术科学的重要性；注意技术科学是科学，须研究，不等于技术开发。

1 月 25 日，与力学所谈镐生、李敏华、俞鸿儒、白以龙、吴承康、胡文瑞六位院士联名给周光召院长、路甬祥副院长及各位院领导写信，反映关于力学学科发展等方面的意见。

3 月 28 日，撰写 "漫谈湍流"。

撰写回忆录 "回忆做钱学森学生的往事"，供有志青年参考。

4 月 8 日，出席祝贺西安交大建校 100 周年大会，作题为 "漫谈湍流" 的报告。

5 月，院政策局、政策所调研定位问题，提出 "关于综合性研究所性质识别与提取的调查研究报告——对力学所案例的分析与研究"。

5 月 10 日，被中国科学院技术科学部常委会推荐担任下届主任。

5 月 29 日，在力学所所庆四十周年庆祝大会上，作题为 "迎世纪之交，度不惑之年" 的报告。

5 月 30 日，就钱学森手稿展出情况致信王寿云，建议国防科委派员赴加州理工从 Frank E. Marble 教授处取回其余手稿并组织出版。

5 月，撰写 "建议开展技术科学发展战略的研究"。指出，"近二三十年来科学技术和社会经济高速发展的经验表明，在新世纪里，技术科学必将发挥更大的作用，对此我们应当做好充分的准备"。然而，"在我国，甚至在科技界，人们对技术科学往往缺乏正确的认识，因此有重新认识和加强宣传的必要"。

6 月 3~7 日，出席中国科学院第八次院士大会和中国工程院第三次院士大会，当选中国科学院第三届学部主席团成员 (科发学字 [1996]0304 号文件)、学部主席团执行委员会成员 (科发学字 [1996]0306 号文件) 和技术科学部主任 (科发学字 [1996]0307 号文件)。

7 月 29 日，会见访华路过北京的 G. Housner 教授。此时 Frank E. Marble 教授也应邀到达北京。

8 月，连任两届 "国际理论与应用力学联合会 (IUTAM)" 大会委员会委员 (1988~1996 年)，期满卸任，1996 年庄逢甘继任。

9 月 2~6 日，出席 "第二届国际冲击工程学术会议"，为荣誉主席。詹志远 (法) 任会议主席，王礼立和 Tanimura Shinji(日本) 为联合主席。

9 月 10 日，致信何梁何利基金评选办公室：获悉被授予何梁何利基金科学与技术进步奖物理学奖，深感荣幸，但附有先决条件。此先决条件与我回国初衷有悖，因此恕不填写返回回执。

10 月 17 日，获得何梁何利基金科学与技术进步奖物理学奖。

10 月，出席第三届全国周培源大学生力学竞赛颁奖大会。

10 月 30 日，在讨论微机电系统 (MEMS) 会上作报告，论述 "小" 带来的机会和 "小" 带来的变化，指出 MEMS 是技术科学的新领域、新生长点。

11 月 8~11 日，参加香山科学会议第 66 次学术讨论会 "跨世纪的天文学"。

11 月 29 日，参加谈镐生八十寿辰庆祝活动。

出席技术科学部咨询项目 "发展我国通信高技术产业" 研讨会。

12 月，撰写 "回顾力学所的建所思想——祝贺钱学森先生八十五寿辰"。

12 月 6 日，出席中国科学院力学研究所举行钱学森手稿交接仪式。Frank E. Marble 夫妇亲自将第二批钱学森手稿带到中国。王寿云少将代表国防科工委、薛明伦所长代表力学所，从 Frank E. Marble 教授手中接收了钱学森手稿。这些珍贵手稿保存在中国科学院力学研究所。

12 月，接待 Kathy Taylor 博士。

12 月，赴美与儿孙团聚。

1997 年 73 岁

2 月 19~22 日，应加州理工学院 G.W. Housner 教授邀请访问帕萨迪纳，在 Caltech 作报告，题为 "重力作用下饱和沙水平裂缝的形成"。

4 月 7 日凌晨，杨振声突然病逝。接手指导 96 年入学的杨振声的博士生乔继延、鲁晓兵。

4 月 27 日，参加西南联大同学毕业 50 周年校友聚会。

5 月，为力学学会 40 周年题词：中国力学学会为发展我国的力学事业做出了重要的贡献，在迈入不惑之年迎接新世纪到来之际，祝其取得更大的成就。

6 月 9 日，易家训 4 月 24 日乘飞机赴台湾参加力学会议，途经东京前在飞机上突然去世。致信 Shirly 表示悼念。

6 月 11 日，与郑仰泽合作的论文 "On the initial unloading slope in indentation of elastic-plastic solids by an indenter with an axisymmetric smooth profile" 投送 *Appl. Phys. Lett.*，于当年 11 月在第 71 卷 18 期

刊出。

6 月 25 日，出席技术科学部常委会会议 (山东日照)。

考察部队科研项目。

7 月 2 日，与郑仰泽合作的论文 "Scaling relationships in conical indentation of elastic-perfectly plastic solids" 投送 *International Journal of Solids and Structures*，于 1999 年发表于该刊第 36 卷第 1231~ 1243 页。

7 月 10 日，与郑仰泽合作的论文 "Further analysis of indentation loading curves: Effects of tip rounding on mechanical property measurements" 投送 *Journal of Materials Research*，于 1998 年 4 月发表在该刊第 13 卷第 4 期。

8 月 19 日，与郑仰泽合作的论文 "Analysis of indentation loading curves obtained using conical indenters" 投送 *Philosophical Magazine Letters*，于 1998 年刊登于该刊第 77 卷第 1 期。

8 月，在京召开 "国际流体力学新进展专题研讨会暨纪念周培源教授诞辰 95 周年大会"，和朱家鲲任共同主席。

8 月 26~28 日，参加现代力学与科学技术进步学术大会暨庆祝中国力学学会成立 40 周年活动。

9 月，承担所择优项目 "碳化硅颗粒增强铝基复合材料的冲击疲劳机理与性能优化设计"。

9 月 8 日，中国科学院批准继续连任 LNM 学术委员会主任。

11 月 7 日，祝贺李敏华先生八十寿辰。

11 月 24 日，与郑仰泽合作的论文 "Scaling approach to conical indentation in elastic-plastic solids with work hardening" 投送 *Journal of Applied Physics*，于 1998 年 8 月在该刊第 84 卷第 3 期发表。

身为组长带领力学学科发展战略研究组，历经 7 年完成了《力学——自然科学学科发展战略调研报告》，由科学出版社于 1997 年出版。

1998 年　74 岁

承担国家自然科学基金重点项目 "脆性介质损伤累积和破坏预测非线性演化理论"(至 2001 年)，面上项目 "短脉冲载荷作用下断裂过程区的动态演化"。承担攀登 A"流体及空气动力学关键基础问题研究——湍流机理模拟及应用研究"(至 2004 年)。指导军工项目 "炸药装药撞击起爆基本规律研究"、企业委托项目 "三峡水利枢纽三期围堰爆破拆除方案设计与研究"。

指导硕士生 1 名、博士生 2 名、博士后 1 名。其中博士后王建峰获中国科学院首届王宽城研究基金。

与谈镐生、张维、王仁、黄克智、吴承康、周恒、胡海昌、俞鸿儒、张涵信、李敏华、崔尔杰、白以龙、郭尚平、童秉纲、庄逢甘等 16 位院士，致信科技部朱丽兰部长并转呈中央科技领导小组，力陈 973 项目 "将力学纳入物理" 之弊端，建议 "同其他一级学科一样对待力学"。

2 月，应澳门基金会和联合国大学软件研究所邀请，以技术科学部主任身份和陈能宽、戴汝为、母国光三位副主任到澳门访问，与当地科技教育界交流，作了介绍中国科学院和技术科学的报告。

3 月 3 日，与郑仰泽合作的论文 "Effects of 'sinking in' and 'piling up' on estimating the contact area under load in indentation" 投送 *Philosophical Magazine Letters*，于 1998 年刊登于该刊第 78 卷第 2 期。

4 月 12 日，与郑仰泽合作的论文 "Relationships between hardness, elastic modulus and the work of indentation" 投送 *Applied Physics Letters*，于当年 8 月在该刊第 73 卷第 5 期发表。

4 月 10 日，与渗流力学所合作项目 "层内爆燃增产技术的研究" 验收，对此表示支持。

6 月 1 日，出席中国科学院第九次院士大会和中国工程院第四次院士大会。

6 月 3 日，在院士大会上再议技术科学发展战略调研。前两年未重点研究此问题。希望在第九次院士大会上找出主要问题，抓住具有方向性、关键性、全局性、前瞻性的重要问题进行研究。

6 月 18 日，院领导来所宣布力学所领导班子换届决定：所长为洪友士；副所长为王柏懿，何龙德。

获力学所 1996~1997 年度优秀共产党员称号。

9 月，为《力学与实践》创刊 20 年题词："《力学与实践》是个很有特色的刊物，受到广大读者的欢迎，希望在力学与实践的结合上，进一步发扬这个优势。《力学与实践》创刊二十周年纪念 郑哲敏一九九八年九月"。

9 月 2 日，罗沛霖收到技术科学部常委会北戴河扩大会纪要后，寄来关于技术科学的几篇文章和材料。

9 月，第二次参加美国国家工程院院士大会。

10 月，为老师董树平庆贺 90 寿辰。

10 月，收到伦敦大学数学系主任 D.G. Larman 来信，告知 James Lighthill 爵士去世，伦敦大学数学系准备设立纪念他的奖学金。

赴美看望儿孙。

1999 年　75 岁

担任中国科学院技术科学部"技术科学战略咨询"项目负责人。承担一个 "973" 预研项目的子项。过问 "三峡水利枢纽三期围堰爆破拆除方案设计与研究"、海洋工程院重大项目。

合作指导博士生 4 名。

1 月，在学部咨询委员会会议上作 "关于技术科学的思考" 的发言。

1 月 24 日，公式推导 Longitudinal violation of plug flow in pipe line。

2 月 26 日，和卢凤才与李佩先生的学生一起为李佩先生祝寿。

3 月 4 日，第七次所长办公会议为早日进入创新工程成立工作组和咨询组，担任咨询组成员。

3 月 8 日，以中国力学学会名誉理事和 IUTAM 理事身份，参与接待 IUTAM 主席 Werner Schiehlen 访问中国力学学会。

4 月 2 日，在郭永怀诞辰九十周年纪念大会上发言。

为主编《郭永怀先生诞辰 90 周年纪念文集》，撰写"前言"，校改"郭永怀生平事迹介绍"，由气象出版社出版。

4 月 8 日，与郑仰泽合作的论文 "Can stress-strain relationships be obtained from indentation curves using conical and pyramidal indenters?" 投送 *Journal of Materials Research*，于 1999 年 9 月发表在该刊第 14 卷第 9 期。

4 月 15～16 日，参加院基础局金铎主持的"21 世纪力学学科发展战略研讨会"。12 位院士出席，研讨了力学所的创新目标和创新领域。

4 月 26～27 日，出席学部在京召开的"技术科学发展研讨会"，王越和母国光主持，20 位院士和总装备部科技委、中国科学院若干专家到会。在会上作"有关技术科学的一些思考"的报告，王大珩、师昌绪作了报告，张光斗、罗沛霖提交书面材料。路甬祥院士在会上发言，总装备部科技委马殿荣中将作国防装备发展方面报告。会议建议由郑哲敏院士继续负责技术科学发展战略咨询项目。

4 月 28 日，为院领导听取意见拟定提纲：①关于创新工程；②关于院士咨询工作；③院领导的投入；④院后勤工作。

5 月 5 日，新华社播发张劲夫的文章"请历史记住他们——关于中国科学院与'两弹一星'的回忆"。文中涉及钱学森、郭永怀和力学所大批科技人员为"两弹一星"做的工作，包括郑哲敏和力学所二室对核爆的奉献。5 月 11 日，出席中国科学院"学习张劲夫回忆文章座谈会"，发言回忆钱学森所长、郭永怀副所长的卓越贡献。

5 月，带领院海洋工程中心的领导和院"九五"重大项目的负责人到中国海洋石油总公司同曾恒一院士商谈有关科技合作和科技交流的事宜，决定各自向双方高层领导建议，促使商谈中国科学院与中国海洋石油总公司"十五"科技合作的问题。

5 月 24～25 日，参加中国科协主办的第 40 次"青年科学家论坛"暨中国力学学会"21 世纪重大工程中的关键问题及发展战略研讨会"，作特邀报告。

6 月，获力学所 1998～1999 年度优秀共产党员称号。

7 月，国家自然科学基金委员会受科技部委托开展"全国基础研究

'十五' 计划和 2015 年远景规划" 的工作。作为力学学科规划顾问组组长，组织顾问组对力学学科发展规划进行了总体指导和逐段审议，完成了力学学科发展规划报告。

7 月 22 日，给路甬祥院长写信汇报同曾恒一院士商谈的情况，并请路甬祥院长同中国海洋石油总公司同总公司总经理商谈双方科技合作问题。路甬祥院长很快作出答复，同意到中国海洋石油总公司去商谈合作问题。此后，召集院海洋工程中心各研究所从事海洋工程研究的科技人员，以及院内其他研究所从事与海洋工程相关研究的科技人员共同商量同海洋石油总公司合作的具体工作，为双方商谈合作做准备。

8 月 24 日，发表 "回顾力学所的建所思想" 一文。

9 月 14 日，出席第三届海内外宁波同乡联谊大会暨宁波籍院士、专家 "科教兴市" 恳谈会，指出 "高等教育是宁波的薄弱环节，宁波在发展高等教育中，不要一味求全，而应结合宁波实际，办几个有特色的学科，然后进行专业延伸。" 会议期间在月湖植银杏树。9 月 19 日，接受《鄞县日报》记者采访。

9 月，与卢凤才、李佩一起祝贺蒋英九十寿辰，看望钱学森和蒋英。

9 月 27 日，出席在中关村中国科学院客座公寓举行的信息科学技术研讨会。

10 月 12 日，科技部批准 "中国科学院力学研究所非线性连续介质力学开放研究实验室" 升级建设国家重点实验室。

10 月 16 日，出席 "弘扬 '两弹一星' 精神，大力促进技术科学发展" 座谈会。

10 月 17 日，在中国科学院学部咨询工作委员会会议上的发言，阐述发展高技术和新兴产业、改造基础工业都需要技术科学，指出我国技术科学方面存在的问题。

10 月 24~28 日，参加第六届全国爆炸力学学术会议（张家界）。王礼立主持会议。

11 月 24 日，出席技术科学部在南开大学召开的 "发展我国高技术产业的若干问题" 咨询课题评估会，对《发展我国高技术产业的若干问题》报告第三稿进行评估。

11 月底，到 601 所和沈飞考察，研究技术科学怎样为重大国防工程服务的问题。考察后，六位院士联名提出建议。

12 月 10 日，出席 "21 世纪初力学学科发展战略研讨会——空间与国家安全"。

2000 年　76 岁

1 月，向力学所提出 "关于在创新工程中加强对重大工程研究支持的建议"，指出 "当前的形势是力学在基础学科中的地位未能牢固地确立，如果掉以轻心，很可能降为二级学科。"

1 月 24 日，修改力学研究所工程科学部筹建方案 (讨论稿)。

1 月 25 日，任力学所工程科学部筹备小组组长，副组长为盛宏至、吕明身。

2 月 17 日，参加中国科学院学部学科战略研究总体组会议，20 日中国科学院学部办字 [2000]17 号文发送会议纪要。在战略研究总体布局中，数理化天地生各为一组，技术科学为一组，同为一级学科的力学没有列出。

2 月，参加力学所以 "重大工程" 为主题的座谈会。力学所将 "空间与国家安全""智能与重大工程" 凝练成为进入院创新工程第二阶段的目标。

修改技术科学发展战略研究提纲。

3 月 29 日，针对对技术科学缺少深刻认识的现状撰写 "技术科学的再认识" 一文。

4 月 3 日，在中国科学院技术科学部战略咨询会议上做 "关于技术科学战略咨询" 的发言。

4 月 20 日，与王思敬、崔俊芝院士联名致信路甬祥，建议针对 "西部大开发" 在中国科学院组织地质工程力学研究。

5 月，收到 "技术科学发展战略研究" 能源科学 (吴承康、徐建中、金红光)、材料科学发展战略报告 (初稿)、声学 (侯朝焕)、系统科学与系统工程的发展 (于景元)、信息科学与技术、航空航天科学等专题报告。

5 月 18 日，撰写论文 "On the mechanism of the formation of horizontal cracks in a vertical column of saturated sand"(与谈庆明、彭福骄

合作) 投送《力学学报》英文版，于 2001 年 4 月在该刊第 17 卷第 1 期发表。

5 月 25 日，根据路甬祥院长与中海油卫留成总经理签署的 "中国科学院与中国海洋石油总公司 '十五' 科技合作意向书"，担任科技合作指导委员会成员和合作办公室中国科学院方主任，合作办公室中海油方主任由曾恒一院士担任。

6 月 5~9 日，出席中国科学院第十次院士大会和中国工程院第五次院士大会，各学部换届，不再担任技术科学部常委、主任和学部主席团成员。

撰写 "论技术科学和技术科学发展战略"，由学科发展战略咨询组报告略经补充、改写而成。成文时曾多次听取技术科学部多位院士和学部常委意见，并参阅了钱学森、王大珩、罗沛霖、师昌绪、蒋新松等院士论著。

6 月 12 日，力学所工程科学部成立，担任科技委主任。爆炸力学研究人员并入工程科学部。

8 月 23~24 日，参加力学 2000 大会。

12 月，《钱学森手稿》由山西教育出版社出版，撰写了前言。

12 月 5 日，参加郭永怀牺牲纪念日活动。

12 月 7 日，写信祝贺老师 89 岁寿辰，以《钱学森手稿》的首批装订本为贺礼，并报告该书编辑经过，请予批评指教。

12 月 26~27 日，参加力学所 "21 世纪力学前沿发展趋势高级研讨会"。

12 月，中国科学院基础科学局组织编制的中国科学院科技发展 "十五" 计划 "基础科学发展规划" 完成。任其中力学学科规划编制组专家委员会顾问。力学学科规划编制组主任白以龙，副主任胡文瑞，委员 6 人，特邀专家和编写组 13 人。

2001 年　77 岁

申请到国家自然科学基金 "爆炸填淤排石法机理研究"(至 2003 年)，指导乔继延做博士论文。

1 月，因主编《钱学森手稿》，获第五届国家图书奖荣誉奖。

2月8日,撰写"关于技术科学与技术科学思想的几点思考"投送中国科学院院刊,于当年第2期发表。

2月16日,到宁波大学参加朱兆祥教授八十华诞座谈会。

3月6日,"海底油气混输管线的若干关键技术及其灾害环境问题研究"通过院级验收。

4月10日,非线性连续介质力学开放实验室 (LNM) 通过验收,正式成为非线性力学国家重点实验室 (LNM)。仍任学术委员会主任。

4月12日,"三峡水利枢纽三期围堰爆炸拆除设计与研究"通过三峡工程开发总公司验收。

4月16~17日,出席宁波大学为祝贺朱兆祥老校长 80 寿辰举办的学术报告会并发表论文。应宁波大学王礼立副校长邀请为宁波大学师生作关于量纲分析的学术报告。

4月27日,收到西南联大同学曹荫之病中拟挽联,悼念陈南平、袁永厚。

其一: 后先作古,由来天道本难知。修文耆宿,无限凄怆悲永厚。
　　　家国如斯,此去泉台应有悟。常熟后辈,愿将消息报南平。

(永厚祖籍贵州修文,南平江苏常熟珍门庙人)

其二: 共砚先修班,昆中北院,新舍情深,弦歌 xx。更难忘拓东夜读,盐行艰苦,"一二一"警钟犹在耳。

　　　同攻材料学,逸西会馆,望苍听讲,熵焓考证。真多谢迷津指点,强韧结合,清华园哀乐倍凄怀。

6月初,参加院士航空考察团到成飞、沈飞考察。

6月15日,路甬祥寄来亲笔信,对《钱学森手稿》给予高度评价。

6月16日,总装备部政委李继耐上将来信写道,接到《钱学森手稿》,如获至宝,手不释卷地读了几天。钱老为什么能取得这么大的成就?读了《钱学森手稿》,渐渐形成一个较清晰的认识——坚实的基础和扎实的功底,瞄准前沿,方法科学,作风严谨。感谢编者的艰辛劳动。

6月29日,参加力学所牵头召开的会议,讨论以武隆滑坡为代表的地质灾害防治及其科学问题。

7 月 27 日，《科学时报》读书周刊就《钱学森手稿》出版发表题为"让历史证明"的报道。

9 月 5 日，参加力学所召开的"三峡库区山体滑坡防治关键技术研讨会"。《科学时报》9 月 13 日做了报道。

9 月 12 日，参加《钱学森手稿》座谈会，中央电视台等媒体到会采访。

9 月 22 日，《人民日报》以"极其珍贵的科学研究文献和科学精神财富"为题报道《钱学森手稿》的出版。

9 月 23 日，新华社播发张劲夫"让科学精神大放光芒——读 < 钱学森手稿 > 有感"一文。

9 月 26 日，《北京晚报》报道《钱学森手稿》的出版。

10 月 29 日，与庄逢甘等十位院士推荐吴耀祖为中国科学院外籍院士候选人。

11 月，和曾恒一院士一起领导合作办公室，数十次组织双方有关人员商讨，为我国渤海和东海、南海油气勘探开发中需要的关键技术提出了 10 个研究课题。

11 月 19~20 日，为祝贺钱学森院士 90 寿辰，"新世纪力学学术研讨会——钱学森技术科学思想的回顾与展望大会"在清华大学召开。致开幕辞并作题为"学习钱学森先生技术科学思想的体会"的报告 (刊登于会议文集《钱学森技术科学思想与力学》，国防工业出版社，2001 年)。

12 月 5 日，参加郭永怀牺牲日纪念活动。

12 月 10 日，出席"钱学森科学贡献和学术思想研讨会"，作题为"钱学森技术科学思想"的报告。马勃教授到会并作报告。

12 月 14~21 日，到香港做微系统力学研究。

12 月 26 日，出席向北京市 800 所中学赠送《钱学森手稿》仪式。

2002 年 78 岁

承担"微系统材料和结构力学行为、失效机理之子课题十四"(至 2005 年)。

3 月初，参加全国政协第九届第五次会议。

3 月，参加中国科学院创新方向项目"山体滑坡灾害防治中的关键力学问题研究"启动仪式，李世海主持。

5 月，参加清华校庆，与老朋友冯元桢夫妇、罗沛霖夫妇、林家翘夫妇、师母蒋英和李佩聚会。

5 月 18 日，致信中国科学院京区党委，就"行为准则"第一章提出参考意见。

5 月 20 日，给技术科学部常委会信，转送冯元桢对推荐吴耀祖为外籍院士的意见。

5 月 28 日～6 月 1 日，出席中国科学院第十一次院士大会和中国工程院第六次院士大会。

6 月，力学所领导班子换届。7 月，担任力学所第 11 届学术委员会名誉主任、正高级专业技术职务岗位聘任评审委员会委员。

参加"三峡三期围堰爆破拆除方案设计与研究"项目验收，参观三峡船闸工地。

7 月，主持中国科学院和中海油公司重大合作项目"海洋油气开发中的重大科技问题研究"。

8 月 1～7 日，接待国际理论与应用力学联合会 (IUTAM) 秘书长 Dick H. Van Campen 教授来京访问。

8 月 11～14 日，出席在昆明召开的国际微米/纳米系统会议 (ICMNS 2002)，担任该会议国际学术委员会主席。

8 月 13～16 日，与白以龙、洪友士、金和等代表力学所和中国力学学会专程赴沪敬贺钱伟长先生 90 华诞，出席钱伟长和英国 Ogden 教授担任联合主席的第四届国际非线性力学会议，并主持一个分会场会议。

8 月 27 日，到北京大学参加"纪念周培源诞辰 100 周年科学论坛"。

为纪念周培源先生撰写的"记周老二三事"收入《宗师巨匠，表率楷模》，由学苑出版社于 2002 年出版。

12 月 5 日，参加郭永怀牺牲日纪念活动。

12 月 15 日，分析科研道德问题，草拟关于"科研道德不良行为的政策与体制因素"的提纲。

12 月 16～18 日，出席在广东省中山市召开的"弘扬科学精神，加强科学道德建设" 研讨会。

2003 年　79 岁

受中国科学院技术科学部的委托，担任规划第 13 专题 "国家战略高技术与高新技术产业化研究" 咨询组组长，组织高层专家对第 13 专题提出咨询意见。同时，担任第 12 专题 "国防科技问题研究" 咨询组副组长，并参与第 14 专题 "基础科学问题研究" 的咨询工作。

4 月 9 日，到宁波大学在 "做人做事做学问" 讲座作报告，题字 "机遇给有准备的人"。报告记录稿收入《做人做事做学问：名家系列讲座精粹》第二卷，邢学亮、陈莉霞主编，科学出版社，2006 年 6 月。

4 月，受聘中国科协初选中国科学院院士候选人委员会技术科学部组委员。

7 月 27 日，撰写 "关于国防科学技术规划的一些初步想法"，供进一步讨论。

9 月 4 日，被力学所党委授予优秀共产党员称号。

10 月，与力学所部分早期研究生和老师、李佩先生聚会。

指导博士生陈力参加的 "炸药装药发射安全性评估技术研究"，获得 2003 年国防科学技术进步奖二等奖。

12 月 5 日，参加郭永怀牺牲日纪念活动。

2004 年　80 岁

受国家发展和改革委员会与中国科学院院士工作局的委托，承担 "世界高技术产业的发展趋势和我国的战略对策" 咨询项目，组织技术科学部和数理学部的许多院士多次开会，成立了航天、航空、材料、能源、信息等几个工作小组，对我国高技术产业发展的现状进行了分析和梳理，重点阐明了高技术产业应有的内涵和核心技术，提出了我国高技术产业发展的对策和建议。

4 月 2 日，主持中国科学院技术科学部在力学所召开的 "国家高技术产业发展战略研讨会"。

4 月 22 日，作为专家委员会负责人，参加中国科学院基础局、资环局在力学所召开的 "中国科学院科学防治地区灾害学术研讨会"。

留学加州理工学院的校友在北京聚会。

6 月 2~6 日，首次以资深院士身份出席中国科学院第十二次院士大会和中国工程院第七次院士大会。

7 月 3 日，主持 "世界高技术产业的发展趋势和我国的战略对策" 咨询研讨会，顾诵芬、徐建中、张铴、王占国、闵桂荣、关桥等院士，以及咨询评议秘书组共 30 多位院士和专家参加会议。对我国高技术产业发展的现状进行了分析和梳理，重点阐明了高技术产业应有的内涵和核心技术，提出我国高技术产业发展的对策和建议。

8 月 3~5 日，出席中国科学院学部咨询评议工作委员会三届二次扩大会议，作 "世界高技术产业的发展趋势和我国的战略对策" 咨询项目报告。

8 月 18 日，在第 21 届国际理论与应用力学大会 (ICTAM 2004) 上，当选为 ICTAM 执行局八位委员之一，直到 2008 年。杨卫 (时任中国力学学会副理事长) 在会上作申办 ICTAM 2008 的陈述报告，未获批准。

与郑仰泽合作的关于纳米压痕硬度的综述发表在 *Materials Science & Engineering R-Reports*。

指导力学所的天然气水合物 (可燃冰) 研究：确定研究方向；指明存在四个特征时间，从而明确了热、渗流、相变和波动对开采可燃冰的不同影响程度；指导研究生。

9 月 24 日，路甬祥院长到家看望，祝贺八十寿辰。

9 月 25 日，在新搬的家中接待朱兆祥、邓爽夫妇来访。

吴耀祖先生中秋节贺 80 寿辰信：2000 年应 G. Housner 教授邀请访问加州理工学院，数 114 几个同班同学参加，听了郑哲敏用流利英语做的富有魅力的演讲，以一种高雅的风格、采用简明的说法报告了复杂的现象。这告诉每一位，经历漫长的五十年后，郑哲敏仍然站在最前列。我问朋友们访问中国的印象，例如加州理工学院的 Frank Marble、纽约城市大学的 Andy Acrivos、西北大学的 Jan Achenbach，还有一些别的人，他们无不说道，从你那儿学到了科学研究和技术进步，微笑着进行了有说服力的讨论。于是，大家伸展双臂欢迎你担任美国国家工程院的外籍院士。

9 月 29 日，力学所举行庆贺郑哲敏 80 华诞报告会。中国科学院院长、中国科学院学部主席团执行主席路甬祥发来贺信。朱家鲲教授从哥伦比亚大学、章梓雄教授从香港大学、余同希教授从香港科技大学来参加活动并作报告。晚上在友谊宾馆举行宴会。科学出版社出版《郑哲敏文集》和《应用力学进展》。

10 月 10 日，中国科学院副院长回复金庆焕、曾恒一、郑哲敏三位院士"关于联合开展天然气水合物勘探开发技术合作研究的建议"，赞成加强国土资源部、中海油和中国科学院三方合作。

10 月 12 日，应邀参加在深圳举行的第六届中国高新技术成果交易会开幕式并演讲。

11 月 21 日，题写所训"创新 严谨 团结 奋进"。

12 月 5 日，参加郭永怀牺牲日纪念活动。

2005 年　81 岁

承担国家自然科学基金项目"影响纳米压痕和纳米硬度读数若干因素研究"(至 2006 年)。和郑仰泽联名在国际重要学术期刊上发表了 20 余篇论文，被 SCI 他引已超过 800 次。他们所提出的方法在国际上被广泛应用，并命名为 C-C 方法。他们所提出的两个重要力学参量被国际标准 ISO14577 采用。他们的重要结果成为专著"Nanoindentation"的一章，题为"Scaling, dimensional analysis, and indentation measurements"。

在 2005 年院士新春茶话会上与陆元九相会。

3 月 11 日，在力学所"保持共产党员先进性教育专题报告会"上，作题为"对力学学科及力学所科研工作的若干思考"的报告。

3 月，LNM 在重点实验室评估中获得良好成绩。时任 LNM 学术委员会名誉主任。

5 月，主持中国科学院院士局在香山召开的高技术战略研讨会。

6 月 3 日，在中国科学院学部成立 50 周年之际，出席在人民大会堂举行的院士座谈会。中共中央总书记、国家主席、中央军委主席胡锦涛亲切会见与会代表，并作重要讲话。

6 月，撰写"回忆力学研究班"。

6 月 27~30 日，出席在北京西郊宾馆举行的 IUTAM 高级研讨会——"纳米结构的材料的力学行为和微尺度力学"。

7月8日，获力学所优秀共产党员称号。

8月18~25日，赴澳大利亚参加 IUTAM 执行局会议，马元生随行。

8月26~28日，参加在京召开的中国力学学会学术大会 2005。

10月16日，参加工程力学研究班创建 50 周年活动。

12月5日，参加郭永怀牺牲 37 周年纪念活动。

12月6日，在"庆祝力学研究所建所 50 周年暨钱学森回国 50 周年大会"上以"钱学森的技术科学思想和力学所的建设和发展"为题讲话。《人民日报》于 8 日做了报道。

12月7日，与朱兆祥先生、洪友士所长、何林党委书记拜望钱学森先生。

2006 年　82 岁

1月18日，中国侨联副主席林淑娘、院侨联常务副主席华光、京区党委统战工作负责人李利军等一行六人，到家看望郑哲敏和夫人。

3月27日，出席在香山饭店召开的"中国科学技术自主创新问题与对策研讨会"。

6月5~9日，以资深院士身份出席中国科学院第十三次院士大会和中国工程院第八次院士大会。

6月，介入高速水动力学问题的研究。

8月10~15日，赴美出席 IUTAM 理事会，杨亚政、汤亚南随行。

9月6日，撰写"记六十年代初爆炸成形研究中的一段经历"。

11月9日，参加在北京友谊宾馆召开的庆祝国际科学联合会 (ICSU) 成立 75 周年座谈会，陈述中国力学学会在京筹建"国际力学中心"的基础、构想和前期准备，受到与会代表与中国科协的赞同和支持。

11月，李世海主持的中国科学院创新方向项目"滑坡灾害防治关键科学问题及集成技术研究"启动，出任顾问。

2007 年　83 岁

北京国际力学中心筹建研讨会在北京友谊宾馆举行。IUTAM 执行局秘书长 van Campen 教授出席。会议通过了相关文件，并成立国际顾问委员会。

3 月 30 日，参加所党委和团委组织的义务植树活动，在主楼前种植白皮松。

4 月 9 日，做客腾讯网，漫谈力学。

7 月 1 日，获力学所 2006~2007 年度优秀共产党员称号。

8 月 18 日，参加 IUTAM 执行局工作会议 (北京友谊宾馆)。

8 月 20~22 日，参加庆祝中国力学学会成立 50 周年暨中国力学学会学术大会。

9 月 15~23 日，到法国参加 IUTAM 蜂窝材料力学性能会议，马元生随行。到美国帕萨迪纳时曾去疗养院探望 Housner 教授。

2008 年 84 岁

出席力学所与英国 Swansea 大学创建联合实验室的仪式。

4 月 28 日至 6 月，为力学所科技人员举办系列讲座，全面阐述水下高速运动物体关键力学问题。

多次与庄逢甘、陆元九讨论工作。

5 月 12 日地震后，提交 "关于紧急启动 '水下爆炸夯实堰塞湖松散堰体工程可行性论证' 的建议"。

6 月 23~27 日，以资深院士身份出席中国科学院第十四次院士大会和中国工程院第九次院士大会。

6 月 29 日，央视 10 频道大家栏目播出专访 "力学家：郑哲敏·爆炸传奇"。

7 月 25 日，出席在成都举行的 "科学技术与抗震救灾" 技术科学论坛。

8 月 24~29 日，赴澳大利亚参加第 22 届国际理论与应用力学大会。中国代表团还有白以龙、胡文瑞、李家春院士等，共 14 人。中国终于取得大会举办权，2012 年将在北京举行 ICTAM 大会，白以龙任大会主席。

为汶川地震救灾一次性捐助特殊党费一万元。

10 月 24 日，北京国际力学中心 (BICTAM) 成立，担任国际顾问委员会主席。该中心 2008 年接待英国、美国、德国、澳大利亚、印度、法国等国和地区学者 10 人次。

9 月，荣获防护工程 "杰出成就奖"。

12 月 5 日，参加郭永怀牺牲 40 周年纪念活动。

12 月 21~22 日，庆祝 LNM 成立 20 周年，并参加 2008 年度学术年会。

2008 年，力学所将原有的工程科学部和技术发展部重新组合，建立了 3 个重点实验室和 1 个研究中心：环境力学重点实验室 (LEM)、水动力学与海洋工程重点实验室 (LHO)、先进制造工艺力学重点实验室 (MAM) 和等离子体与燃烧中心 (CPCR)。

2009 年　85 岁

1 月，参加 "与青少年面对面" 活动。

4 月 3 日，参加纪念郭永怀百年诞辰暨学术报告会。撰文 "郭永怀先生的精神永存"，收入《郭永怀先生诞辰一百周年纪念文集》。

4 月 18 日，参加 LNM"纳微米尺度流动及其应用" 专题研讨会。

4 月 30 日，荣获 "北京市学位与研究生教育改革与发展做出突出贡献的导师" 的光荣称号。

5 月 4 日，出席力学所 2009 年度郭永怀奖学金、优秀青年、优秀团干颁奖大会，为获奖者颁奖。

5 月 7 日，热心参加的北京青少年科技俱乐部的活动，得到《人民日报》报道。

5 月 10 日，为北京青少年科技俱乐部题词："希望北京青少年科技俱乐部在启蒙青少年对科学兴趣方面发挥越来越大的作用"。并在北京青少年科技俱乐部名家讲座作题为 "兴趣与责任" 的报告。

9 月 25 日，中国科学院副院长李静海亲切看望郑哲敏院士。

10 月 20 日，在力学所庆祝吴承康八十华诞学术报告会上致辞。

10 月 31 日，老师钱学森在北京逝世，享年 98 岁。接受人民网采访。人民网-军事频道作题为 "钱老把自己奉献给了国家" 的报道。

11 月 1 日，接受记者杨虚杰采访，在《出版人·图书馆与阅读》2009 年第 11 期 "科学之光" 栏目以 "郑哲敏：说出自己和恩师的故事" 为题发表。

11 月 2 日，参加力学所召开的"钱学森先生永远活在我们心中"追思会。

11 月 3 日，与李佩、所长洪友士、所党委书记周德进等前往老所长钱学森家中吊唁。

11 月 4 日，科学时报采访报道：钱先生过世代表一个时代的结束。

11 月 6 日，参加钱学森遗体告别仪式。

12 月，参加 973 项目"重大工程地质灾害的预测理论及数值分析方法研究"启动会，担任专家委员会主任，李世海任首席科学家。

2010 年　86 岁

1 月 9 日，在首都科学讲堂新年第一讲解答"钱学森之问"。

年初间歇发热三个月，住进医院。查体多处淋巴结肿大，有淋巴癌可能。趁自己还清醒，打电话喊来课题组的成员及快要毕业的博士生，在病房里讨论课题组下一步的研究思路，指导、审改博士生的论文。

4 月 12 日，求诊于协和医院，罗慰慈大夫认为是结核病复发，另外营养不良须增食量。经罗建议，找胸科医院马大夫进一步诊断为纵隔淋巴结结核。决定实施诊断性治疗，5 月起用抗结核药，发热症状很快消除。

6 月 7~10 日，以资深院士身份出席中国科学院第十五次院士大会和中国工程院第十次院士大会。

6 月 7 日，出席中国科学院院士学习胡锦涛总书记讲话精神暨庆祝中国科学院学部成立 55 周年座谈会，认为应该根据总书记讲话的精神，把中国科学院的本职工作做好。中国科学院应该兼有基础研究和人才培养的功能，但更应该着力解决国家重大问题，解决超前的科研问题，特别是要研究那些产业界还没有涉足的超前问题。

7 月，北京国际力学中心正式被 IUTAM 批准为关联所属组织。

7 月，参加在内蒙古满洲里市召开的两院资深院士"三农"问题咨询项目研讨会。

7 月 19 日，应澳门技术科学部之邀访问澳门。

7月30日老师钱伟长逝世，接受"人民网"连线和"中国新闻网"采访，深情回忆恩师教诲。

8月13日为甘肃舟曲特大山洪地质灾害灾区捐款。

10月22日，参加力学所钱学森逝世一周年纪念会暨中央电视台人物传记片《钱学森》首映式。

10月30日，出席纪念钱学森先生逝世周年座谈会，阐述钱学森先生对科学和技术的贡献和钱先生的主要思想。

12月23日，国际天文学联合会发布"郑哲敏星命名公报"。中国科学院国家天文台决定，经国际天文学联合会小天体命名委员会批准，由国际天文学联合会《小行星通报》第68446号于2010年1月30日通知国际社会，正式命名国际永久编号第12935号小行星为郑哲敏星。

2011年　87岁

1月13日，人大副委员长、中国科学院院长路甬祥到家看望。

3月22～26日，参加两院资深院士联谊会教育改革咨询项目调研组在深圳市进行的调研活动，围绕"推进素质教育，培养创新型人才"主题进行研讨，还参加了"科学与中国"院士与中学生、教师的面对面互动式对话活动，为推进教育改革和创新人才培养提出咨询和建议。

出席清华大学"郑维敏——奖学励学基金"设立仪式，代表兄长郑维敏发言。该基金由郑维敏教授的学生、亲属和好友捐赠，用于奖励经管学院科学与工程专业、自动化系系统工程的优秀的科研学术本科、硕士及博士。

4月8日，到合肥中国科学技术大学，上午座谈，下午在纪念钱学森百年首场科学报告会上作报告，题为"工程科学与应用力学"。

5月连续出席会议，劳累致肺部感染，发热咳嗽，住院十几天。

6月，开始参加李佩先生主持的"钱学森科学和教育思想研究会"，约每周一次研讨。

6月22日，荣获"中央国家机关优秀共产党员"、"中国科学院优秀共产党员"荣誉称号。

6月28日，荣获"中国科学院力学研究所优秀共产党员"荣誉称号。

8 月 22~24 日，赴哈尔滨参加中国力学大会 2011 暨钱学森诞辰 100 周年纪念大会，作纪念钱学森的大会特邀报告。

10 月 1 日，为《钱学森文集 (1938~1956 海外学术文献)》(中文版) 作 "序"。

10 月，接待云南师大师生拜访原西南联大老校友。

10 月 29 日，参加第四届全国中学生趣味力学制作邀请赛 (中国科学院力学所杯)，就 "向钱学森学习" 对参赛中学生讲话。

在《力学学报》2011 年 43 卷第 6 期，发表论文 "学习钱学森先生技术科学思想的体会"。

11 月 11 日上午，在 "钱学森与中国科学"——纪念钱学森诞辰 100 周年图片展开幕式上讲话。

11 月 18 日上午，在中国科学院科普论坛上报告 "钱学森的科学技术贡献和他的技术科学思想"。

11 月 28 日，到中关村医院看望病危中的朱兆祥先生。晚 21 时 28 分，朱先生逝世。

11 月 30 日，参加力学所 '纪念首任所长钱学森百年诞辰活动'，讲解钱学森 "工程科学" 思想的内涵和重要现实意义，为钱学森塑像揭幕。参加《钱学森文集 (1938~1956 海外学术文献)》中译本的发行座谈会。

12 月 2 日，到八宝山殡仪馆向朱兆祥先生告别。

12 月 6 日，上午在中国科学院举办的 '钱学森先生诞辰 100 周年纪念会' 上作主题报告，下午在 '钱学森科学和教育思想研讨会' 上发言。

12 月 17 日，参加非线性力学国家重点实验室年会。

年底，复查纵隔淋巴结结核，疗效理想，停用抗结核药物。

2012 年　88 岁

1 月 21 日，兄长郑维敏病逝于美国。

2 月 5 日，惊悉师母蒋英去世，享年 92 岁，立即电话致哀。

2 月 21 日，出席清华大学经管学院为郑维敏教授举行的追思会，代表亲属发言。

4 月，《人民画报》2012 年第 4 期 "走进院士" 栏目以《爆炸力学家的家国情怀》为题报道郑哲敏。

5 月，摔跤，肺部有点感染，肾功能不好，住院治疗。

6 月 11~15 日，以资深院士身份出席中国科学院第十六次院士大会和中国工程院第十一次院士大会。

8 月 7 日，陈颙院士来访，期望帮助研究气枪激震人工水池的力学问题。

8 月 19 日，参加在北京举行的第 23 届世界力学家大会 (ICTAM)，主持大会报告。大会召开前夕，在接受《中国科学报》记者专访时说，"这次大会的召开，是中国力学发展的里程碑。"

9 月，听取陈力课题组关于气枪激震人工水池研究的汇报。

9 月，为《钱伟长学术论文集》作 "序言"。

北医三院诊断骨质疏松较重，进行补钙治疗，疗程三个月，到 10 月已见效果不错。

12 月，指导力学所流固耦合系统力学实验室有关人员调研页岩气开采问题。

2013 年　89 岁

1 月 16 日，中国科学院副院长李静海慰问郑哲敏院士，院士工作局局长周德进、力学所党委书记乔均录等陪同。

1 月 18 日上午 10 时，在人民大会堂举行的国家科技奖颁奖大会上，荣获胡锦涛主席颁发 2012 年度国家最高科学技术奖。

2 月 1 日，中国工程院院长周济一行看望郑哲敏，并祝贺荣膺 2012 年度国家最高科学技术奖。

2 月 5 日，力学所召开会议祝贺郑哲敏荣获 2012 年度国家最高科学技术奖。

2 月 6 日，中国海洋石油总公司副总工程师、海洋石油工程深水重点实验室主任曾恒一院士一行看望并祝贺郑哲敏荣获 2012 年度国家最高科学技术奖。

2 月 23 日，出席中共中央在北京人民大会堂举行的元宵节联欢晚会，与习近平总书记邻座并亲切交谈。

3 月 18 日，中国力学学会主办的"庆祝郑哲敏先生荣获国家最高科学技术奖暨力学学科发展研讨会"在京召开。

4 月 26 日，中国科学院流固耦合系统力学实验室获院批准在力学所成立，任实验室学术委员会名誉主任。

5 月 16~17 日，"爆炸力学的进展与前沿"香山科学会议在京召开，与白以龙、孙承纬、周丰峻、杨秀敏等五位院士担任大会执行主席。

9 月 24 日，出席在人民大会堂隆重召开的首都高校科学道德和学风建设宣讲教育报告会，作"学知识、练本领、做诚实人"的报告。

10 月 18 日，被聘任为国家能源深水油气工程技术研发中心学术委员会名誉主任。

2014 年　90 岁

1 月 25 日，中共中央政治局常委、中央书记处书记刘云山以及中国工程院院长周济分别前来看望，致以良好祝愿和新春祝福。

6 月，在中国科学院数学物理学部第四届学术报告会上，和 30 岁的博士王一伟副研究员，分别报告关于高速水动力学问题的研究，介绍了全过程计算模型和模拟方法。

9 月 29 日，力学所召开祝贺郑哲敏先生 90 华诞学术报告会，200 余人参会。

2015 年　91 岁

1 月，主编的《20 世纪中国知名科学家学术成就概览》(力学卷·第二分册) 由科学出版社出版。《20 世纪中国知名科学家学术成就概览》总主编为钱伟长。

2016 年　92 岁

接替李佩先生主持"钱学森科学和教育思想研究会"。

1 月 4 日，出席在北京钓鱼台国宾馆举行的"科学家小行星命名仪式"，接受小行星命名证书和小行星运行轨道图，并代表获此殊荣的谢家麟、吴良镛、张存浩、屠呦呦等五位科学家发言。中共中央政治局委员、国务院副总理刘延东到会祝贺并讲话。科技部部长万钢和中国科学院院长白春礼等领导，分别向五位科学家颁发小行星命名证书和小行星运行轨道图。

1 月 16 日，出席力学所召开建所 60 周年学术报告会。樊菁所长作"力学所 60 年：回顾与展望"的主题报告，姜宗林、吴应湘、靳刚、魏宇杰等四位研究员，分别做了学术报告。李佩先生、曾经在力学所工作的老领导与力学所职工和研究生代表 200 余人参加了报告会。

7 月 13 日，相濡以沫、恩爱一生的夫人卢凤才先生去世，享年 89 岁。15 日上午到八宝山陵园兰厅送别，中国科学院化学所、力学所的领导，各界朋友，学生到场告别。

10 月 1 日，编著的《佩瑜怀瑾纫质蕙心——李佩先生的世纪生涯》由中国科学技术大学出版社出版。

2017 年　93 岁

1 月 12 日，到中日医院沉痛告别李佩先生。

1 月 17 日，不顾天寒地冻和年老体弱，到八宝山为李佩先生送行。

2018 年　94 岁

2 月 8 日，中国科学院副院长、党组成员张杰到家看望郑哲敏。

2019 年　95 岁

1 月 27 日，中央统战部副部长、国侨办主任许又声，中国科学院副院长、党组成员张涛专程到家中看望了 2012 年度国家最高科学技术奖获得者郑哲敏。中央统战部九局局长刘玉江，北京市委统战部副部长、市侨办主任刘春锋，中国科学院副秘书长、直属机关党委常务副书记李和风，力学所党委书记、副所长刘桂菊等陪同看望。

2020 年　96 岁

新冠病毒感染疫情来袭。为了避免感染，长期住在北大医院隔离病房。闲暇时用手机和笔记本与亲友、同事和学生通信联系。

2021 年 97 岁

6 月，与因病住院的白以龙讨论判别流体弹塑性体的无量纲参数。

7 月，时任力学所所长兼党委书记刘桂菊和学术所长何国威，代表力学所前往北大医院看望郑哲敏。

7 月 13 日，出隔离病房做检查。在回病房的走廊，与获悉赶到北大医院的三位博士鲁晓兵、王一伟和张旭辉见面并简短交谈。

2021 年 8 月 25 日 3 时 43 分，在北大医院安详辞世。

附录 2 郑哲敏著作题录与获奖项目

I 期刊

[1] Cheng C M. Resistance to thermal shock[J]. Journal of the American Rocket Society, 1951, 21(6): 147-153. 收录于《郑哲敏文集》，科学出版社，2004：1-7.

[2] Tsien H S, Cheng C M. A Similarity law for stressing rapidly heated thin-walled cylinders[J]. Journal of the American Rocket Society, 1952, 22(3): 144-150. 收录于《郑哲敏文集》，科学出版社，2004：814.

[3] 郑哲敏. 管道的振动 [J]. 清华大学学报 (自然科学版), 1956, (1): 32-36.

[4] 郑哲敏. 关于工程地震的若干问题 [J]. 力学学报, 1957, 1(3): 337-350. 收录于《郑哲敏文集》，科学出版社，2004：43-56.

[5] 郑哲敏. 平板在流体作用下的振动 [J]. 力学学报, 1958, 2(1): 11-16. 收录于《郑哲敏文集》，科学出版社，2004：57-62.

[6] 郑哲敏. 输水管的振动问题 [J]. 力学学报, 1958, 2(2): 100-111. 收录于《郑哲敏文集》，科学出版社，2004：63-74.

[7] 郑哲敏，马宗魁. 悬臂梁在一侧受有液体作用时的自由振动 [J]. 力学学报, 1959, 3(2): 111-119. 收录于《郑哲敏文集》，科学出版社，2004：75-83.

[8] 潘良儒，郑哲敏，钟万勰, 刘曦，齐景泰，王礼立. 混流式水轮机叶片的设计和计算 (一)[J]. 力学学报, 1960, 4(2): 123-148. 收录于《郑哲敏文集》，科学出版社，2004：84-109.

[9] 郑哲敏，朱兆祥. 爆炸力学的概况和任务 [J]. 力学情报, 1978, (1): 1-8.

[10] 郑哲敏. 关于射流侵彻的几个问题 [J]. 兵工学报, 1980, 3(1): 13-22. 收录于《郑

哲敏文集》，科学出版社，2004：352-361.

[11] 郑哲敏. 聚能射流的稳定性问题 [J]. 爆炸与冲击, 1981, 1(1): 6-17. 收录于《郑哲敏文集》，科学出版社，2004：362-373.

[12] 郑哲敏. 连续介质力学与断裂 [J]. 力学进展, 1982, 12(2): 133-140. 收录于《郑哲敏文集》，北京，科学出版社：2004：374-381.

[13] 虞吉林, 郑哲敏. 一种非局部弹塑性连续体模型与裂纹尖端附近的应力分布 [J]. 力学学报, 1984, 16(5): 485-494. 收录于《郑哲敏文集》，科学出版社，2004：393-402.

[14] 谈庆明, 丁雁生, 郑哲敏. 受压固、气两相介质一维膨胀运动 [J]. 力学学报, 1984, 16(4): 340-350. 收录于《郑哲敏文集》，科学出版社，2004：403-413.

[15] 白以龙, 郑哲敏, 俞善炳. 关于热-塑剪切带的演变 [J]. 力学学报, 1986, 18(S2): 377-383.

[16] Bai Y L, Cheng C M, Yu S B. On evolution of thermo-plastic shear band[J]. Acta Mechanica Sinica, 1986, 2(1): 1-7. 收录于《郑哲敏文集》，科学出版社，2004：530-536.

[17] Bai Y L, Cheng Z M, Ding Y S, et al. Development of thermoplastic shear bands in simple shear[J]. Res Mechanica, 1987, 22(4): 313-324. 收录于《郑哲敏文集》，科学出版社，2004：537-548.

[18] 郑哲敏. 材料科学中的若干特殊力学问题 (摘要)[J]. 材料科学与工程学报, 1987, (2): 12-14.

[19] 白以龙, 郑哲敏, 俞善炳. 热塑剪切带后期演变的准定常近似 [J]. 固体力学学报, 1987, (2): 153-158.

[20] 高桦, 孙琦清, 郑哲敏. 爆炸处理时裂纹动态扩展行为的研究 [J]. 力学学报, 1988, 20(6): 496-502.

[21] 郑哲敏. 高瞻远瞩加强力学基础研究 [J]. 力学进展, 1988, 18(3): 293-300. 收录于《郑哲敏文集》，科学出版社，2004：562-569.

[22] Hong Y S, Lu Y H, Zheng Z M, et al. Initiation and propagation of short fatigue cracks in a weld metal[J]. Fatigue Fract. Engng Mater. Struct.,1989, 12(4): 323-331. 收录于《郑哲敏文集》，科学出版社，2004：590-598.

[23] 郑哲敏, 谈庆明. 爆炸复合界面波的形成机理 [J]. 力学学报, 1989, 21(2): 129.

[24] 丁晓良, 俞善炳, 丁雁生, 寇绍全, 谈庆明, 郑哲敏. 煤在瓦斯渗流作用下持续破坏的机制 [J]. 中国科学 (A 辑), 1989, (6): 600-607. 收录于《郑哲敏文集》，科学出版社，2004：582-589.

[25] 虞吉林, 郑哲敏. 材料的非均匀性对裂纹尖端附近应力分布的影响 [J]. 力学学报, 1989, 21(5): 556.

[26] Hong Y S, Lu Y H, Zheng Z M. Short fatigue crack behaviour in iso-stress specimens[J]. Acta metallurgica Sinica(Series A), 1990, 3(4): 276-281. 收录于《郑哲敏文集》, 科学出版社, 2004: 599-604.

[27] Gao J X, Bai R S, Zheng Z M, et al. Measurement of instantaneous temperature in shock-loaded nonmetallic solids[J]. Journal of Applied Physics, 1990, 67(5): 2272-2277.

[28] 高举贤, 邵丙璜, 张科, 郑哲敏. 柱面聚合激波作用下金属的烧结机理 [J]. 金属学报, 1990, 26(5): B349.

[29] 高举贤, 张科, 郑哲敏. 爆炸烧结参数对烧结质量的影响 [J]. 金属学报, 1990, 26(6): B460.

[30] 丁桦, 郑哲敏, 徐守泽. 波动方程反演问题的一种新的逼近方法 [J]. 应用数学和力学, 1990, 11(12): 1043-1047.

[31] 洪友士, 吕永华, 郑哲敏. 一种等应力试样中的疲劳短裂纹行为 [J]. 金属学报, 1990, 26(1): A46-A52.

[32] 郑哲敏. 液滴与液面碰撞时发生环形传入的条件 [J]. 力学学报, 1990, 22(3): 357-340. 收录于《郑哲敏文集》, 科学出版社, 2004: 639-642.

[33] Zheng Z M. On the study of explosion dynamics at the institute of mechanics[J]. Advances in Science of China, 1991, 1: 81-106. 收录于《郑哲敏文集》, 科学出版社, 2004: 649-674.

[34] Hong Y S, Lu Y H, Zheng Z M. Orientation preference and fractal character of short fatigue cracks in a weld metal[J]. Journal of Materials Science, 1991, 26(7): 1821-1826. 收录于《郑哲敏文集》, 科学出版社, 2004: 675-680.

[35] Xing D, Bai Y L, Zheng Z M, Huang X L.On post-instability processes in adiabatic shear in hot rolled steel[J]. Journal of The Mechanics and Physics of Solids, 1991, 39(8): 1017-1042. 收录于《郑哲敏文集》, 科学出版社, 2004: 681-705.

[36] 郑哲敏, 庄逢甘, 张涵信, 等. 对 "湍流通用物理方程" 等两篇文章的意见 [J]. 力学学报, 1993, 25(6): 744.

[37] 郑哲敏, 陈力, 丁雁生. 一维瓦斯突出破碎阵面的恒稳推进 [J]. 中国科学 (A 辑), 1993, 23(4): 377-384. 收录于《郑哲敏文集》, 科学出版社, 2004: 723-730.

[38] 郑哲敏. 非线性连续介质力学 [J]. 中国科学院院刊, 1993, (4): 283-289. 收录于《郑哲敏文集》, 科学出版社, 2004: 731-737.

[39] Gao J B, Zheng Z M. Local exponential divergence plot and optimal embedding of a chaotic time-series[J]. Physics Letters A, 1993, 181(2): 153-158. 收录于《郑哲敏文集》, 科学出版社, 2004: 738-743.

[40]　王仁, 何友声, 黄克智, 郑哲敏, 周显初. 第 18 届国际理论与应用力学大会 (ICTAM-18)[J]. 力学进展, 1993, 23(2): 261-268.

[41]　Gao J B, Zheng Z M. Direct dynamical test for deterministic chaos and optimal embedding of a chaotic time-series[J]. Physical Review E, 1994, 49(5): 3807-3814. 收录于《郑哲敏文集》, 科学出版社, 2004：744-751.

[42]　Gao J B, Zheng Z M. Direct dynamical test for deterministic chaos[J]. Europhysics Letters, 1994, 25(7): 485-490. 收录于《郑哲敏文集》, 科学出版社, 2004：752-757.

[43]　郑哲敏. 关于 C-Core[J]. 力学与实践, 1994, 16 (3): 76-77, 15.

[44]　张庆明, 谈庆明, 张德良, 郑哲敏. 超高速冲击铝双层板的熔化效应 [J]. 力学学报, 1995, 27(3): 257-266. 收录于《郑哲敏文集》, 科学出版社, 2004：767-776.

[45]　郑哲敏, 周恒, 张涵信, 黄克智, 白以龙. 21 世纪初的力学发展趋势 [J]. 力学进展, 1995, 25(4): 433-441;《21 世纪初科学发展趋势》, 第 2.03 节 "力学", 北京, 科学出版社, 1996: 39-47. 入选《郑哲敏文集》, 科学出版社, 2004: 758-766. (该文的讨论稿曾收入《21 世纪初自然科学发展趋势 (讨论稿)》"2.10 力学", 北京, 科学出版社, 1995:101-107).

[46]　郑哲敏. 20~21 世纪的力学 [J]. 世界科技研究与发展, 1995, 17(1): 11-14.

[47]　郑哲敏. 谈谈应用力学 [J]. 力学与实践, 1995, 17(1): 1-3.

[48]　郑哲敏. 回顾力学所的建所思想——祝贺钱学森先生八十五岁寿辰 [J]. 力学与实践, 1997, 19(1): 56-57.

[49]　俞善炳, 郑哲敏, 谈庆明, 等. 含气多孔介质的卸压破坏及突出的极强破坏准则 [J]. 力学学报, 1997, 29(6): 641.

[50]　谈庆明, 俞善炳, 朱怀求, 郑哲敏. 含瓦斯煤在突然卸压下的开裂破坏 [J]. 煤炭学报, 22(5), 1997, 22(5): 514-518.

[51]　俞善炳, 郑哲敏, 谈庆明, 丁雁生. 含气多孔介质的卸压破坏及突出的极强破坏准则 [J]. 力学学报, 1997, 29(6): 641-646.

[52]　Zheng Z M, Cheng Y T. On the initial unloading slope in indentation of elastic-plastic solids by an indenter with an axisymmetric smooth profile[J]. Applied Physics Letters, 1997, 71(18): 2623-2625. 收录于《郑哲敏文集》, 科学出版社, 2004：820-822.

[53]　Cheng Y T, Zheng Z M, Cheng, Y T. Analysis of indentation loading curves obtained using conical indenters[J]. Philosophical Magazine Letters, 1998, 77(1): 39-47. 收录于《郑哲敏文集》, 科学出版社, 2004：823-831.

[54]　Cheng Y T, Zheng Z M. Further analysis of indentation loading curves: Effects of tip rounding on mechanical property measurements[J]. Journal of Materials

Research, 1998, 13(4): 1059-1064. 收录于《郑哲敏文集》, 科学出版社, 2004: 832-837.

[55] Cheng Y T, Zheng Z M. Scaling approach to conical indentation in elastic-plastic solids with work hardening[J]. Journal of Applied Physics, 1998, 84(3): 1284-1291. 收录于《郑哲敏文集》, 科学出版社, 2004: 838-845.

[56] Cheng Y T, Zheng Z M. Effects of 'sinking in' and 'piling up' on estimating the contact area under load in indentation[J]. Philosophical Magazine Letters, 1998, 78(2): 115-120. 收录于《郑哲敏文集》, 科学出版社, 2004: 846-851.

[57] Cheng Y T, Zheng Z M, Cheng Y T. Relationships between hardness, elastic modulus, and the work of indentation[J]. Applied Physics Letters, 1998, 73(5): 614-616. 收录于《郑哲敏文集》, 科学出版社, 2004: 852-854.

[58] 郑哲敏, 白以龙. LNM 十年回顾和展望 [J]. 力学进展, 1998, 28(4): 554.

[59] 郑哲敏, 赵亚溥. PHM—机械失效的预测和安全管理系统:——"预测和防止机械失效" 一文简介 [J]. 力学进展, 1999, 29(2): 268-268, 243.

[60] 黄弘读, 郑哲敏, 俞善炳, 谈庆明. 突然卸载下含气煤的层裂 [J]. 煤炭学报, 1999, 24(2): 142-146.

[61] Cheng Y T, Zheng Z M. Scaling relationships in conical indentation of elastic perfectly plastic solids[J]. International Journal of Solids and Structures, 1999, 36(8): 1231-1243. 收录于《郑哲敏文集》, 科学出版社, 2004: 855-864.

[62] 张均锋, 孟祥跃, 俞善炳, 谈庆明, 郑哲敏. 冲击载荷下饱和砂土渗流和破坏的实验研究 [J]. 力学学报, 1999, 31(2): 230.

[63] Cheng Y T, Zheng Z M. Can stress-strain relationships be obtained from indentation curves using conical and pyramidal indenters[J]. Journal of Materials Research, 1999, 14(9): 3493-3496. 收录于《郑哲敏文集》, 科学出版社, 2004: 865-871.

[64] Peng F J, Tan Q M, Zheng Z M. Laboratory study on cracks in saturated sands[J]. Acta Mechanica Sinica, 2000, 16(1): 48-54. 收录于《郑哲敏文集》, 科学出版社, 2004: 872-878.

[65] 钱令希, 郑哲敏, 王仁, 庄逢甘, 白以龙. 关于撰写科普文章, 宣传力学贡献的倡议信 [J]. 力学与实践/Mechanics in Engineering, 2000, 22(1): 70.

[66] Cheng Y T, Zheng Z M. What is indentation hardness[J]. Surface & Coatings Technology, 2000, 133: 417-424.

[67] Zheng Z M, Tan Q M, Peng F J. On the mechanism of the formation of horizontal cracks in a vertical column of saturated sand[J]. Acta Mechanica Sinica, 2001, 17(1): 1-9.

[68] 郑哲敏. 关于技术科学与技术科学思想的几点思考 [J]. 中国科学院院刊, 2001, (2): 132-133. 收录于《郑哲敏文集》, 科学出版社, 2004: 905-906.

[69] 鲁晓兵, 谈庆明, 俞善炳, 郑哲敏. 饱和砂土在往复荷载作用下有侧限的本构关系实验研究 [J]. 岩石力学与工程学报, 2001, 20(6): 859-863.

[70] 鲁晓兵, 谈庆明, 俞善炳, 郑哲敏. 垂向动载下饱和砂土液化发展的数值模拟 [J]. 力学学报, 2001, 33(5): 612.

[71] 郑哲敏, 庄逢甘. 祝贺钱学森院士 90 寿辰 [J]. 力学进展, 2001, 31(4): 482-483.

[72] Ding H, Zheng Z M. Source model for blasting vibration[J]. Science in China (Series E), 2002, 45(4): 395-407.

[73] Cheng Y T, Li Z Y, Zheng Z M. Scaling relationships for indentation measurements[J]. Philosophical Magazine A, 2002, 82(10): 1821-1829.

[74] 乔继延, 丁桦, 郑哲敏. 爆炸排淤填石法中岩土介质的本构模型 [J]. 爆炸与冲击, 2003, 23(增): 105-106.

[75] 乔继延, 丁桦, 郑哲敏. 爆炸排淤填石法中淤泥的本构模型 [J]. 工程爆破, 2003, 9(3): 1-6.

[76] 鲁晓兵, 郑哲敏, 张金来. 海洋平台吸力式基础的研究与进展 [J]. 力学进展, 2003, 33(1): 27-40.

[77] Wei Y G, Wang X Z, Zhao M H, et al. Size effect and geometrical effect of solids in micro-indentation test[J]. Acta Mechanica Sinica, 2003, 19(1): 59-70.

[78] 丁桦, 郑哲敏. 爆破震动等效载荷模型 [J]. 中国科学 (E 辑), 技术科学, 2003, 33(1): 82-90.

[79] Lu X B, Tan Q M, Zheng Z M, et al. Liquefaction and displacement of saturated sand under vertical vibration loading[J]. Acta Mechanica Sinica, 2004, 20(1): 96-105.

[80] Cheng Y T, Zheng Z M. Scaling, dimensional analysis, and indentation measurements[J]. Materials Science & Engineering R-Reports, 2004, 44(4): 91-149.

[81] Ni W Y, Cheng Y T, Zheng Z M, et al. An energy-based method for analyzing instrumented spherical indentation experiments[J]. Journal of Materials Research, 2004, 19(1): 149-157.

[82] 丁桦, 张均锋, 郑哲敏. 关于边坡稳定分析的通用条分法的探讨 (理论分析部分)[J]. 岩石力学与工程学报, 2004, 23(21): 3684-3688.

[83] Cheng Y T, Zheng Z M. Relationships between initial unloading slope, contact depth, and mechanical properties for conical indentation in linear viscoelastic solids[J]. Journal of Materials Research, 2005, 20(4): 1046-1053.

[84] Cheng Y T, Zheng Z M. Relationships between initial unloading slope, contact depth, and mechanical properties for spherical indentation in linear viscoelastic solids[J]. Materials Science and Engineering A-Structural Materials Properties Microstructure and Processing, 2005, 409(1-2): 93-99.

[85] Ding H, Labbas R, Zheng Z M, et al. Features of blast-induced vibration source and identification of geostructures[J]. Journal of Sound and Vibration, 2005, 288(1): 91-106.

[86] Cheng Y T, Zheng Z M. General relationship between contact stiffness, contact depth, and mechanical properties for indentation in linear viscoelastic solids using axisymmetric indenters of arbitrary profiles[J]. Applied Physics Letters, 2005, 87(11): 111914.

[87] Cheng Y T, Ni W Y, Zheng Z M, et al. Determining the instantaneous modulus of viscoelastic solids using instrumented indentation measurements[J]. Journal of Materials Research, 2005, 20(11): 3061-3071.

[88] 林英松, 阮新芳, 蒋金宝, 丁雁生, 郑哲敏, 陈力, 朱天玉. 爆炸载荷作用下的岩石损伤断裂研究 [J]. 工程爆破, 2005, 12(3): 18-22.

[89] Lu X B, Zheng Z M, Wu Y R, et al. Formation mechanism of cracks in saturated sand[J]. Acta Mechanica Sinica, 2006, 22(4): 377-383.

[90] 李辉, 丁桦, 郑哲敏. 基于局部密集应变响应的海洋平台冰载荷反演方法 [J]. 工程力学, 2006, 23(7): 185-192.

[91] Cheng Y T, Ni W Y, Zheng Z M, et al. Nonlinear analysis of oscillatory indentation in elastic and viscoelastic solids[J]. Physical Review Letters, 2006, 97(7): 075506.

[92] Cheng Y T, Zheng Z M, Cheng C M . Relationship between contact stiffness, contact depth, and mechanical properties for indentation in linear viscoelastic solids using axisymmetric indenters[J]. Structural Control & Health Monitoring, 2006, (1): 561-569.

[93] Cheng Y T, Zheng Z M, Ni W Y, et al. Methods of obtaining instantaneous modulus of viscoelastic solids using displacement-controlled instrumented indentation with axisymmetric indenters of arbitrary smooth profiles[J]. Materials Science and Engineering A-Structural Materials Properties Microstructure and Processing, 2006, 423(1): 2-7.

[94] 郑哲敏. 钱学森的技术科学思想与力学所的建设和发展 [J]. 力学进展, 2006, 36(1): 8-11.

[95] 郑哲敏. 回顾钱学森先生居留国外时期对力学的贡献 [J]. 力学进展, 2009, 39(6):

650-651.

[96] Li M, Chen W M, Cheng Y T, et al. Influence of contact geometry on hardness behavior in nano-indentation[J]. Vacuum, 2009, 84(2): 315-320.

[97] 郑哲敏. 郭永怀先生的精神永存 [J]. 力学与实践, 2009, 31(2): 96-97.

[98] 郑哲敏. 工程科学与应用力学 (一)——纪念钱学森诞辰一百周年 [J]. 力学进展, 2011, 41(6): 639-641.

[99] 郑哲敏. 学习钱学森先生技术科学思想的体会——纪念钱学森先生百年诞辰 [J]. 力学学报, 2011, 43(6): 973-977.

[100] 郑哲敏. 工程科学与应用力学 (二)——纪念钱学森诞辰一百周年 [J]. 力学进展, 2012, 42(1): 1-3.

[101] 冯叔瑜, 郑哲敏. 让工程爆破技术更好地服务社会、造福人类——我国工程爆破 60 年回顾与展望 [J]. 中国工程科学, 2014, (11): 5-13.

[102] Zhang X H, Lu X B, Zheng Z M, et al. Heat-induced evolution of phase transformations in tetrahydrofuran hydrate-bearing sediment[J]. Journal of heat transfer-transactions of the ASME, 2014, 136(5): 52002.

[103] 郑哲敏. 关于中国页岩气持续开发工程科学研究的一点认识 [J]. 科学通报, 2016, 61(1): 34-35.

[104] 郑哲敏. 关于天然气水合物开发工程科学研究的一点认识 [J]. 中国科学, 物理学、力学、天文学, 2018, 49(3): 5-6.

[105] 刘曰武, 高大鹏, 李奇, 等. 页岩气开采中的若干力学前沿问题 [J]. 力学进展, 2019, 49: 1-236.

[106] 郑哲敏. 记爆炸成形, 力学所创新文化科研案例讲稿,2014 [J]. 力学与实践, 2021, 43 (6): 1-3.

II 会议论文

[1] Cheng C M. Problems in hydro-elasticity[C]. Proc. 9th Inter. Cong. of Applied Mechanics, University of Brussels, Avenue Franklin Roosevelt, 1957, 7: 497-508.

[2] 郑哲敏. 从数量级和量纲分析看煤与瓦斯突出的机理 (中国力学学会理事会扩大会议上报告的一部分)《力学于生产建设》[C]. 北京: 北京大学出版社, 1982: 128-137. 收入《郑哲敏文集》. 北京: 科学出版社, 2004: 382-392.

[3] Cheng C M, Ding Y S. A preliminary study of gas bursts[C]. Proceedings of the International Symposium on Mining Technology Science (Xuzhou, China), 1985. China Coal Industry Publishing House, 1987. 收入《郑哲敏文集》. 北京: 科学出版社, 2004: 549-561.

[4] Cheng C M. Several problems in hydro-elasto-plastic dynamics[C]. Proc. of

the Inter. Symp. on Intense Dynamic Loading and Its Effects, Beijing: Science Press, China, 1986: 1-12. 收入《郑哲敏文集》. 北京: 科学出版社, 2004: 495-506.

[5] Cheng C M, Tan Q M, Gao J X, Ye D Y, Wu Y Y.A theory on the reduction in penetration power of metal Jets in certain composites[C]. Proc. of the Inter. Symp. on Intense Dynamic Loading and Its Effects, Beijing: Science Press, China, 1986: 347-351. 收入《郑哲敏文集》. 北京: 科学出版社, 2004: 507-511.

[6] Ding Y S, Tan Q M, Zheng Z M. Random penetration of broken jet into composite material[C]. Proc. of the Inter. Symp. on Intense Dynamic Loading and Its Effects, Beijing: Science Press, China, 1986: 374-379. 收入《郑哲敏文集》. 北京: 科学出版社, 2004: 512-517.

[7] Cheng C M. Mechanics of explosive welding[C]. Proc. of the Inter. Symp. on Intense Dynamic Loading and Its Effects, Beijing: Science Press, China, 1986: 848-853. 收入《郑哲敏文集》. 北京: 科学出版社, 2004: 518-523.

[8] Zheng Z M, Li G H. Effects of strength and compressibility of materials on wave formation at interface in explosive welding[C]. Proc. of the Inter. Symp. on Intense Dynamic Loading and Its Effects, Beijing: Science Press, China, 1986: 854-859. 收入《郑哲敏文集》. 北京: 科学出版社, 2004: 524-529.

[9] 郑哲敏, 杨振声, 金鐰. 爆炸处理水下海淤软基 [C]. 全国第四届工程爆破学术会议报告, 1989. 收入《郑哲敏文集》. 北京: 科学出版社, 2004: 605-638.

[10] 洪友士, 吕永华, 郑哲敏, 等. 应力试样中的疲劳短裂纹特征 [C]. 细观力学试验技术与计算方法研讨会文集, 1989.

[11] Wang X L, Shao B H, Cheng C M. Flow fields in porous samples under glancing detonation[C]. Inter. Conf. on High Strain-Rate Phenomena in Materials, 1990: 12-16, San Diago, USA. 收入《郑哲敏文集》. 北京: 科学出版社, 2004: 643-648.

[12] Cheng C M, Chen L, Ding Y S. A laboratory study of coal gas outburst[C]. Proceedings of the 2nd Inter. Symp. on Intense Dynamic Loading and its Effects(Chengdu,China), 1992: 2-15.

[13] Chen L, Ding Y S, Cheng C M. Experimental study of steady state propagation of fracture front in one-dimensional coal gas outburst[C]. Proceedings of the 2nd Inter. Symp. on Intense Dynamic Loading and its Effects(Chengdu,China), 1992: 154-157.

[14] Li S H, Zheng Z M. Study on fluid motion in shallow water explosion by variational method[C]. Proceedings of the 2nd Inter. Symp. on Intense Dynamic

Loading and its Effects(Chengdu,China), 1992: 561-564.

[15] Zheng Z M. An overview of offshore activities in China[C]. 4th Canadian Conf. on Marine Geotechnical Engineering,Vol.3, Newfoundland, 1993: 787-802.

[16] Zheng Z M. Advances in engineering blasting in ChinaForeword[C]. Beijing, Haidianqu, Beijing, Peoples R China: Peking Univ Press,1995.

[17] 丁桦, 郑哲敏. 三期围堰爆破拆除中的爆破震动有限元数值模拟 [C]. 中国力学学会, 2001: 121.

[18] 郑哲敏. 学习钱学森先生技术科学思想的体会 [C]. 在祝贺钱学森院士 90 寿辰的 "新世纪力学学术研讨会——钱学森技术科学思想回顾与展望大会" 的报告 (2001 年 11 月 19 日). 会议文集《钱学森技术科学思想与力学》, 北京: 国防工业出版社, 2001: 1~7. 力学进展, 2001, 31(4): 490-494. 力学学报, 2011, 43(6): 973-977. 入选《郑哲敏文集》, 北京, 科学出版社, 2004: 888-894.

[19] 郑哲敏. 钱学森的技术科学思想 [C]. 钱学森科学贡献暨学术思想研讨会 (中国科学技术协会、中国科学院、中国工程院、国防科工委, 北京, 2001 年 12 月 10 日), 钱学森科学贡献暨学术思想研讨会论文集 (宋健主编), 北京, 中国科学技术出版社, 2001: 27-33.

[20] Cheng Y T, Cheng C M. Modeling indentation in linear viscoelastic solids[C]. Materials Research Society Symposium Proceedings, 2005.

[21] Zheng Y Z, Zheng Z M. Quasi-static and oscillatory indentation in linear viscoelastic solids[C]. Mrs Proceedings, 2008.

III 著作和主编的文集

[1] 郑哲敏, 杨振声. 爆炸加工 [M]. 北京: 国防工业出版社,1981.

[2] 郑哲敏, 丁儆. 国际强动载及其效应学术会议文集 [M]. 北京: 科学出版社, 1986.(Zheng Z M, Ding J. Proceedings of the International Symposium on Intense Dynamic Loading and Its Effects [M]. Beijing: Science Press, 1986).

[3] Zheng Z M. Applied Mechanics: Proceedings of the International Conference on Applied Mechanics[M]. Beijing: International Academic Publishers; Oxford, England; New York: Pergamon Press, 1989.

[4] 郑哲敏. 郭永怀纪念文集 [M]. 北京: 科学出版社, 1990.

[5] Zheng Z M. Proceedings of the International Conference on Engineering Blasting Technique [M]. Beijing: Peking University Press,1991.

[6] Lighthill J, Holland G, Zheng Z M, et al. Tropical cyclone disasters: proceedings of ICSU/WMO International Symposium [M]. Beijing: Peking University Press,1993.

[7] 郑哲敏, 谈庆明. 国际冲击动力学学术会议论文集 [M]. 北京: 北京大学出版社, 1994.(Proceedings of IUTAM Symposium on Imapct Dynamics).

[8] 郑哲敏. 第二届国际工程爆破技术学术会议论文集 [M]. 北京: 北京大学出版社, 1995.(Proceedings of the second international conference on engineering blasting technique).

[9] 郑哲敏, 谈庆明. 王补宣主审. 相似理论与模化 (中国机械工程手册第 3 篇)[M]. 北京: 科学出版社, 1996. 收入《郑哲敏文集》. 北京: 科学出版社, 2004: 777-808 (该书稿曾作为《机械工程手册第 3 篇》(试用本), 在 1980 年由机械工业出版社出版).

[10] 郑哲敏. 力学——自然科学学科发展战略调研报告 [M]// 国家自然科学基金委员会. 力学——自然科学学科发展战略调研报告. 北京: 科学出版社, 1997.

[11] 郑哲敏. 郭永怀先生诞辰九十周年纪念文集 [M]. 北京: 气象出版社, 1999.

[12] 庄逢甘, 郑哲敏. 钱学森技术科学思想与力学 [M]. 北京: 国防工业出版社, 2001.

[13] 郑哲敏, 谈庆明. 钱学森手稿 [M]. 太原: 山西教育出版社, 2003.
郑哲敏.《钱学森手稿》前言//钱学森手稿. 太原: 山西教育出版社, 2001.

[14] 郑哲敏. 郑哲敏文集 [M]. 北京: 科学出版社, 2004.

[15] 郑哲敏. 20 世纪中国知名科学家学术成就概览·力学卷 [M]. 北京: 科学出版社, 2014.

[16] 郑哲敏. 论技术科学和技术科学发展战略 [M]// 王大中, 杨叔子, 中国科学院技术科学部组织编写. 技术科学发展与展望——院士论技术科学 (2002 年卷)., 济南: 山东教育出版社, 2002: 73-87.

IV 未发表的文章、报告

[1] Cheng C M. Analysis of pipe vibrations with internal fluid flow, submitted to the Byron-Jackson Pump. Co. at Los Angeles, California, 1952. 收录于《郑哲敏文集》. 北京: 科学出版社, 2004: 15-30.

[2] 郑哲敏. 爆炸成形模型律. 科学技术研究报告, 中华人民共和国科学技术委员会, 1964. 收录于《郑哲敏文集》. 北京: 科学出版社, 2004: 133-150.

[3] 郑哲敏. 水中击波入射于平板时空化的形成及其作用. 科学技术研究报告, 中华人民共和国科学技术委员会, 1964. 收录于《郑哲敏文集》. 北京: 科学出版社, 2004: 110-132.

[4] 郑哲敏, 孙同坤, 孙国芳. 球壳的变形计算和能量准则. 中华人民共和国科学技术委员会, 1964. 收录于《郑哲敏文集》. 北京: 科学出版社, 2004: 151-165.

[5] 郑哲敏, 解伯民, 刘育魁, 张德良. 地下强爆炸的一个近似计算方法. 中国科学院力学研究所科研报告, 1964.

[6] 郑哲敏, 解伯民, 刘育魁. 凝灰岩中点源爆炸的近似解. 中国科学院力学研究所科研报告, 1965.

[7] 郑哲敏, 解伯民. 关于地下爆炸计算模型的一个建议. 中国科学院力学研究所科研报告, 1965. 收录于《郑哲敏文集》. 北京: 科学出版社, 2004: 166-190.

[8] 郑哲敏, 解伯民, 刘育魁, 张德良. 地下核爆炸力学效应 1976 年计算小结. 中国科学院力学研究所科研报告, 1967. 收录于《郑哲敏文集》. 北京: 科学出版社, 2004, 202-216.

[9] 郑哲敏, 解伯民, 刘育魁, 张德良. 地下核爆炸的流体弹塑性计算方案和若干结果. 中国科学院力学研究所科研报告, 1969. 收录于《郑哲敏文集》. 北京: 科学出版社, 2004: 217-223.

[10] 郑哲敏, 谈庆明. 破甲机理的力学分析及简化模型 (681 破甲机理课题进展报告). 五机部 52 所《科技参考资料》. 1977, 6: 108-164. 收录于《郑哲敏文集》. 北京: 科学出版社, 2004: 295-351.

[11] 丁雁生, 陈力, 孟祥跃, 白蓉裳, 杨业敏, 俞善炳, 谈庆明, 郑哲敏. 一维煤与瓦斯突出模拟实验总结. 中国科学院力学研究所研究报告 IMCAS STR—96033, 1996.

V 译作

[1] Carafoli E, 郑哲敏, 等译. 超音速锥型流: (罗马尼亚) 艾•卡拉弗里院士演讲集 [M]. 北京: 科学出版社, 1956.

[2] 威廉•R•西尔斯, 玛蓓尔•R•西尔斯, 郑哲敏译. GALCIT 的卡门年代 [J]. 力学与实践, 1979, 1(4): 69-74.

VI 获奖项目

[1] 郑哲敏等. 爆炸成形模型律及成形机制. 国家计委、经委、科委联合颁发全国新产品、新技术、新工艺展览大会一等奖. 1964.

[2] 郑哲敏, 高举贤, 刘小苹, 叶东英. 破甲机理的研究. 全国科学大会奖. 1978.

[3] 郑哲敏, 谈庆明, 高举贤, 段祝平, 刘小萍. 聚能射流和侵彻机理的研究. 中国科学院重大科技成果奖. 1978.

[4] 郑哲敏, 解伯明, 李荫藩, 谈庆明, 郭汉彦, 高举贤. 流体弹塑性体模型及其在核爆炸与穿甲方面的应用. 国家自然科学二等奖. 1982.

[5] 郑哲敏, 谈庆明, 高举贤, 叶东英, 吴玉炎. 玻璃钢对聚能射流干扰机理的研究. 中国科学院成果奖二等奖. 1982.

[6] 郑哲敏, 张建华, 顾道良, 赵成福, 杨振声. 连云港爆炸处理水下软基. 中国科学院科技进步奖一等奖, 专利金奖. 1988.

[7] 郑哲敏, 邵丙璜, 张登霞, 李国豪, 谈庆明. 金属板爆炸复合的理论和应用. 中国科学院自然科学奖一等奖. 1989.

[8] 郑哲敏, 张建华, 杨振声, 顾道良, 赵成福, 许连坡, 陈善良, 石成 (力学所部分). 爆炸处理水下软基, 国家科技进步奖二等奖, 1990.

　　基于爆炸处理水下软基技术形成的专利 "水下淤泥质软基的爆炸处理法 (87106-811 7 号)", 于 1992 年 12 月获得中国专利金奖. 专利权人为: 中国科学院力学研究所、连云港建港指挥部、连云港锦屏磷矿、交通部第二航务工程勘察设计院.

[9] 白以龙, 郑哲敏, 俞善炳, 徐永波, 沈乐天. 热塑剪切带. 中国科学院自然科学奖一等奖. 1992.

[10] 白以龙, 郑哲敏, 俞善炳, 徐永波, 沈乐天. 热塑剪切带. 国家自然科学奖二等奖. 1993.

[11] 郑哲敏, 邵丙璜, 张登霞, 李国豪, 谈庆明. 金属板爆炸复合的理论和应用. 国家科技进步奖二等奖. 1992.

[12] 郑哲敏. 1994 年 1 月 4 日荣获 1993 年度陈嘉庚奖技术科学奖.

[13] 郑哲敏. 1996 年 10 月 17 日荣获何梁何利基金科学与技术进步奖物理学奖.

[14] 郑哲敏. 2013 年 1 月 18 日荣获 2012 年度最高科学技术奖.

附录 3　郑哲敏指导的研究生、博士后名录

共计指导研究生完成学业 46 名，博士后 5 名

"文革"前 3 名：

韩良弼 1956 级，1957 年因停办研究生留所工作，1961 年恢复研究生，参加爆炸成形研究，1963 年毕业。

段祝平 1961 级，爆炸力学，"文革"期间 (1968 年) 毕业，留所。

白以龙 1963 级，爆炸力学，"文革"期间 (1968 年) 毕业，留所。

"文革"后招收硕/博士研究生 52 名

2 人未入学。

43 人获得学位。

7 人未获学位，其中 1 人病故、3 人出国、1 人结业、2 人退学。

名录见下页表 (含病故和出国的 4 人，不含未入学、退学和结业者)

指导博士后 5 名

博士后姓名	进站时间	合作导师	出站情况
丁 桦	1987 年 4 月	郑哲敏	留所至今
程品三	1988 年 5 月	郑哲敏	留所
赵亚溥	1994 年 7 月	郑哲敏	留所至今
王建锋	1997 年 11 月	郑哲敏、顾小芸	留所
邢冬梅	2003 年 10 月	郑哲敏、张泰华	

郑哲敏指导的硕士生名录（22 人）

姓名	入学时间	专业	获学位时间	副导师	毕业去向	备注
王文标	1978	固体力学	1982		留所	中国科大研究生院
赵 力	1982	爆炸力学	1985		读博	
车希铃	1983	固体力学	1986	田千里		
杨庚宇	1983	固体力学	1986	李国琛		
王晓林	1983	爆炸力学	1987	邵丙璜	留所	
董智法	1983	固体力学	1986	田千里		
曹银和	1983	固体力学	1986	白以龙		
杨 洋	1984	爆炸力学	1987			
邢 达	1985	爆炸力学	1989	白以龙		
赵 京	1985	爆炸力学				出国
陆 菁	1985	爆炸力学	1988	丁雁生		
姚 戈	1986	爆炸力学	1989	刘育魁	沈阳金属所	
陈 力	1986	爆炸力学	1989	丁雁生	留所	
刘志跃	1986	爆炸力学	1991	邵丙璜	留所	
高剑波	1988	流体力学	1991	林贞彬、鄂学全	出国	
朱中华	1989	爆炸力学	1992	刘宪德	出国	
苏加翅	1989	爆炸力学				公派留苏
黄弘读	1995	爆炸力学	1998			
彭福骄	1996	爆炸力学	1999	谈庆明		
张金来	2000	工程力学	2004	鲁晓兵		
金 晶	2003	工程力学	2006			
张立武	2007	工程力学	2010			

郑哲敏指导的博士生名录（25 人）

姓名	入学时间	专业	获学位时间	副导师	毕业去向	备注
虞吉林	1982	固体力学	1985		中国科大	中国科大学籍
丁晓良	1984	爆炸力学	1988	谈庆明	留所	
李世海	1984	爆炸力学	1991		留所	
赵　力	1985	爆炸力学	1990			
洪友士	1986	固体力学	1991		留所	
邢　达	1988	固体力学				出国
王　轩	1989	爆炸力学				病故
张庆明	1989	爆炸力学	1993	谈庆明	北理工	
方　新	1994	流体力学	2000	凌国灿	留所	
张毅奕	1995	基础力学	2002	陶祖莱		
鲁晓兵	1995	岩土力学	2000	谈庆明	留所	
乔继延	1996	工程力学	2004	谈庆明	北理工博士后	
陈　力	1996	工程力学	2004	丁雁生	留所	
石在虹	2000	流体力学	2004	吴应湘		企业合培
王凤清	2000	工程力学	2008	吴应湘		企业合培
林英松	2000	工程力学	2008	丁雁生		企业合培
田振农	2001	工程力学	2007	李世海		
张以根	2002	工程力学	2008			
李　辉	2002	工程力学	2007	丁桦		
柳丙善	2002	工程力学	2008	李世海		
姚再兴	2003	工程力学	2009	李世海		
王　艺	2004	工程力学	2010			
李德聪	2004	工程力学	2010	陈　力		硕士转读博士
张旭辉	2007	工程力学	2010	鲁晓兵	留所	
刘乐乐	2008	工程力学	2013	鲁晓兵		

后　　记

　　郑哲敏先生毕生奋斗，为中国力学学科的形成和发展做出了重大贡献，是一位载入中国力学发展史册的杰出科学家。

　　2011 年，郑哲敏先生提名丁雁生、洪友士、金和、李和娣执行采集他学术成长资料的国家课题。郑哲敏先生提供了他为儿子郑仰泽写的回忆录，接受访谈，并将他精心保存的大量书信、手稿、证书、纸质照片供采集小组扫描。采集小组根据老科学家学术成长资料采集工程项目要求，得到郑哲敏生活、工作过的地方的有关部门、单位的热诚支持和帮助，通过查阅档案、实地调查、口述访谈、书面回忆、媒体报道等，采集了大量资料。采集小组深入研讨、起草和修改，经郑哲敏先生审改，并参考谈庆明先生提出的修改意见，历时十年六易文稿，于 2021 年完成了截止到 2013 年 1 月郑哲敏先生荣获国家最高科学技术奖的 "郑哲敏学术成长资料采集工程研究报告"。

　　老科学家学术成长资料采集工程启动之后，中国科学院学部工作局开始组织撰写 "院士传记"，由科学出版社出版。中国科学院学部工作局和技术科学部常务委员会征得郑先生同意将《郑哲敏传》列入 "院士传记" 系列书。2021 年 8 月郑哲敏先生逝世。为了兑现先生的允诺，完成中国科学院学部工作局撰写《郑哲敏传》的任务，将采集小组转为写作小组，由李和娣、洪友士负责，丁雁生与金和为组员，增加在职的鲁晓兵负责与力学所的项目管理对接，按照中国科学院学部工作局"院士传记"项目管理办法新要求，和中国科学院技术科学部常务委员会的指导意见，完成了立项手续。2022 年 1 月开始，写作小组按照《郑哲敏传》项目任务书和科学出版社的书稿规范、思想性规范等具体要求，以前期采集工程的资料为基础，边推敲写作提纲，边进一步收集郑哲敏在中国科学院任技术科学部副主任、主任和学部咨询评议工作委员会成员期间工作的档案、报告和文章，了解他指导的硕士和博士的回忆和感悟，采集他最后十年的科研、科普、生活等资料，经历一年零九个月的讨论、写作和修改，完成了《郑哲敏传》书稿。中国科学院技术科学部的院士对书稿进行了认真审阅，提出了修改意见，写了审阅评议意见书。郑哲敏的亲属对书稿进行了严谨细致的审阅、校改，并书面同意出版。

2022 年 8 月 10 日写作小组合影
(左起：鲁晓兵、李和娣、洪友士、金和、丁雁生)

　　金和，1936 年生，编审。北京大学数学力学系毕业，1958 年分配到中国科学院力学研究所第二研究室大爆破理论组，曾任第二研究室业务秘书、第十四研究室 CO_2 电激励激光组组长（之一）、中国力学学会办公室副主任、《力学学报》副主编，力学名词审定委员会副主任。

　　丁雁生，1941 年生，研究员。中国科学技术大学近代力学系毕业，北京工业学院八系 1964 级研究生，204 研究所技术员，五机部科研局工程师。1981 年调入中国科学院力学研究所，在郑哲敏先生指导下研究爆炸力学，曾任第二研究室主任。

李和娣，1950 年生，研究员。中国科学技术大学近代力学系本科、硕士。大学毕业分配到中国科学院力学研究所从事科研工作。曾任中国科学院基础科学局数学力学天文处处长、中国科学院力学研究所副所长，退休后任郑哲敏先生的助手。

洪友士，1951 年生，研究员，曾任中国科学院力学研究所所长。清华大学机械系本科和硕士，1981 年到中国科学院力学研究所工作，郑哲敏先生指导的在职博士。研究领域为疲劳和断裂力学、结构力学。

鲁晓兵，1968 年生，研究员。四川大学本科，中国科学院成都山地所硕士、中国科学院力学研究所博士，现任中国科学院力学研究所学位委员会副主任。研究方向为非常规油气（水合物、页岩油气）、深海采矿、山地灾害。

我们都是文史学科的门外汉。由我们写老师的传记，优势只能是有专业背景，力求真实和准确，写清楚老师的学术成就和学术成长历程。

在郑哲敏学术成长资料采集和《郑哲敏传》写作过程中，我们得到郑哲敏先生的亲人郑企静、郑晓叶、郑企克、郑企仁、郑仲泽、熊鹰，同乡周晋齐和家乡学人包柱红、龚沸烈的帮助；得到 李佩 、霍永基、 吴耀祖 、 吴承康 、俞鸿儒、周恒等老前辈的支持；得到相关单位（以姓氏拼音为序）江文华、靳征模、李曙光、李荫藩、 梁嘉玉 、刘北锁、吴有生、武际可、杨秀敏、虞吉林、周丰峻、周刚、朱照宣等的支持；得到力学所（含曾经的职工和研究生，以姓氏拼音为序）安遐龄、白以龙、卜六大、陈力、陈淑霞、陈维波、丁晓良、段祝平、樊玲菊、方新、冯春、高剑波、高举贤、韩林、黄婉莉、孔捧端、寇绍全、李德聪、李辉、李家春、李世海、林英松、林玉环、刘剑峰、刘小苹、庞维泰、乔继延、尚嘉兰、邵丙璜、石光漪、石在虹、孙庚辰、谈庆明、 田泽普 、王柏懿、王鑑莉、王礼立、王彦军、王一伟、王艺、魏悦广、 解伯民 、徐以鸿、姚再兴、尹祥础、 俞刚 、 张建华 、张秀琴、张旭辉、赵士达、赵双禄、周家汉等的帮助，特此表示最诚挚的谢意！

在执行《郑哲敏传》项目任务书的过程中，我们得到中国科学院技术科学部常务委员会主任杨卫院士、中国科学院学部工作局领导王笃金、苏荣辉及有关处室徐丽娟、李鹏飞、魏秀等的大力支持和帮助，得到中国科学院力学研究所领导、科技处、高技术处、保密办、综合办、档案室、图书馆等职能部门和有关实验室的支持，得到中国力学学会办公室的大力支持。在补充完善资料和写作传记过程中，得到中国科学院档案馆以及中国科学院学部工作局原技术科学部办公室主任盛海涛和傅敏的热情帮助，中国力学学会办公室的刘洋等补充提供了许多资料。科学出版社对书稿初审、再审，提出了很多重要修改意见，特别是，强调书稿的内容和文字叙述需要严格符合国家对出版物的要求和规范。鉴于此，书稿有关章节的文字叙述略有删节。此传记的责任编辑赵敬伟多次亲临力学所研讨，严格细致审校。我们一并表示衷心感谢！

《郑哲敏传》写作小组

2024 年 4 月于中国科学院力学研究所